中小企業政策と「中小企業憲章」

日欧比較の21世紀

三井逸友

花伝社

中小企業政策と「中小企業憲章」
——日欧比較の21世紀——

目　次

まえがき 5

第Ⅰ部　中小企業研究の課題と中小企業論・比較政策論の方法　11

第1章　中小企業研究の意義と課題、中小企業論の歴史と到達点　12
第2章　中小企業研究の展開と国際的位相　36
第3章　〈補論〉「社会的分業」と中小企業の存立をめぐる研究序説　75

第Ⅱ部　中小企業政策論と同時代的比較研究　93

第4章　中小企業政策の意義と1999年日本中小企業政策の「大転換」　94
第5章　〈補論〉中小企業政策の転換と評価
　　　　　　　――リビュー的整理と総括として――　126

第Ⅲ部　21世紀EU中小企業政策の展開　143

第6章　EU中小企業政策の展開過程　144
第7章　「欧州小企業憲章」と2000年代のEU中小企業政策　168
第8章　2008年SBA欧州小企業議定書と2010年代への展望　194

第Ⅳ部　EU中小企業政策の課題と実践　215

第9章　欧州での「代金支払遅延問題」と是正策　216
第10章　地域政策・地域イノベーション戦略と中小企業政策　231
第11章　EU中小企業政策と企業の社会的責任、社会的課題　260
第12章　中小企業政策における政策評価　――EUでの経験から――　281

第Ⅴ部　まとめ――21世紀中小企業政策と「中小企業憲章」――　297

第13章　2010年日本版「中小企業憲章」の制定　298

資料　*313*

 1 欧州小企業憲章　*314*

 2 ボローニャ中小企業政策憲章　*320*

 3 「小企業を第一に考える」──欧州「小企業議定書」(抄訳)　*326*

 4 中小企業憲章　*332*

 5 Small and Medium Enterprise Charter（「中小企業憲章」英訳）　*337*

付注　*345*

あとがき　*418*

まえがき

　本書は、1980年代以降顕著になった、中小企業研究の国際化、90年代以降、とりわけ21世紀における中小企業存在理解及び中小企業政策観の国際化・国際公準化といった流れを受け、2010年代を迎える現在で、これを日本及びEU欧州連合の比較政策論として世に問うものである。その意味では、私の旧著『現代経済と中小企業』（1991年、青木書店刊）、『EU欧州連合と中小企業政策』（1995年、白桃書房刊）の延長上にあることは間違いない。しかもまた象徴的にも、2010年には日本において、政府の「中小企業憲章」が制定され、私自身が中小企業庁での検討作業に関わる機会を得た。これは一つには2009年におこった戦後政治史上での大事件たる政権交代・民主党中心の連立内閣の誕生の結果でもあるが、のみならず、この「憲章」に示されるような、政策の理念や課題・方法自体のグローバル化・国際公準化の表れ、ひいては2000年代の日本の経済システムと経済政策、それらを構成してきた支配的な理念の帰結、限界のあらわれであるとも見ることができよう。本書の意図の一つはその指摘にもある。

　しかしまた、こうした経過自体は、長い歴史を誇ってきた我が国での中小企業政策、また一時期にはその存在自体が世界的な注目の的となった、中小企業の広範な存立と分業システム・生産力的役割がいまや「一周遅れ」化しつつあるのではないかという疑念を招くものでもあった。筆者の意図が単純な「欧米崇拝」や「お手本」論ではないことは、行論の中で理解をいただけるはずのものであるが、同時にとりわけ、1999年になされた中小企業基本法の全面改定とこれに伴う中小企業政策の「大転換」が果たして時代適合的であったのか、その意義と限界はどこにあるのか、いまさらのように問うところでもあると考える。2010年の「中小企業憲章」が、そのような意味での新たな展開への契機となりうるものかどうか、これはまた時間の経過を待つしかないが、関わった者の一人としては、大きな期待を寄せざるを得

い。すすむグローバリゼーションとリージョナリゼーション、ローカリゼーションという複雑な構図下、またそれが可能にし、加速する世界的な交流と認識共有化のもとで、2000年のEU「欧州小企業憲章」が担ったもの、その影響（同年のOECD「中小企業政策憲章」を含めて）のひろがり、こうした流れの中で日本での現実の経済社会と中小企業の姿、さらには学問的かつ実践的な諸議論諸研究をどう位置づけることができるのか、それを考えるというのが本書の基本的ねらいでもある。象徴的には、「Think small first」「Listening to small business」の表現に、今日の意義は集約されている。そのために、関連する資料を巻末に再録し、読者の参考に寄することにした。

　本書は「比較」研究を意図しているが、一般に見られるような、シンプルな対比表に当てはめ、「◇◇のことに対し」、Aでは○○、Bでは▽▽といった切り取り並列化をはかるような表現は用いていない。こうしたシェーマ化はわかりやすくはあれ、現実を単純な要素や機能に分解し、その範囲でのみの「比較」を操作的になしているようなものであり、事象をその背景たる包括的な社会経済構成、制度、文化、歴史などから切り離し、それらとのかかわり、文脈のうちで構造的に位置づけることを避ける傾向に無意識に陥る危険がある。あるいは陳腐化した概念のうちに生きた事実を押し込め、既知の枠組みのうちの一断片にとどめるのみとなる恐れがある。徹底して事実にこだわること、また原典・オリジナルテキストを重視し、ていねいな資料収集と熟読、整理を行うこと、そしてそこにある理念なり認識なりを明確に読み取り、論理の再構築をはかること、これは欠かせない研究姿勢であると考える。詳しくは本書第1章、第2章を参照されたい。

　本書の各章は、筆者がこの10年あまりの間に書いた諸稿をもとにしている。そのため、いささかわかりにくいところ、まとまりの悪いところや重複するところもあることは否定できない。また、中小企業の研究であれば、もっとその実態をとらえる研究と記述をすべきであるが、時間的な制約とともに、日本及びEUについても中小企業の実態を示す多くの貴重な資料が近

年多々出ており、またこれを踏まえた研究も活発であるだけに、それらを超えるような成果をただちに出せない限りは、むしろこれらをぜひ参照いただきたいと読者に期待するものでもある。たとえば、欧州の中小企業の実態をさまざま紹介分析する、邦訳版『ヨーロッパ中小企業白書』(財団法人中小企業総合研究機構編訳)の刊行には筆者自身関わってきた経験もあり、その活用を大いに願うところである(そうした経過と内容紹介として、三井「書評　中小企業総合研究機構訳編『ヨーロッパ中小企業白書　2007』(同友館)」(『政策公庫論集』第1号、日本政策金融公庫総合研究所、2008年)をあげておく)。

　終わりに、本書のもととなった各稿の初出を列記するとともに、本書への加筆掲載を認めて下さった各方面に感謝申し上げるものである。

　「『中小企業憲章』の制定をどう理解するか」『中小企業と組合』第788号、全国中小企業団体中央会、2010年10月。
　「『中小企業憲章』における画期性と課題」『しんくみ』第57巻9号、全国信用組合中央協会、2010年9月。
　「EU中小企業政策の展開と意義——『欧州小企業憲章』と『SBA小企業議定書』」『商工金融』第60巻8号、財団法人商工総合研究所、2010年8月。
　「『社会的分業』と中小企業の存立をめぐる研究序説」、植田浩史ほか編『日本中小企業研究の到達点』同友館、2010年8月、所収。
　「中小企業研究の到達点と課題——研究史を振り返って」『経済』第167号、新日本出版社、2009年8月。
　「今日のEU中小企業政策とSBA小企業議定書」『中小商工業研究』第100号、中小商工業研究所、2009年7月。
　「『社会的分業』と中小企業の存立をめぐる研究序説」『三田學會雑誌』第101巻4号、慶應義塾経済学会、2009年1月。
　「中小企業の社会的責任と社会的企業の課題——企業の社会的責任と中小企業経営(3)」(堀潔と共著)『商工金融』第58巻8号、財団法人商工総合研究所、2008年8月。

「地域産業集積論から地域イノベーションシステム論へ」、渡辺幸男編『日本と東アジアの産業集積研究』、同友館、所収、2007年10月。

「地域イノベーションと地域の再生」『ECPR』第21号、えひめ地域政策研究センター、2007年8月。

「21世紀のEU中小企業政策の意味するもの」『中小企業季報』第141号、大阪経済大学中小企業・経営研究所、2007年4月。

「欧州小企業憲章とEU中小企業政策の今日的意義」『企業環境研究年報』第10号、中小企業家同友会全国協議会、2005年12月。

「21世紀最初の5年におけるEU中小企業政策の新展開」『中小企業総合研究』第1号、中小企業金融公庫総合研究所、2005年8月。

「地域イノベーションシステムと地域経済復活の道」『信金中金月報』第3巻13号、信金中金総合研究所、2004月12月。

「政策的研究」、中小企業総合研究機構編『日本の中小企業研究　1990―99年　第1巻　成果と課題』同友館、2003年3月、所収。

「環境問題と中小企業――その今日的課題と実践の意義」『商工金融』第53巻1号、財団法人商工総合研究所、2003年1月。

「中小企業政策における政策評価――EUでの経験から」『会計検査研究』第26号、会計検査院、2002年9月。

「中小企業政策の『大転換』?――『中小企業の不利の是正』の問題を中心に」『政経研究』第75号、財団法人政治経済研究所、2000年11月。

「２１世紀を迎えるEU中小企業政策の新段階」『国民生活金融公庫調査季報』第55号、国民生活金融公庫総合研究所、2000年11月。

「EUの中小企業政策――90年代の展開とその意義」『公正取引』第592号、財団法人公正取引協会、2000年2月。

「下請取引規制をめぐる新しい視角――EUにおける代金支払遅延問題との比較から」『公正取引』第549号、財団法人公正取引協会、1996年7月。

「中小企業研究の『貿易収支』とグローバリゼーション考」『経済学論集』第27巻4号、駒沢大学経済学会、1996年3月。

『EU欧州連合と中小企業政策』白桃書房、1995年3月。

『現代経済と中小企業』青木書店、1991年6月。

まえがき

　なお、本書をまとめるに際しては、筆者も参加の機会を得られた、関東学院大学社会連携研究推進事業プロジェクト「グローバリゼーションの進展と地域産業基盤の活性化に関する研究」（平成17～22年度・私立大学学術研究高度化推進事業、代表 清晌一郎関東学院大学教授）から多くの支援協力を頂いている。このうちの「地域イノベーション」関係の研究と成果の発表は引き続いて実施中でもある。さらに本書は同プロジェクトの平成22年度成果刊行助成をうけている。記して心よりの感謝を申し上げたい。

第Ⅰ部

中小企業研究の課題と
中小企業論・比較政策論の方法

第 I 部

第 1 章　中小企業研究の意義と課題、中小企業論の歴史と到達点*¹

1　はじめに

　中小企業*²をめぐる研究への関心は近年世界的に高い。中小企業研究の国際学会と言える ICSB 国際中小企業協議会の年次大会には世界各国から毎回千人近くの参加者があり、研究発表も優に数百本を数える。2009 年の ICSB 大会はソウルで開催された。また、ICSB の重要な担い手である ECSB 欧州中小企業協議会、その有力構成団体である ISBE 英国中小企業研究学会といったところの活動は年々活発になってきている。ちなみに筆者も ISBE の第 31 回大会（2008 年 11 月、ベルファスト市）に出席したが、これは ISBC 国際中小企業会議の第 35 回世界大会と共催というかたちになったこともあり、出席者はのべ 800 人以上、研究発表は 230 本にも及んでいた。2009 年の ICSB ソウル大会へも学界のみならず、経済界行政界からの参加も多く、研究発表と討論の面でも非常な盛り上がりがあった。いまや中小企業研究は国際的に「メジャーな」存在なのである。

　我が国においても中小企業研究の歴史は古く、研究を代表する日本中小企業学会は設立後約 30 年を数える。もちろん学会発足以前からの研究と議論の伝統は、あとで記すように大正期にまでさかのぼれるのであり、戦後の中小企業研究の重要なフォーラムとなってきた日本学術振興会産業構造・中小企業第 118 委員会の活動をはじめ、すでに 100 年近くの研究史が積み重ねられてきている。近年には日本ベンチャー学会、ファミリー・ビジネス学会といった関連の学会組織も設立され、また FES 企業家研究フォーラム（大阪商工会議所の基金により設立）も活動している。世界的なネットワークである GEM グローバルアントレプレナーシップモニターは「企業家活動」

の国際比較を行う指数を公表している。

　我が国の大学などで中小企業を取り上げる「科目」の数も少なくない。これについては渡辺俊三氏の興味ある調査の結果があるが、2007年現在で、全国137大学162学部において「中小企業論」等の講義が置かれているという。ただし、そのうちには「中小企業論」の名のものがのべ102講で最も多いが、次いで「ベンチャー企業論」というのが91講ある。[*4] ほかに、「中小企業経営論」などの科目がのべ60ある。いわゆる「ベンチャー論」[*5]が勢いを増している状況が見て取れるが、中小企業をめぐる教育研究は決して衰退しているわけではない。

　このような内外での研究の活発化・国際化にはそれぞれの背景があるが、誤解を避けるために確認せねばならないのは、こうした動きが目立ってきた1980年代以前には、「中小企業が存在しなかった」わけではないという事実である。いずれの国々、経済においても長年にわたって、「中小規模の企業」は多数存在していたのであり（それをむしろ否定・規制し、大企業中心の経済を維持しようとしたのは旧ソ連邦などであった）、このこと自体はなにも変わったわけではない。むしろ重要なことは、そうした「中小規模の企業」をなぜ、「大企業」あるいは「企業一般」と区別をし、取り上げるのか、という基本的な問題意識であり、その意義である。こうした問題意識がなければ、「中小」企業の研究というものは本来的にあり得ないのであり、あるいはせいぜい、「さまざまな規模の企業がある」という事実の確認にとどまる。そこにこそじつは、歴史ある「中小企業論」の本来的な主題、研究課題と対象を今日も語るべき意味があるのである。逆に、米国を例外として、後述のように80年代以前には、多くの欧米先進諸国で「中小規模の企業」に注目する研究も議論も乏しかった。[*6] それがなぜ大きく変わったのか、そこに中小企業政策の必然性も意義も見いだされるのであり、またそこにおける基本的な問題意識を問う、我が国などでの研究と議論との共通性、異同性を考えることも、今日重要なわけである。

　本章ではこうした研究の基本的な問題意識と視点をふり返り、中小企業論

の本来的な課題と意義を再確認しながら、広く中小企業研究の中で取り上げられることの多い個々の領域や分野に関しても言及し、さらに近年の研究の国際化の中でのさまざまな論点と研究方法を検討して、本書の背景及び意図するところとともに、今後中小企業研究を志す人たちのための手がかりを示すものである。

2　中小企業論の課題と方法・中小企業研究の広がり

2-1　中小企業論の問題意識、課題と意義

欧米「近代経済学」における「中小企業の存立条件」論

　あとでも検討するように、「中小企業論」の基本的な主題は、「中小規模の企業がなぜ、今日の経済において多数存在するのか、またそれは社会経済的にどのような問題ないしは意義をもつのか」ということの解明にあると言えよう。[*7]

　これに関して欧米における新古典派などの経済理論でも、山中篤太郎氏らの批判的表現を借りれば、社会経済関係から切り離された「分離理解」、永続不変な「合理的説明」の試みという限界を有するにせよ、「中小規模の企業の存在」に対する関心がなかったわけではない。『経済学原理』を著し、新古典派の祖とされるA.マーシャルは、大規模生産の経済利益に関する詳論を展開しているが、他面で外部経済と産業地域の形成も説き、さらに小企業も多数存在することに関心を寄せ、これを「森の比喩」とも呼ばれるかたちで説明しようとしている。自然界の森にさまざまな成長段階にある木々が、ある瞬間には多様に存在しているように、中小企業は成長過程のものであるとするのである。[*8]

　マーシャルの説明はあまりに素朴である、また中小企業のほとんどは巨木のように成長をめざしはしないし、達成もしていないという批判は以後数多い。しかしそれだけではなく、たとえばE.ペンローズの「間隙」の理論のように、[*9]経済の成長速度と大企業の成長とのあいだに生ずる隙間に中小企業

第 1 章　中小企業研究の意義と課題、中小企業論の歴史と到達点

の成長機会があるとする説明、あるいは近年の「企業のライフサイクル論」に見られるように、個々の企業の創業・成長・成熟と衰退ないし再生に注目し、これを定式化ないし計量的な観察および分析の対象とする研究などにも、こうした「企業成長論」的なアプローチが前提とされることは少なくない。

　中小企業の存立を「合理的に」説明しようとする代表的な議論が「最適規模論」である。E.A.G. ロビンソンは、事業単位の最良の規模を決める要因として、技術的諸要因、管理的諸要因、財務的諸要因などをあげ、大規模経営組織の非効率性、「小規模経営単位の有利性」があると指摘している[*10]。こうしたことは素朴に想定できるものであり、また技術的要因などが社会的分業のありようと広がりの前提となっていることも、ロビンソンの指摘同様に理解可能である。しかし、大規模組織はその非効率を回避するさまざまな方法をとるのであり、技術的最適規模や経営の最適単位が即、経済単位としての企業や資本規模を左右するものではないという批判も多い。また、こうした議論は安易に「大企業体制の終わり」などという主張につながりやすいが、それはむしろ空論ではないかともされる。一方で我が国では末松玄六氏、田杉競氏らが最適規模論を応用し、「中小企業の合理的存立」可能性と「最適」経営の方法を研究主張してきている。中小企業近代化政策では、「適正規模」という目標設定も行われた。ベンチャービジネス論や「中間技術論」といった主張にも、こうした色彩が濃い。

　自由競争にもとづく市場経済が独占の市場支配により変化したとする、20世紀の独占段階における価格決定メカニズムの変化を前提とした「不完全競争論」の主張も、中小規模の企業による製品差別化、市場分化、技術的独占の可能性にからんで、しばしば存立条件の主張の根拠とされる。また J. スタインドルは大規模経済の阻害とともに、労働市場の不完全性に帰因する安価な労働力の使用による小企業の存立も、こうした不完全競争の形態として位置づけている[*11]。しかし、本来独占の支配力を対象とする不完全競争論のアプローチで、中小規模企業の長期・大量の存続を説明するのは困難である。むしろこの枠組みは、参入と競争、退出などをめぐる「産業組織論」の方法と応用に道を開いていると言うこともできる。またその延長上では、「競争的市場」と「企業組織」とを対立的にのみとらえるのではなく、取引

費用を軸に両者の連続性を指摘し、そこにさまざまな「中間組織」の存在を確認するという、O. ウィリアムソン以来の「新制度学派」的アプローチとの接点も生じる。それはまた、別のかたちでの中小規模企業の存立の前提条件たり得るし、それらと大企業との諸関係への注目の契機という意味も今日的には有している。

スタインドルはまた、「寡占下の小企業残存政策」といった事態とともに、「小企業家の賭博的態度」というものも存立要因にあげている。これはP.S. フローレンスによっても「企業心・願望」というような「非合理的要因」として言及されているものである。企業の開業動機には、狭義の経済合理性では説明困難なものがあり、結果としては非常にリスクが高く、成功の確率は低くても、個々人としてあえて企業を起こす＝新企業の大量参入ということが絶えず生じているとせねばならない。裏返せば、中小企業の存在にはそうした社会的ないし心理的な要因までがつよく作用しており、さまざまな角度からの研究分析を要していると見るべきだろう。これは一方では、以下で見るように近年の「企業家精神」への再評価、企業家的な意思決定や行動、あるいはこれをうみだす社会的文化的機運としての「起業文化」(enterprise culture) の研究や主張にもつながっている。他方では我が国の多数の小規模・自営業者のように、「経済的成功」を願望するよりは、とりあえず就業と稼得の機会を築き、家族協働などによって生活の維持再生産を可能にするという「生業的」動機と行動の姿を逆照射する意味も持っている。もちろんそうした「生業的家族経営」の実態はいずれの国々でも見られるのであり、むしろ今日これを積極的に再評価する意味もある。

山中篤太郎氏の「中小企業の本質」論

我が国においては、こうした欧米理論の影響を受けながらも、特に大量広範な中小企業の存在と、これをめぐる深刻な問題状況への関心というものが、20世紀初頭から共有されてきたことが特徴となっている。[12]

戦前から戦後にかけ、我が国における中小企業論研究の伝統を築いた山中篤太郎氏（日本中小企業学会初代会長）は、「中小企業をなぜ取り上げるのか」という基本的な問題意識を明確に示した。山中氏は中小企業の存在は膨

大であり、また「異質多元」であるとし、それぞれの特徴を有していることを前提として指摘した。しかし、個々の企業の違いや多様性をまず研究の対象とするのではなく、むしろ中小企業全般が有する共通する性格と問題性を研究の対象とせねばならない、そして中小企業の存在を「実験室」の中で抽象化し、論理化することをめざすのではなく、国民経済総体のうちで位置づけねばならないと主張した。現実から切り離された真空中での「分離理解」ではなく、「統一的理解」を行わねばならないとしたのである。「対象は単なる中小工業ではなくて、中小工業の姿にひそむ国民経済構造そのものであらねばならない」[*13]。なおまた山中氏の用語法に示されるように、昭和初期から戦後期までの研究と議論においては「中小企業」ではなく「中小工業」という表現が一般的であった。工業化の段階からのつよい問題意識の反映であるとともに、工業などにおいてこそ規模の経済性が一般的に働くと思われるにもかかわらず、多くの中小企業の存在があるということにおおかたの関心があったためとも考えられよう[*14]。

　山中氏は中小企業を取りあげるべき意義、「中小企業の本質」論を重視し、これを「国民経済経営的構造の場における問題性」の解明であるとしてきた。その核心は、「集中法則」があるもとでも中小企業が残存・あるいは発展をしながら、なお「合理的自主的発展の抑止される経営構造的部分」として存在、再生産し続けているという「問題」であるとした。そして同氏は中小企業の「隷属性」という表現に、その問題意識を集約したのである[*15]。このことは戦前から戦後にかけ、我が国の中小企業の多くがおかれたはなはだしく困難な状況、大企業との大きな格差、そして同氏が「過小・過多」と表現したような、多数の小規模な企業が激しい「過当競争」を繰り返している現実、これに対する深刻な危機感を示しているものとも言える。しかしまた、山中氏らの念頭には、こうした状況は「近代化の遅れ」ないし「歪み」の結果としての「特殊日本的な」資本主義発展という見方が根強くあるのであり、したがって「中小企業の存立」が普遍的であっても、「中小企業問題」は先進資本主義国たる英国などでは「手工業家内工業として意識され終わった」[*16]というかたちで対比されていたのであった。

　それでは経済成長と「近代化」の進んだ戦後日本においては、「中小企業

問題」は過去のものとなっていくのであろうか。実際にそれは、あとで見るように「近代化礼賛論」を導く契機ともなったのであるが、他方では国際比較のうえで、中小企業問題が特殊日本的であるとするのは誤りであり、むしろ先進資本主義国に共通する問題があるのではないかとする見方が、昭和30年代以降支配的になった。

マルクス経済学と中小企業論

こうした中小企業問題研究の展開には、戦前マルクス経済学の日本資本主義論争から派生する主張の影響があったことは見落とせない。講座派理論を代表する山田盛太郎氏は、「近代マニュファクチュア」「近代的家内労働」が半封建的な特殊日本型再生産構造に広く編成されたという状況に、中小工業の存在と没落、従属を指摘した。[*17] こうした見地を応用したものが、藤田敬三氏の、「下請制」従属形態下での中小工業からの前期的・寄生的支配と収奪論であった。[*18] 一方でこの藤田氏と対立する見解を示した小宮山琢二氏は、「下請制」下での生産の有機的結合による生産力発展の可能性を指摘した。[*19] また、労農派の立場に立つ有澤廣巳氏は、相対的過剰人口の蓄積による低賃金労働力の豊富な存在と、粗悪・低廉な商品生産機会とを基盤に、小工業・家内工業的零細工場が膨大に存続しているとし、問題は「人口問題」「労働問題」であるとした。[*20]

山中氏はこうした日本資本主義論争から触発され、また有澤氏らの議論を批判しながらその「中小企業(本質)論」を展開したのである。さらに同氏は戦後、特殊日本的という見方も超え、「独占を頂点とする近代的資本の運動法則に取り囲まれて」中小企業を形成するというメカニズムを説いた。[*21] そのうえで、すべての国において「なぜ中小企業が存立し、中小企業としての特定の内容・性格をもつ経済現象を形成するか」という普遍的・一般的命題が中小企業論研究にはあり、また他方では「わが国における中小企業の夥多存在の現象はなにか」という歴史的構造的命題があるとしたのであった。[*22]

山中氏のこうした展開に影響を及ぼしたのは、ふたたび戦後マルクス経済学による中小企業論の主張であった。マルクス経済学の中小企業論においては、公式的・政治主義的展開としての「民族資本家論」といった曲折をへな

がらも、独占段階における中小企業の存立と問題の解明として新たな展開を遂げた。[*23] 代表的には伊東岱吉氏の「中小企業問題は、独占資本主義の産物なのである」とする議論がある。[*24] 伊東氏はM.ドッブらの資本主義発展研究に触発され、先進資本主義国にも共通して多くの中小企業があり、また困難に直面していると再認識したのである。すなわち、資本の集積集中と独占の形成のもとで、独占体の支配の網の目が張りめぐらされるとともに、競争の階層化、利潤率の階層化が定着する。独占資本は直接・間接の支配を通じ、中小企業から独占利潤を吸い上げ、ここに独占資本主義段階での中小企業問題が定着すると位置づけたのであった。

戦後マルクス経済学からの中小企業論研究は、こうした伊東氏の定式化を受け、「資本論」における社会的分業の進展と資本の集中法則、さらには独占段階でのそれらの理解をめぐるところから展開している。北原勇氏は資本の集積集中に対し、分裂分散の傾向も存在することを『資本論』の記述等から検証し、潜在的貨幣資本や標準的資本量が小である部門の存在、技術的劣位を低賃金でカバーするなどの事態、そして資本主義の発展に伴う社会的分業の進展と生産諸部門の多様化を指摘した。さらに独占段階では利潤率の階層化がすすみ、小資本は小規模部門に殺到して激しい競争にさらされ、これを独占資本は直接間接に利用し、収奪・非収奪の関係が定着するとした。[*25]

伊東氏、北原氏らの見地を受けながら、1960年代から70年代にかけ一方では藤田氏流の「支配形態論」を継承し、独占による中小企業への支配と収奪の機構化、またそれに伴う中小企業の利用のあり方と階層分化を重視する、巽信晴氏、上林貞治郎氏らの主張がなされた。[*26] 他方では「産業組織論」の枠組みを用い、市場と競争のあり方、寡占的市場構造のもとでの中小企業の置かれた地位と関係が中小企業の存立と問題を規定するとする、佐藤芳雄氏らの見解が示された。[*27] 中山金治氏は、形式的には資本と生産の分散でありながら、実質的には蓄積のいっそう貫徹した「最新の資本主義的集中の一形態」として日本の独占段階の特徴を位置づけ、そこでの支配利用と整理淘汰とが景気循環過程とともに現れ、さらに独占の再生産機構の再編により大量の中小企業の過剰化が生じるところに、我が国の中小企業問題の深刻さを指

摘している。[28][29]

「二重構造論」と「近代化」論、「ウルトラ近代化論」、その帰結

　一方で、有澤氏は篠原三代平氏らとともに「二重構造論」を戦後主張した[30]。それは深刻な雇用問題、不完全就業問題を意識し、特に大きな規模別賃金格差の存在を問題とし、その背景にある中小企業の支払い能力格差、ひいては付加価値生産性格差の打開が政策的な重要課題であるとするものであった。この「二重構造」の概念は中小企業の問題状況を代表するかのようにある意味一人歩きをするとともに、またこれを打開する「近代化」の必要性を正当化するものとなった。「二重構造」とは、一国経済のうちに近代的な大工業部門と前近代的な農業・小企業零細家族経営部門とが併存するかたちと解釈され、これを打開するための「近代化政策」が戦後経済発展には不可欠のものとされたのである。「中小企業の近代化」を掲げた政府の政策、そしてそれを体系化する1963年中小企業基本法と近代化促進法の制定は、こうした理論的前提のうえにあった。[31]

　有澤氏らの「二重構造論」や「近代化論」は大きな社会的影響を有したが[32]、こうした議論も少なくとも、従来からの見地を継承し、一国経済の全体構造やそこにおける「構造」改革的な政策の必要を対象としたことは間違いない。
　これに対し、マルクス経済学的立場での中小企業論に発しながら、大きく転回し、また「構造論」的な認識自体を放棄し、そのうえでいわば「ウルトラ近代化論」を主唱するにいたったものが、中村秀一郎氏の「中堅企業論」、清成忠男氏らの「ベンチャービジネス論」である[33]。両氏らは山中氏らの「中小企業問題論」や「二重構造論」は高度成長前の状況の産物とし、戦後日本の経済発展を経て、独占にも対抗できる独自の地歩と参入障壁を築く「中堅企業」の登場、さらには高知識の経営者が創業し、研究開発、システムオルガナイザー的活動等を基盤に新事業分野を拓く高生産性高賃金の専門型企業としての「ベンチャービジネス」の活躍を主張し、その背景に高度成長と労働力不足経済化、さらには大企業体制自体の行きづまりを指摘した。事態はいまやポスト「近代化」なのだから、重要なのはいまさら近代化や構造的変

革を追求することではなく、個々の企業の経営面技術面市場戦略面等での積極的な取り組みと成果を発見称揚することであり、また企業の努力を公共政策が側面支援することになる。こうした意味で、「戦後の総決算」に転じ、「中小企業近代化政策」からの出口、市場重視型枠組みへの転換を意図する自民党政府の狙いとこれらの議論はマッチし、中政審「90年代の中小企業ビジョン」、さらには1999年における中政審答申と中小企業基本法全面改定という流れを導いたのであった。[*34]

63年基本法は「中小企業の経済的社会的制約による不利を是正」し、「生産性等の諸格差が是正されるように中小企業の生産性および取引条件が向上する」ことをめざし、「中小企業の従事者の経済的社会的地位の向上」に資するという立場を前文で示した。以下でみるように、こうした文言は99年新基本法から一掃され、むしろ具体的な理念なり問題・現状認識なりは姿を消している。代わって「新産業創出」「就業機会増大」「市場における競争促進」「地域経済の活性化促進」等の中小企業の「使命」が前面に出て、「独立した中小企業者の自主的な努力」[*35]としての、「経営革新」「創業」「創造的事業活動」支援を柱とする政策が中心となっている。一方で「経営基盤強化」（当初は「競争条件整備」と称されていた）、「経済的社会的環境変化への適応円滑化」を掲げているものの、著しく市場主義第一、自助努力重視の姿勢であり、「ベンチャー企業」等の活躍が日本経済の牽引力になるという期待の産物ともなっていた。[*36]

このような流れは清成氏らが主張する線に沿ったものであり、折からの米国流市場原理主義や規制緩和論、小さな政府論などの論調の歓迎するところとなった。しかし皮肉なことに以来10年、日本経済は低迷を続け、ようやく回復の兆しが出てきたところで、米国発の金融危機と世界不況の直撃を受け、新たな混迷に落ち込んでいる。「市場原理」は中小企業も誰も救ってくれなかったのである。一方で、この間の創業支援政策にもかかわらず、企業開業率は停滞し、経営困難の中で消えていく多くの企業の廃業率を下回る状況が続き、我が国の中小企業は全体として衰退に直面している。各地域の経済の危機的状況、深刻化する失業問題などは言うまでもない。それらは、99年の中小企業政策の「大転換」がいかに時代の要請とずれていたかを如

実に語っているのであり、また実際にこの10年間、政府中小企業庁などがすすめてきた政策は、金融・取引関係・市場競争面などでのさまざまな中小企業の不利や困難を個々に補完打開する性格を持たざるを得なくなっている。[37]

2-2　中小企業研究の広がりと多様なアプローチ

「中小企業のリバイバル」と新たな論点

　我が国と異なり中小企業論の影響は小さかった欧米でも、1980年代以降中小企業研究のリバイバルともいうべき事態が生じた。その背景にはいくつかの要因があるが、第一には戦後世界の体制それぞれの行きづまりや限界が見えてきたことがあげられる。欧米先進諸国のうちでも、大企業体制の弊害への批判やこれに対する反独占的政策、さらには独占への対抗勢力としての中小企業期待といったものが、米国などでは一つの論調と政策基調を長く形成してきており、1953年米国小企業法制定とSBA小企業庁の設置に象徴されている。その一方、経済の停滞を修正資本主義的なマクロ政策、福祉政策と、産業合理化・企業再編、時には国有化などによって打開しようとしてきた西欧諸国では、深刻なままの雇用失業問題対応と経済活性化のために、80年代以降中小企業の役割期待が広がった。[38]それは一面では、新自由主義的な反福祉国家、市場原理第一的な理論の影響力の拡大であるが、他面では「ポストフォーディズム」の議論に見られるような、大量生産・大量消費と大企業体制の限界と、市場の社会的な再構築ないし「調整」の新たな主体期待の主張の登場とも見ることができる。M.ピオリ=C.セーブルらの、中小企業中心の地域的企業集積とネットワーク重視としての「フレキシブル専門化論」がその代表格である。[39]こうした流れには、広範多様な中小企業の存在や大企業体制との補完関係をなすと思われた、日本の経済システムの「効率性」への注目も一つの契機となっていることを、見落とせない。[40]

　そして実際には、80年代末におけるソ連・東欧の旧社会主義体制の崩壊、中国を含めた「市場経済化」志向に勢いを得るかたちで前者の新自由主義的な潮流が世界に広まり、その中では、よってたつ立場や関心は様々あれ、あたかも中小企業と企業家こそが市場経済の主役であるというような「企業

家主義」[*41]の潮流を、21世紀に至るまで形成してきた。代表的にはP.ドラッカーの「企業家論」[*42]やその後の諸議論をあげることができよう。[*43]

我が国においても、清成氏らはこの流れをいち早くとらえ、「誕生権経済」「企業家革命」といった主張をもって企業家重視の社会的な流れを築こうとした。[*44]我が国の場合は80年代末のバブル経済の崩壊と長期不況、また廃業率が開業率を上回るという中小企業減少衰退の傾向がその背景にあり、これは90年代にかけての「創業支援政策」の主流化、さらには前記のように99年の基本法全面改定にもつながったのである。

このような体制論的発想のみならず、情報化グローバル化の中で、社会経済システムの原理とありようが大きく変わってきており、中小企業こそが時代の主役になったのだとする議論も別の切り口から注目されるようになった。次章で見るように、「範囲の経済」[*45]「ネットワークの経済」[*46]といった議論に象徴されるものである。うえの「フレキシブル（柔軟な）専門化」論もそうした性格を有している。「規模の経済」が中小企業の相対的な不利と制約を不可避としているのであれば、これとは異なる原理が技術的・社会的に広まり、またそれが新たな市場と事業機会を招き寄せてくれるのではないか、[*47]したがってむしろ中小企業こそが主役であるという議論が成り立つ。これは特に、「知識基盤経済化」「イノベーション期待」の潮流のもとで、いっそう注目される視点をなしている。知的人材によって担われる中小企業の緩やかで柔軟なつながりが、創造的な技術革新と事業化をすすめるものであるといった論調である。

1980年代以降研究が活発化した英国での中小企業研究を代表する1人であるD.ストレィは、企業のライフサイクル論的見地からの計量分析を軸にしながら、特に「中小企業のリバイバル」（英国では80年代以降中小企業が著増した）の要因に言及している。[*48]彼は、コンピュータサービスなどの製品・産業の拡大という「技術変化」、下請化・「ジャパナイゼーション」などの「細分化のメリット」、失業の増加や教育水準向上などの「労働力」、民営化・規制緩和や起業文化奨励等の「政府の政策」などの供給側要因、サービス需要などの「構造変化」、「需要の不確実性」、さらにニッチ市場拡大や

「フレキシブル専門化」などの「経済発展」を含む需要側要因をあげ、これらの説明力等に関し先行研究からの解釈を試みている。ただ、容易に一義的な説明はしがたいというのが結論でもある。

　一方で、こうした先進諸国での動向には「後期資本主義」などと位置づけられる状況下での、支配的独占資本の新たなシステム形成と戦略が反映されているのであり、決して中小企業「理想視」はできないとする警戒論もある。独占の新たな蓄積メカニズムのなかでの「周辺化」「外部化」、あるいは分断と利用が、中小規模企業への「分散化」、そこにおけるマージナルな労働者層の蓄積を招いているのだとするのである。これは「二重労働市場論」「労働市場分断論」といったラジカル労働経済論、「蓄積の社会的構造」論、「フレキシブル企業化」と核・周辺論[*49]などの潮流から導かれる。こうした議論は、労働条件や労使関係などを巡り、今日の経済社会における中小企業の存在とその意義に対する否定的な論調にきざしている側面を持ち、限界性も指摘せねばならないが、新自由主義的ないし市場原理的な主張の持つはなはだしい空論性に対する実態面からの批判、むしろ経済社会を市場任せ大企業任せにするのではなく、公平平等で安定した社会を築くための批判的観点を提供しているとも言えよう。

　さらに発展途上国などでは、市場経済化に伴う中小企業の大量形成や経済的役割の広がりに応じ、中小企業をめぐる研究や政策も盛んに取り上げられるようになった。この流れは「社会主義市場経済化」をめざす中国でも同様であり、その延長上には2002年の「中小企業促進法」の制定がある[*50]。こうした発展途上国や新市場経済化国での中小企業への注目には、経済発展の原動力としての期待があり、象徴的にはOECD「ボローニャ中小企業政策憲章」(2000年) の合意と、多くの発展途上国を巻き込んだその後のボローニャプロセスの展開がある[*51]。ここでは、中小企業によるグローバリゼーションの活用とイノベーションの促進、持続可能な経済成長の実現が強調されている。また他方では、オルタナティブな経済発展の道として、農村や在来産業を基盤とし、多様な雇用就業機会の確保、学習と社会参加、経済不均衡や社会的不平等の打開を重視した、自営業の育成や協同組織の推進、マイクロ

クレジットの供給などをすすめる志向も顕著になっている。いずれの方向性を重視するにせよ、中小企業は新たな経済システムの中心的な存在として注目されているのである。

中小企業論・政策論の研究と発展の契機

　この間、理論的立場を超え、中小企業の存在や実態、直面する問題や政策的対処の方向、また経営的な対応のあり方をめぐる研究や議論は上記のように全世界で非常にすすんだと言えるだろう。それに伴い、国際比較の研究も大きな進展を見せた。その一端は、いくつかの叢書的な共同著作にも現れている。[*52] しかしまた、研究主題の広がりの一方で、こうした世界的な新議論新政策の潮流なども受けつつ、新たに中小企業論自体の構築発展を図ろうという動きは残念ながら多くはない。

　筆者はそうした中で、中小企業存在自体の構造的・歴史的・法則的理解、問題性の把握とその発生のメカニズム解明を前提とし、存在の必然性と諸矛盾・発展可能性、存在の認識と政策的課題の連関を示す、弁証法的見地からの論理化を提起してきた。[*53] それはもちろん、その背後における労働の社会化の進展を基礎とする生産様式のあり方、産業構造・労働力構造と企業構造および社会的分業の深化・分業体系配置と市場分野形成、企業集団形成とコントロールのメカニズムという構図を確認する。[*54] そのもとでは中小企業を含めた産業組織・システムの有する「柔軟性」「効率性」発揮が必然的であり、同時に、企業家的知恵と合理的経営の創意発揮、さらには最末端での家族経営等における自己搾取的でさえある労働までをも取り込んだ「効率性」でもあることを見落とせない。独占段階においては、独占大企業はこれを利用しながら、中小企業収奪の機構化、統合と利用、排出と過剰化、支配利用と淘汰駆逐の間での変動という問題性を現実のうちに招来させる。とりわけ、労働力面・および資本と経営資源面での中小企業の絶えざる「供給」、あるいはまた社会経済的構造変化の下には、うえの条件は中小企業の中長期的安定性を保証はせず、問題の深刻化を招く。

　これに対し、一方では「市場メカニズム」だけにはゆだねられない、中小企業存在の必要性・重要性と問題性ゆえに、また他方では大企業体制のもた

らす不利、不安と中小企業に関わる人々からの「社会的公正」(justice)、市場のルール（fairness & rule）の基本要求ゆえに、「中小企業政策」の必要が各国共通である。それは第一には、国民経済の生産力的基礎の形成と安定、個々の地域を含めての雇用就業と稼得機会の確保としての「生産力的構成をめぐる政策」と産業化課題の必然性の要請であり、具体的には中小企業の技術・経営・労働能力向上と企業間関係形成・連携推進のかたちをとる。第二には、利益と損失の分配負担にかかわる「経済的諸関係をめぐる政策」と「中小企業の不利是正」の必要からであり、要素市場、とりわけ金融市場等での不利是正、また取引関係をめぐる不利是正と規制・調整、ひいては健全な競争を求める「市場のルール」確立のかたちをとる[*56]。

今日にあってはさらに、さまざまな経済発展の歴史と教訓を踏まえ、一方ですすむグローバル化、ボーダレス化を念頭に置き、これに対応する真の「公共性」と持続可能性の枠組みを築き、「社会的排除」状況を変え、労働の社会性協働性を回復し、人々の社会参加と生活基盤確保、また人格と人間性の成長・生活の質の実現、労働と経済活動を通じたコミュニティの連帯協同をめざすもとで、中小企業存在およびこれに対する政策の「社会性」も問われてくる。それはあらためて、個性と多元性多様性のにない手、創造性の原動力たり得る。短絡的理想論的な語り口は許されないが、今日の世界での中小企業の存在意義と活動、これに対する「社会性」視点からの政策枠組みの形成[*57]は、このような踏み込みを求めているとすることも無理ではない。

3　研究の対象・領域と視点、方法

3-1　研究の対象・領域

中小企業研究にあたっては、毎年度の中小企業庁編『中小企業白書』は必携であるが、基本的な対象領域とそれぞれでの従来の研究史の整理という点では、これまでに三次にわたり刊行された『日本の中小企業研究』[*58]の成果を欠かすことができない。これは、戦後から1970年代までを取りあげた第1

第 1 章　中小企業研究の意義と課題、中小企業論の歴史と到達点

次、1980 年代を取りあげた第 2 次、1990 年代を取りあげた第 3 次という経緯を経てきているが、レビュー的整理と各文献の紹介、文献リストは格好の手引となっており、初学者に最良の手がかりを与えてくれる。

　同時にまた、この「日本の中小企業研究」での全体構成としての研究対象と領域の整理自体が重要な意味を持っている。「本質論的研究」「理論的研究」「政策的研究」「経営的研究」「歴史的研究」「地域的研究」「国際比較的研究」といった総論的研究、「中小企業と生産・技術」「市場・流通」「雇用・労働・労務」「金融・財政・財務」「経営管理」「情報化」「環境保全」「地域経済・社会」「グローバリゼーション」「ライフサイクル」「組織化と運動」「イノベーション」「ネットワーク」といった各論的研究、さらに「中小製造業」「中小商業」「中小サービス業」「建設・運輸・その他の産業」「下請・系列中小企業」「零細企業・小規模企業」「中堅企業」「ベンチャービジネス」といった業種や業態別研究がここで整理されている。

　今日的にはこれになお、「企業家論」（女性企業家などを含めて）、「自営業・家族経営論」、「企業家教育と次世代中小企業者」、「創業と企業成長」、「中小企業の経営革新と連携」、「中小企業の海外事業展開」、「中小企業における経営理念・戦略・計画」、「中小企業における技能継承」、「中小企業と人材育成・教育」、「中小企業における労働組合と労使関係」、「中小企業の資金調達方法」、「中小企業の『破綻』と『再生』」、「中小企業と社会的責任・貢献」、「社会的企業、コミュニティビジネス」、「多元化社会とエスニックビジネス」などといった新たな主題を取りあげることが必要であろう。中小企業政策はこれらの各主題に直接間接に関わっているが、また政策独自にも個別にも検討すべきものであり、特に「中小企業振興条例」制定はじめ地方自治体との関係での課題は重要な意味を持っている。一方で先の経緯からもわかるように、「中堅企業」「ベンチャービジネス」といったものは特定の企業類型を指すのか曖昧でもあり、むしろそうした「言説」自体のもつ理論的・社会的・文化的意義を論じることも必要である。

　また、これらの主題はもっぱら日本や先進諸国の状況と中小企業の存在を対象に想定されるものである。しかし近年では、前記のように東アジアなど多くの国々で中小企業とこれに対する政策が非常に重要な意味を持つよう

になってきており、従って、「発展途上経済と中小企業」、「市場経済化と中小企業（者）」、「中小企業と経済開発」、「中小企業と在来産業、近代産業」、「中小企業とインフォーマルセクター」、「中小企業と協同組織」、「中小企業とマイクロファイナンス」等々も大いに議論すべき対象領域である。さらに、発展途上国に限らず世界共通の研究課題としても、小規模企業・自営業や家族経営への再評価、労働や学習、社会参加と生活などのかたちとしての今日性を論じる意義が大きいと言える。

　中小企業の研究は、先にあげたように狭義の主題にとどまるものではなく、実際に存在する企業自体の置かれた状況、課題や経営的取り組み、政策的支援などの具体的な事柄に即し、さまざまな研究と議論の課題を新たに投げかけてくるものでもある。なかでも、欧米等とは対照的に我が国ではまだきわめて研究も議論も低調なのは、「企業家教育」、「女性企業（家）」、「エスニックビジネス」、「持続可能な社会と中小企業」、さらには研究の方法自体への批判的総括といった点である。[*59] 特に欧米などの学会では、この「研究方法」そのものへの問いかけがつねに重要な論題をなしてきており、既存の研究や調査方法への問題提起、新たな方法の実践などが報告・議論されてきている。これに比べ、我が国ではそうした「方法論」への言及が乏しく、伝統的な手法の繰り返し、あるいは「輸入」型の枠組みの絶対視なども見られるのは残念なことである。

　うえにあげた領域・課題全般のうちには、すでにすぐれた研究成果が近年示されているものも少なくない。[*60] しかしまた、我が国では未踏である領域もかなりあり、今後の研究を待たねばならない。

3-2　研究方法論として

　一般に社会科学的研究においては立場の如何を問わず、とりあえずは三つの「方法論」領域が想定できよう。第一には背景哲学・世界観・論理観、第二には「前提理論」と理論的な枠組み・構造観・関係観等、第三には調査・分析・実証研究あるいは記述などの方法、こういった区別は必要である。の

第1章 中小企業研究の意義と課題、中小企業論の歴史と到達点

ちにも述べるように、経済学などの研究には、そうした背景哲学のありようがじつは多くの「主張」の根本にあるのであり、中立的や客観的の名のもとで「制度化された経済学」を無批判に用い、単なる現状肯定論や体制擁護論に陥ることも大いに問題である。これはもちろん中小企業研究にも問われるところである。

　そのうえで、第二ないし第三の領域では今日、非常に幅の広い方法が用いられるようになり、中小企業の研究においても研究対象や領域を超えて、論理性研究、理論解釈論、歴史研究、統計データなどによる計量分析、会計的データなどの数量的分析、比較制度論、システム論、政策論ないし政策評価論、事例研究（フィールドワーク）などといったものをまず想定できる。あるいはまた、純粋「理論研究」とともに、検証の方法としての歴史資料的接近、現状への質的研究的接近、普遍的数量的接近などという区分もできそうである。また世界的にはこれに限らず、社会的現実や人間行動へのオーラル史的・社会史的関心、エスノグラフィック（民族誌的）な接近記述、ディスコース（言説）自体への批判的議論、あるいはまた細分化微細化されがちな研究への批判としての、大きな政治経済社会学的構図からの論理再構築なども多々試みられ、これは中小企業研究にも応用されることが珍しくない。中小企業研究の学際性を示すものでもある。[61]

　企業や産業経済の研究では、コンピュータなどのツールの発達と普及もあって、近年数量的、計量的分析が世界的にも多くなっている。しかし佐和隆光氏も指摘する、そうした「制度化」の危うさや限界もあえて指摘せねばならない。[62] こうした研究方法では、背景哲学や論理観、あるいは前提理論として、単純な「実証主義」「還元主義」や「数学的形式主義」が無批判に[63]前提とされていがちで、設定された枠組みや取り上げる数量自体、あるいは「仮説」などにおいて、現実の姿とそこにある矛盾、問題を全体として明らかにするには不十分なことはしばしば生じている。特に中小企業の研究には先に見てきたように、経済社会全般、またその歴史的な展開の中での全体的ないし構造的な認識が重要であるにもかかわらず、そして支配的大企業との相対的位置、関係を念頭に置かねばならないにもかかわらず、とかく部分的事象の分析に終始する恐れをぬぐえない。

29

いかに緻密化されようと、計量的な手法などはあくまで「確かさ」を示す手段であるうえ、とりわけ中小企業の研究においては壁にぶつかることが少なくない。企業は本来、財務的会計的な意味では経済合理性ないし計算可能性の実体・主体なのだし、またその存続と発展が市場経済のもとでの経営的効率性合理性のバロメータでもありうるが、中小企業については相当に「非合理」*64な、あるいは人間的な要素が深く絡み、また大企業体制下でのさまざまな不利・困難がその存続を妨げている。しかしこうしたものの実態は容易に把握されず、数値化もしがたい。そして肝心の数値化できる資料自体がどれだけ存在するか、中小企業に関しては既存統計などの制約と統計データ*65の収集方法の限界に直面することが珍しくないのであり、経営的指標となるデータは乏しく、あるいは入手困難で、また個々の企業の時系列的データは容易に収集できない。そのため相当に間接的な資料で分析解釈がなされていることは少なくない。*66

こうした数量的データの不足を補うものとしてよく用いられるものが、「アンケート（サーベィ）調査」である。未知の事実や要素や数量、判断、行動などに対して個別に設問を設定し、中小企業などから回答を得ることで、結果を分析し、ある意味「もっともらしい」結論を導くことができるし、これにもとづき「問題設定－分析枠組み－仮説－調査設計－データ収集－結果分析－仮説検証」と研究を構成すれば、正統客観的な研究を行っているような印象を与えがちである。*67もちろん筆者もそのたぐいに多くかかわってきたが、これにも一連の制約がある。こういったアンケートなどではきわめて限定された設問や選択肢を用いるしかなく、恣意的設定や誘導的選択の危険もあり、そもそも調査の設計実施者と回答するひととの間で「認識共有」が十分なければ調査の意味自体が失われる。調査担当者や調査結果の回収方法にまつわる危険なバイアス、*68さらに回答者や回答数の統計的偏り、企業の中や社会における回答者自身の属性や立場なども無視はできない。

これに対し、中小企業研究で今ひとつ有力な方法は「事例研究」を中心とする手法である。もちろん個々の企業事例を取り上げるにも、さまざまな調査や分析手法などを用いることができるのだが、多くの場合はフィールド

ワークとして、企業を訪問調査し、経営者などへのインタビューを重ね、関係資料を集め、また生産や販売の現場などを観察する等の方法が用いられる。[*69]そのなかでは、企業の集まる「業種」や「地域」への調査を含め、関氏らの唱える「現場主義」[*70]が重視され、既存の文献資料や統計などでは得られない「事実」の発見に重きを置かれることが多い。もちろんそれには相当の経験も要するだけではなく、取り上げられた個々の事例の普遍性に対する批判は免れない。なぜ、その企業を事例研究するのかという根拠なり位置づけなりが必要である。「事例研究」は総合的なリサーチ戦略のうえにあるともされる。[*71]まず、インタビューなどのもととなる考え方、枠組み理解、指標などの認識、さらに「前提理論」的理解が問われるものである。実践的議論も含め、経済学の企業理論から経営学各論、会計学、技術学や社会学、人間学、行動学や生活学の考え方なども総動員せねば、企業の実像は見えてこない。また、そのためにも時間と手間をかけた考察、資料の収集検討、時には「参与観察」や「定点調査」などもいとわない努力がいる。

　筆者は自分の経験から、こうした「現場」をベースとした事例的質的調査においては、一つには「問題発見・深掘り型・インタラクティブインタビュー」が大事であると考える。予定された質問への答えをただ聞いてくるのではなく、「なぜそうなるのか」、「なんでこれが（不）可能になったのか」と問題を見いだし、背景や構造的要因や経過などを深く探求する、あるいは芋づる式に関連する諸事実や諸関係を引き出すという展開が重要なのである。今ひとつには、さまざまな要素や要因に分解していくだけではなく、むしろ生きた実体としてのその企業のありようを明確に認識できる、いわば企業が「見える」全体像把握が重要であると感じる。このような意味で中小企業の研究では、調査の企画立案力、また優れて現実感覚と問題発見力、全体構成力、そして対話力が重要であると言える。

　また、インタビューなどの際に陥りがちな誤りを避けるため、回答者の発言における「sein」と「sollen」の峻別には留意する必要がある。「こうありたい」という主張と、実際に「かくある」という事実の開示とが、時には混乱を招き、あるいは調査者の側に誤解を生じさせることは少なくない。たとえば「このような事業を展開する方がよい」という意見と、「こうした事

業を展開した、あるいはいま展開しつつある」という事実の説明とが混同されてはならないのである。さらに、ひとは時には誤解や記憶違いなどをおこすものであることにも留意せねばならない。そのため、インタビューの内容の「裏付け」、バックデータや資料等との対照確認、複数のひとや同一人への反復インタビューなども大切になる。他方また、当事者の「語り口」や表現方法、ニュアンスなどまでも含めて忠実に記録再現する、オーラル史的あるいはエスノグラフィックなインタビュー調査の方法にも配慮をすべきだろう。

　事例的研究を含め、政策や産業研究、団体組織や運動研究などにも必要なものは、歴史的ないし資料的な研究方法である。「書かれたもの」「記録されたもの」が研究すべき事実のすべてではないにしても、逆にこうしたものをていねいに渉猟発掘収集し、十分に読解解釈し、あるいは整理分析するといった作業は手間はかかるが、非常に多くの事実を明らかにしてくれる。またそれは過去を対象とするばかりではなく、現在進行形でおこっていることや、いま行われている政策、企業経営、団体活動などを解き明かし深耕する意義も有している。[*72] そこではさまざまな意味での「制度」的な存在の抽出、位置づけと明示、差異の明確化は重要な論点でもある（これらを度外視したかのような、量的要素の還元とその因果関係のみに依存する「還元主義」的な手法は限界があることを見落としてはならない）。こうした方法が近年の研究では十分生かされていないうらみもある。

4　終わりに

　山中氏らが指摘したように、中小企業の研究はきわめて学際的で、あらゆる研究の方法の応用と議論に対し開かれている。我が国におけるマルクス経済学やそれに触発・影響された、構造論的社会経済理論、市場と競争論、批判的経営学、社会階層論など、あるいは「企業成長論」「最適規模論」などの伝統的な「存立条件論」等にとどまらず、先に触れた1980年代以降の中

小企業への新たな関心とアプローチも踏まえながら、さらなる発展も期待されるのである。そのなかで、近年の「新制度学派経済学」や「進化経済学」、「社会システム論」、「ネットワーク論」、「社会的構築論」、「ソーシャルキャピタル論」、「協働社会論」などの社会理論、「組織と学習論」、「起業家論」、「文化論」なども興味ある視点や考え方を提供してくれている。それはひとつには、中小企業という存在の普遍性と問題性がある意味世界共通のものであり、これを理解しようとするいっそう広い関心を呼び起こすからである。今ひとつには中小企業の存在と当面する問題の全般的解明、これに対する政策的や経営的打開が課題であるだけでなく、中小企業の存在を通じた新たな社会経済システムの望ましい姿を展望し、そこで中小企業が担うべき役割を明らかにするために、さまざまな論理と方法を応用していくことがいまこそ必要になっているからでもある。

　戦後日本での中小企業研究には、山中氏、伊東氏らの「第一世代」、佐藤氏、中山氏らの「第二世代」があり、そして筆者らはこれに続く「第三世代」と呼ぶことができよう。その我々や次の世代にとっては、中小企業研究への関心の広がり、研究自体の国際化は大きな刺激であり、次の発展への跳躍台である。しかしまた、「第四世代」「第五世代」の研究者となる人たちには、我が国での研究の軌跡、「中小企業論」としてのこれまでの論点や到達点を大切にしてほしい。我が国での研究成果や議論、企業経営や政策展開が他の国々に与えた影響は決して小さくないだけでなく、中小企業の研究にはそもそも「なぜ、中小規模の企業を区別して取り上げるのか」、「中小企業の存在をなぜ問題対象とするのか」という原点的な問題意識が欠かせない。先に見てきたように、我が国においては山中氏をはじめ、中小企業が多数存在し、そこで多くの人々が働いていながら、なぜ経営が困難なのか、なぜそこに関わる人々が恵まれないのか、こうした現実に対するつよい問題意識と現状を打開変革したいとの思いがあったと言える。

　今日に至るまで、そしてすべての国民経済にあって、中小企業の存在はその生産力基盤として欠かせず、経済発展の原動力である、また就業機会をはじめ経済社会の重要な構成要素であると認識されるようになってきたが、こ

第 I 部

れも日本での経験から示唆されたものでもある。同時にこうした「役割」も、経済社会と市場経済の現状を「放置」「放任」しておいて十全に発揮されるものではなく、経済的な諸関係を軸に、中小企業が当面するさまざまな困難や問題を認識解明し、これを打開していくような公共政策（その理念や目的・方法はさまざまあれども）が不可欠であると広く認められるようになってきている。山中氏が問題を目の当たりにしていた 1940 年代、50 年代と今日とでは、日本にあっても中小企業の当面する「問題」の現実も、対応する政策の課題も大きく異なってはいる。しかし、現状をただ「説明」する、分析的に解釈を試みる、あるいは個々の事例に没頭をするだけであれば、中小企業をあえて「区別して取り上げる」必要性は決して十分ではない。まして、「中小企業のために、特段の政策など行う必要などない」というのであれば、中小企業研究の原点自体を否定するに等しいことになり、研究の自己否定になってしまう。

　日本の社会にあって、「市場（原理）主義」の横行がもたらした弊害が今さらのように広く取り上げられ、「格差」や「失業」、「地域」問題などが日々マスコミをにぎわせている。さらに世界的金融破綻と大不況は各国の中小企業を直撃し、深刻な事態を招いている。もちろん多くの困難や障害を越え、企業経営としての着実な発展を実現している例も珍しくないし、その延長上に、「中小企業の社会的使命」を展望することも有意義である。しかしまた一方で、経営に行き詰まり、あるいは後継者を欠き、廃業していく企業数は依然増勢であり、小規模自営業層のうちでは「一般労働者」どころか「ワーキングプワー」にも近いとされるような労働と経済状態に陥っている例も少なくない現実がある。こうした現実を客観的に見つめ、かつまた他の国民経済や地域圏経済などとの異同性を十分比較検討しながら、先にあげたような現実を説明する論理を構築することは今日ますます重要である。

　「なぜ中小企業を取り上げるのか」という原点を見失うことなく、なにより現実に立脚し、そしてこれに関わる多くの人々の労苦が報われ、働く意義と喜びを発揮でき、社会の連帯、福祉と安寧の向上、均衡ある経済発展とその成果の共有にもとづく世界の平和と安定に貢献する道を求め、「変革」の可能性を意識追求してこそ、中小企業研究のこれまでの伝統と蓄積が生かさ

れるのではないか。そしてこれは、中小企業研究に今後かかわり、またこれを学ぼうとするすべてのものに望まれることではないだろうか。

第Ⅰ部

第2章　中小企業研究の展開と国際的位相[*1]

1　はじめに

　日本の社会科学が「輸入学問」に傾斜し、しかもその状況が今日まで続いてきたことには、利点難点さまざまあるだろう。しかし間違いのないことは、西洋学問を翻訳し、学び、応用するという状況から、自ら積極的に参加・発言・貢献し、いわば学問研究の「国際化」（グローバリゼーション）に加わっていくという姿はきわめて乏しいといわねばならない現実である。それがために、時には欧米での学問論調の「流行」にさえ左右されるといった、笑うに笑えない事態さえ相変わらず繰り返されている。
　他の多くの「文化」分野同様、こうした圧倒的な「輸入超過」の状況が一貫して見られてくる中で、「中小企業論」というものはむしろ例外的であるとも思われ、またそれ故に日本の社会科学の研究では「脚光」を浴びたこともないように感じられる。要するに、欧米で「箔」をつけてこないと、日本国内の学会やジャーナリズムでは相手にされないということである。欧米に「お手本」がなければ、胡散臭いもの、泥臭く学問的でもないものの扱いしかされないということである。しかしこうした扱いはかえって、日本の中小企業研究に独自の発展を可能にした。そして皮肉にも、日本経済の「輝かしい成功」とともに欧米のみならず世界各国で注目されることになったのは、「日本の中小企業」であった。その結果、以下で詳しく見るように、日本企業の「海外生産」よろしく、1980年代には「日本中小企業の再発見・再評価」と「中小企業研究の逆輸入」が生じ、日本国内にも「中小企業への関心」の勃興と新規参入の活発化現象がおこったのである。

　筆者はたまたま、そうした時期を挟んで「中小企業研究」にかかわり、以

来さらに「研究のグローバリゼーション」と「逆輸入」のただ中のできごとを内外で直接間接に経験をすることができた。もちろん、ここで「逆輸入」されたものは、必ずしもこれまでの日本の中小企業研究の「主流」の見地・方法ではない。しかしそれがまた、日本での今日の研究状況に多大の影響を再び及ぼしていることも明白な事実である。そうであれば、事態を「学問輸入史」として、あるいは極東の地ジパングと欧米文明社会との交流と開明の道として描くことは、今日決して無意味でないだろう。

　本章は、こうした「国際化」への研究史的展開を三段階に分けて追い、特に80年代以降の日本中小企業への「再評価」機運とその「逆輸入」の意味を検討し、さらに90年代以降の評価の「再逆転」と見直しのなかから、「モダニズム」への束縛状況と「輸入学問」を超え、普遍的視座と方法をグローバルスケールで展開する可能性を考えていくものである。グローバルを語りながら、もっぱら欧米の研究と議論とのかかわりでのみ見ていくこと、アジアなどの動向を含まないことには制約があるが、日本の「社会科学」の従来の展開がこうした軸のうえを実際に動いてきただけに、このようなとらえ方をすることにも、必ずしも無理からぬ事情を読者にも理解いただけるものと信じる。

2　日本中小企業研究の原点と「国際化」

　日本においては、「中小企業研究」の独自の歴史を誇ってきたと言ってよい。その一つの到達点を示すものが、山中篤太郎氏の著作『中小工業の本質と展開』（1948年）である。[*2] 山中氏は、ここで中小企業を論じることの基本的テーマが、「国民経済経営的構造の場における問題性」としての「中小工業の存在」にあると指摘している。戦後日本での中小企業研究の歴史は、これを手がかりとしてきたことは明らかであろう。[*3]

　このような山中氏に代表される「中小企業問題論の研究」という見地は、うえに指摘したように、じつは諸外国ではあまり見られなかったものであっ

た。しかしまた、日本の中小企業研究は諸外国からの影響から無縁であったどころか、大きな影響を繰り返し被ってきたのである。この点では日本の「社会科学」の"伝統"の例外ではない。それにもかかわらず、独自の展開を遂げ得たところに、重要な意義を今日も有している。

2-1　第一の波──「プレモダン」としての「中小企業問題（小工業問題）」の発見

　日本の中小企業研究に対し、諸外国の理論や研究において大きなインパクトとなったものは、これまでに幾度かあった。その最初の波は、我が国での中小企業をめぐる議論の原型をなした「小工業問題」のプロトタイプである、ドイツ新歴史学派・G.シュモラーらの社会改良思想と中産階級保護論である。[4] 日本社会政策学会を設立した金井延、山崎覚次郎、桑田熊蔵、高野岩三郎氏らは、明治中期に相次いで欧州、特にドイツに渡り、ビュヒャー、シュモラーらの主張を受け、労働問題とともに小工業問題への関心を触発されている。[5] 小工業の実態についての調査も、シュモラーらの研究方法の影響が大である。日本社会政策学会を舞台として明治末から大正期にかけて行われた議論は、明らかにこうした影響下のものであったし、その限りでは「輸入学問」の色彩を拭えなかった。こうした視点から研究が始まったことによって、議論の大きな枠組みが形成され、その後の研究の方向に積極的にも消極的にも強い意味を持つことになったと言ってよい。[6][7]

　その後には、もちろんさまざまな欧米理論の影響があった。「最適規模論」の影響を一方の側とすれば、[8][9] マルクス理論自体の影響を他方の側におくことも可能だろう。そのうちには当然、「輸入」の枠を超えた理論的成果や詳しい実態研究、活発な論争もある。それらを包括する意味での一つの到達点が、日本独自の見地からの「中小」企業（工業）問題という視角であり、[10] これを集約した、山中篤太郎氏の「本質論」ということになる。今、これに至る戦前から戦後への諸議論の展開については、紙幅の関係から詳論を避けたい。しかし重要なことは、「国際性」と「モダニズム」（近代化）という切

り口から見れば、独自の「中小企業」範疇の確立を見ながらも、その背後には伝来の学術「輸入依存」が拭いがたく、それは単なる翻訳や受け売りを克服しえたとしても、西欧経済社会の「近代性」を物差しとし、これに対する「距離」として、日本の「前近代性」（プレモダン）を問い、またそこに日本の「中小企業問題」の根源を求めるという姿勢は、一貫していたとも言えるところである。

　具体的に示せば、山中氏の「中小企業の本質」論は、「小工業問題」観に訣別し、日本独特の「中小企業（工業）問題」の視点を確立しながらも、「国民経済の経営構造的矛盾」[*11]として日本の中小企業問題を説くという点、やはり「特殊日本性論」であり、その裏側には「近代化の遅れた日本」、理念としての「西欧資本主義」への距離という意識が強くあったのである。同氏の上記の『中小工業の本質と展開』は、主には後進国の条件から発しながら、これを脱却しえない日本資本主義の構造的矛盾の研究に当てられている。これに対し、前章で見たように、「一般的に中小工業問題の形成は先進資本主義国たる英国では手工業家内工業として意識され終わった」はずなのである。

2-2　第二の波——欧米における「中小企業」の発見

　第二の波は、戦後研究の発展期、昭和30年代前後に来た。

　終戦直後、米国占領下にすすめられた「経済民主化」の波は、中小企業庁の設置など、ある意味では相当に米国流の「中小企業観」、すなわち「経済力集中の防止」や「自由競争原理」重視の姿勢を示したものの[*12]、これがその後の我が国の中小企業研究や中小企業観に大きな影響を持ったものとは言い難い。むしろ戦後政策の主流は、いわゆる「中小企業近代化」という理念としてすすめられたのであり、その根底にあったものは「中小企業問題」の根源としての「二重構造」という見方であった[*13]。この概念は少なくとも、諸外国の研究や主張の直接の影響を被ったものではない。むしろ、独特の「日本資本主義」理解のうえにあり、その意味では戦前の「日本資本主義論争」の延長上にさえあったものと位置づけることも不可能ではないだろう。その代

表的論者有澤廣巳氏は「労農派」の見地から今度は特殊日本論に転じた観があるのは不可解だが、ここに顕著にあるものは、一国のうちに「近代的」大企業と前近代的な小企業、「先進国と後進国の二重構造が存在」すると規定する、徹底した「モダン」の側からの「プレモダン」批判の見地なのである。[*14]

一方、従前の「日本資本主義論」や「二重構造論」に距離を置きながらも、戦後の研究に強い影響を与えてきた山中氏らとともにあって、伊東岱吉氏は1957年初版の書『中小企業論』において、「日本特殊性論」への疑問を呈した。「西欧においても、独占資本主義が発展するにつれて、……。独占の圧力と中小企業の問題が重要な矛盾として現われてきた。」[*15]「各国共通に見られる中小企業の問題点は、第一に重税の圧迫であり、第二に金融難、さらに原材料問題であって、国家＝金融資本＝独占企業の体制的圧迫がうかがわれる。」[*16]「中小企業問題は、独占資本主義の産物なのである。」[*17]

こうした伊東氏の「日本特殊性論否定」の根拠の一つとなったものは、伊東氏自身が記すように、M．ドッブの著『資本主義発展の研究』（原著1946年刊）であった。[*18][*19]伊東氏は前章のように、ドッブの記述において、独占段階の諸国でも小規模企業が大部分を占めている実態を取り上げた点を重視した。一つには「前期的形態」のものも存続し、一種の「mixed system 錯綜した諸要素の混合」（伊東氏の訳、邦訳版では「混合体制」と訳している）が見られるのが経済史の常態であり、独占資本は産業の基幹領域と基幹ラインへの「control 支配」（伊東氏の訳、邦訳版では「統制」）を掌握すればよいのであること、また各種の方法により、無数の「独立」中小企業への「事実上」の「industrial leadership or dominance 指揮権」（邦訳版では「産業上の指揮、支配権」）を握れればよいことが、その理由であるという指摘に注目する。ドッブは、中小企業が存立する基礎条件として、技術条件や販売政策上の妥協、競争の鈍化と古い技術の温存などがあるとした上で、さらに一種の「modern putting-out system 近代問屋制」（邦訳版では「近代的な問屋制家内工業」）の存在を指摘している。大企業の特殊部分工程や特殊な方面の要求を満たすため、あるいは需要の一時的ピークに応じるために、大企業が中小企業を動員する、これは中小企業の「the role of sub-contractors 新しい下請制」（邦訳版では「下請業者の役割」）で、大企業の補完者として

中小企業が動員されるものである、という。

　伊東氏の意図は別として、ドッブの著作は、決してオリジナルな実証研究ではない。経済学の分析方法を歴史的発展の研究と結びつけ、現在の問題を歴史的事実に照らして見るという立場のものであり、「他の人々が既に集め整理した資料にもとづいて、歴史的発展を概括（generalizing about historical development）しようとするもの」[20]である。あくまで理論家としての彼の歴史段階観を、歴史的事実の中で示したものであって、従ってここに伊東氏らが「発見」したものは、結果的には歴史的事実そのものというより、独占資本主義の歴史的性格とその「構造」への視点であったのである。

　こうした伊東氏の引用と解釈が与えた影響は明らかである。伊東氏は独占段階（ただし当時にあっては「一般的危機の段階」）の「中小企業問題」の一般性を確認し、独占の「支配」と独占利潤の「収奪」をその問題の「本質」とした。こうした伊東氏の見解を掲載した、日本学術振興会第118中小産業委員会の討論にもとづく集団著作『中小工業の本質』の巻頭で、山中篤太郎氏も、「中小」企業という位置づけの意義について、「19世紀の初期の世界の資本主義国においてなら、小経営を駆逐する産業資本と考えられたであろうものが、今日では独占を頂点とする資本の運動法則に取り囲まれて、中小企業を形成する」[21]と述べ、従来の所論を軌道修正しているのである。[22]

　藤田敬三氏は、産業資本・独占資本の「商業資本的充用」による「外業部的支配」としての「下請制」を主張してきたが、こうした議論の発展にたいし、独占資本主義における独占の「二つの支配」なる概念を用い、「独占価格の支配」は免れえないものだが、「より優位なる資本の圧力的支配」は、一国の産業構造のあり方を合理化することにより開放されることもあり得るとする。[23]この後者の支配が顕著に続いているところに、後進資本主義たる日本の問題、産業構造の高度化・近代化の遅れと産業の「二重構造的欠陥」（すなわち中小企業問題）がある。これと対照的に、アメリカでは「三Ｓシステムや人間関係の掘り下げによって効率を高め、大企業と中小企業とがそれぞれの適正規模において高い専門化の下に社会的分業の利を収めるという形態で協力しあっており、独禁法の擁護を待つまでもなく本来支配従属の

関係にないというのが一応の建前になっているのである。」「アメリカにしろ、ドイツにしろ、最低賃金制以前の泥沼の中で少数独占資本の前期的色彩の濃い中小資本の支配とその圧力から生き残る競争に終始してきた明治以来の日本中小企業が持つような二重構造的悩みに類するものからは既に久しく解放されている。」[24]

このような曖昧な「独占論」を前提とした軌道修正論は、その後、巽信晴氏らの「階層分化」と「支配形態」論へと継承されていくものの、その「支配」の内容と中小企業の地位をめぐって自己矛盾を来していくことになる。[25]

一方、伊東氏らの見解をまとめる形で出された楫西光速他編『講座・中小企業』の刊行以降、伊東氏の提起を継承する形で、独占論としての発展を図ったのが、北原勇氏、中山金治氏、佐藤芳雄氏らである。[26] 北原氏は一方では「資本の集積・集中と分裂・分散の傾向」という定式を掲げ、K.マルクス『資本論』の論理のうちから中小企業の存立の可能性を示そうと試み、[27] 他方また、独占資本主義の一般理論を体系だてようとした。[28][29] 佐藤氏は、北原氏の問題提起を受け、独占のもとでの「中小企業問題」を、寡占と非寡占・中小企業の間の関係として解明することをめざし、この主題が、J.ベインらによる市場と競争の理論としての産業組織論の方法で示せるものと着目した。また中山氏は、「中小企業問題」から、「『残存利用』の『近代化』」である「零細企業問題」へと視点を拡大し、[30] なおまた、それらをも「前資本性制的経営の残存物ではなく、従属性を深めながら再生・利用される現代資本主義の『近代的』存在とみる視点」の意義を強調している。[31]

企業間関係論としての佐藤氏の論理展開は、「独占」論からの発展の一つの必然であると同時に、見逃せないことに、「中小企業問題」の普遍性を理論的にも実証的にも発見確認しようとしたものでもあった。佐藤氏の理論体系と評価される『寡占体制と中小企業』は、産業組織論的方法を詳細に整理展開するとともに、丹念な文献渉猟で、主にはアメリカでの中小企業問題にかかわる事実をその例証として用いている。[32] しかし今日までの経過に照らせば、こうした佐藤氏の問題意識はその時点では十分理解されなかったようにも見える。[33] むしろその後、日本経済の発展に伴う「日本的経営論」の隆

盛によって、「中小企業問題」への注目は影が薄くなり、以下で見るように、そこにまとわりついてきた「日本特殊性論」をいかにして顛倒し、「日本の優位性論」「日本中小企業の良好なパフォーマンス」論に転化するかの方に、世の関心が傾いてきた観がある。

2-3 「ウルトラモダン」論の形成

　伊東氏らの「独占論」としての普遍性に立脚しながら、ここに「前近代性」観を脱するきっかけを見いだし、全く異なる方向へ、いわば「ウルトラ近代化（モダン）」へと議論を展開していったのが、中村秀一郎氏、清成忠男氏である。中村氏の「中堅企業論」、さらに後の清成氏らによる「ベンチャービジネス論」といった主張は、[*34]単に一世を風靡したのみならず、既存の中小企業観、特に「二重構造」的通念を否定し、日本中小企業の「近代化」の達成を明らかにするものとして、爾来常に一方の旗頭とされてきた。しかし、これを日本の中小企業概念の「国際化」の観点から見直すとどのようになるのか。

　中村氏の「中堅企業」は、同氏によれば、シュムペーターの『景気循環論』において、1920年代工業発展期の「medium-sized firms」として示される概念に類似するが、基本的に我が国独特のものとされる。[*35]さらに、周知のように「ベンチャービジネス」という語は和製語であり、従って、日本で編み出された新概念である。[*36]これが単に新語であるというだけでなく、中小企業の新しい層を普遍的に指すものであれば、「中小企業観」の新展開であることは事実だろう。

　しかしそれが直接「輸出」され、国際的な普遍概念となったかどうかは、容易に肯定はしかねる。[*37]このような新たな「企業類型」をもって、欧米での再認識があったという証拠はほとんどない。むしろこれは、日本での従来の「中小企業概念」への批判として、欧米の実情を根拠に「輸入」されたものと見た方が、より実際の経緯に近いであろう。[*38]なぜなら、欧米の通念のコンテクストには「問題性を担う中小企業」という概念が従来なかったのだから、むしろ（family business, little business を別として）「中小」企業をそのま

43

ま成長性ある企業と見ても不思議はない。だから、「ベンチャー企業」という概念を特に区別する理由が元来ないと言うべきである。

中小企業一般への評価として、「ベンチャービジネス」などといった言辞を用いるのが困難である、ないしは改めてそのような呼び方をするような問題意識が他にないものとすれば、中村氏、清成氏らがのちに、「脱工業化社会」、「地域主義」、「範囲の経済」、「ネットワーク社会」、「フレキシブル専門化」などの産業社会へのさまざまな内外の新概念を用い、「大企業体制の終わり」を裏づけ、自説を立証しようと試みてきたことは首肯しうるものであるものの、依然「輸入超過」の色彩が濃い。むしろ両氏らの所論が「普遍性」を明確な形で示せたのは、現代企業家論・中産階級論という、いわば原点的な議論であると言うことができる。両氏は、いちはやく E. ベルンシュタインや W. レプケらの中産階級論に着目し、市場経済におけるその役割を強調し、マルクス的な階級分解論に対峙してきた。[*39] 清成氏はさらにこの視点を発展させ、欧米での企業家と企業家精神再評価の機運に乗って、「誕生権経済」「企業家革命」といった概念さえも唱えてきている。[*40] 両氏らの所論が、日本国内の「通説」批判者（それゆえに近年欧米の「日本中小企業再評価」論者にも重用されるのではあるが）という立場を超え、より積極的な主張たりうるには、あとでも見るようにこのような筋道の方が今日的普遍的意義をもつものであったのである。

3 第三の波——日本中小企業の「再発見」？

3-1 80年代「再評価」の背景

1980年代においては、従来にない事態として、欧米社会の側で、日本経済と日本の中小企業への高い関心が急速に広まった。その背景としては、まず第一に、長期的かつユニバーサルな変化として、交通手段、情報通信手段の急速な発達が生じ、世界経済の相互連関・相互依存関係、経済活動のグローバル化などが進んだとことがある。そのため、一方では企業活動の場が

国際化し、さまざまなインターフェースを世界規模で持つようになり、特定の国での企業群の存在がそのまま、他の国々の経済にも直接のインパクトを持つようになった。他方では、学術研究を含む活動が世界同時的になり、研究の場も世界規模になってきた。当然ながら、研究にかかわる諸情報は世界同時的に活発に行き来するようになる。研究者等の相互の行き来も非常に容易となる。

　第二に、特に1970年代以降の日本経済の成長発展と世界経済中のプレゼンスの飛躍的増大がある。それによって、日本経済への関心が、その外側においても高まっただけでなく、国民経済圏と経済活動の対外的接点が以前とは比較にならないほど多くなった。従ってまた、個々人も諸組織・機構もそれぞれが相対的な性格・位置を直接認識することが常態化してきた。

　第三には、これと関連して、日本産業の国際競争力が顕著に高まり、70年代末からの「ジャパンアズナンバーワン」論など、その競争力の源自体を詳細に知ろうという動きが活発になったことがある。「日本的経営論」の活発化もその一環であるが、のちに見るように、日本の中小企業ももっぱらそうした角度から注目されたのである。

　第四には、日本の「中小企業自体の国際化」の進展がある。もちろん、日本の中小企業は明治以来、その製品の輸出によって「外貨稼ぎ」に貢献し、世界の市場に展開してきた。しかしこれは当然、「見えない世界」への一方通行の道筋であり、接点は乏しかった。中小企業が直接海外で事業活動を行う例は少なかった。けれども80年代以降、大手企業の海外事業展開に付随して、海外に現地法人を設立し、あるいは合弁事業を行うなどの中小企業が急増し、国外での生産や販売に依存する傾向が次第に高まってきた。これは日本の中小企業経営の「国際化」対応を実践面で迫るとともに、その過程での諸問題を諸方面で検討する機会がさまざま増えた。またこうした過程は、国外から日本企業への関心をもつものにとっては、実在する対象としての日本中小企業を身近に感じさせるものとなった。こうした関心は、大企業と中小企業の間の企業間関係・システムのみならず、中小企業層全般の存在、またこれに対する、長い歴史を持つ中小企業政策への評価にも拡大してくる。とりわけ新興工業国にとっては、「工業化」のモデルとしての日本の経験へ

の関心が高い。さらに80年代末には、崩壊した旧社会主義諸国、旧ソ連・東欧などでの経済改革に、日本をより身近なモデルと考え、日本の行政運営、経済政策や産業政策、企業制度などを取り入れようとした動きが活発となった。こうした流れは、80年代からの欧米や発展途上国などで広く見られた「中小企業再評価」の潮流、いわば「中小企業新時代」とも言うべき傾向と重なり、とりわけ日本の中小企業への関心を高めたのである[*41]。

3-2　プレモダン批判──欧米リビジョニストの「日本中小企業観」

　日本の「中小企業問題」に注目し、これをもっぱら「日本の不公正」への非難材料としてきたのは、いわゆる欧米「リビジョニスト」であった。C.ジョンソンやC.プレストウィッツらの著作と言動は、刺激的な言辞で、日本の経済社会と政治が欧米とは異なる原理で動かされているとの批判を繰り返すものであり、その影響は政治的に小さくない。そのなかで、当然ながら日本の「特殊性」を示す問題点は、日本批判の有力な根拠となる性格を有する。
　プレストウィッツは日本の急速な経済発展の背後にある政府官僚と産業政策の役割を検証し、それが「他国を排除したいという欲求の現れである」と規定し、「われわれも日本の経済発展を評価せざるをえないし、政策がおかしいとはいっても、西洋の経済理論からみてそういえるだけで、日本としてはそもそもそんなものを認めてはいないのである」[*42]と主張する。そして、日本の企業と企業集団の特異な性格を指摘し、「終身雇用システム」のコストをカバーするために、賃金も低く終身雇用の保証もない中小企業と下請契約を交わし（「隷属的な」との表現も用いられている）、景気変動期のクッションとして利用しており、他方その企業系列に強く組み込まれ、カンバン方式の下で高品質の部品を供給する下請供給業者との排他的な取引と協力関係ができあがっていると述べている[*43]。
　プレストウィッツは単純に日本非難をしているわけではなく、日本の経験をアメリカも学ぶべきであると述べている[*44]。しかし、彼の見方が「日本異質論」の世論を導き、日米構造協議などに多大の影響を及ぼしてきたことも否定できない[*45]。彼は日本に滞在した経験を持ってはいるが、日本で詳細な調査

や文献渉猟をしたわけではむろんなく、やはりもっぱら二次資料に依っている。特に「系列」や「下請」について詳しく調べたあとはなく、せいぜいアベグレンの『カイシャ』を用いた程度である。そもそも、「クッション」として利用される「下請中小企業」と、排他的なまでの協力関係のもとに組み込まれた「供給業者」というとらえ方の間には、基本的な齟齬があるのを、彼は自覚もしていない。

　一方、C. ジョンソンやプレストウィッツらの盟友でもあるオランダ人ジャーナリスト K. ヴァン・ウォルフレンは、長年の日本での生活体験と多面的な文献読破をもとに、[ジャパンプロブレム]への原点として、明白な主体と責任の所在のない権力と集団の構造、利害のもたれあい、そこに貫かれる管理の仕組みの「効率性」とそれと裏腹の異様さを鮮明に描き出した。[46]彼は、下請企業を強力に組み込んだ企業集団と、下請企業労働者のきわめて低い労働条件を指摘し、膨大な数の零細企業の厳しい労働と忠誠心に支えられた「二重構造経済」が維持されてきているとした。しかも彼は、自民党の候補者支援と引き替えに、中小企業が政治的官僚的仕組みの中である程度の特典と支援を与えられ、この仕組みを維持していると理解する。そして、大企業中心の統制機構に下請中小企業が政治的にも組み込まれていった史的過程を重視する。[47]
　ウォルフレンは、「イエ社会論」などの文化論的日本人観には批判的である。[48]しかし彼の主な立場が、欧米社会科学、とりわけ政治学の方法をもって、「権力論（力学）」の実証研究として日本の社会・経済・政治「システム」の性格分析を行うものであるだけに、その主張は諸刃の剣的な意味を持ってくる。経済過程の政治的側面に注目したのは積極的な意味を持つ。けれども当然ながら、対日強硬論者には日本の「異質性」を問題とする上での格好の論拠となる。また、日本の社会にあって、そのありようを批判しようとする者にも、立場を問わず好適な武器である。[49]しかしそれが事実に十分即しているのか、論理整合的な説明となっているのか、否、これは日本だけの特異な現象なのか、そのような実証性と普遍性を問われたとき、批判論はたちどころに欧米的偏見にもなりかねない。言うまでもなく、それぞれの国と経済は、

それぞれの「権力構造」とその歴史をもっている。問題は明らかに、「日本権力構造」を「謎」とさせる、リビジョニスト的論者たちおよび、その論拠となった文献や記述の有する「近代化論」的な視角の残滓にある。

3-3　ポストモダンとしての日本中小企業の「再評価」論

　日本の企業システムと中小企業への注目を象徴する著が 80 年代から 90 年代にかけ、相次ぎ出版され、欧米で評判を呼ぶとともに、日本にも翻訳や紹介がなされ、一種の「エコー効果」を招くことになった。「再発見」された「日本像」を「逆輸入」し、「再々発見」することになるという事態である。これはそのエコーサイクルのうちで、従来「中小企業」なぞに関心を持たなかった内外の研究者の「新規参入」を促すという積極的副次的効果を持ち、新たな「資源」ならびに「新機軸」の注入と競争の活発化をもたらしたが、他面、議論の焦点は、はなはだしい錯綜・交差のもとにおかれ、一層わかりにくくなってきた観がある。[*50]

　ショーンバーガーの『日本の製造技法——単純化における 9 つの隠れた教訓』(1982 年) は、日本の中小企業一般をとらえたものではないが、「JIT 生産方式」を絶賛し、その日本における実践を教訓とし、外注購買管理の考え方として欧米企業が学ぶべき点を説いたものである。否定されるべきものは欧米流の垂直的統合と内製化への傾斜であり、一方積極的にすすめらるべきものは、外注化とサプライヤネットワークの利用、相互依存と共存・共栄の密接な企業間関係である。[*51]この書は多大の反響をえた。言うまでもなく、70 年代後半から「日本経済の良好なパフォーマンス」「競争力の高い日本産業」に注目し、「日本的経営」を評価する動きが活発となっていたが、それらが主には大企業の「日本的雇用管理」や「労使慣行」、「集団主義経営」などに注目してきたのに対し、いまや中小企業を含めた"企業間システム"とその管理への注目へと関心とが広がってきたのである。[*52][*53]

　日本の中小企業に全面的に注目したのは、D. フリードマンの『誤解された日本の奇跡』(1988 年) である。[*54]彼は日本の「経済的勝利」についての

通説は、政府の主導によるとする「官僚調整論」、製造業営利企業の活動成果によるとする「市場調整論」の二つがあり、そのいずれも正しくないと主張する。そして、彼の主な着目点は「フレキシブルな生産の原理」の定着にある。日本の製造企業は、これによって①製品の差別化を広げ、②新製品新市場を作り出し、また③小規模生産部門のための設備など、独創的な財に対する需要を作り出し、フレキシブルな技術の持続的な拡大を可能にし、④需要サイクルと経済危機への対応を可能にし、⑤製品品質の際だった向上を促し、⑥特殊専門化と高水準技能を蓄積させ、さらには⑦フレキシブルな生産に伴う価格上の不利を、高い市場参入率のもとの中小企業の激しい競争が軽減することになった、と位置づける。彼の議論は、従来巨大企業と政府との関係にのみ注目していたC.ジョンソンらの日本論・政策論への批判であり、したがってその論拠は日本中小企業とこれによって担われてきた工作機械工業などへの注目にある[*55]。

　フリードマンは既成の日本の中小企業観を代表するものとしての「二重構造論」を批判し（彼はその起源を有澤廣巳氏の1957年の記述に求めている。これはかなり正確な認識である）[*56]、こうした見方が外国の研究でも無批判に受け入れられてきたと指摘する。彼の主張するところは、「二重構造」的な状況があったとしても、それは日本だけの「特殊な」問題ではないし、また、日本の中小企業はむしろそこから脱却しえたのだという点である。その決め手は、「日本の多数の中小企業は、フレキシブル生産戦略を採用することによって、大企業への永続的依存と技術的劣位を免れたのである」[*57]という経過である。その実証として彼が用いるのは、規模別の雇用動向や賃金格差の縮小、中小企業と大企業との利益率比較といった統計データと、中小企業の下請依存度把握を含む清成氏らによる「通説」批判、「下請」関係の変化や多様性、「独立専門企業」への注目である[*58]。また彼は、政府の中小企業政策と金融政策にも目を配る。そして彼は自己の主張の例証として、日本工作機械工業の発展過程と中小企業の地位についての歴史研究、ならびに長野県坂城町の「産業地域主義」の実態検討を行う。

　フリードマンの能弁と巧妙な「論理」を以てすると、まるで別世界のような「日本の中小企業像」が描き出されるのには、読者は誰もが感心しよう。

しかも彼は「博学」であり、日本の研究や調査にも多々目を配っている。欧米の研究者の多くが固定観念として抱いてきた「日本の中小企業像」に、カルチャーショックが与えられたのである。この著以降、日本からの「イタリア詣で」の流れとは逆方向に、欧米からの「坂城詣で」が激増したのもうなずける。[59]

しかしこのことは裏を返せば、フリードマンのオリジナリティの発揮されているのは、坂城町訪問記だけであって、あとは日本の一部研究者の主張の利用である。もっと正しく言えば、フリードマンは別に「日本の中小企業」の研究をしたわけではない。彼が意図したのは、C.セーブル＝M.ピオリの「フレキシブル専門化」論の普遍性の実証的証明なのであって、その材料として日本の経験を活用しようということにあったのである。本来格好の材料であったはずの日本の経験は、欧米社会科学の共通認識を形づくっていた、通俗的な「二重構造論」や「大企業に従属し収奪される、低賃金依存の日本中小企業の問題性」観のために、従来ゆがめられて理解されていた。この状況を彼は是正したかったということなのである。従来の欧米の「通説」も、極東の国ジパング見聞録の孫引き程度のものでしかなく、想像の世界で、日本の恐るべき工業製品競争力とそれを支える貧しい勤労者たちのイメージを満たすに十分な、単純明快な「議論」であればよかったのである。フリードマンはマルコポーロよりも文明と交通手段の発達した時代に生きていたので、ジパングを直接訪問し、ジパング人たちの間の議論や資料を十分入手活用して、「貧しき黄金の国ジパング像」の誤りを、権威をもって語ることができたのであった。

しかしこれには残念ながらいくつかの問題が残る。むろん、「日本の中小企業はそんなに"バラ色"なのか？」という声がジパングの地の知人たちからもあがる。[60] 彼の描く「フレキシブル生産」と実際の中小企業とのかかわりは具体的には示されていない、とも批判される。[61] もともと、彼が全幅の信頼を寄せた日本の議論は、「近代化」礼賛の「問題性否定論」「通説批判論」でしかなく、「生産力的発展」の枠内で「適合性」を語り、あらゆる「問題性」を"串刺し的"に切り捨てるものであったのであるから、積極的説得力が十分とは言えるはずもない。[62]「賃金格差」や「利益率格差」、さらには「開

業率」といった点についての、かみ合った議論は全くなく、特定の説を全面的に信頼するのみである。

　そして最大の問題は、ジパング見聞録の孫引き的通説の一面性を彼が批判することはできても、その原典を本当にジパングの地で発見したのか、という点である。彼は「二重構造」や「大企業への従属」の言葉を語っても、有澤説くらいを別として、その意味するところを十分に説明はしていない。ましてや、彼の「下請」の語の用法には「中小企業」同様全く定義がない。彼は「工業実態基本調査」の定義を用いたり、これに対する清成氏の批判的再検討を引用したり、あるいはまた、今日のフレキシブルな生産を行う「下請中小企業」を称えたり、そうかと思うと、「下請」を大企業の支配とこれへの依存従属とし、そうした状況は今日ないとしてもいる。こうした概念をただ言葉として振り回しているだけである。彼は池田正孝氏、港徹雄氏や渡辺幸男氏らの著作にも目を通すヒマはなかったようである。[64][65]

　フリードマンは「誤解」を解く、つまり欧米での「日本観」通説を覆すに足るような素材を日本で発見すればよかったのであるから、それが日本でのまっとうな議論にかみ合っていようがいまいがどうでもよいことであった。しかしいったんこの見解が説得力を国際的に発揮すると、今度はまるで180度違った「日本中小企業像」が世界を股にかけるようになる。それは良しとしても、この説は今度は、「フレキシビリティのすすめ」にはなりえても、(彼の難解な「政治」理解を以てしても)「効率性」追求をめざす欧米の産業政策や企業経営に示唆するところはほとんどないことになってしまう。それは多義的な政治過程の結果にゆだねられている。欧米の実践家たちは、ショーンバーガーやP.ハインズらのように、日本モデルをどのように戦略と管理のうえに応用したらよいのかを求めているのであり、「日本の事例が示すものは、産業調整は、包括的な社会的、政治的変化がなければ成功しないということである」と断言されてしまっては立つ瀬がない。しかしこれについて、彼は従来の欧米の関心とは異なった観点から、フレキシブル生産への可能性を「再発見」しているのである。[66]

　前述のように、もともとフリードマンはピオリ＝セーブルらに全面的に依存した議論を下敷きにしているのであり、日本中小企業（研究）の「国際化」

の視点からすれば、そちらの方が重要性を有していることになる。[67]事実、ピオリ＝セーブルの古典『第二の産業分水嶺』(1984年)を読むと、その第8章・第9章が、「大量生産体制の危機」以降での、日本の工作機械工業の柔軟な適応力と数値制御化技術への対応における、下請機構（subcontracting network）の役割の評価、工作機械工業自体の貢献、さらに国民経済規模での零細下請業者（small suppliers）の合理化、下請業者の組織化、大企業と下請業者の協力関係の下での下請業者（subcontractors）の絶え間ない革新、経済的技術的環境への適応といった記述に当てられている。[68]これがフリードマンの問題関心のきっかけとなったことは疑いない。[69]

しかし、ピオリ＝セーブルらの著作に比べ、フリードマンの方がはるかに詳細で、断片的な知識やまた聞きに依存するところがないのは当然としても、結果的には単に前者の「フレキシブル専門化」定式との「心中」の運命にとどまらず、後者は前者の問題意識さえも巧みにずらしている。前者では上記のように、「下請企業の組織化と合理化」が関心事であった。ところが後者でフリードマンは、前記の如くこの点から目をそらし、植田浩史氏も指摘するように、大企業と中小企業の「関係」自体を後景に退け（その「下請」そのものに関心がないのだから）、中小企業自身の発展、脱「下請」・専門企業化、フレキシブル生産戦略の採用といったことにもっぱら注目し、通説を批判している。[70]上に指摘したように、これはじつは彼なりの意図のある一種の「仕掛け」なのであって、むしろフリードマンは「自由な企業家論」一般を述べたかったのである。そうすることにより、米国との共通条件を発見し、米国においてもフレキシブル生産戦略に向けての再構築が可能であると示すところに、落としどころがあったものと言うべきだろう。その意味で彼の所説は、じつは「日本評価論」「通説批判論」を装った、「米国見直し論」というべきかも知れない。

フランス・レギュラシオン学派の中心にあって、「日本評価論」をはなばなしく打ち出したのが、B. コリアの『逆転の思考』(1991年)である。[71]もっともアメリカに比べヨーロッパからはジパングははるかに遠い地であったので、コリアも、R. ボアイエら他のレギュラシオン学派の人物も、かの地を

訪れることなく、伝聞と書物と想像力でこれらを書いたのであるが。

　コリアは、ヨーロッパにおける日本経済の「成功」への見方が、封建主義や儒教精神を伴った特殊な文化ゆえであるとか、大企業が中小企業を低賃金やショックアブゾーバーとして利用する「二重構造」にもとづいているとか、国内市場よりも安い価格で輸出する、あるいは国内市場を保護し、系列取引を優先するなどの「経済ルール無視」を行っているといった批判や非難になりがちなことを問題としている（同書日本語版への序文）。こうした見方ではなく、日本企業が効率的な形態を実現したことにこそ意義があり、そうした生産管理の「新しい流派」の意味するところを、「様式化された事実」として抽出することが、著者のねらいであるとする。[*72]

　コリアが注目したのは、「自働化」と「ジャストインタイム」を柱とする、いわゆる「トヨタ生産方式」であり、これを彼は大野耐一の名をとって「オオノイズム」と名づける。オオノイズムは、フォーディズムの経験をふまえながら、「規模の経済や画一化には頼らず、まったく新しい出発点に立って、多種多様な製品を同時に少量生産することをめざしながら、新しい生産性の源泉を追求することである」。その意味でまさしく「逆転の思考」があったのである。指揮命令系統と製造の開始時点の最適化、モノと情報の流れの同期化にもとづく「カンバン方式」のアイディア、生産現場における生産活動の総合性の回復、生産の流れづくりを重視した、ライン全体の効率向上、「目で見る管理」、作業現場での品質管理、柔軟性を通した生産性の向上、こうしたオオノイズムの方法が解説される。その根本的意義は、組織理論における本質的転換である。

　オオノイズムを支えるものを追求すれば、レギュラシオン学派の立場として当然「日本的労使関係」を避けて通れない。コリアはこれを、通説的な「集団主義」や"三種の神器"として理解するのでなく、「内部労働市場」の機能を重視し、内的なフレキシビリティと特殊なインセンティブの構造と理解し、人的資本投資→多能工化→組織革新→生産性向上→人的資源投資原資という「好循環」があることを指摘する。さらに「二重構造」と「下請いじめ」という通説理解に対しても、「こうしたことはフランスやアメリカで、あるいは世界のどこででも見られることと何ら変わりはない」と「特殊性」

観を否定し、そのうえで、下請関係における「関係レント」の存在に注目する。そして長期の取引関係、制度化された階層関係、契約化されている関係、イノベーションを促進し利益とリスクの配分を内部化する関係という特徴を明らかにしたうえで、「関係に基づく」熟練の利益を重視し、「関係レント」の存在とその分配の仕組みとして、日本の下請関係を性格づける。[*73]

　コリアは日本企業を「協調主義的」と位置づける青木昌彦氏の所論を批判し、あくまで企業一般のヒエラルキー原理の貫徹していることを指摘し、大量生産の時代のテイラー、フォード型に対し、「生産において差別化と品質が優先される時代」の企業型としてのオオノイズムと定式化する（彼は日本の「レギュラシオン様式」を、「企業主義」とも名づける）。こうしたオオノイズム企業の「移転可能性」について彼は、新しい「レギュラシオン」としての意義を認めながら、その前提として、社会要素としての「オストラシズム」（貝殻追放、著者はこれを社会管理のテクニックとしての集団成員への圧力とする）と「デモクラシー」を問題とする。日本モデルはこれらの巧みな混合物なのであり、これをそのまま移しかえることはできない。西欧においては、労働組織と労使間妥協のあり方をあわせて改革することに意味があるのだという。

　コリアの「実証研究」はほとんど、英文ないし仏文に翻訳された数人の著者、具体的には新郷重夫、門田安弘、小池和男、浅沼萬里、青木昌彦各氏らに全面的に依存しているので、「親亀こけたら皆こけた」になりかねない危うさを持っている。[*74] こうしたフランス伝統の曲芸の出来は別としても、彼が「日本的」と称されるものを普遍的なコンテクストのもとにおき、再評価を加えた意義は小さくない。とりわけ「下請関係」について言えば、それが「下請いじめ」とのみ理解されたのでは、その「効率性」の源は示せないとしたのは卓見でもあろう（もっとも彼が自ら言うほどに、「下請問題の普遍性」を重視しているとも思えないが）。しかし、その日本分析、とりわけ「トヨタ生産方式」への評価はあまりに超越的・超歴史的でもあり、すでに清晌一郎氏らの批判が寄せられている。[*75] ましてや、清氏も指摘するように、コリアには「下請関係」を形成する組織原理、「制度的管理様式」の検討はない。そこでの下請中小企業の利益の大きさにも及ぶシビアな管理、下請企

業労働者の労働と地位への評価もない。[76]

3-4 ポストモダニズム「評価」のひろがり

　こうした時期にあって、ピオリがドイツの労働経済研究者 W. センゲンバーガーとともに編纂した国際共同研究の書、『小企業の再登場──先進工業諸国の産業リストラクチャリング』[77]は、時代の国際潮流を如実に反映し、普遍的なテキストの扱いを受けている。この著では、近年の先進諸国での中小企業（SME）の量的拡大、またこれへの再評価の傾向をとりあげ、今日の労働経済、とりわけ雇用問題を考えるうえで中小企業の存在は欠かせないとする。そしてこれに対して、「統計上の問題」、「景気循環に伴う変化」、「小企業の賃金格差利用」、「政府の規制緩和や大企業の分散化、ダウンサイジング」、「フレキシブル専門化の時代の到来」等の説明がすでにあると指摘し、今や見方は、中小企業の存在は「高度にフレキシブルで効率的」とするものから「後ろ向きで搾取の強化」であるとするものまで分かれていると確認する。これらを検証するためには、各国の実態の詳細で慎重な比較研究が必要である。しかし編者たちの仮説としては、消費市場の変化、ニーズの多様化個性化、市場競争の激化、ME 技術と情報技術の進展、労働力構成の変化を背景とした、大企業の分散化・垂直的分解（脱統合）と、地域的企業集積としての新しい中小企業コミュニティの形成という二つのリストラクチャリングの傾向が、相互に作用しながらも共におこっているものとする。[78]このような中小企業への注目が、日本に起因するところの大きいこともまた明らかである。[79]

　いずれにせよ、日本中小企業と中小企業研究の「国際化」には、このような形で顕著なメルクマールが画された。しかし今回は日本からの「輸出」を基盤とする形で、三たび「輸入」の洪水が招かれたことも事実なのである。実際奇妙なことに、日本から欧米への「輸出」に直接貢献した、浅沼氏、小池氏、清成氏らだけでなく、少なからぬ日本の労働社会学者や社会経済史学者が、コリアやフリードマン、ピオリ＝セーブルら「ポストフォーディス

第 I 部

ト」たちの「日本評価」論の流入を前にして、「日本中小企業の再発見」や「イタリア詣で」にとどまらず、動揺を来したり、潔く身を投じてしまったりしている。[80] 昔も今も、日本の「進歩主義者」は西欧の文明には弱いようである。

　欧米における「中小企業再評価」と日本中小企業への期待の動きを「逆輸入」した実例として、「創造の母体としての中小企業」を掲げた、『90 年代中小企業ビジョン』(1990 年) をあげることができる。
　『90 年代ビジョン』においては、グローバリゼーションの進展と中小企業自体の国際化を指摘するとともに、特に東欧諸国などの事態に言及し、中小企業を「競争の担い手、革新への挑戦者、地域社会を支える主体であるとともに、広い意味で選択の自由を確保し、個人の自己実現を図る場である等の認識が世界的にも広まりつつある」[81] と述べ、世界的次元での中小企業の役割評価を強調している。これは、かつての中小企業基本法や中小企業近代化政策の前提理念とは 180 度違うものとしても言い過ぎではない。のみならず、「良好なパフォーマンス」「活力ある多数派」観と「地域主義」的見地を掲げた「80 年代中小企業ビジョン」などとも相当に色彩を異にしている。その上で『90 年代ビジョン』はまず、「企業家精神」による「創造的挑戦」の意義を前面に押し出している。さらには、「ネットワークの重要性」をあげ、あるいはまた、「下請企業、親企業の協力関係にもとづく分業体制の効率性」を述べ、これをさらに「対等なパートナーシップ」へ発展させる必要を説いている。一方また「範囲の経済」の理念を引用し、業種の枠にとらわれない、ソフトな経営資源の集積利用としての「組織化あるいはネットワーク化」を打ち出していることも見逃せない。[82]
　さらに『平成 4 年版　経済白書』は、欧米からの「不公正取引」「閉鎖的な系列」といった批判をかわし、「日本の市場経済」を擁護するために、「日本のサプライヤシステムの効率性」を、浅沼説などを下敷に、情報の非対称性や取引固有の投資の必要を克服するものとしての継続・長期取引関係から説明し、「このような生産系列の利点は欧米でも評価されてきて」いると指摘している。[83] そして、生産系列下の協調的な関係にも「競争のメカニズム

が内在」しているとし、また親企業と下請企業との上下関係による「しわよせ」「搾取」といった批判に、ある程度の事実を認めながらも反論を加えている。ここに明らかに、欧米からの「再評価」は有力な援軍なのである。

4　90年代の「再逆転の構図」――普遍的視座への契機

4-1　「日本型市場経済体制の優位」の絶頂期

　事態の構図は複雑である。一方では、「日本に続け」という機運の高まりに刺激され、また近代理論の援軍をえて、80年代以降の「効率性論」は、一気に突出した。日本のシステムが普遍的に優れており、それは公式的な「競争的市場」原理を超えたものだという評価が、日本国内からも勃興したのである。「日本資本主義論争」や「二重構造論」をこえ、C.ジョンソンらの評価に反論し、大蔵省エコノミスト榊原英資氏は、青木昌彦氏、伊丹敬之氏、小池和男氏、島田晴雄氏らの「新しい日本企業論」を土台にして、「資本主義を超えた日本」としての「日本型市場経済体制」を唱えている。これに続いて、欧米の「レギュラシオン学派」など「ポストフォーディズム論」を源とする「効率的分業評価論」の台頭が、「左派」も含め、日本でも各方面にエコーを呼ぶ。[84][85][86][87][88]

　他方、米国「リビジョニスト」らの「日本批判論」は、古典的な「中小企業＝大企業に搾取されている二重構造の底辺」といった「日本中小企業の問題論」にその根拠を求めている。「中小企業問題論」に固執するからといって、これをかつてのような「日本特殊性論」として展開しようとするならば、「リビジョニスト」の強硬な「対日要求」を是とすることになるというジレンマに陥る。「リビジョニスト」の主張というのも、しょせんは欧米的「経済システム」が普遍的で公正なものであり、日本は異常なのだという「批判」なのだから、その限りでは5、60年前の日本国内での見方を裏返したものにつながりかねない。しかしまた、前者の「効率性論」の主張も、日本の実態にはいささか遠く、「大量生産時代の終わり」を迎えて、転機を迫ら

れているのはむしろ日本の側ではないかという疑念を生じさせ、日本の研究者が新たなモデルを求めて「イタリア詣で」の巡礼に相次ぎ旅立つといった光景も80年代から90年代にかけて目立っている。[*89]

4-2 「バブル崩壊」と日本経済・日本的経営の落日――新たな「日本（再）見直し」論

けれども皮肉なことに、「日本経済の良好なパフォーマンス」が日本の中小企業と企業間システムへの関心を高めたのとちょうど裏腹の事態が、90年代には急展開した。バブル経済の崩壊と出口の見えない長期不況、不良債権の累積、相次ぐ円高による競争力喪失と「空洞化」の危機が深刻に取り上げられ、先の見えない状況に多くのエコノミスト・ジャーナリストさえも、「日本型システムの効率性」に自信を失い始めた。また日本企業の海外子会社等においても、経営不振が深刻であることが次第に明らかになり、「日本的経営」のカンバンとは裏腹の、再編や人員整理、事業売却や撤退が相次いで、日本企業の「神通力」は色あせた。

こうした中で、米国リビジョニストを批判しながら、新手の（グローバルエコノミーの中の）リビジョニズムをかかげるものと言える英国人ジャーナリスト C. ウッドは、不振の自動車産業などを例にあげながら、「合意」にもとづく日本の政治・経済・経営システムが今や崩壊に瀕していると断言し、その先にはリストラ、規制緩和と政治改革、産業のハイテク化しかないとの「処方箋」を描いている。[*90*91] それは90年代の「構造改革」論者たちのさきがけである。

自動車産業などでの「日米再逆転」といった言い方がにわかに注目されるに及んで、青木氏も、特定産業の競争力比較で「没落」や「再逆転」を云々することを戒め、日米の関係の「相補性」を指摘しながらも、日本の独特の産業組織の仕組みが優位性を発揮しえた経緯を認める。[*92] その核心には、自動車産業に典型的な大企業と部品供給企業との長期的関係がある。「大量生産方式」への安住を脱し、組織革新の挑戦をめざして、こうした「日本的アプ

第2章　中小企業研究の展開と国際的位相

ローチ」を自己流に消化したところに、米国自動車産業の「復活」の要因がある。日本経済は組立型産業などの効率性を極度に追求した結果、「突然変異的な革新」を生み出す余裕を失ってしまった。ここにダイナミズムを取り戻すには、教育や産業における「参入の規制撤廃」をはかることが必要である。日本が従来単純な自由放任の開放政策をとらず、内外の参入を強く制限した産業政策をはかり、比較優位を持つ組織タイプを発展させるにまで至ったのだが、今や「組織原理の多様な共存」をはかるべきところに来ている。参入規制緩和と「多様な組織間の開かれた競争」としての国際競争・国際貿易の実現を図るべきであるという。

　このような考え方は、1993年の「平岩研リポート」(経済改革研究会)をきっかけとして、ニュアンスの差こそあれ、官庁経済学とジャーナリズムの主流として氾濫した。その代表的論者は中谷巌氏である。[93][94]日本の国内問題については、この主張は「中小企業過保護論」やリストラ・淘汰再編不可避論などとして出現しており、日本中小企業は、規制に守られて既得権にしがみつき、高コスト経済を余儀なくさせ、開かれた経済、新産業構造への「システム転換」を阻害している「邪魔者」に、にわかに仕立てられてしまったのである。直接の標的となるのは、「過剰な規制」と「複雑な流通構造」をよりどころにした中小小売業である。[95]しかし中小製造企業なども、リストラと海外生産化にこたえられない層については、「空洞化」のもとに取り残され、淘汰されていくのもやむなし、残るべきは、ハイテクやマルチメディアなど独自市場開拓ができる「ベンチャー企業」「新企業」などだとも見なされがちである。[96]

　いつの間にやら、「プレモダン」扱いから一足飛びに「ウルトラモダン」に飛躍してしまっていた日本中小企業は、またも舞台の急展開で、今度は「ハイパーモダン」もしくは「ポスト・ポストモダン」に取り残されたという烙印を押されるに至ってしまった。しかしこれとても、きちんと俯瞰検討してみれば、決して「世界の主流」ではない。このような「逆流」の洪水下にあって、「国際的」には、中小企業への評価とこれをめぐる論点は今日どのようなところに来ているのか。

4-3　地域戦略と中小企業——「フレキシブル専門化論」をめぐる論点と反省

　C. セーブルらは、各国の「フレキシブル専門化」論者たちを集め、「地域と中小企業」を論じている。[*97] 彼らが中小企業の役割拡大としての「フレキシブル専門化」を、とりあえずはマーシャル的な「産業地域」(industrial districts) という主題に絞ったことも見落とせない点である。これは言うなれば、日本での「地場産業」ないし「産地」、もしくは工業集積地域の発想と比較することができよう。元来セーブルらの着想は、イタリアのS.ブラスコらの「産地」研究に触発されたものなのであって、それを一挙に普遍化したところに、「フレキシブル専門化」論の特徴も、多くの批判を招く難点もあった。[*98]

　ここでセーブルは、「第三のイタリア」を素材とした「産業地域」と「クラフトの復興」の主張に関し、アダム・スミス流の古典的な分業論と自らの主張の違いを強調したうえで、『第二の産業の分水嶺』公刊後の10年に寄せられてきた諸批判を三つのタイプに分類している。[*99] 一つは、資本主義のもとでは分業の克服はできず、今すすんでいる生産の分散化や中小企業の拡大は大企業の支配の新たな形態であり、所有の本質は何ら変わっていないとするマルクス派的批判がある。第二には、大企業体制の限界を確認し、能力ある小企業の所有経営者たちの共同の時代を予見し、「企業家主義」(entrepreneurialism) に今や熱中している「ハイエク派」がある。彼らは新たな時代の到来を確認しても、それは労働組織や政府、公機関の手に担われるのではなく、あくまで企業家の手によるものとするのである。第三の批判は、分業論としての「デュルケーム派」とも言うべきもので、彼らは現在生じている変化を現実のものと認めるが、その過程はきわめて複雑なものであって、「第三のイタリア」モデルを発展させる条件は社会組織的に乏しいと見る。彼らはむしろ、ドイツ産業のような、強力な国家と巨大企業のなかでの労使協調に支えられた「分散化」「フレキシブル化」の方に可能性を見

ている。
　これに対し、セーブルの論点は、クラフト技能と分業の再構築、とりわけ「構想と実行」（conception and execution）の再統一の筋道の理解にある。[100] 彼の理解では、市場の変化、労働過程の変化と急速な技術革新が、これを必要とするのである。しかもそこで彼は、分散的古典的なクラフト制に依拠する「産業地域」のシステムと、高度に組織されたうちでの構想と実行の再統一を、ジャストインタイムシステム追求のうちで、「現場」での状況把握・問題解決の積み重ねの「スキル」によって実現してきた「日本型システム」とを対比する。それぞれにはそれぞれの限界があり、後者においてはとりわけ「ケイレツ」を含めた閉鎖性が問題である。しかしこうした二つのモデルの普遍性を彼は信じているのであり、課題はそれをどのようにして、とりわけ公機関などの支援で実現していくかにある。[101]

　セーブルの主張の位置づけかたと妥当性はともあれ、彼が今日の中小企業評価をめぐる各論点と各見解を、結果として整理した形になっていることには注目できるだろう。

4-4　ネットワーク化・高度情報化と新産業

　中小企業の集積が「時代遅れ」でなく、むしろ技術革新を背景とした新時代の経済原理と社会変動に適合する存在であるとする見解は、先のセンゲンバーガーらの著作の「リストラ」論を含め、内外で繰り返し登場している。
　たとえば、かつて『メガトレンド』で一世を風靡した J. ネイスビッツは、1994 年の書『大逆転』で、高度情報化と世界経済のグローバル化の急展開がもたらす「テレコミュニケーション革命」は、世界の一体化の一方で、細分化・並列化を促すという根本的なパラドックスを生むと主張した。[102]「規模の経済」は「範囲の経済」にとってかわられ、分散化・柔軟化と戦略的提携のトレンドのもとに、「勝利を収めるのは中小企業である」と予言されるのである。彼の主張自体はあまりに単純化されており、中小企業にとっての超楽観論にも聞こえる。しかし重要なことは、彼の主張の背景にある、今日の

「トレンド」をどう理解するかという論点である。

4-5 「企業家」(再) 評価の勃興

　セーブル流に言えば「企業家主義」の機運の広がりを示すものとして、「企業家精神研究国際会議」(Global Conference on Entrepreneurship Research)[103][104]が毎年開かれるほど、国際的に企業家への評価は高まっている。その中でもしばしば引用されるのは、P. ドラッカーの企業家論である。シュムペーターの議論から 50 年を経て、1984 年に早くも、「企業家経済」こそが経済の発展とイノベーションの推進に決定的であると、ドラッカーは説いた。[105]彼は決して中小企業の経営を主に論じたわけではなく、また企業家精神を単なる主観的敢闘精神やリスクテイキングのみに終わらせているわけでもない。しかし彼の議論が「企業家」再評価機運の引き金となったことは明らかだろう。

　従来の集中ないし大企業優位論、大企業体制論を批判する企業家精神再評価の動きについて、Z. アーチと D. オードリッチは、第一にイノベーティブな活動を通じた、技術変化過程への貢献、第二に、市場に対し新風を吹き込み、競争と世代交代を促す役割、第三にニッチ市場開拓を通じた国際競争力の強化、第四に新規雇用機会の創出という貢献、との四つの重点があるものと整理している。[106]こうした関心は、80 年代の西欧での経済停滞の打開の期待、また米国での非常に活発な開業動向と急成長企業への注目の中で高まっただけに、影響力は大きかった。「中小企業論」は欧米では多分に「企業家論」として展開されたのである。[107]

　一方また、「社会主義経済」を放棄した東欧・旧ソ連などにおいては、「企業家精神」への高い関心と「企業家」の簇生が生じた。[108]それに伴い、「市場経済と企業家」論が活発となったことは言うまでもない。「経済発展が中小企業によって担われた国々、すなわち日本や韓国、アジアの『タイガーたち』、さらには米国や欧州諸国から、我々はポーランドの経済改革に応用できる多くの経験を学べる」、ポーランド小企業会議所幹部である B. ボジャック第 19 回 ISBC 国際中小企業会議組織委員長はこう述べている。それらの「市場経済化」過程では、欧米の「企業家経済」の経験だけでなく、日本の

中小企業政策にも注目が集まり、日本の行政関係者の支援が実際に要請されたことも記憶にとどめるべき点である。[109]

先にも引用した、清成氏の「誕生権経済」の主張は、このような国際動向をいち早くとらえたものでもあった。[110] 清成氏によれば失業問題解決、ソフト化の進展という産業構造転換過程での中小企業を担い手とする企業家活動（entrepreneurship）の重要性の再認識、イノベーターとしての中小企業の役割評価が進んだのが欧米の特徴であるとされる。そして日本でも、80年代後半から顕著となってきた新規開業数の減少と中小企業の衰退傾向から、「創業支援」という課題が「90年代中小企業ビジョン」でも取り上げられ、90年代には日本的企業家論と新規開業の実態への関心が高まり、欧米での評価や施策を「輸入」する形で、相次いで「創業支援策」が実施されるに至ったのである。しかしまた日本では、「企業家」と「企業家活動」に何を期待するのか曖昧なまま、ハイテク志向のインキュベータ施設などが各地につくられ、政策の実効がいまだきわめて乏しいことも特徴となっている。

いずれにせよ重要な事態は、日本は「中小企業政策の先進国」から、これまた、いまだ経験のない、「創業支援」「企業家育成」などについての欧米の動き、評価、施策などを「輸入」する機運になってきたという帰結であろう。90年代以降の我が国では、そうした意味での「企業家論」「創業論」の論議や内外比較調査研究がきわめて活発となったのである。[111]

4-6　フレキシブル化戦略と、「核・周辺」論、マージナル論

これに対し従来から、「制度学派」やネオマルクス派の立場に始まる、経済の「二重性」論、二重労働市場論、あるいは労働市場分断論の見地からの中小企業の位置づけ、そのマージナルな地位という見方があった。[112] 中小企業全体を即マージナルな「周辺」とするものではなくても、とりわけそこに働く労働者の状態への評価として、このような見解は欧米では繰り返し登場してきている。しかも、中小企業の経営と労使関係について、牧歌的な理想論を批判し、「専制性」「家父長制」的実態を重視し、それゆえの労働条件の低

さ、雇用の不安定さなどを問題とする見解も根強くあり、労働組合サイドからの中小企業への警戒感と結びつくものとなっている。[113]

ピオリとともに「内部労働市場論」「二重労働市場論」を米国で掲げてきたデリンジャーは、再編期企業と労働市場、人的資源開発を分析するについて、中小企業にあっては、パパママストアからハイテク新企業まで、その労働力構成が多様であり、構成労働力として、大企業と才能ある人材獲得を競い合うものもあれば、大企業から排除された高技能者を吸収したり、あるいは学歴・能力が低く、大企業に行けない者たちを生かすしかなかったりという状況にもあると指摘する。[114] 大企業に比べ、全般的には中小企業の賃金は低く、フリンジベネフィットは乏しく、経済的にマージナルである。しかし大企業でのダウンサイジングが進むとともに、中小企業の雇用は拡大しており、その多くは労働意欲も低く、教育訓練も不十分な、低賃金製造業・小売業・サービス業を構成する結果になっていると、デリンジャーは見るのである。[115]

「二重労働市場論」から出発し、労働過程と労働組織、労働管理の今日的課題を労働力の「分断」という見地からとりあげた D. ゴードン、R. エドワーズ、M. ライクらは、「蓄積の社会的構造」（SSA）という一つの社会体制論、「危機論」を構成してきているが、一方ではこうした議論のうちで、労働条件の格差構造を問うている。[116] そのなかでは、アメリカ資本主義の発展過程での産業構造と労働市場の編成について、「構造化された（大企業）内部労働市場」に対置される形で、R. アベリットが提起した「二重経済」と周辺小企業群、その両者の間の労働と労働条件の差異が重視されている。その典型例とされているのが、工作機械工業であるのは興味深い。

また、英国の A. フリードマンは、現代独占資本のもとでの労働支配のあり方としての管理戦略には、「直接統制」と「自己責任（責任ある自律）」の二つの型があるとし、これと「核・周辺」構造とをかかわらせて論じている。[117] ここに、中小企業の大企業に対する地位が結びつけられているのである。

90 年代以降も、中小企業の増加と中小企業労働の周辺性・マージナル性について関連づけ、指摘したものは、上記のデリンジャーの主張をはじめ決して少なくない。[118] その背景には、このような従来からの労働市場と労働支配

の構造にかんする諸論のうえに、70年代末から80年代にかけてとられた「柔軟化」戦略の効果を重視する見地がある。今日のキーワードたる、「柔軟（フレキシブル）化」と「外部化」（外注化・アウトソーシング）、「中核企業化」(back-to-core)などの進展が、中小企業の存在意義を、「フレキシブル専門化」論者などが見るのとは異なる意味で高めているということになる。[120]

4-7　欧米「中小企業問題」の再発見

中小企業の今日的地位と役割への疑念にとどまらず、中小企業の存続自体が楽観を許すものではないとの「問題論」もじつは根強い。英国においてボルトン委員会報告以降、中小企業への注目が高まり、さらにサッチャー政権下に衰退する英国経済の「救世主」のように中小企業が扱われるなかで、そうした期待とは裏腹に、現実の中小企業が数々の困難に直面していると鋭く指摘したものが、G.バノックの『中小企業の経済学』(1981年)であった。[121]「企業家の供給（を制約する社会保障や租税制度）」「資本不足」「労働不足」「用地不足」「官僚主義（の弊害）」「（供給寡占による）購買困難」「マーケティング（の困難）」といった問題事態をあげ、こうした問題解決のために公共政策が介入することに対し、経済学の主流では、市場の力を制約することになると消極的であることを彼は強く批判する。「大企業と同じように中小企業を扱うということは通常、実際に、中小企業に対して差別していることなのである。」[122]

その後、英国の中小企業研究者J.カランらは、90年代の中小企業と中小企業研究の見通しを展望して、「ポストフォーディズム」議論の影響を認めながらも、状況はむしろ「フォーディズム」原理と「ポストフォーディズム」的原理の共存であること、大企業への依存関係の強いもとで、大企業のとる経営政策、とりわけ雇用展開方法の与える影響が中小企業の今後に大であること、一方政府の政策、特に「企業家精神」と「独立開業奨励」策が長期的に及ぼす効果は幾分疑わしいことをあげている。[123]

また、カランをはじめ英国の中小企業研究者たちが、ウォリック大学のD.J.ストレィ教授を代表者に、経済社会学術審議会（ESRC）の研究資金に

より大規模にすすめてきた内外比較と EU 域内の調査研究では、英国を含む欧州諸国で、80年代以降中小企業の顕著な増加があり、その就業雇用機会確保への貢献は明らかであるが、増加の要因は複合的で簡単には説明できず、さらに中小企業が活発に生まれている国の経済が良好であるとする根拠もないと結論づけている。[124] ピオリとセーブルが注目した「第三のイタリア」の衣服繊維、陶磁器、製靴などの産業における「フレキシブル専門化」の成功にも、他地域に類例は生まれておらず、同じイタリア国内での応用も進んではいないと、限界性を指摘している。[125]

その一方、欧米での研究動向や中小企業への実際の政策的関心としては、ある意味では「中小企業問題の再発見」ともいうべき状況が近年特徴的である。[126] その格好の例は、本書の取り上げる EU 欧州連合における中小企業への関心と、中小企業政策への要求と実施の状況に見ることができる。EU の機関として、各階層の主張・要求を代表する経済社会審議会（ESC）は、中小企業の発展のための環境づくりに関する1989年11月の意見書で、第一に、「雇用創造」の役割、第二に、域内の産業を支える「経済上の見地」、第三に、大企業の合同などの動きに対抗する「競争上の見地」、第四に、中小企業の規模ゆえの制約を抱えての「中小企業固有の性質」、第五に、地域経済を支える「地域政策上の対象」、第六に、企業と従業員との関係、教育訓練や労働環境改善などについての配慮を要する「社会政策上の見地」、第七に、中小企業が消費生活に直接果たす役割としての「消費者政策上の見地」、といった点をあげる。[127] そして政策を行ううえで配慮すべき中小企業の特性と問題として、①オーナー企業家に担われている、②環境変化に適応する高い柔軟性をもつ、③専門スタッフ機能を欠いている、④労働集約的である、⑤高熟練労働力を擁している、⑥資本市場からの資本調達が困難、⑦地域性が強い、⑧市場支配的ではない、⑨研究開発能力は乏しいが、応用技術を主体としている、⑩市場調査力は乏しい、⑪費用見積もりなどに弱い、⑫経営計画が十分でなく、中期的な経営見通しも乏しい、⑬企業活動に欠かせない経営資源やノウハウが不足しがちである、こうした特徴を列挙している。

その後「92年市場統合」という過程をへるなかで、中小企業の果たす役

割への期待がますます高まる一方、「中小企業問題」への対処に、より強く施策は向けられるようになった。[128] EU中小企業政策の「第二段階」である。一方では中小企業への利子補給付融資制度が設けられた。これは「雇用拡大へ直接寄与する投資」という制約つきではあるが、「中小企業の金融問題」に、より踏み込んだ対応という結果になっている。また「事業承継税制」も大きな課題となった。他方では、大企業などとの取引に伴う「代金支払遅延問題」[129]という、企業間の関係にかかわる課題への対処が図られた。これは長年、欧州の中小企業から強く解決を求められてきた問題であった。さらに小規模企業や、それ自体従来の手工業層の再評価でもある「クラフト産業」の「近代化」や能力向上の問題、零細商業の問題などが相次いで施策課題に取りあげられている。一見すれば、中小企業基本法以降の日本の中小企業政策の展開に十分なぞらえられえるような事態が、EUという国家を超える機構の政策としてすすめられるに至ったのである。[130]

4-8 「フレキシブル専門化」論から「構造」「社会」「地域」論へ

先に引用した、「フレキシブル専門化」論の近著の編者の一人であるA．バニャスコは、中小企業への関心が国際的にも高まっていることを強調しながら、中小企業の存在には政治・社会状況が決定的な前提条件となっていることを確認し、それゆえにその存在状況も問題も各国間の差が大であると認める。また中小企業とは単に「中小規模」や「大企業」以外というのではなく、その「中小企業」をとりあげる意味こそが重要であると主張する。大企業体制の困難が即、中小企業の可能性に転じるというのでもないし、中小企業も、その形成する企業間関係もさまざまである。そのうえで彼は、大企業のサプライヤとしての中小企業が形成する企業間関係ではなく、中小企業のみによって構成される生産組織の今日性を検討し、それらがなぜ、「産業地域」を形成するのか考えようという主題を取りあげているのである。

それだから彼らは、「市場の社会的構築（social construction of market）」としての産業地域というテーマをまず提起している。[131] この「社会的構築」という意味は、競争的市場をあくまで媒介としながら、そのもとで、家族、地域

コミュニティ、教育、技能蓄積、さらには政治的過程といった社会的要素を前提とし、それらの力によって企業の集積と連係結合関係を形成しているというところにある。アメリカにおける「蓄積の社会的構造」(SSA) 論に対し、「市場の社会的構築」(SCM) 論という意識的な位置づけが、ここにうかがえる。

SCM としての産業地域の成立とその存続を考えるには、まず「信頼」にもとづく協力関係が重要な意味を持つ。そこに市場と社会・文化との関係を検討する根拠がある。しかしハーシュマンが示したように、市場は社会関係をそのうちに組み込みもし、また浪費もするのであって、あり方は条件次第でさまざまである。ここで彼は、ME 化・情報化の進展のもとで大企業がとりうる組織戦略が、中小企業のネットワークの利点を生かす方向であることを確認し、そこに形成される、企業統治の集中と生産の分散を特徴とする「ネットワーク型企業」と、産業地域との関係がどのようになるのかを問うている。個々の中小企業にはネットワーク型企業の傘下にはいることのメリットもあるから、「企業間関係のバーゲニング」が行われ、産業地域全体が「植民地化」する危険も存在する。しかし実態は複雑多様であるというのが、バニャスコの結論である。

第二には、産業地域企業は、相互の面識と情報交流の利便に支えられながら、市場での取引を通じてシステムをつくっているので、これがどこまで環境変化に対応していけるかという問題がある。特に伝統的関係がＭＥ化とマッチしていけるかどうかが問われる。問題は、あるシステムのもとで技術進歩と市場変化に対応していけるだけの資金の供給が続くかどうかでもあって、その意味で、政策・制度の役割が問われてくる。「第三のイタリア」の産業地域にも、そうした転機が迫られることは避けられない。

バニャスコは、「フレキシブル専門化」論が、レギュラシオン学派を含め、各方面にさまざまな反響を呼んできたことを肯定的に総括し、個々の評価や議論に行きすぎや誤りもあるかも知れず、また中小企業に一般的に規模の不利があることは自明としても、全体として自分たちの中小企業評価が正し

第2章　中小企業研究の展開と国際的位相

かったものとする。大切なことは、欧州で経験された分散経済と産業地域においては、経済的可能性が住民の間でもっとも公平にシェアされ、サービスがもっとも良く行き届き、自治体行政がもっとも積極的に参加しているという事実なのである。たとえ単純にオルタナティブな存在でなくとも、現実にもとづき、ある種の「ハイブリッド」を想定することは許されるだろうと、彼は結論づける。

　このように、今日での「フレキシブル専門化論」は一面、現実の多義性を是認するものでもある。従来一面的に強調されたように、個別の技能と「生産力」形成一本で議論を組み立てると、「第二の産業の分水嶺」の向こう側、つまり「第三段階」は「フレキシブル専門化」万能という世界になってしまう。しかしそれ自体とても、「企業論」的にみれば、当然単純に「中小企業万能」論でもない。また、抽象的な「中小企業」一般が宙に浮いているのではなく、構造の理解は「市場の社会的構築」という概念、別の理解をすれば、企業の地域的集積と分業にもとづく企業連関構造・産業組織としての「産業地域」という主題を浮かび上がらせることになる。

　一方、セーブルの理解にもあるように、「日本型システム」は、ケイレツと現場主義に依拠したフレキシブル化のモデルであり、第二の分水嶺の向こう側とも言えない。そして新たな「ネットワーク企業」は、大企業のフレキシブル化の新展開として、産業地域モデルに対置されるのである。その意味で、彼らの議論は（大企業をも含む）企業間関係と「システム」を介在させた性格のものである。そして重視されるのは、「市場の社会的構築」という社会性視点であり、まさしく、「政策」過程や「コミュニティ形成」過程をも含めた中小企業の「政治経済学」「社会経済学」の主張なのである。一面また、ここでは「経済システム」のなかの競争と対立、支配関係論と蓄積論は乏しく、依然「生産力性」傾斜は否めないが、一応「市場」の経済を前提とし、これと社会・政治とをかかわらせているのである。[132]そこには明らかに、「来るべきシステム」＝社会変革への期待も内在している。これが別種の「救世主待望」論の色彩を帯びていることを、必ずしも否定する必要はないだろうし、そこから全社会的ないしはグローバルサイズでの「中小企業の

69

問題性」とその構図を再認識する契機も見通せるとも思われる。

「日本型システム」への評価が一挙に低下し、その再編・再生が叫ばれるなかにあって、「フレキシブル専門化」論の限界性・一面性・理念性を十分承知の上で、なおかつそこから今日の中小企業論として受け継ぐべきものは何なのか。それは空想的な中小企業万能論や、アナクロ的「クラフトの復権」・ポストモダニズム礼賛や、はたまた「理想郷のお手本」探しや、既存企業と「システム」に対する、脱皮ないしは「革新モデル」への転換の「お説教」でもない。メタ社会科学としての「構造」理解と「社会」「地域」視点にこそ、その今日的な意義があると見直すべきではないのか。そうした意味ではまた、今日の中小企業論の「構造的」かつ「社会経済的」理解と再構成の作業を抜きにして、「第三段階」や「21世紀型」を机上で語ることも、「機能論」「戦術論」次元を別にすれば、さして意味がないのではなかろうか。

5　結び

これまで振り返ってきたように、比喩的に言うことが許されるならば、日本が「プレモダン」であるからかくのごとし、という従来の「論調」が、「ポストモダニズム」の興隆と日本経済と日本的経営への再評価の流れのもとで、「ウルトラモダン」な存在論に編成替えないしは再認識されるようになったのが、この間の経過である。ところがいつの間にやら、「ポストモダン」ないし「ポスト・ポストモダン」にまたまた後れをとっていることになってしまったのである。「日本モデル」はひとときのトップランナーでなく、今や「システム再編」の荒波にさらされねばならない「一周遅れ」ランナーになってしまったのか？　極東の地ジパングは、いまも絶海のはるか彼方の孤島として漂っているのだろうか？

一歩しりぞいて考えてみれば、議論の焦点はつまるところ、それぞれの主張の立場は「右」であれ「左」であれ、常にどこかに物差しを求め、それとの（時間）距離で「日本」を評価する事に集約されている。日本の古典的

第2章　中小企業研究の展開と国際的位相

「左派」とは違い、欧米「左派」から導入された新しい物差しによれば、「日本モデル」は「ポストモダン」の先駆となりえたが、「ポスト・ポストモダン」には応じきれていないことになるのだろう。あるいは、「右」の立場からすれば、「プレモダン」をうまく「ウルトラモダン」に接合してきた「クローズドシステム」が、クローズドであるゆえ、「制度疲労」下に「ハイパーモダン」への脱皮を迫られているとすることになるのだろう。どのみち、「物差し」は「モダニズムの理念型」としての「欧米」であることに大差はない。

　しかし、欧米の地に「青い鳥」や「理想郷」はあったのだろうか？　本来、もはや日本が「遠い離れ小島ジパング」ではなくなった今日、このようなワンパターンを脱し、程度の差こそあれ、「入超」に常に傾いてきた「バランスシート」をいい加減で清算し、一方的「輸入学問」から、現実事態と社会経済システムの多義性と世界性をふまえ、新しい普遍的（ユニバーサル）な視座を確立すべき時ではあるまいか。

　その際、日本の研究が40年前に到達した「独占資本主義の経済学」から、いかなる経済学一般への飛躍がいま可能かつ必要なのか、という論点は想定できる。その論点は単なる生産力構造の高度化ではなく、また市場と競争関係の変容でもなく、基本的には、経済的諸関係のグローバリゼーション、世界市場の一体性の強化のもとでの「蓄積構造」のあり方の問題としてとらえられるだろう。けれども、もともと「一国」をモデルに成立した「国民経済学」は、今日的なグローバリゼーションの規模にそのまま拡張できるものではない。そうした意味での「世界経済」論を前提とした「経済学」は、ウォーラーステイン流の「世界システム」論[133]を含め、基本的には「"国際"政治経済学」でしかあり得ないはずである。したがって、「競争的資本主義」、「独占資本主義」、そして第三の段階といった一般段階論を想定することが決して有効ではない[134]。そうした「方法」は常に「誘惑」の道でもあり、「中小企業の未来」を美しく描くのを楽にするものではあるが。

　しかしまた、中小企業の「社会経済学」を論じる積極的意義は、「効率性唯一論」への批判でもある。「市場経済の復権」下に、「国家」対「私企業」

「私営市場経済」という、安易に設定され、日本においても支配的に流布した二元論（dichotomy）から、労働の協働性・人間生活と地域の有機連係性を踏まえた、新たな「公」＝「社会性」への第三の視点をもつことこそが、ここでの「社会」経済学の意味なのである。この点では、西欧の諸見解が立場を越えて共有している、企業と経済システムの「社会性」「社会的使命」の視点を普遍的にいかすべきところであり、それは決して従来通りの単なる「ニューモード」の「輸入」でもない。経済効率や労働組織としての企業への単純否定でなく、また、「個人主義」と「企業家経済」万歳でもない、現実性と人間性を踏まえた主張が今日行き着くべき観点なのである。もしくは、寡占大企業の「支配」に対置される「経済民主主義論」が、単に「市場のルール論」以上の説得力を持てないことに対する、客観的克服への契機でもある。

　今日問われているのは、拙速な「ニューモード」の「輸入」で、日本中小企業の「未来」を今さらのようにバラ色にも、真っ暗にも描くことではない。これまでの行論で明らかになってきたような、今日の世界規模での諸議論の背景となっているグローバルな状況自体と、それら諸議論が到達したところを、「中小企業研究」の方法論として再構成することにこそ、今日の課題があるのである。その過程においてまず有意なのは、中小企業存在の「構造論」「社会経済体制（システム）論」のフレームワークのはずである。そして、さらにすすんでは、「中小企業」認識と「中小企業」存在自体、そして広義の「中小企業システム」の「グローバリゼーション」を立脚点として、グローバルスケールの「社会システム工学」と中小企業連関の視点を踏まえながら（そこには、中小企業の「地域社会経済学」が不可欠の媒介項でもある）、中小企業の「国際」社会経済学・「国際」政治経済学（まさしく、「国民国家」と「国民経済」をまきこむダイナミズムと抗争の契機という意味で「国際」である）に踏み込んでいくことこそが、これからの研究方法と課題であろう。

　そこで今、何よりも欠かせない課題となっているのは、当面とりわけ「中小企業政策」をめぐる評価の視点であるが、そこには「国際公準」の普遍性

第2章　中小企業研究の展開と国際的位相

を問う必要があるともに、中小企業と地域、国民経済をめぐる「矛盾」「抗争」の事態を見る客観性認識を落とすこともできない。「規制緩和」論が世界の「流行」であるといった流れにただ乗りし、単純に「（市場経済は）かくあるべし」論や、「かくあってはだめ」論の次元の論議をすることは、相変わらず「人の物差しを借りてくる」に過ぎないのであって、じつはもはや「周回遅れ」に陥るだけであり、何の有意性もない。第一、すでに見たように、「規制緩和」で市場経済をワークさせるというのが、中小企業への否定・大企業の優位是認になるとすれば、こんなに滑稽なパラドックスはない。[*139]かつての「中小企業＝二重構造の底辺」といった「暗記」とは裏腹に、ジパングのジャーナリストは、「市場」への「参入障壁」＝政府の「規制」などという「暗記」さえしているのだから、始末が悪い。

　一方また、政策的「問題」（イシュー）の社会性をいったん離れて、プラクティカルな政策「機能」論に限ってみたとしても、「平岩研レポート」などが強調するように、「構造改革」とともに「新産業の創出」が今日必要だというのならば、それは「規制緩和」だけから生まれるはずはない。公共政策が、どのような（企業家人格を含む）主体と産業システムを生み出していくものか、それに必要な経営資源と産業組織はどのようにして供給され、効果的に働くものなのか、「産業政策」の機能的効果が今こそ問われることになる。そこに、政策的な資源投入と競争秩序・企業間関係の「調整」、また基本的な技術的・経営的生産力基盤の維持発展と、中小企業を含めた企業連関構成、これらの形成する「地域経済」といったものの積極的意義があるというのが、各国の経験してきたところであるだろう。そして、その構造の「人間性」「社会性」とともに、「普遍性」があらためて問われているのである。今日のキーワードは、「ヒューマン」「ソシアル」「リージョナル」「グローバル」、そして「ユニバーサル」である。

　日本の中小企業と中小企業論への視点を問うことには、それだけの重みが今日あるのである。そうした「重み」を避け、ひたすら現実の「細部の美」や、「戦術論」「テクニック論」にとじこもる、あるいは時流に便乗しての

73

第Ⅰ部

「なで切り論」をふりまわすようなことは、研究者たるもの自戒すべき時である。

第3章 〈補論〉「社会的分業」と中小企業の存立をめぐる研究序説[*1]

1 社会的分業の経済社会理論

1-1 はじめに

　以下見るように、「分業」の進展は市場経済下での中小企業の経済的存立基盤そのものである。個々の中小企業が存在する基盤はさまざまな産業分野への経済活動の分業化のうえにあり、かつまた個別の生産過程にあっても、細分された職業それぞれの「自立」が直接に中小規模の企業の事業内容を構成する。いわゆる部品の製造加工などはこれを典型的に示している。もちろん、(作業場内)「分業」はスミスのたとえのように、企業内での分業生産を推進し生産性を高めるのであり、この原理が社会的普遍的に拡大しているのである。

　そうした意味で、「分業」(division of labour、Arbeitsteilung、division du travail) は、魅力あるキー概念であり続けている。この語自体は直訳すれば、「労働の分割」ということになるが、現代においては、狭義の「労働」を離れ、「社会的分業」(social division of labour)、あるいはまた「国際分業」(international division of labour) といったかたちで、あくまで一つの概念として生きている。

　本章ではこうした「分業」、とりわけ「社会的分業」の意味するところを古典にたちかえって再確認しながら、これを今日における中小企業の存立をめぐる論点として再構築していこうとする試みであり、その序説として、関連する諸議論のリビューにもとづき、試論的な構図を描くものである。

1-2 「社会的分業」の古典とその理解

「分業」を真正面から論じたのはA. スミスである。スミスの『国富論』（「諸国民の富」）の第1章から2章は分業論であり、有名なピンの製造における分業の効率性、ひいては熟練、遊休時間の節約、機械の使用が説かれ、職業・産業の特化と市場の拡大が展望されていた。[*2]

スミスは作業場内の「労働の分割」と社会的な分業とを明確に区別しなかったが、マルクスは商品の生産を手がかりに、この両者を区分し、資本主義の生産力の発展の基礎として詳細な論を展開した。マルクスは「社会的分業」の根底かつ前提としての、人間労働における分業形成、協働様式の進展と労働の社会化、「作業場内分業」の発展を説き、本来自然生的な共同体内の分業発生、生産物の共同体内交換を基礎に生じる、所有・分配と交換の関係としての「社会的分業」の展開を示した。これに対し、「作業場内分業」はスミスの原理をもとに、資本の権能と指揮管理の下で計画的な配置と編成をうけ、生産力を高めるが、これがそれぞれの職業への転化、「マニュファクチュアの中での分業」から社会的分業への転化独立化をなす（「分離と相互の独立化」（Bd. I, S374））。[*3]それが市場を基礎とする資本主義的な経済発展と再生産循環を広げ、生産力の高度化をもたらすことは言うまでもない。したがって、『資本論』第3巻においても、「社会的分業の特殊な一形態」[*4]としての流通担当者の専有機能である「商品資本」（Bd. III, S283）があり、また鉱山業、農耕、牧畜、製造工業、運輸業などが「社会的分業によって生じた産業資本の分枝」をなす（Bd. III, S335）、「作業場内の分業とは区別される社会全体のなかのすべての分業」において社会の特殊な欲望を満たすための必要労働が営まれる（Bd. III, S648）といった記述につながるのである。

ここでのマニュファクチュア的分業と社会的分業の区別は、「それぞれの生産物の商品としての定在」（Bd. I, S376）である。前者ではいろいろな労働力が「結合労働力として使用される」のであり、「ア・プリオリに計画的に守られる規則」が作用し、後者では「偶然と恣意とが複雑に作用し」、「ア・ポステリオリに、内的な、無言の、市場価格の晴雨計的変動によって」「商品生産者たちの無規律な恣意を圧倒する自然必然性として」作用す

るのである (Bd. I, SS.376-7)。まさしく「市場経済」は分業の進展のうえにある。もちろんマルクスは分業を「礼賛」するのではなく、その社会論のうちで、共同社会が生み出す分業の矛盾と疎外、分業に伴う所有と階級関係、そしてその根本的な廃絶のうえでの共同社会の再構築を展望していた。

　こうしたスミス、マルクス以来の「分業論」はその後新古典派、限界効用派などのうちでは必ずしも重視されていない。これらが「労働の分割」自体に注目する「労働価値説」を否定したこともその背景にあろう。他方で社会学的関心においては伝統的に、分業は社会観の重要な構成要素である。A. コント、G. ジンメル（「社会分化」（Sozial Differenzierung）論）、E. デュルケームらの主張にそのあとを見ることができる。なかでもデュルケームは大著『社会分業論』（Division du travail social）で、分業の成立と発達を論じ、スミスの述べるように、その効果が諸機能の効率を高めるだけでなく、むしろ「これらの機能を連帯的にする[*5]」ことにあると主張している。コントに従って言えば、分業はそれ固有の社会的・道徳的秩序を確立するのであり、「諸個人は分業によってこそ相互に結び合っている」という。もちろんこれに対しては、作業場内分業と社会的分業とがマルクスのように区別されていないという疑問は残る。しかしデュルケームにとっては、個人の「自立性[*6]」と社会的規範、共同的道徳のあるもとで、社会的分業もまた本来、連帯の基盤なのである。

　ただし、そこに「異常形態」もあり得ることを彼は指摘する。「無規制的（アノミー）分業」、「拘束的分業」などの事態で、企業の倒産、労資の対立などが前者の例であり、後者にはカーストや階級があげられる。こうしたデュルケームの見方は、あまりに理想論・理念論であるとするのは易しい。現実はこうした「異常形態」の方ではないかとすることは、マルクス論的には十分可能である。しかしおそらく、デュルケームにとって重要であったのは、そのような「異常事態」的現実への批判の意義のみならず、個人主義の確立と産業的関係の進展のうえに、市場経済上にも「有機的連帯」が構築できるというつよい願望もあったであろうことは確認できよう。

　ただ、そのようなデュルケームの社会理念と社会的分業論が以降、積極的

に応用展開されたものとも言い難いだろう。あとで見る、清成氏中村氏稲上氏らの「大企業体制変革」と「地域主義」の議論につながるものもあったが、それ自体が徒花の観があったので、むしろ近年の「ネットワーク社会」や「ソーシャルキャピタル」の議論に結びつけて考えていく方が妥当かも知れない。

1-3　中小企業の存立と分業の意義

　一方、正統的な経済学の議論にあっては、スミス、マルクス以来の「分業論」は産業の経済学（「産業連関分析」など）において利用されても、その分業自体の意味や展開の論理に関与することなく、「市場経済」とともに言わば「自明化」されてしまった。あるいはまた、前記のように、「国際分業」などの概念に拡張された。そして産業構成と企業の存立については、「分業」よりも、「分化」「専門化」に検討対象が移った。たとえばJ.ロビンソン[7]はスミス、マルクスの分業論から説き起こしながらも、これを技術変化の理解の必要とのみ位置づけ、主には「分化」ないし「専門化」の概念を用いているのである。[8][9]

　これに対し例外的なのは、小企業の存立や増加をめぐる議論である。「社会的分業」の展開を全面的に応用したのは、「最適規模論」を主唱したE.A.G.ロビンソンである。彼はその主著、『産業の規模と能率』[10]で、事業の最良単位の規模を定める五つの要因の第一に、「技術的最適規模に寄与する技術的諸要因」をあげ、それをまた決定する要因として、「分業」、「生産諸工程の統合」、「垂直的分化」、「大型機械の経済性」、「生産諸工程の均衡」、「大量予備の経済性」、「大規模組織による経済性」、「規格化による経済性」にそれぞれ言及している。この筆頭にある「分業」は、スミスの議論そのものであり、分業の細分化の歴史的な進展、器用さ（習熟）、作業間の移行時間節約、専門化した機械の発達等を順次検討している。そして、自動車企業における大規模なアッセンブリーラインを動かす大企業、簡単な作業を行う小企業それぞれの例を考察し、それらの間の分業関係のみならず、それぞれにも分業の技術的経済性が最大限実現されているとしているのである。

第3章 〈補論〉「社会的分業」と中小企業の存立をめぐる研究序説

　一方、J. シュタンドルは最適規模論的な説明には懐疑的であった。基本的には大規模経済利益と利潤率の法則に基づき、中長期的な大企業の優位性を指摘するのであり、スミスの分業の論理は、専門化した単位を作り出すものの、S. フローレンスの指摘のように、大量取引や集約的準備（金）、倍数原理のもとで、工場規模の増大ないし複数工場の一企業への結合がすすむとしている。これに対抗するものは、「多様性の経済」の可能性を持ちながらも、主には市場の不完全性、すなわち不完全競争や非合理的要因によるものとするのである。その一方で、マーシャルの説明に基づき、「垂直的分化」が小企業の機会となる可能性にも言及しているが、ただしそれには限界があり、その「独立性」は見せかけであるとも明言される。[*11]
　さらにとりわけ小規模な企業の存立をめぐっては、分業の深化が古典的な議論の前提の一つとも位置づけられた。[*12] 小規模な企業にとっては、他企業との関係なくして、個々に存立すること自体容易ではないわけである。

　このように、「分業論」を欠いては「市場経済」を歴史化相対化できないとともに、中小企業の「発見」も容易ではない。ただ、近年の「中小企業研究のリバイバル」の中で、「分業論」が再評価されているわけではない。たとえば、英国での中小企業研究の復権を象徴している『ボルトン委員会報告から20年』では、中小企業の増加とその存立条件を重視して論じているが、主には細分化論、専門性論に依っているのである。そのなかでの「柔軟な専門化論」への言及もある。[*13] また、この共同研究にも加わった D. ストレィの著、邦訳『アントレプレナーシップ入門』には、基本的に「分業」の概念は登場しない。中小企業の再興増加に関連してあげられるのは「fragmentation」（細分化）である。[*14] 同様に、ILO として世界的な小企業部門拡大の傾向を検討した書でも、「柔軟な専門化」とともに、「生産の分散化」（decentralisation）や「分化」（disintegration）は指摘されるが、「分業」には言及がない。[*15] 主として、労使関係や労働条件と企業経営を論じているせいもある。

1-4 社会的分業論と「産業の地方化」「集積論」

「分業」をめぐるスミス以来の議論がマーシャルによって、異なる論理の展開につながってきたことを指摘できる。このことはやはり、我が国での中小企業研究、とりわけ地域的集積と「産地」形成をめぐる研究に影響が大であった。マーシャルの「外部経済」の重要な要素の一つは「工程専門化」であり、分業そのものではないが、我が国の地場産業産地などの状況は細分化された各工程をになう小規模加工業者の集合から構成され、これを典型的に示すものとされたのである。[*16] この点は欧米における議論にも見られる。マーシャル的な産業地域と集積の形成、専門化の利益発揮に、「社会的分業の役割」が関わるとされる点である。[*17] もっとも、「集積」の理論を築いたのは経済立地論としてのA. ウェーバーの議論である。それは多数経営の集合の意味を論理化したのであって、必ずしも「社会的分業」の理論ではない。

美濃口時次郎氏の理解によれば、スミスやビューヒャーらの見解を踏まえ、マーシャルは「大規模経営の利益」が「内部節約」（内部経済）と「外部節約」（外部経済）の二つを持ち、後者は類似の小企業が特定地域に集中する「産業の地方化」と強い関係があると見なしたという。それによって「補助経営」が発達し、高度に専門化した機械を用いられる、労働市場についても大きな利益を得ることができる。この「補助経営」の発展に、美濃口氏は日本の地方中小工業の特徴としての分業を位置づけるのである。ゴットルの言う「秩序改善可能性出現の定理」が、中小経営においても、経営間の社会的分業を通じて実現することができるという。[*18]

こうした「産地論」を継承するものが、山崎充氏に代表される「地場産業論」である。山崎氏は、地場産業の五つの主要特性の第三として、「社会的分業体制を特徴としている」とし、それが「生産工程を大幅に細分化し、それぞれの細分化された生産工程を専門業者が担当している生産体制」であると位置づけている。そして、これを統括するための「製造問屋」「産地問屋」「産元」などが存在していること、この体制を存続させてきたものとして、「規模の経済性の欠如」、「生産工程の技術的な分離可能性」、「低賃金労

働力の存在」、「社会的分業体制が小資本での参入を容易にするシステムであること」、「不況に強い危険分散機能」、マーシャル的な意味での「外部経済の有利性」、「時代に適応した製品構成を形成する、社会的分業体制の小回性、弾力性」といった諸点をあげている。[19] 山崎氏の著作をはじめとして、経済地理学的方法や地域産業論的方法からの地場産業研究は、このような地域の社会的分業体制の仕組みや機能の分析に多くをあててきているのである。[20] あるいはまた、産業と地域の論理の接点を求める伊藤正昭氏らも「社会的分業が持つ弾力性」をイノベーションにつなげ、地域社会の柔軟性や安定性に生かす方向を求めている。[21]

しかし、問題関心によっては、「社会的分業」や「分業生産体制」といった概念をあえて用いないこともある。竹内淳彦氏は工業の地域構造の研究に注力しながら、終始「地域的生産体系」ないし「地域的生産集団」「技術集団」の分析を行い、あえて「分業」の語を避けている。[22][23] その力点は「いかに分業がすすんだか」というより、「いかに生産が体系化・集団化されているか」にあると理解することもできよう。しかしあとで指摘するように、現実を見るには両方の視点の結合が必要である。

2　「社会的分業」と中小企業の存立

2-1「支配形態」対「社会的分業」の構図

「社会的分業」の展開は、このように中小企業の存立をめぐる議論において重要な前提とされてきた。[24] けれども我が国の中小企業研究の中心においては、幸か不幸か、「社会的分業対支配従属」という議論の構図がまず形成された。このことは大きな困難を残してきたのは否定できない。しかしまた、これらの議論を手がかりに、中小企業の存立論の再構築をはかることも可能である。

代表的には、藤田敬三氏の所説がある。「本来、技術上の分業なるものは、

それが先進国の中小工業の場合の如く社会的分業乃至一生産部門内の特殊分業に昇華した場合は、中小下請工場をして経済的独立性を獲得せしめる有力な槓杆となるはずである」*25。しかし我が国の場合、「労働の商業資本的支配」のもとでの作業場内分業が「個別業者の分業」が転化した直接支配の形態たる「問屋制工業」、間接支配の形態たる「下請制工業」というかたちで、社会的分業の関係とは対立的な支配形態が広まったものと、藤田氏は位置づけたのである。

これに対し周知のように、小宮山琢二氏は「下請制工業」をして、「支配者たる大工業は生産の内部的主導者であり下請は生産工程そのものの中での係わり合ひであること」、「支配の根拠が生産外の前期的収取ではなく巨大資本による小資本の圧倒であること」、「親工場と下請工場とが生産工程上の関係をもって多かれ少なかれ有機的に結合すること」という各点をあげ、藤田「前期的支配論」を否定した*26。小宮山氏は「従ってその生産分化が社会的分業或いは一生産部門内の特殊分業の実現である限り、生産物は価値通りに交換され得ること」と指摘し、社会的分業一般と下請制工業下の中小工業の存立は対立的ではないとしたのである。

この藤田・小宮山論争やその後の経緯には、「支配」「従属」といった概念の理解にかかる根本問題があり、その再検討をはかる必要があることは、すでに指摘した*27。いま、その点自体を離れても、「社会的分業」に関する理解の問題もここにはかかわっている。藤田氏やその後継者たる巽信晴氏らは、戦後の「近代化」「系列化」のもとでも、アメリカでは「大企業と中小企業とがそれぞれの適正規模において高い専門化の下に社会的分業の利を収めるという形態で協力しあっており、独禁法の擁護を待つまでもなく本来支配従属の関係にないというのが一応の建前になっている」*28、あるいは「社会的分業としての専門企業への自主的発展……は、阻碍されている」*29として、社会的分業を望ましい中小企業の存在形態とし、これに「独立」や「専門化」を結びつけようとしてきたのである*30。また小宮山琢二氏においても上記のように、「社会的分業」と「価値通りの交換」を直接に結びつけることで、議論の混乱を招いてきたことも否定できない。藤田「前期性」「支配形態論」の克服と、「独占段階における中小企業問題の普遍性」を意図した伊東岱吉氏

においても、「下請関係」を不等価交換の関係とし、「下請業者自身が、組織化と合理化を通じておのおのの専門的技術水準を高め、大企業が社会的分業すなわち真の「外部経済的利益」を求めて、中小企業を「外注」として利用するというように、対等レベルにまでその経営水準を高めてゆかねばならない」と記して、「社会的分業」と対等性を同類項にくくっている。[31]

2-2　支配形態論脱却と中小企業の存立論

　こうした「社会的分業」の一面的な理解に対し、これを中小企業全般の普遍的な存在の前提に位置づけ、またスミス、マルクス以来の「分業論」の延長上に再構築しようとする動きは、日本経済の高度成長を経る中で明確になってくる。北原勇氏は、「新たな小資本部門の発生の基礎は、資本主義の発展に伴う生産諸部門の多様化にある。……生産工程の一部が独立して一つの生産部門となる場合（社会的分業）」、また「最低資本量のもっとも少額の分野では、小資本の小規模分散性と過度競争を利用した商業資本的支配と収奪が行われ、これもまた、小資本の集積を阻止する大きな要因となる」と指摘し、資本主義の発展がもたらすところの社会的分業の進展が小資本分野を生み出し、資本の集積集中に対する分裂分散の傾向を普遍化すること、しかしまたそこにも支配収奪のあることを位置づけた。[33]

　一方で中村秀一郎氏は、社会的分業の進展と資本の集積集中、また企業内分業のもとからの専門化自立、小資本分野拡大の両方を結びつけ、そして「わが国の下請制の特質は、……社会的分業の発展（その多様化と専門化）、それに照応する国内市場の発展を通じて独占の発展をみたのではなく、むしろ社会的分業の未成熟の上に大工業に独占部門がいち早く成立」したと指摘した。あるいは独占大企業が「経営内分業を自己の生産過程から切りはなして社会的分業をつくりだし、『外業部』として強度な収奪を行う」かたちもあるとする。つまり「社会的分業の未成熟」ないしはその意図的経営的利用が、日本の下請制の普及につながったとするのである。[34]

　さらに太田進一氏は藤田説を継承し、社会的分業は「等価交換を前提とする」としながらも、独占段階では「社会的分業を利用した不等価交換による

独占利潤の獲得」もあるとし、「独占は、社会的分業、「支配形態たる」外業部、付属物、下請制工業いずれもともに自己の生産体制に組み込んでいく」、「現実には下請制と社会的分業の区別は困難な場合が多い」[35]というかたちで、社会的分業の普遍的前提性を認めている。

　こうした議論の転回の中で、「社会的分業対支配形態」、「対等な関係としての社会的分業」、「等価交換としての社会的分業」といった視点は克服され、社会的分業の進展がそれ自体、市場経済とともに中小企業ないし小資本分野の成立拡大の前提であること、しかしそのもとでも、独占的大企業と中小企業の関係をめぐる問題構図があることが一般に理解されてきたと言える[36]。同時に、中村秀一郎氏の議論に示されるように、社会的分業自体の前提性と並び、それが「自立」や「専門化」といった概念に直結しうるものとすることは、新たな議論の転回を導く可能性を有していた。とりわけ中村氏は高度成長を経て、独自の技術や設計考案を持ち、大企業と直接に競合しない分野での専門性の発揮、大企業の購入寡占にも対抗できる力を備え、社会的な資本調達も可能にしている新たな中規模企業の登場を指摘し、「中堅企業」と名付けたことは周知の点である[37]。その背景に産業構造の高度化と知識集約化をあげたのも、中村氏の重要な指摘であった。

　社会的分業の進展が自立化・専門化を意味するという主張を「最適規模論」の観点と結びつけ、さらに「中小企業の定着」と「対等な社会的分業関係」の可能性につなげたのが、清成忠男氏の論である。清成氏は、「中小企業定着論」に「不完全競争論、適正規模論、社会的分業論」といった諸論があるとし、「社会的分業論」は「単にミクロでみた適正規模というにとどまらず、産業構造の高度化とともに大企業がますます巨大化していく一方で、さまざまな最小最適規模の分野が多様に展開し、中小企業に適した経済部門が拡大し、さまざまな規模の中小企業が定着するという見解である」と位置づけている[38]。そしてさらに、「かつて通説は下請を『対等でない外注』あるいは『社会的分業にもとづいた不等価交換の関係』と規定し、大企業と中小企業の間の支配・従属関係をそのメルクマールにしていた」、「市場における需要側の条件、供給側の条件、さらには両者の絡み合いいかんによって

は、支配・従属関係は強くもなれば逆に希薄にもなるし、まったく消滅し対等な社会的分業関係も成立しうる」[*39]というかたちで、社会的分業下での不等価交換関係の成立を認めながらも、それがまた否定され、「対等な社会的分業関係」になる可能性があるともするのである。そして明らかに、ここにこそ後々、中村氏や清成氏の注目したいところがあったのである。

　後年中村氏や清成氏はさらに踏み込み、社会的分業の進展が都市型中小企業の新展開を加速していると位置づけ[*40]、あるいはまた「市場の細分化」と中小企業の専門化、「中小型市場」の拡大、そのもとでの中小企業の「適度規模化」の進行を強調し、新自由主義的立場からの、弱者保護・既存企業保護的政策の排撃にすすんでいる。[*41]清成氏らの「ベンチャービジネス論」にあっては、脱工業化・知識集約化のもとの新しい産業社会の前提条件をいち早くとらえ、新技術や専門知識を用い、急成長を実現する小資本小規模な新企業群が登場してきたとした。そしてこれらは、ハードな生産や活動においては既存大企業を含む社会的分業を巧みに利用するので、大企業とも「水平的結合関係」に立ち、高収益を実現できるのだとする。[*42]

　清成氏、中村氏らにおいて、社会的分業の意義は高度成長以降再度強調されている。それは一面、「分業と連帯」を説くデュルケームらの所説にもとづく社会の再組織化、脱工業化のもとでの市民・消費者の復権と社会的分業自体の再構築、大企業体制の変革の意図を持って描かれた。[*43]社会的分業を活用せよ、新たな意義を持って再構築せよという両氏らの説は、「地域主義」や「分権社会」の時流とともに、おそらく社会的分業と中小企業の存立をめぐる議論の分野にも重要な一石を投じうるはずのものであったが、幸か不幸か、氏らは以後の世界的な市場主義、企業家主義の方に身を投じてしまったと思えるので、むしろ個人主義の強調のみが生かされたのだとするしかない。あるいはまた、社会的分業を利用ないし再構築しようとする個々の企業の「戦略と行動」の方への関心が継承されたのであろうか。

2-3 「関係論」と「分業論」の交錯

こうした中村・清成説とは一定距離を持ちながらも、またむしろ欧米からの「日本型システム」への注目に触発されるかたちで、80年代以降、「日本型下請分業システム」や「下請分業構造」といった概念・理解の仕方が広まった。[*44] もちろんそれは一方では、いわゆる「効率性論」[*45]の台頭でもある。[*46] また、上記のように「社会的分業否定論」としての「前期的支配形態」＝下請制論から継承されてきた問題関心における理解の転換、換骨奪胎とも見ることはできる。たとえば佐藤芳雄氏は、下請関係をして、「一定の社会的分業関係であり、従って本来、親大企業の生産過程の分化、独立にもとづく。単なる社会的分業一般ではなく、親企業の生産にとって必要な品質・性能・仕様の製品・半製品をなんらかの程度で継続的に下請企業が納入する関係であり、両者の生産過程は一定に統合され、かつ分化している」[*47]。ここに、「操作され、管理された競争」としての「下請関係」の競争論的な把握という意義が生じるのである。[*48]

こうした見地を踏まえながらも、「下請分業構造」の論理化を意図するものが、渡辺幸男氏の所論である。渡辺氏は従来の「下請制論争」を総括する中で、「支配形態と技術的後進性」論・「対等なる分業関係」論双方の克服を意図し、むしろ個別（取引）関係と、企業の（経営戦略）選択行動に注目することとなった。問題は関係自体のありようであり、そして中小企業一般の存立の中での、大企業との関係における「取引関係上の優位・劣位」と「支配・従属関係」とを峻別し、大企業側・受注中小企業側それぞれの選択行動があるもとで、「自立」「専門化」下にも経済的「収奪」はあり得ると指摘した。

渡辺氏によれば、生産力発展に伴い社会的分業が深化し、それにより素材の生産、部品加工、組立まで各生産工程が専門化した企業によってになわれる。「下請関係はこのような社会的分業の中の一つの独自の形態である」[*49]。またその意味で、「独特な生産力の社会的編成形態」[*50] とも位置づけられる。しかし、それまで「準垂直的統合」（佐藤、中村精ら）などと表現されるその

「形態」には、渡辺氏の関心は向かわなかった[*51]。マルクスの協働様式の発展と労働の社会化（マルクスはなぜ、「作業場内分業」と「社会的分業」の間の区別とともに、その連続性にこだわったのだろうか）、デュルケームの社会的分業を通じた有機的連帯、あるいは経済地理学・地域産業論における「生産体系」そのものではなく、むしろ個々の「専門化した企業」のありよう、それらが大企業と取り結ぶ関係こそが重要なのである。

しかし、そうであれば中村・清成説のような個別企業「戦略論」への傾斜を避け、全体像としての日本の産業のありよう、ひいては層として存在する中小企業の位置づけが欠かせない。そこでこれら中小企業層とその存在基盤、ならびに社会的分業の深化との間の相互規定を示さねばならない。これをして、渡辺氏は「日本機械工業の社会的分業構造」の研究としたのである[*52]。

3 まとめ——社会的分業論の再構築？

3-1 社会的分業そのものをどう問うか

上記の渡辺氏は、社会的分業の深化が中小企業の存立基盤の拡大となることを繰り返し述べ、また社会的分業の存在のあり方、とりわけ機械工業におけるそれがきわめて重要な研究対象であるとしている。「中小企業が存立できる分野は、最低必要資本量が少なくて済む分野である。その基本は当該企業にとっての中核的事業活動機能の活動単位について、規模の経済性の発揮余地が相対的に小さな分野である。……社会的分業が深化しているほど、相対的に中小企業の存立可能な分野は拡大する。」「当該経済が社会的分業が深化している状況のもとにあればあるほど、多様な補完的機能について社会的分業に依存することが容易となり、……中小企業の存立可能性が高まることになる[*53]。「問題は、それぞれの議論が日本の機械工業のどの側面に注目し、それをどのような視角から評価しているのか、なのである。そのために必要なことは、日本の機械工業における社会的分業が、どのような形で存在しているか、構造的に把握し、そのうえで、どのような企業間関係が結ばれてい

るかを明らかにすることである。いわば、日本の機械工業の社会的分業の構造的把握が、……これらの諸議論を評価し位置づけるために不可欠なのである」。[*54]

こうした観点は、これまで見てきた従来の研究と議論の到達点として首肯しうるものであるが、同時にまた、ここでもその社会的分業（構造）自体のあり方が、個々の企業とその生産活動の分化、専門化という意味を出ていないことも認めざるを得ない。もちろんその総計としての、セミマクロないしマクロ的な「産業」の地域的および全国的（さらには東アジア的？）な構成、あるいはまたそれらの間の相互連関の総和というものが前提されているのは当然であるが、それのみでは、港氏も言及する、社会的分業がどのように形成され、編成され、あるいはまた再編成されていくのかという点が主要な対象から外れてしまう。[*55] あるいはまた、渡辺氏の関心がこうした機械工業とそれを構成する中小企業の地域的分布とその特性、すなわち工業集積地域の形成と類型化、地域間分業構造の形成にむけられれば、一般に理解されている意味での「集積」（必ずしもウェーバー的ではなく）との違いがどこにあるのかも必ずしも明確でなくなる。[*56]

問題は、「自立」「専門化」といった言葉だけで社会的分業そのものをア・プリオリに措定する、もしくは個々の企業の選択と行動の総和としてのみ認識するのか、あるいはそのありよう自体、ないしはその変化をもたらす原理、ひいては社会的分業自体を貫く新たな「関係性」、「連帯性」、あるいは「紐帯性」といったものをどこまで理解し、「共同性」の再発見ないし再構築の手がかりとしていくかである。それは決して夢物語としての「理想郷」を描くということではなく、「いま、そこにある」しくみとその原理、機能、ひいては進展している労働の社会化の実態を、社会経済システムとして把握する意思の問題である。[*57]

3-2　今日における社会的分業論の再構築にむけて

それでは、今日における「社会的分業論」の課題の前提条件と論点をあげ

るとすれば、どのようになるのか。紙幅の関係もあるので、列挙するかたちで問題提起をしたい。[58] 基本的には、一義的な方向があるのではなく、まずは双方向の可能性があり、そのいずれかがすすむのか、背景・前提と環境条件、さらに変化の実体と現象自体を明らかにしていくことが必要だろう。

ア　前提の論理──背景と前提：

今日の全般的背景条件として、第一には市場の形成発展と各生産単位・経済主体をめぐる再生産構造の拡大・深化を、第二には資本・賃労働の関係一般と、その総体的ありよう並びに個別的発揮・労働過程の編成、労働の社会化の進展を、普遍的に指定できる。

そのうえでの前提となるべき具体的ファクターとしては、◇分業をなす技術過程と個別技術の論理、◇技術・社会的生産体系のありよう、◇市場と競争のありよう、◇資本の循環と再生産のありよう、[59] ◇交通・通信手段の発達と産業の空間的配置のありよう、[60] ◇労働力供給と労働市場のありよう、◇制度的行政的枠組みと規制のありよう、◇企業と管理ならびに経営管理のメカニズム、[61] これらをとりあげる必要があろう。

イ　環境条件：

さらに、実際の分業関係変化を促す個別の環境変化を示すものとして、以下のような事態を列挙できよう。

a. グローバル競争と、地域間分業から東アジア・世界分業の展開実態

b. 情報化・サービス経済化・ネットワーク社会の進展、他方での生活者サイドからの権利意識や規制、PL（製造物責任）などの「圧力」・生産と消費の関係再構築

c. 分業関係を通じたコントロールのメカニズム、ひいては（労働関係・企業間関係を含む）経済的諸関係自体の変化

d. 国際分業下での、「研究開発」・「知識創造と事業化」への傾斜、[62]「イノベーションネットワーク」[63] 性と企業間組織・企業間関係への問いかけ

e. 国際的な市場構築とボーダレスな企業システム化のもとでの、「日本的経営」（企業システム）への「外圧」「内憂」

f. 国境を越える経済圏と管理規制メカニズムの登場・主権国家の衰退[64]
  g. 「日本機械工業の社会的分業構造」自体の「衰退」(?) と、産業の生産力構造の「基盤性」のジレンマ

ウ　変化の実体ロジック：

現実に生じている分業の変化にあっては、それぞれ相反するような二つの方向性を有した論理が現象する。これらが背景・環境条件の複合的な作用のもとで、異なる局面を示すことになり、またそれが環境条件などにも作用していく。
  ・細分化の論理と統合化の論理[65]
  ・外部化市場化の論理と内部統合化の論理[66]
  ・専門化の論理と流動化ないし多能化の論理
  ・技能構築の論理とデグレディションの論理[67]
  ・競争と協調の論理
  ・分断と融合の論理
  ・中心化の論理と周辺化の論理
  ・支配・利用の論理と対立・淘汰の論理

エ　おこりうる「分業」の事態：

その結果、実際の分業のあり方としては、大勢として以下のような事態が具体的に示されつつあるわけである。
  ・中小企業全般の存立基盤の変化・編成替え
  ・競争秩序の再編成と競争の階層化
  ・中小企業の階層分化と「上下動」
  ・「企業集団」の再編成と分解ないし再構築
  ・labour-only-subcontracting の拡大、「周辺労働者」の蓄積[68]
  ・企業間連携協働組織の発展と再編
  ・ゆるやかな連結と集権的管理体制の共存
  ・すすむ「労働の社会化」と、社会的な生産を媒介・規制する機能の必要

第３章 〈補論〉「社会的分業」と中小企業の存立をめぐる研究序説

　このような諸前提からどのような新たな分業論を組み立てていけるのか、それが今後の課題であるが、少なくとも、歴史必然的な「うえからの分業化と組織化・管理メカニズムの高度化」ないしその再構成のモメントと、「ヨコから」あるいは「下からの」「連帯と連携の再構築」・労働の社会性の意義回復、さらには市場経済システムそのものを超克ないしは一要素にとどめていく「共同社会」の再生への展望という各モメントとの接点（それはデュルケームらの「有機的連帯」観の伝統のうえにある、フランスでのSPL地域生産システム概念 système productif locaux[*69]と、古典的な「集積」論、あるいは「競争と協調」をもって機能するポーターらの「クラスター」概念[*70]などとの異同性にも触発される概念である）に、私たちは分業の未来を考えていくべきだろう。

　分業は市場経済社会を築き、生産様式と個々の生産単位の技術的生産力的発展、人間労働力と労働手段体系の生産的能力の高度な展開をもたらしてきた。そして交換と再生産循環の網の目を広げ、そこに中小規模の生産活動と事業単位の存在意義をもたらしてきた。それゆえにこそ、あらたな経済社会システムの築かれるべき現実の基礎でもあるし、克服されるべき制約性の象徴的な表現でもある。

第Ⅱ部

中小企業政策論と同時代的比較研究

第II部

第4章　中小企業政策の意義と1999年日本中小企業政策の「大転換」[*1]

1　はじめに——中小企業政策とイデオロギー

　政策というものは、資本主義経済システムのもとにあってはその矛盾の政治経済的産物であり、したがって国家の政策を論じるということは、ア・プリオリに「あるべき政策」を空想したり、その個別の機能的有効性を論じたり、あるいは政策実施の「結果論」をあげつらうことでは決して十分ではない。本書第I部でも論じたように、社会科学的論理を組み立てるには、まず、近代資本主義国家ないし現代国家のうちでの政府とその政策の社会的性格、政策実施の契機と限界性を客観的一般的に示すことが必要である。次には、そうした視点から、実際に行われてきた政策の理念、理論ないしイデオロギーを解明し、その社会的及び歴史的位置づけを示し、これへの批判的な検討をなすことが必要である。もちろんそのためには、「同時進行」の事態・政策現場からの「事実」の探索解明と明示も含め、歴史的研究における過去・現在の詳細な史料的検証が欠かせない。[*2]そして第三には、市場経済のもとにあっても既存の政策に対置しうる政策の可能性を示し、その課題と政策実現に必要な諸条件・諸契機を、政策実行への過程を担える主体の存在を含めて示すべきものである。さらに第四には、個別の政策対案にとどまらず、新たな社会経済学を構築し、社会的システム全般への新たな代替の可能性を考え、そのグランドデザインと実現の方向を真摯に考えていくことである。そのポイントは、「国家」対「市場」ないしは「個人」「私企業」の二元論を克服し、「公」=「社会性」の復権をめざすところにある。[*3]

　そうした意味において、中小企業政策というものの評価については、真正面からの議論抜きの、さまざまな俗論が世に横行してきた。幸か不幸か、

第4章　中小企業政策の意義と1999年日本中小企業政策の「大転換」

「中小企業」という政策自体の対象であり、またこの政策を実現してきた契機でもある存在をどのように認識できるのか、あるいはまた「中小企業」認識自体を否定するのかという、根本的なところからすでに中小企業政策をめぐる評価の議論が始まるのであり、したがってそれゆえにこそ、中小企業政策をめぐる客観的な議論はおのずと先鋭的かつラジカルな（本源的な）ものとならざるをえない性格のものであったのである。別の言い方をすれば、山中篤太郎氏が示したように、「中小企業」というものをなぜあえて取り上げる必要があるのか、そしてこれに対する「政策」を行うべき必要性はどこにあるのか、という基本的な論点の存在である。

　しかしながら他方においては、いわゆる「二重構造」観をはじめ、あまりに「手垢にまみれた」通俗的通念的な「イメージ」としての「中小企業」概念が世に流布してきたからこそ、「中小企業政策」自体もともすればこうした俗論の次元であげつらわれる危険を伴っていたのである（もちろん、中小企業政策を求める「主体」の側も、そうした「俗論」を利用し、あるいは無意識的にこれに自ら乗っていることが少なくないのも、不自然な事態ではなかった）。加えて、中小企業にかかわる「主体」、とりわけ中小規模企業の所有経営者たちや小零細経営の「業主」＝勤労自営業者たちは、ここに働く中小企業労働者とともに社会的に重要な「多数派」を占め続けているにもかかわらず、その存在は絶えずマージナルなものへ追いやられる危険を伴っており、またそれゆえにこそ、自らの政策的要求を時には屈折した形で、時には過激な形で表現せざるをえない。ために、現実の中小企業とこれに対する政策をめぐる事態はきわめて「政治的」なものと見え、支配的なイデオロギー装置たるマスコミとそのイデオローグたちの格好の批判にさらされがちである。そして、その一方では「現代資本主義的に『合理的』な」、つまり支配的な巨大企業体制にとってもっとも「理にかなった」政策理念と政策体系が絶賛を浴び、何らの抵抗もなしに実行されていくのである。

　このような政策をめぐる構図が大きく動いたのが、戦後中小企業政策の「総決算的清算」を意図したものとしての、1999年の中小企業基本法全面改定をはじめとする一連の立法措置であった。それは皮肉にも、戦後日本の

大企業体制の理念上構造上政策上すべてにおける破綻と、これに対する「居直り的」な「非常時体制」の宣言と時期を同じくして出てきたのであるが、驚くべきことであったのは、大企業体制の破綻と蓄積の危機を、中小企業多数への犠牲の転嫁＝「過剰化・淘汰・排出」を通じて「解決」していこうとする「古典的な」サイクルが国家政策的に遂行されたというだけではない。こうした過程から必然的に生じる多くの勤労者の生活破綻の危機と社会不安を彌縫緩和するような策さえも最小限に押さえられ、「市場原理」イデオロギーがすべてを解決してくれるという「信仰」が強要されたのである。[*4]

破綻した大企業体制には国有化と国家的非常時「救済」を、中小企業には「市場の競争」への信頼と絶対服従を、という、倒錯した理念が流された。[*5]「古いもの、劣ったものは消えればいいのだ」というスローガンが叫ばれた。そしてそれを可能ならしめたものは、うえに記したような、中小企業存在と中小企業政策に対する俗論の横行を最大限活用した成果であった。現実においては、この中小企業基本法改定に至る「論議」と、これをめぐるマスコミ論調、それらに数々の証左を見いだすことができよう。もっとも象徴的には、中小企業政策研究会報告並びに中小企業政策審議会（中政審）答申における「弱者保護としての中小企業政策アプローチの脱却」なる語句であった。この「殺し文句」は、「市場原理主義者」たちに支えられた「行政改革委員会」の「意見」（1997年）にもとづく不磨の大典であり、またそれがために当時のマスコミの絶賛を受けるところとなったが、俎上に乗せられた中小企業基本法をはじめとする諸法に、「弱者」「保護」などという語句があったのかどうか、誰も調べはしなかったのである。

マスコミ陣を「乗せて」、この程度の「世論操作」を行い、ほとんどなんの抵抗もなく「新法」を通すといったことはさして難しいことでもなく、何度となく繰り返されてきた歴史でもある。「自助の精神」や「ベンチャースピリッツ」を説く「市場主義者」やその朋友たちが、「この非常時には、税金を投じて大銀行を救わねば」と語れるくらいなのだから、驚くほどでもない。ただ、そのあとに屍累々となることの社会的重み、少なくとも日本の中小企業にかかわる4千万人からの労働と生活の場がどうなるのだろうかということへの真剣な問いは消え失せるのみである。[*6]

2 戦後日本の中小企業政策とその転換

2-1 戦後日本の中小企業政策と「近代化」

わが国においては、欧米先進国や発展途上国の政策理念や展開とは相当異なる、独自の「中小企業政策」の歴史がある。その特徴を一口に表現すれば、「中小企業近代化」という理念を掲げてきたところにあると言えよう。

むろん戦後日本の中小企業政策は「基本法」から始まったというわけではない。むしろ注目されるのは1948年の中小企業庁（初代長官蜷川虎三）の設置である。この背景には、①戦後経済の混乱の中での産業の生産力回復の担い手としての中小企業の活躍、②中小企業の「過小過多性」にともなう問題への懸念、③財閥解体や経済力集中排除法、農地解放などの「経済民主化」の潮流がある。[*7] それゆえこの時期での中小企業対策機関の設置は、一般に「戦後民主化政策」の延長上のものという見方がされている。[*8] 確かに中小企業庁設置法第1条では、「この法律は、健全な独立の中小企業が、国民経済を健全にし、及び発達させ、経済力の集中を防止し、且つ、企業を営もうとする者に対し、公平な事業機会を確保するものであるのに鑑み、中小企業を育成し、及び発展させ、且つ、その経営を向上させるに足る諸条件を確立することを目的とする」と述べ、競争促進と事業機会の確保という理念を掲げている。このことは米国の政策理念との類似性を思わせるものがある。

しかしこうした理念が広く実行に移されたわけではない。1949年に実施されたいわゆる「ドッジライン」によるデフレと超均衡財政は多数の中小企業の倒産・整理を招き、大きな社会問題となった。朝鮮戦争の開戦と「再軍備」下の「特需景気」は活況をもたらしたが、すぐに休戦後の反動が襲い、中小企業の経営難は深刻化した。全日本中小企業協議会（全中協）や全国商工団体連合会（全商連、民商）等の要求運動は活発化した。こうした状況下に、政府は主に金融対策と組織化対策に力を注いでいる。国民金融公庫設置（1949年）、商工組合中央金庫の貸付拡大（51年）、中小企業金融公

庫設置（53年）、相互銀行法・信用金庫法制定（51年）、中小企業信用保険制度発足（50年）や、中小企業協同組合法制定（49年）等の動きがみられる。また産業合理化の動きが進むのに合わせて、中小企業に対しても52年に「特定中小企業の安定に関する臨時措置法」（翌年「中小企業安定法」に恒久化）が制定され、「安定事業」の名で調整組合による生産制限を許すという策がとられた。この法は中小企業の困難、とりわけ問題とされた「過当競争」に対する緊急避難性をもっていたが、また戦後民主化での「独禁政策」への転機となったことも否定できない。[*9]

さらに1957年には中小企業団体組織法が制定され、共同経済事業と調整事業を合わせて実行できる商工組合の強力な地位が制度化された。[*10] 56年の百貨店法、同年の下請代金支払遅延等防止法、57年の環境衛生関係営業法、58年の中小企業協同組合法改正、60年の商工会法、62年の商店街振興組合法といった一連の立法で、中小企業の組織化と取引関係の「適正化」が図られたが、これらは中小企業の組織化・自己防衛と経済的不平等・不利の是正という側面とともに、一部で独禁法制への除外をますます広げ、中小企業者への官僚統制を強めるものとも危惧されている。少なくとも米国流の政策理念とは非常に異なる方向が定着してきたことは疑いない。

一方では昭和30年代を迎えると、中小企業の設備・技術等の「近代化」といった考え方が浮上してきた。「過当競争」が中小企業の蓄積を損ない、技術・設備の向上力を失わせているため、この克服を支援する策が「過当競争」克服とならんで必要であると考えられるようになったのである。[*11]

それゆえ中小企業基本法・近促法の制定に先がけて、中小企業近代化の施策は広く実施に移されている。1954年には「中小企業設備近代化補助金制」が始められ、これが56年には中小企業振興資金助成法となった。また同年からは機械工業、繊維工業、電子工業などの振興臨時措置法が相次いで制定され、60年には近促法の前身でもある中小企業業種別振興臨時措置法が制定されている。

さらに「業種別近代化」という考え方に踏み込んだのは、うえに挙げた機械工業振興臨時措置法（機振法）を契機としてである。機振法は機械工業と

第4章　中小企業政策の意義と1999年日本中小企業政策の「大転換」

いう今後の「戦略産業」の合理化と再編成、技術革新を意図した重要な立法であったが、カルテル行為の独禁法適用除外などの突破口として、「中小企業関係立法」の形をとったのであり、同時にまた、部品や鋳物、軸受等機械工業の「基礎部門」の振興強化を図るものとして、「構造政策的中小企業政策」たる「中小企業近代化」の先がけという性格も担った。[*12] そして「業種別振興法」では政府による業種指定と実態調査、改善事項の策定、主務大臣の改善指導という手順が定められ、中小企業への業種別近代化の施策が明示されるに至ったのであった。[*13]

1963年に制定された中小企業基本法は戦後日本の政策の理念と目標を代表するものとみてさしつかえないが、この基本法の第1条はこう記している。「国の中小企業に関する政策の目標は、中小企業が国民経済において果たすべき重要な使命にかんがみて、国民経済の成長発展に即応し、中小企業の経済的社会的制約による不利を是正するとともに、中小企業者の自主的な努力を助長し、企業間における生産性等の諸格差が是正されるように中小企業の生産性および取引条件が向上することを目途として、中小企業の成長発展を図り、あわせて中小企業の従事者の経済的社会的地位の向上に資することにあるものとする。」

中小企業の「不利」と「格差」という「問題」が現にあり、これを是正していくということを正面からうたっているのがこの法の政策理念であることは明らかである。同時にまたこうした「格差」が「経営の安定」を制約するなどの現実問題をひきおこしており（同法前文）、これを克服するため、生産性向上等による「中小企業の成長発展」の実現がこの政策の基本的手段・目標となっていることに注目する必要がある。基本法の第3条以下は「設備近代化」などの近代化諸施策を主に掲げており、また同時に成立した中小企業近代化促進法（近促法）こそが基本法の理念の具体化なのである。

近促法第1条は、「中小企業の実態を調査して、その実態に即した中小企業近代化計画を策定し、その円滑な実施を図る措置を講ずること等により、中小企業の近代化を促進し、もって国民経済の健全な発展に寄与することを目的とする」と述べている。

この近促法の条文を注意深く読むと、基本法の考え方とは微妙に食い違っていることに気づく。基本法では「不利」「格差」の是正ということが基本目的であったが、近促法の目的は中小企業の近代化とそれによる国民経済の発展にあると限定され、中小企業の生産性向上を図ることが産業構造の高度化や国際競争力の強化につながる業種を対象とする（同法第3条）と明示されている。近促法は具体的施策の方法を定めたものという制約のあることも明かであるものの、以後の政策の重点はこうした「近代化」にあったのであるから、これは軽視できない差である。

そのことは基本法に現れた理念が単に戦後の中小企業政策の方向を定めたというだけでなく、昭和30年代以降の「産業構造高度化」過程を構成するものとしての使命を与えられ、それゆえ過渡的性格とともに二重の意味での二面性をもっていることを示している。

こうした「近代化」施策を貫く考え方は、「生産性の低い農業や中小企業の近代化をすすめていくことこそ、わが国経済の成長力を高く維持する所以であり、それが同時に経済の二重構造を解消させる道にも通じるのである」[*14]という『昭和35年度経済白書』の記述に象徴されている。

前記のように、有澤廣巳氏や篠原三代平氏らが唱えた「二重構造」と「経済成長」は「近代化政策」の基本的前提概念であった。これを政策理念化したものは、近代的大企業と前近代的な小企業等が併存する「経済の二重構造」の克服を求めている『昭和32年度経済白書』の記述である。『白書』では経済政策の課題を「完全雇用」におき、その実現の道は「経済の近代化と成長のうちに二重構造の解消をはかること」であるとする。そしてその近代化をはかるべき対象としてまずは中規模の経営を育成強化すべきとしている。中小企業、とりわけ中規模製造業は①輸出による外貨獲得、②大企業との下請等による相互補完、③資本効率の高さ、④投資に対する雇用吸収力、といった役割を持つからである。その役割を阻害してきた要因は、設備機械の貧弱・老朽化、技術革新の遅れ、中小企業相互間の過当競争にあるが、これに対して保護策や最低賃金制などの「劣った条件をむき出しにする」策（つまり規制的政策）のほかにも、設備改善と技術の向上が重要であるとい

第4章　中小企業政策の意義と1999年日本中小企業政策の「大転換」

うのが、『白書』の考え方である。*15

こうした文脈によって、中小企業近代化政策の意味するところが明らかなものとなっている。つまり中小企業（この場合、零細経営は当面の対象から除かれている）の設備・技術等の近代化が日本経済の均衡回復と成長の推進に欠かせないものであり、またそうした経済成長によってこそ「二重構造の解消」が実現するのだという論理である。

このことは「高度成長」への経済政策をうちだした1955年の「経済自立5カ年計画」ですでに示されていた。「計画」は安定経済を基調として自立と完全雇用の達成を図る」ことを目標とし、雇用吸収を重視した政策展開を意図するとともに、特に雇用吸収度の高い中小企業の助長と育成を図ることが産業基盤の確立と雇用問題の改善につながるとしている。1957年の「新長期経済計画」においても、持続的な高い成長率の維持が完全雇用状態への接近の道であると示されている。*16

さらに60年代に向かって経済の「高度成長」が本格化し、池田内閣によって「所得倍増」政策が唱えられるようになると、中小企業の占める重要な地位にあらためて注目するとともに、産業構造の転換・高度化が不可避であることを強調し、これに見合う中小企業の近代化のたち遅れが重大な問題であるとされた。それゆえすすめらるべき中小企業の「近代化」政策は個別の企業の問題というよりも、各産業業種自体の変革・「高度化」ないしは「転換」を図るものとしての「構造政策」性を持つことが主張されたのであった。*17 1960年制定の「業種別振興臨措法」にはこうした考えが反映し、以後近促法にも受けつがれる、業種指定にもとづく「合理化」と振興計画の策定実施という方法がとられたのである。

「雇用政策」面からも、「不完全就業者」解消をめぐって「成長」と「中小企業対策の必要」が取り上げられた。1959年の雇用審議会答申「完全雇用の状態を目標としてとるべき雇用及び失業に関する政策の大綱について」は、新技術の開発や利用にもとづく「機械関係産業等の発展」を中心にする「産業構造政策」を重視した「経済発展」を施策の第一の課題とし、さらに直接的対策のうえでは「労働対策」とならんで「中小工業対策」を挙げ、その

「合理化、近代化」を強く促進していく必要を説いている。[*18]

　このような「近代化」と「中小企業政策」が雇用政策上重要な意味を持つという位置づけは、経済企画庁や通産省の官庁エコノミストたちが加わった昭和同人会雇用委員会（金子美雄委員長）の著名な政策提言にすでに見られる。提言は経済の持続的成長と、「産業構造の近代化」および非近代的産業部門の縮小・消滅による労働力転用に不完全就業の解決と完全雇用の実現の道があるとする。そして中小企業についても、前近代的な企業は相対的縮小を図らねばならないが、同時に「近代的産業部門における労働集約的産業」（機械工業をも含む）はいっそう重視さるべきであるともしている。[*19*20]

2-2 「中小企業近代化」の理念と限界

　こうした政策志向とこれを支えた理論は何であったのか。「高度成長」の理念を別の言葉で表現すれば、ケインズ的な長期動態成長論・経済安定化論的視点に基づく「完全雇用」論と「過剰人口論」視点に触発される「就業近代化論」を目標概念とした、経験的な「経済発展論」「工業化・キャッチアップ論」の応用展開であり、この線上での国家的な「計画化」と産業政策展開が、ケインズ主義政策のみならず戦前・戦中経済運営の経験と実績のうえから「成長政策」として追求されるに至ったものと考えられる。この計画化と産業政策は、単純な「比較優位」論や「自由市場」原則論に耳を貸すことなく、「幼稚産業保護」論も意識した、国家機構と大企業集団との密接な連携、保護主義と「加工貿易」方式を前提にした国家的蓄積と資金投融資、産業構造「高度化」（いわゆる「重化学工業化」を含む）目標と戦略産業の設定、市場競争・企業間関係の誘導調整、それにともなう技術革新の促進と産業ぐるみ合理化、産業基盤への公共投資、さらには労働力再配置の計画的推進によって実行されたと言える。こうした政策が緻密に組み立てられ戦略的に設定されたものとは必ずしもみなし難く、相当に偶発的・経験的なものと見るべきであろうが、それが「近代化」と「経済成長」の追求という概念のもとに、国民的コンセンサスを得られるものとされたのである。

　そしてこの政策の欠かせない柱であり下位概念となるものが「中小企業の

第4章　中小企業政策の意義と 1999 年日本中小企業政策の「大転換」

近代化政策」であった。中小企業の近代化は就業構造の近代化・完全雇用の実現という直接の政策目標にかかわるものとして取り上げられるが、しかしその実行は経済成長と産業構造高度化を前提とし、かつまたその政策の一部を構成する必要があったのである。「中小企業の育成強化、組織化によってこれらの障害（設備老朽化と資金難、技術革新の遅れ、過当競争）の解決が企てられるならば、中小企業は経済成長のための足がかりとなるであろう。逆にこの部門の近代化が等閑に附されるならば近代部門の成長も阻まれるのである。最近、政府で中小企業振興策を大きく採りあげはじめたのは右に示したような経済的背景によるのであって、単なる社会的不均衡の考慮に基づくものではない」[21]。『昭和 32 年版経済白書』のこの記述は、こうした中小企業近代化政策の性格を端的に表現している。

　従って「中小企業の近代化」は全ての中小企業の困難を打開するというものではないし、それが可能であるとも見ていない。むしろ必要なものは合理化と技術革新の推進と、「前近代的企業」の縮小・転換であり、さらには「産業構造高度化」に見合う「近代的産業」への発展であって、そうした意味で近代化政策は「構造政策」という性格も与えられているのである。しかしここで言われる「構造政策」とは、戦後ドイツ等において用いられてきた概念とはまったく異なるものである。BRD ドイツ連邦共和国での「構造政策」（Strukturpolitik）とは「自由主義」を基礎とする「社会的市場経済」を支えるのに不可欠な「秩序政策」ないし「競争政策」を構成するものであり、元来中小企業、なかんずく「手工業」の組織化と援助によってその存在を支え、なおまた環境変化の中での企業活力と競争力の向上を図ろうとするものであった[22]。そして「社会的市場経済」理念は 21 世紀の EU 経済政策・産業政策の形容詞としても継承された。これに対し日本の場合は「産業構造の高度化」に中小企業業種の対応を求め、そのために政府が積極的に計画化と指導介入、資金援助を行い、その中でさらに業種内の市場「構造」にも介入し、競争関係を整理して「過当競争」をなくしていこうとするものである。

2-3 「近代化」から「高度化」「知識集約化」へ

「中小企業近代化」は多数の業種が参加した反面、その融資件数が少ないなどの不満の声もあった。一方また、「昭和40年不況」と「過当競争」の一層の深刻化に加え、発展途上国の「追い上げ」にもさらされてきた繊維産業の合理化について、政府は過剰設備の買い上げ廃棄を含む「スクラップアンドビルド」方式をとる特定繊維工業構造改善臨時措置法を1967年に制定した。この方式にならい、商工組合や協同組合等が作成する「構造改善計画」にもとづく経済事情変化への対応策を国策のうちで行うという、強力な「業種ぐるみ」理念にもとづく「協業化、共同化、企業合同等の集約化」による体質強化をねらいとした「中小企業構造改善制度」を導入する、第1条「目的」の改訂を含む近促法の改正が1969年に実行されたのである（第2次近促法）。また67年には中小企業団体法の改正により、企業合同に近い形態になる「協業組合」制度が設けられ、企業集約化をすすめる条件が準備されたのであった。

一方すでに1961年から始まっていた、中小企業振興資金等助成法にもとづく「工場集団化事業助成制度」は、基本法自体の課題に「高度化」が掲げられるのに沿ってさまざまな分野についての「高度化事業」に拡大されていたが、63年には「中小企業高度化資金特別会計制度」が設けられた。この高度化資金への整備一本化と、構造改善事業の推進、そして資金助成と企業指導・診断を総合的に行うことを意図して、高度化資金特別会計と「日本中小企業指導センター」を統合する形で、67年には特殊法人「中小企業振興事業団」が発足したのである。中小企業指導センターは近代化策と結びついた「設備近代化診断」の母体として62年に発足、63年に特殊法人となったものである。[23][24]

振興事業団では人材育成や情報提供の事業とともに中小企業への指導と融資の任に当たり、近代化資金等についても、従来のように事業団が都道府県に資金を貸付ける方式と、広域的事業や「構造改善」を含む特定高度化事業等に対し、都道府県からの資金も得て事業団が直接実施する方式の二つをと

第4章　中小企業政策の意義と1999年日本中小企業政策の「大転換」

るようになった。「高度化事業」は製造業以外の商業やサービス業も広く対象とし、工場等集団化、店舗等集団化、商店街近代化、小売商業店舗共同化、小売商業連鎖化、共同施設、企業合同、計算事務共同化、工場共同化、共同公害防止、さらには織布業構造改善や事業転換、災害復旧など、時々の政策重点までを含む幅広い事業に低利の融資を行ったのである。これらが業種内の企業の組織化と共同事業を促進するねらいにあったことも明かである。

　「構造改善」や高度化事業の推進にもかかわらず、零細層の激増による「過当競争体質」の深まり、上・下層への二極分化、さらには「自由化」の進行による発展途上国との競合などの問題を抱える中で、70年代に向けて「中小企業政策」の理念自体が転換を遂げていく。1969年に出された中小企業政策審議会の中間報告（篠原三代平主査）は、「先進国経済への移行」の段階では「古い中小企業観を払拭」する必要があると述べた。特に「二重構造」は今や解消してきているという基本認識が言われ、「国民経済的視点」と「経済合理性」にもとづく施策が必要とされたのであった。*25 そしてこのような見方を主導したのは再び篠原氏らであったのである。*26
　こうした前提のもとに実行できる政策は従来の環境整備を目的とした「静的」な諸施策から、「中小企業の自助努力」を前提とした、国際経済環境変化をはじめとする激しい情勢変化への適応を助成し誘導するという「指針的・誘導的な」「動的」諸施策になるというのが、72年に出された中小企業政策審議会（有澤廣巳会長）の政策意見具申であった。それを具体的にみれば、「ソフトな面」での対策を重視するという見地からの「知識集約化」の課題なのである。*27 そして73年には近促法施行令・施行規則等の改正が行われ（第3次近促法）、「構造改善事業」でも市場開拓、製品開発、新しいデザインなどについて事業計画が作成可能になった。また高度化事業のうちに「知識集約化」も含まれるようになった。
　さらに74年のオイルショック不況への対策として出された75年の第4次近促法では、生活・環境重視とともに、複数業種間の協調型・システム型構造改善や、新製品・新技術にもとづく「新分野進出計画」が取り入れられた。これらには「知識集約化」の応用とともに、不況と低成長を迎えての

105

「転換」促進策の色彩も濃い。

しかし「知識集約化」といった概念は極めて曖昧なものである。中政審の具申はこうした用語の抽象性を認めながら、その基礎となっている前年の産業構造審議会中間答申にもとづき、「知的集約度が高い産業（知識集約産業）を中核に、これを支える基盤的産業や、その他の産業でも、できるだけ知識集約度を高めるような産業構造の姿」が知識集約化なのであり、研究開発、デザイン、専門的判断、各種マネジメント、高度の経験知識に支えられた技能の発揮等まで含む「知的活動」の集約度を高めることだとしている。[*28]

けれどもこうした概念は現実の中小企業の実情に見あうものとは言い難い。中小企業での専門従事者・設備の不足、生産・販売規模拡大の困難、実際の本格的政策化に要する膨大な費用等が立ちはだかっているからである。[*29] それゆえじつは政策としては「頭を使え」といったお説教や、「知識集約的経営」の模範例の紹介になりがちである。「産業構造転換」が叫ばれ、オイルショック以降の不況の風にさらされた多くの中小企業にこうした策が好評を得られなかったことは否定できない。

2-4 中小企業近代化政策の「終末」？

政策の方向が混迷している中でも、低成長経済への対策は急務となり、相次ぎ対策立法が行われた。1976年の中小企業事業転換対策臨時措置法、77年の中小企業倒産防止共済法、78年の特定不況地域中小企業対策臨時措置法、79年の産地中小企業対策臨時措置法などである。一方また、不況下に大手企業が「多角化」や「新市場開拓」に出たことは、中小企業業種での紛争を頻発させ、75年頃から「分野確保」問題を引き起こした。こうした事態とかねての小売業分野での大型店・新業態店進出に伴う紛争に対応する73年の大規模小売店舗法制定（百貨店法に代わるもの）という動きが重なり、大企業との関係を直接規制・調整しようとする中小業者の要求運動が広がって、勧告・命令と罰則までを有する77年の中小企業分野調整法制定、78年の大店法改正・規制調整対象拡大という政策を実行させたのである。70年制定の下請中小企業振興法も、「国際競争」対応と下請中小企業の

第4章　中小企業政策の意義と1999年日本中小企業政策の「大転換」

近代化・構造改善策の性格とともに、「下請振興基準」によって取引関係・発注方法の適正化を求めている点、企業間の関係への調整策の性格ももっている。

　しかし70年代後半には「減量化」「省エネ化」や「市場転換」、さらに新しい生産自動化技術等への対応に成功した加工組立型産業の順調な成長が顕著で、素材型産業でも徹底した合理化の効果が発揮され、「輸出主導型」の安定成長が実現されるようになり、むしろ日本経済の「良好なパフォーマンス」への関心が内外で高まるようになってきた。中小企業の存在についても、こうした「効率的経済組織」の一環という見方が注目され、さらに新技術新製品開発で急成長を遂げる企業群に関して「ベンチャー・ビジネスブーム」がわきおこった。[*30]

　こうした時期にあって1980年に出された中小企業政策審議会「80年代ビジョン」（隅谷三喜男主査）は中小企業の高い適応力を評価し、それが「近代的性格をそなえて、合理的、積極的に発展してきた、また発展していきうる企業活動の分野」であるという主張を打ち出した。[*31]ここでは欧米にならい「活力ある多数派」という言葉が用いられる。また「中小企業の多様性」を認識すべきとして、「企業的発展志向」と「生業的安定志向」とをわけ、中小企業施策の本来の対象は前者の助長・育成にあり、後者は中小企業施策のうちでも福祉的面の対象であるとするのである。

　しかしながらこの「80年代ビジョン」のうちにははなばなしい言葉の他に、具体的な政策の必要を示すところは乏しい。政策の方向として「国際化の中の構造変革、ニーズの変化に対応する柔軟な経営システムの確立、従業員福祉向上、地域的視点からする施策の新展開」といったことを挙げるが、これらは多くのところ「あるべき経営戦略や経営努力」を語るか、あるいは「地域経済振興ビジョンづくり」といった間接的に関係する課題を挙げるのみのものである。それは当然のことであって、中小企業が今や「近代的」であり合理的に発展を遂げているものであれば、公共政策は基本的に要らないという話しになるわけである。むしろ彼らの発揮する活力が産業構造変革や技術進歩、人的能力発揮の源泉だという「役割」が強調される。そして「生

業的層」への対応は本来「中小企業への施策ではない」というのであるから、「80年代ビジョン」は「近代化」理念に主導されてきた、日本的「構造政策」の色彩の濃い「中小企業政策」の「事実上の終了宣言」であったとみることが妥当であろう。

しかしそれでは基本法にうたわれた「事業活動の不利」や「格差」是正の策、さらに70年代後半噴出した「分野調整」問題等はどうなるのか。こうした現実的な政策課題について「80年代ビジョン」はその基本的な論調からみればかなり唐突に「財務面における対策」、「高度化対策」、「事業活動不利補正のための対策」、「小規模企業対策」を具体的に挙げている。そのなかでも「高度化事業」の対象の拡大やソフト面の充実、異業種間の提携、事業推進体制の地方移行、「事業機会の確保」問題における「経済社会の健全な発展を支える活力」への配慮といった注文が出されている。「小規模企業対策」が特に取り上げられ、「経済合理性」の実現への企業的能力育成と「生業的企業」への福祉対策を含む対応が述べられていることも見落とせない。

2-5 「90年代ビジョン」と理念の変質

1990年に発表された中小企業審議会企画小委員会中間報告「90年代の中小企業政策のあり方」(90年代の中小企業ビジョン、今井賢一主査)[*32]は、国際収支不均衡、貿易摩擦、第二次石油危機、大幅円高など内外での激動の時代であった80年代に「中小企業は厳しい情勢変化によく適応してきた」との評価を行った。そのうえで「創造の母体としての中小企業」の表現のもとに、①競争の担い手、②豊かな国民生活への寄与、③創造的挑戦の場の提供、人間尊重の社会への貢献、④個性ある地域づくりへの貢献、⑤草の根レベルの国際化の担い手、という役割期待を挙げ、「中小企業の挑戦が経済社会の進歩と活力の源」と強調している。そして中小企業政策の考え方として、市場経済原則の下での自助努力への支援、公正な競争条件の整備、中小企業の多様性を踏まえた政策の展開、効率的でわかりやすい政策体系の構築の五つの原則を示し、「市場経済」と「競争」重視の立場（かつて「過当競争」を問題としたのと対照的である）を鮮明にした。政策課題のうえでも従来の

第4章　中小企業政策の意義と1999年日本中小企業政策の「大転換」

体系・区分を離れ、(1) 情報化や市場変化への対応力を高め、情報・技術・人材等の内部経営資源充実や外部資源利用につながるような「ソフトな経営資源の充実」、(2) 企業家精神発揮と創造的挑戦を促すための「創業の促進等」、(3) グローバル化や業際化、産業構造変革の中での経済活力維持への「積極的転換政策の推進」、(4) 地域の個性発掘と地域発展の全体構想に中小企業が寄与する「個性と魅力ある地域の建設に向けて」、(5) 国際的経営活動推進のための情報提供や人材育成支援等「中小企業の国際化の促進」、(6) 経済社会環境変化に対応し経営基盤を強化する「小規模企業対策の方向」を取り上げている。

「90年代ビジョン」の現状認識が80年代の中小企業の状態をどれほど反映しているかは別としても、これまでの中小企業政策体系との大きな隔絶ないし転換があることは明らかである。基本的には80年代の先進国政治を支配してきた新自由主義・市場主義的な「小さな政府」、「規制緩和」、「民間活力と市場機構重視」の方向がここにも適用され、直接の援助策はもとより「社会的調整機能」も後景に退いている。それに代わって「積極的転換対策」が前面に出てきたのである（86年には円高不況対策として、特定中小企業事業転換対策臨時措置法、特定地域中小企業対策臨時措置法が制定されている）。一方また80年代盛んに唱えられた「範囲の経済」、「ネットワーク産業組織」や「企業連関」の視点を応用し、異業種交流や「融合化」（88年に異分野中小企業融合化促進臨時措置法を制定）の動きを促進し、新たな形の組織・ネットワークを重視し、組織化の位置づけが変わっていることも見落とせない。

「ビジョン」にはすでに大企業集団や一部上層中小企業が実践している市場・技術戦略や組織体制づくりへの積極評価は満ちているが、基本法の趣旨である「不利、格差」の是正という理念は出てこない。「70年代のあり方」具申はこの認識の一般的妥当性を問い、「中小企業の多様性」も見るべきであるとした。「80年代ビジョン」は「格差の緩やかな解消」を強調しながらも、基本法の趣旨に沿う「事業活動の不利是正」や「高度化」を引き続き実行するとした。ところが「90年代ビジョン」に至っては変化適応への中小企業の「制約」や「市場からの退出」の事態を指摘しても、「不利、格差」

という言葉自体がほとんどなくなってしまい、「社会的公正」の語が多用されるのである（「中小企業規定」の見直しに関しては「格差」指標にふれている）。

　このことからも、ここに至って「中小企業政策」の拠るべき理念・課題自体が変質していることが示される。市場経済を支える「競争の担い手」の活動に対し、「補完的役割」としての経営資源充実支援や競争条件整備、「適応・転換の誘導」をはかるものであれば、これはもはや戦後日本の中小企業政策の独自の性格に代わり、欧米流と想定される理念への実質的移行であると言ってさし支えない。むしろ注目されるのは、たとえば「下請分業体制」のメリット活用と「自立化」促進による「対等なパートナーシップ」確立を促すとともに、これに対する「閉鎖的、不透明」などの欧米の批判をとくべく理解を求める、さらには「下請」という用語も再検討するとも述べているところである。[*33] その妥当性はどうあれ、「政策」課題の前提になるべき見方が基本的に逆転してきたのである。

　しかしこうなると、なぜ「中小企業」政策が必要なのか基本的な疑問が出てくることも当然であろう。事実90年代を迎える中では、「中小企業を区別して扱うこと」に政策的意味があるのかという疑問が出されてきている。[*34]「ビジョン」で取り上げていることは規模の差こそあれ「さまざまな企業への対策」とみることもできる。「中小規模」の企業への政策が引き続き必要な理由は、むしろそれらが「創造の母体」であり「市場経済体制」を支えている重要な存在だからだということにある。

　従って政策の根拠は、こうした「中小規模」企業が従来の増勢から減少に向かいだした事実にこそあると言うべきだろう。80年代以降全般的に開業率が低下する一方廃業率は上昇し、小売業や製造業では開業を上回るようになってきた。このかつてない現象を前にして、「ビジョン」は金融面などからの「創業の支援」というまったく新しい課題を挙げたのである。

3 1999年中小企業政策の「大転換」?

3-1 1999年の「転換」

　こうした歴史的背景のうえにすすめられた1999年の中小基本法全面改定を含む一連の政策転換は、一般向けには中小企業庁によって以下のように説明されている。すなわち、「大企業との格差の是正」という、「経済の二重構造論」を背景とした非近代的な中小企業構造の克服、いわば「脱中小企業論的な考え方」から、中小企業の「柔軟性や創造性、機動性」に注目し、中小企業こそが「我が国経済の発展と活力の源泉であり、中小企業の自助努力を正面から支援」するという、一．理念の転換にもとづくものである[36]。そして、二．重点施策の転換としては、「スケールメリットの追求（中小企業構造の高度化）」が中心の政策から、経営基盤の強化として、「資金、人材、技術、情報等の経営資源の面での支援」を基盤的な施策とし、これに「創業・経営革新等の前向きな事業活動を行う者への支援」（経営革新・創業・創造的事業活動の促進）と、「大規模な金融危機等の場合のセイフティネットの整備」を重点施策と位置づけるという。さらに、三．「政策手段の転換・多様化」として、「組合作りの促進や間接金融が中心」の政策から、組合は「経営資源の相互補完の手段」へ、金融は「直接金融も含め多様な資金調達」可能なものへ転換するという。また、四．「中小企業の定義の拡大」を図り、今後は資本金基準を中心に（サービス業については従業員基準も含め）、引き上げを図るとしている。その一方、「もちろん従来どおり」、「小規模企業への配慮、下請取引の適正化、官公需、商店街の活性化等」今後も継続すべき理念や重要政策は、新基本法でも位置づけられていると付け加えている。

　この説明については、一．から三．への「転換」と、四．の「定義」の拡大とが矛盾するのではないかとか、「従来通り」の施策が残っているのは問題であるといった疑問もあった。しかしそれは些末なことでもあり、問題はこうした「転換」の主張のもつイデオロギー性自体、そしてそれが実際の立法や施策に現れてくるまでの過程と曲折にあるのである。これはとりわけ、

従来からの中小企業政策研究会等の場と中小企業政策審議会（中政審）の議論並びに報告・答申、そして全面改定された中小企業基本法などの条文とこれに関する官庁サイドからの説明等々の中身を通じてみることができる。

　この中政審「99年答申」や基本法改定をめぐり、大きな争点となったように見えたのは、一つは「セイフティネット」論の危険性一面性であり、今ひとつは「二重構造」認識なり、またその否定としての「格差是正」放棄の是非であった。前者は大問題であるが、ここではいま論じない。後者の点について、「格差是認論」の今日的イデオロギー性は別としても、のちに見るように、中小企業政策にとってこれが真に重要な問題であったのかは、大いに疑問とせねばならない。なぜならば、それはたぶんにかつての「近代化政策」のイデオロギー的なツールであったからである。にもかかわらず、「二重構造」なる語があたかも本質的普遍的な意味を持っているかのように扱われ、俗論的な影響力を持ち続けたこと自体も問題である。

　いまひとつ、この一連の「転換」のうちで大いに注目を受けたのは、「弱者保護」に代わる、「創業支援、ベンチャー支援」の看板であった。厳密に言えば、改定中小企業基本法の条文中に「ベンチャー」なる語はでてこないし（これでは、法的に定義不可能だろう）、政策の基本的スタンスとしては、うえのように政策体系中で経営革新とワンセットでのとりあげ方にとどまる。しかし、中小企業政策研究会の議論においては、相当部分が「ベンチャー支援」に割かれ、従来ベンチャー企業の政策上の位置づけは明確でなかったが、新政策の理念下では、「このような企業が多数創出するような環境を整備し、その自助努力を支援することは重要な課題」と言いきっている。すでに「創造の母体としての中小企業」の語を掲げ、開業率低下の傾向に警鐘を鳴らした「90年代ビジョン」以降、資金面を含めた「創業支援」を重視して、90年代における新分野進出法や中小創造法、その他広範にわたる創業支援、ベンチャー支援政策が相次いで展開されてきたのであり、改定基本法下にその裏付けを得て、一層強化されていくものと見ることができる。また、「ベンチャー支援」と「創業支援」がはっきり区別されるようになったことは、今

回の「転換」の一つの特徴であるが、このことは十分理解されなかったおもむきがある。

しかし、この和製の造語が当初からまとっていたあいまいさ、実像の少なさ、「夢」や「かくあるべし」論ばかりにまとわられた現実性の乏しさ、そしてリスクと裏腹の、人心を惑わすモラルハザードのような危なっかしさは、言葉のレトリックでは覆えない。これをもって、従来の中小企業政策体系に代わる柱の一つであるとするにあたっては、キャッチコピー以上のものを見いだすに困難だろう。[*40]

それゆえ、ベンチャー支援とはむしろ、80年代英国のサッチャーリズムが「スモールビジネスの可能性」を市場主義回帰のシンボリックな存在としたのに似て[*41]、日本において「競争」に駆られた「市場主義」のイデオロギー的仮託ないしは象徴として重要であったと言うべきだろう。しかし、それを国策をもって支援育成するというのは、形容矛盾そのものではないのか、という普遍的疑念はますます広がるのである。[*42] それを既存企業のうえに置くというのでは、多くの企業者たちの納得は得られないし、また一握りのエリートによって、経済の活性化も新産業の創造もできないのではないか、必要なのは多様な企業群の集積とさまざまな企業連関の形成ではないのか[*43]、という疑問はとけない。

3-2 「近代化」は清算されたのか

今ひとつの論点は、「企業構造の高度化」はスケールメリット第一の発想であり、時代遅れである、これに代えて「経営革新」をすすめるべきであるという筋道である。前者は従来の中小企業近代化政策の路線を受け継いできたものである以上[*44]、ここに「政策転換」の重要なポイントがあることは事実である。また、「二重構造論」とは、この近代化政策を根拠づけるために用いられた特定の理論・理念であった。[*45] そして、1963年制定の中小企業近代化促進法が今回、中小企業経営革新法に全面改定されたのであるから[*46]、ここに大きな転換の焦点があることは間違いない。

「二重構造論」「近代化論」批判は別として、ここで見落とせないのは、こ

うした「経営革新」と「高度化」は対立的なのか、とりわけ中小企業の組合団体の役割はなくなったのか、という問題点である。また、組合団体に限らず、企業間の新たな多様な結びつきや柔軟な連携のもとで、新商品開発や新事業展開などを図るというのはいかにも「革新的」に見えるが、実際には容易なことではなく、まとめにくさ、ルールの乏しさ、将来見通しの難しさなどで壁にあたる例が多いことも見落とせない。まして、「スケールメリットはなくなった」と切るのも、理論的にも事実としてもおかしいことである。

問題はむしろ、ともかく中小企業同士が何らかの意味で競争制限的なことをやるのではないかという、「競争」第一の理念下での、共同化への徹底した警戒感にあるのではないか。こういった姿勢は、「中小企業の不利」をめぐるとりあげ方ではっきりしてくる。

4 「不利是正」と「競争」の支配

4-1 消えた「不利の是正」理念

63年中小企業基本法の条文中（ここでは73年の改定後の条文を用いている）では、その前文及び第1条〈政策の目標〉において、「中小企業の経済的社会的制約による不利を是正するとともに」、と記し、さらに第3条〈国の施策〉の第5項で、「中小企業の取引条件に関する不利を補正するように」過度の競争の防止及び下請取引の適正化を図ること、と明記している。そして、法第三章は「事業活動の不利の補正」と題され、第17条〈過度の競争の防止〉、第18条〈下請取引の適正化〉、第19条〈事業活動の機会の適正な確保〉、第20条〈国等からの受注機会の確保〉、第21条〈輸出の振興〉、第22条〈輸入品との関係の調整〉という、それぞれ国が図るべき施策を掲げているのである。

ところが新基本法ではこれがすべて言葉として消えてしまった。いったいなぜ、「事業活動の不利の是正（補正）」が消えてなくなってしまったのであろうか。

第4章　中小企業政策の意義と1999年日本中小企業政策の「大転換」

　前記のように、基本法下の中小企業政策をめぐる理念的な議論と指針である1972年の中政審意見具申や「80年代ビジョン」[*48]では、はやくも「近代化」理念への再検討が始まったものの、中小企業の「不利の是正」を掲げるべきではないとか、見直せという主張はなかった。けれども「90年代ビジョン」においては、「不利」や「不利の是正」の語自体が消えた。それに代わって、「自由で公正な競争」を理念とし、中小企業の「制約」に対してもまずは「自助努力」によるべきであり、政策的支援は「経済合理性の指し示す方向」に沿って行われるべきであると主張している。そして、一定の理由下での「競争制限的カルテル」を認めながらも、脆弱なセクターの保護や競争力の阻害にならないか検討をすべきであると釘をさしている。そのうえで、下請取引などに関連して、「公正な競争条件の整備」をうたい、これが引き続き重要であるとしても、内容を経済構造の変化に応じて見直していくべきであるとしたのである。[*49]

　こうした「90年代ビジョン」の記述は、「競争」重視を前提とした理念性において、「99年答申」につながっており、さらに「不利の是正」という表現自体をとらなかった点で、ある意味では今回の基本法改定と「不利の是正」の語の全削除に道を開いたものであったが、そこからただちに、法改定や政策の全面転換に至ったわけではなかった。

　一方、99年の中小企業政策研究会や中政審の諸報告文書のうちには、以下の点を除けば、「不利の是正」はなぜ政策的概念とすべきではないのか、具体的な言及がない。それにもかかわらず、中小企業基本法改定にあたっては言葉としてすべて消えてしまったのである。したがってこのこと自体が問題であるが、これにかかわる議論としては99年中政審答申では、中小企業政策の理念に関連して、「競争条件の整備」をとりあげている。中小企業や新規企業は規模の小ささや多様性の大きさ[*50]（！）ゆえ、「資金や人材の調達においてさまざまな困難に直面する可能性が高い」と認め、また、「現実の市場では不当な取引制限や不公正な取引方法が散見され、取引上で劣位にある中小企業者の利益が不当に侵害されたり、被害が十分に救済されないケースが生じ得る」と述べているのである。そしてそのうえで、「市場機能の不[*51]

115

十分な面の補完」による、競争条件を整備していくべきであるとしている。具体的な施策としては、「競争条件の整備」を柱として、資金供給の円滑化と自己資本の充実、経営資源の充実強化、連携の促進、人的資源の充実、取引の適正化と国等からの受注の確保をこのうちに含めている。[*52]

このように、金融対策や税制対策、技術・情報を含む経営資源充実、共同化、人材管理や雇用管理に至るまで、「競争条件の整備」なる語にくくられることは、それ自体疑問を感じさせる。従来の中小企業政策、とりわけ旧基本法第3条の1項から4項にあげられたような、近代化、技術向上、経営管理合理化、中小企業構造の高度化といった施策の柱がほとんどすべて「競争条件の整備」となるものかどうか、論理的にも一貫性にも問題が大きい。そして、ここでは「公正」概念さえも消えている。

まして、「取引の適正化」に至っては、答申の基本的な主張は、中小企業のために配慮をするべきではないというところにこそ重点がある。従来の基本法下の調整・規制政策や官公需施策、さらに独禁法の適用除外カルテル等は「経済的弱者という画一的中小企業観を根底とした」ものであり、「市場原理の尊重」「経済的規制は原則自由、社会的規制は必要最低限」という視点下に再検証すべきであるという。そして、「市場参入機会の確保」、「取引の適正化」に課題は限定され、さらに商工組合カルテルの廃止、官公需の中小企業向けの分割発注の非効率性の改善、現行調整政策の「見直し」といったことにまで言及されている。[*53]旧基本法第三章で「事業活動の不利の補正」としてあげられたうちの、「過度競争の防止」や「事業活動の機会の適正な確保」、「輸出の振興」、「輸入品との関係の調整」の各施策は「99年答申」からは消え、改定基本法第22条中に一括されて抽象的な表現にとどめられた。

4-2　見失われた93年中政審小委員会「今後の方向」中間報告書

「90年代ビジョン」の突出とはかなりニュアンスを異にする正式報告が1993年に出されたことは、ほとんど知られておらず、99年中政審答申などにおいては事実上完全無視となっている。このこと自体が無責任な姿勢で

あり、たとえ小委員会報告という形であったにせよ、少なくとも同じ中政審の正式報告であった以上、これを是とするにしても否定するにしても、ともかく一切言及もしないなどという態度が許されるものではないだろう。

この「93年報告」(正しくは、中小企業政策審議会基本施策検討小委員会中間報告『中小企業政策の課題と今後の方向——構造変化に挑戦する創造的中小企業の育成』[*54])は、中小企業基本法制定30年を経たところでの「見直し」という性格のものであった。そしてそこにおいては、中小企業をめぐる経済社会構造の大きな変化を背景として、中小企業政策の基本的な理念の見直しを図るという検討の課題を掲げている。こうした変化のもとでは、新市場への挑戦などの中小企業の対応努力を求めるとともに、経済社会の活力維持、豊かな国民生活の実現のための、「創造性に富み、バイタリティにあふれた中小企業の存在」[*55]を、これからの時代における中小企業の位置づけとしている。そして、一方においてはこうしたわが国経済での中小企業の重要な役割ゆえに、その対応努力を積極的に支援すべきこと[*56]、他方においては、中小企業政策本来の目的として、市場メカニズムのもとで「中小企業の市場での競争条件を整備するとともに、環境変化への的確な対応を促進することにより、市場の機能を活発化し、同時に我が国経済の構造変化を円滑に進めること」[*57]に、中小企業政策の理念的な根拠を求めている。この後者の意味において、中小企業政策は「産業政策の重要な一部」とされるのである。

こうした「産業政策の一部」観には、かねてより中小企業政策を産業政策に従属させるものとする批判的評価があった[*58]。そうした点で、「93年報告」も「99年答申」も一貫しているという批判もある[*59]。しかし一般的な意味においても、産業政策そのものが否定されるべきものとも言えない。産業政策のうちに中小企業の生産力基盤的役割とその「近代化」推進の意義を見ることは、大企業体制を支えるだけのものとするのでは、うえにみたように、こんにち普遍的な評価につながるものではなく、一種の受け身の「全否定論」にとどまるしかない。

さらに、93年報告が示した見地は、必ずしも従来の産業政策観にとどまるものでもなかった。この「中間報告」が出されるについては、やはり非公

式の中小企業政策研究会が組織されたが、この研究会には佐藤芳雄氏（当時慶應義塾大学教授）、黒瀬直宏氏（当時中小企業総合研究機構第一研究室長）が参加し、議論をリードした。[*60] その黒瀬氏は、産業政策を産業構造政策と競争政策（反独占的産業組織政策）に分け、[*61] また中小企業政策は「経済民主主義」をめざし、経済的分権化と経済的平等を求めるべきものと位置づける。そして戦後成長経済下に中小企業が大企業体制を支えるものとされ、こうした政策が産業構造政策の命題に従わされてきた経緯を批判し、求められるのは、「産業政策の理念を経済民主化理念により再構築する」ことであるという。[*62]

黒瀬氏らが抱いた「経済民主主義論」とこれにもとづく産業政策観は、もちろん今日の「主流派」であるわけではないし、また、反独占の主張であっても、さらに新たな社会経済システム論に踏み込むわけではない。しかし、これが宮澤健一氏らの産業政策観と結びついて、[*63]「93年報告」の政策理念と構成を形作ったものなのである。

いずれにせよ、この「93年報告」は従来の「近代化政策」への総括を行いながら、中小企業政策の重点が中小企業の不利の補正をベースとし、環境変化に対応した構造改革を支援するものになってきていると現状認識する。そして産業政策の独自の理念にもとづき、既存の中小企業政策を位置づけ直したのである。[*64] その第一は、「中小企業政策のベース」をなすべき、産業組織政策的性格をもつ「経営基盤強化対策」で、これは中小企業の不利を補正することによりその基礎体力を強化し、大企業との競争条件を整備するための施策である。ここには金融、税制、組織化、診断指導、下請対策等の諸施策が含まれる。第二は、その時々の構造変化に中小企業が対応できるよう、課題ごとに対策を講じる施策としての「構造改革支援対策」で、産業構造政策的性格を有しているものである。これには、近代化・高度化、国際化、労働力確保、地域中小企業対策、環境対策等が含まれる。そして、経済社会の土台を構成し、地域経済に大きな役割を果たしながらも、生業的な個人企業が多く、経営基盤が脆弱であるゆえ、特別の配慮を要する小規模企業に対しては、第三に「小規模企業対策」を講じ、[*65] 経営基盤強化や構造改革支援の諸

第4章　中小企業政策の意義と1999年日本中小企業政策の「大転換」

施策が円滑に実施されるような対策をおこなうとしているのである。

この「93年報告」にもとづく形で、以後中小企業庁の諸施策体系は、大きく三つの柱のもとに整理され、示されるようになった。中小企業のための諸施策は以前から必ずしも体系的に位置づけられず、中小企業庁の施策解説書中でも、折に触れてその描き方も変更される状況があったが、より明確なものとなったのである。第一の柱は「経営基盤の強化（不利の是正）」、第二の柱は「構造改革の支援」、第三の柱は「小規模企業対策」である。

そして第一の柱には、金融対策、税制対策、組織化対策、経営指導対策、下請取引適正化対策、事業分野の調整対策、官公需確保対策が含まれる。第二の柱には、近代化・高度化対策、技術力向上対策、流通合理化対策、情報化対策、環境・安全等対策、国際化対策、地域中小企業対策、さらに新規創業等支援対策、新分野進出等支援対策が含まれる。これは構造変化への対応策である以上、さまざまなものが加わってくる可能性があり、事実90年代後半には創業支援策が急速にふくれあがっていったのである。第三の柱には、商工会・商工会議所の支援機能の強化対策、設備近代化対策、小規模企業共済制度などのその他の対策が含まれる。[*66]

このような「93年報告」の理念づけは、小規模企業対策の柱を除けば、99年中政審答申の中では大部分無視されるに至った。ちなみに小規模企業対策については、すでに「90年代ビジョン」においても、競争の重要な担い手、今後の発展を期すべき存在としながらも、その固有の役割をとりあげ、独自の対策をおこなうべきものとしており、[*67]この見地は99年答申にも受け継がれていることは事実である。また、90年代ビジョンを受ける形で、小規模事業者支援法の制定やこれにもとづく経営改善普及事業実施、マル経資金制度の拡大など、商工会・商工会議所の役割を重視した小規模企業対策が強化されてきたことは見落とせない。その一方で「99年答申」では、従来の「二重構造の底辺を引き上げる」ことから、創業や成長の苗床として機能するよう支援する、意識改革を促し、経営革新を促進すべく、「小規模企業の経営の革新に重点化」せよとしているところも、[*68]大いに問題を有する。しかし、こうした小規模企業層ないしは小零細経営への位置づけ・評価や政策

119

のあり方への議論は、本章では詳しくは触れない。[*69]

　前記のように、「93年報告」自体が活力論的・市場競争重視的で、「格差是正」を否定している、「創業支援」に傾いている、さらには「産業政策」への従属であるといった批判は当然ありうる。また、構図を再度俯瞰すれば、「93年報告」の第一の施策の柱の中身が大部分そのまま、「99年答申」の「競争条件の整備」（その語自体、「90年代ビジョン」「93年報告」のうちからとられている）の中身に項目として置き換えられたのであり、大きな差はないのではないか、というみかたもできなくはない。しかし、現実には「99年答申」を実行するという形で、言葉のうえでも中小企業基本法の条文から「不利の是正」ないし「補正」の語が一掃されてしまったのであるから、単に「経営基盤の強化（不利の是正）」と書くか、「競争条件の整備」と題するかの違い以上に重大なものである。さらにその中身に至っては、組織化をはじめとして大幅に変えられ、すでに指摘したように、事業分野の調整、過度競争防止などの項目も一掃されてしまったのである。

　「93年報告」がなぜこのように不幸な経過をたどり、軽視されるに至ったのか、当事者たちが説明しない以上、それを直接知るすべはない。[*70]ただ、このような「産業政策論」さえも、「市場主義者」たちと、「ベンチャー論者」たちの連合の論理には、はなはだ迷惑であったことは確かなのだろう。しかしまた皮肉なことに、中政審「99年答申」などに反して、立法された改定中小企業基本法では、「93年報告」の用語法が生き残り、「競争条件の整備」ではなく、「中小企業の経営基盤の強化」となったのである。

4-3 「説明」抜きに、消えた言葉と登場した言葉

　このように著しくアカウンタビリティを欠いた「答申」とそれにもとづく（？）基本法全面改定があっという間にすすんでから、言い訳のように「追加的解釈」が流されるようになった。[*71]その一つが、上記の「不利の是正」の語をなぜ抹消したのかという点に関してである。

　2000年7月刊の『新中小企業基本法　改正の概要と逐条解説』においては、わずか3ページではあるが、はじめて「旧基本法の抱える問題点」を

第4章 中小企業政策の意義と1999年日本中小企業政策の「大転換」

とりあげ、規模の経済を前提とした「中小企業構造の高度化」は相対化し、希薄化している、「近代化」[*72]や「指導」概念は陳腐化している、等と述べている。そして、「事業活動の不利の補正」がなぜ問題なのかに関連して、経営資源確保の困難性や不公正な取引方法による利益の侵害などの、中小企業の市場での不利性、困難性があることは依然変わらないと述べ、きわめて矛盾した見地を示す。「しかしながら」、「市場原理の尊重が」行政の基本として求められているから、独禁法適用除外カルテル等の競争制限的施策は見直しが求められている、不利の補正を図る施策は、「経営資源の確保の円滑化に係る市場機能の不十分な面を補完する施策」や「公正な取引ルールにもとづく取引の適正化の確保等、市場機能を活用した競争促進的施策」への転換が要請されているのである、という。[*73]また、輸出入に関する施策は、自由貿易ルールの強化、日本経済の地位変化のもとで見直されるべきとも述べている。

　要するに、すでに中政審「99年答申」でも主張されているように、「市場」が第一、競争制限的なことは禁句だ、すべてに競争促進的であることが前提なのだ、ということであって、まさしく「市場原理」主義のまえには「中小企業の不利」などという言葉は口が裂けても使えないと告白をしているようなものである。したがって看板も「競争条件の整備」の語は退いたが、改定基本法第3条では、「市場における競争の促進」が前面に出たのである。しかしここには、その「市場原理」なるもの自体がいったい何なのか、絶対的「市場原理」などというものが存在するのか、そうした根本的な問いは見られない。別の言い方をすれば、絶対的「市場原理」を語るならば、三輪芳朗氏の主張のように、「中小」企業をあえて取り上げるべき政策理念的根拠はなくなってしまうという基本的矛盾を避けている。[*74]

　この「逐条解説」でも依然不明なのが、「多様で活力ある独立した中小企業者」なる、新たに登場した政策目標である。こうした語が単に答申文のうえで用いられたというだけでなく、法律の条文にも麗々しく、「独立した中小企業者の自主的な努力」という表現で載ったということは一大事のはずなのだが、これには「逐条解説」にさえも説明がないのである。「独立した中

小企業とは？」とか、「トヨタ一社の仕事に依存する当社は当てはまらないのでしょうか」といった質問を受けたならば、どのようにこたえるつもりなのだろうか。ちなみに、この「逐条解説」の巻末には、中小企業政策研究会の報告抜粋として、「中小企業の範囲に関する検討資料」を載せ、「独立性」にかかわる「定性的基準」としての米国小企業法やEU96年決定、さらに日本の分野調整法や連結財務規則などを説明している[*75]。そうした範囲で言えば、これは大企業に所有ないし実質的に支配されているものを排するという意味になるはずだが、それではたして、政策目標になるのだろうか。少なくとも条文中などの記載は明らかに、ポジティブな意味での「目標」を示しているはずであり、ネガティブリストではないとしか理解できない。また、そうしたネガティブリストの意味であるとの「統一解釈」でもちろんない。米国はもとより、EUや韓国等ともちがい、日本の「定義」には「独立性」はない。

　前記のように、戦後中小企業政策立法の先駆けであった中小企業庁設置法（1948年）は第1条で、「健全な独立の中小企業」という文言から始まり、反独占的な姿勢を明白に掲げている。これは米占領下での米国の政策理念の影響を示し、またそうした意味から、黒瀬氏らの「経済民主主義（民主化）論」の一つの根拠ともなっている[*76]。しかし、今回の基本法改定によってそういった理念が「復活した」とするには、あまりに証拠不十分であり、実際に当事者たちは誰もそうしたことを口にしてはいないのである。むしろ、このような「独立」概念を手がかりに反独占的な姿勢をここに見いだそうとするようなことは、当事者たちにとってはありがた迷惑でもあろう。なぜならば、この政策転換の基本的な見地には抽象的な「競争」一般のみが存在しているのであって、巨大企業の市場支配や独占の弊害、反独占的政策、あるいは大企業と中小企業の対抗関係と後者の不利などといった「古典的通説」「独占論」そのものが入り込む余地を与えていないのである[*77]。中小企業は「我が国経済のダイナミズムの源泉」と持ち上げられても、大企業に対して一般的に不利な立場にあったり、圧迫を受けたりするものでもなく、またこれに対抗するものとも描かれていはしない。それゆえにこそ、「独立」の語は、「みんな独立心をもってがんばれよ」という、励まし程度の意味しか持たない[*78]。

第4章 中小企業政策の意義と1999年日本中小企業政策の「大転換」

5　まとめ——問われる中小企業政策の意義

　「市場主義」の呪詛に覆われた1999年の事態は、大企業体制の破綻と蓄積の危機を、中小企業多数への犠牲の転嫁＝「過剰化・淘汰・排出」を通じて「解決」していこうとする国家政策を、「競争」と「産業再編」の名のもとですすめるものとなった。もちろんそれはまた、「既存」中小企業の相当の不安感をもたらしたことも事実であり、改定中小企業基本法の国会議決に際して行われた、「既存中小企業者への配慮」や「不公正取引の排除」、「分野調整制度の遵守」といった附帯決議にそれはある程度反映している。中政審答申に反して、「競争条件の整備」の語が浮上せず、あくまで「中小企業の経営基盤の強化」の語が条文中で用いられたことも見落とせないだろう。

　しかし、少なくとも「中小企業の不利の是正」の語は一掃され、経営資源充実への支援は別としても、とりわけ競争と企業間関係に踏み込む規制的政策には著しい抑制が働いた。「取引の適正化」に関しては、適用対象の拡大や規制方法の実効性向上が展望できるとされているが、直ちに新たな動きにつながりはしなかった。[79]

　一方でこういった事態に対し、「二重構造論」やら「弱者保護論」の呪縛にかかった側からの有効な反撃はできなかった。それははじめから誤った理論を引きずっていたからであり、また「グローバルスタンダード」の看板に対抗するすべをもたなかったからである。

　政策転換のうえで、諸外国の中小企業政策の動向に注意が払われたことは見落とせない。しかし、それが一面で世界的な動向を反映しえていても、相当に我田引水である、あるいは重大な動きを故意にか見過ごしている、という点も少なくないのである。たとえば、なにかといえば皆が注目したがる米国に、「ベンチャー支援策」などという政策は基本的にない。あるのは、創業支援策一般であるとともに、むしろ小規模企業対策であり、長い伝統をもつ官公需確保策である。そして近年は、中小企業の社会性を重視し、雇用や地域振興への貢献を金融面などから支援している。また欧州においては本書で詳細に示しているように、中小企業の不利是正に次第に踏み込んできてい

第Ⅱ部

るのが特徴であり、言葉の表現としても、また金融市場や取引関係においても、介入の姿勢が目立っている。

こういった政策も基本的には、「競争促進」的ねらいにあることは明らかである。しかしそれは中小企業の不利を打開し、長期的存立を可能にし、積極的な経営努力が報われるようにすることによって実現するものであり、市場のルールと調整の仕組みの確立とも表裏一体である。これに対し多くの企業の困難を放置したり、大企業と中小企業を形式上「同じに」扱うというだけで、望ましい競争状態が生まれるわけではない。一部エリート的企業への「育成策」が市場の機能の作用を促してくれるわけでもない。まして、大企業体制の破綻の被害への対処もせず、それどころか「大企業保護政策」を発動して、どうして望ましい「競争」が生じるのだろうか。

しかも以来10年余の現実は、そうした市場主義万能の理念とはほど遠い、経済全般の停滞、高止まりする失業率とワーキングプアー拡大、拡大する「格差」、そして増加する廃業率と低迷する開業率下での中小企業の衰退、これと表裏の関係にある地域経済の危機的状況を示してきた。現状打開の処方箋は、「構造改革」という名の規制緩和一本槍と市場主義墨守、財政再建重視と賃金と国民生活の切り下げ、「自助努力」の強要と大企業体制の保護強化であるとは大方の見るところではなくなった。そのため、2000年代の中小企業政策はむしろ、「経営基盤強化」と「取引適正化」の策を相次いで図ることになった。

「ものづくり高度化支援法」、「中小企業承継円滑化法」、「まちづくり三法」改定、「地域商店街活性化法」、「下請代金支払遅延防止法」改定・対象拡大などが図られ、また2000年代にかけ困難が増した中小企業の金融難問題に対する、金融政策上での「リレーションシップバンキング」推進による金融再生策の軌道修正・地域経済貢献推進もすすめられている。さらに、「連携」や「市場開拓」をすすめて地域産業の再生を図る、「地域資源活用化促進法」「農商工連携促進法」「地域ブランド制度」なども、「経営革新」推進とともに経営基盤強化に関わる意義があると理解できる。『中小企業白書』でも「まちの起業家」といった表現が用いられ、はなばなしくはなくて

第4章　中小企業政策の意義と1999年日本中小企業政策の「大転換」

も新たな事業に挑戦する企業家精神と後継人材の育成が重視され、また社会的課題にこたえようとする「コミュニティビジネス」「社会的企業」が注目されるようになった。こうした動きを支えるために、会社法改定で「1円創業」が恒久化され、また中小企業挑戦支援法や中小企業組合法改定により、企業組合やLLPなどの形を利用しての創業が期待されるものとなった。ここには深刻化する雇用問題に対する中小企業の雇用就業機会拡大の期待も見て取れる。

　他方では1999年「転換」の目玉であった「創業、経営革新、創造的事業活動」に関して全体として顕著な成果が見られたとは言い難く、むしろ2005年には、創業支援のための中小創造法、新事業創出法、さらに経営革新支援法などを統合する中小企業新事業活動促進法が制定され、既存企業などの「新連携」の推進、それによる新事業の展開に重点は明らかに移された。地域資源活用や新市場開拓などと結合した連携・共同の試みが全国各地ですすめられた。多くの補助金や支援策によって「大学発ベンチャー1000社」といった目標は達成されても、「創造的事業活動」によって独り立ちできる「ベンチャー企業」は少なく、補助金依存が批判され、あるいはミニバブルのうたかたの夢と消え、世の関心も薄れた。

　こうした「失われた10年」の試行錯誤と手探りのたどり着いたところにこそ、真の「グローバルスタンダード」としての「中小企業憲章」がある。そして、いうなればこの10年余のワイルダーネスのうちに、日本の「周回遅れ」状況がすすんだとせねばならないのである。

第II部

第5章 〈補論〉中小企業政策の転換と評価[*1]
―― リビュー的整理と総括として ――

1 はじめに――研究の範囲と対象

　90年代日本における中小企業政策をめぐる諸議論は、おそらく戦後最も重要なピークをなしたものと位置づけられよう。なぜならば前章で見たように、その終わり近く、平成11年（1999年）には政策理念の全面転換をはらんだ新中小企業基本法が制定されたのであり、これにかかわって、中小企業政策に対する大きな論争が巻き起こったのは自然の成り行きであったからである。もちろん、その論争の萌芽はすでに80年代から表面化したことも間違いないし、21世紀を迎えてもさまざま議論は続いている。これに関連して、戦後50年、あるいは中小企業基本法制定30年を節目に、中小企業政策の成立過程やその意義を問い、今日への教訓を導こうとする政策の歴史的研究が活発となり、緻密な研究がすすんだことも見逃せない特徴である。同時にまた、中小企業政策が世界的に重視され、活発な展開が各国各地域で見られたこと、それによって政策の国際比較や「国際公準」視点からの研究もすすんだことがもう一つの特徴と言えるが、ここではふれない。また、各論的な議論は別の機会とするものである。本章では主に、中小企業政策とは何であり、何を根拠に、どのような目的と課題をもってすすめられる必要があるのかという、政策理念の根本にかかわる論理と主張をとりあげる。これらの論点整理をすることで、21世紀に継承される中小企業論・中小企業政策論の到達点と議論の構図を示す。

2 中小企業政策の成立と展開過程の研究

　日本の中小企業政策の出発点は古くに遡れ、昭和期に限っても早くから相当の展開があったため、これらに関する歴史的な研究は数々ある。戦後日本の政策史研究については、単に歴史的な関心からだけではなく、20世紀後半期の中小企業政策の根本的な性格についての議論の一端を担う性格を持つ。それはまた、20世紀末における日本の中小企業政策の全面転換の必然性なり問題性なりに直接かかわるものでもある。

　戦後日本の中小企業政策に限らず、経済政策全般や産業政策について、その原型が戦時ないし準戦時経済体制にあるとするみかたは近年顕著になってきた。典型的には野口悠紀雄『1940年体制』[*2]がある。これらの主張は、戦後経済を支えてきた官僚主導・行政指導の経済運営、終身雇用・年功序列などの「日本的経営」等は戦時経済体制の継続であり、そこにその役割も限界もあるとし、90年代の日本はこの枠組みを清算脱却せねば再生できないと規定するものである。それはこうした政府主導・介入型の政策展開は歴史特殊なもので、先進国型経済の一員となっては早期に放棄するべき諸施策や官僚機構が惰性で維持され続け、健全な市場経済をゆがめている、とする。そのために一方では競争力を失った既存産業を温存し、新規参入を阻害し、経済の停滞をもたらしている、他方では政府の財政硬直化を招き、財政負担は膨らみつづけ、赤字財政が慢性化し、国民経済を危機に陥れると危惧する。
　こうした戦後体制の再評価の主張は中小企業政策の起源なり役割なりをめぐっても大きな意味を持ってくる。中小企業政策自体を戦時経済の残滓とし、その意義をはじめから否定するような極論は、中小企業研究の分野にはまず見あたらない。しかし、戦後中小企業政策の起点が戦時体制下の統制経済と生産力動員にあったため、戦後それが容易に高度成長下の産業政策に「従属」ないし「受動」化する性格になったとする見解は比較的有力である。寺岡寛「わが国中小企業政策の論理と展開方向」、同『日本の中小企業政策』[*3]にそれは代表される。もちろんここで寺岡氏は戦後中小企業政策を単に清算

せよとするのではなく、その拠るべき理念をあらためて説いている。

なお、戦時体制下での中小企業政策の成立と展開については、特に下請企業統制策を中心に詳しい研究が進められてきている。代表的には、植田浩史「1930年代後半の下請政策の展開」[*4]があるが、下請制評価論という立場からは、その成立時期や形態をめぐっての論争もある。小倉信次『機械工業と下請制』[*5]は植田氏とは異なる見解を示し、「一貫生産化」とこれに対する「分業生産化」の対立軸が戦前戦中から戦後に継承されたとみている。一方また、植田氏は戦時体制が戦後の下請制の原型となったというような通説は歴史的事実に必ずしも即さないと指摘している。

戦後中小企業政策全般の総括的な研究はこの間にいくつかまとめられている。上記の寺岡氏のもののほか、有田辰男『戦後日本の中小企業政策』[*6]、黒瀬直宏『中小企業政策の総括と提言』[*7]が代表的である。これらは政策史を全般的に取り上げた大著であり、政策史研究に必読となるだけでなく、戦後中小企業政策の歴史的性格を批判的に検討し、転換点を予告するものともなっている。

有田氏は、戦後中小企業政策が高度成長下に中小企業近代化政策となり、産業構造変化と国際競争対応への中小企業構造高度化政策に傾斜し、80年代以降にはその限界が顕著となって、政策の方向が模索されてきたと見る。黒瀬氏は戦後中小企業政策の出発点が敗戦と米占領下における経済民主化政策であり、その反独占政策の延長上で、中小企業庁設置法に代表される大企業に対抗する独立した中小企業の主体形成を意図した政策理念が求められたことを重視する。これが大企業体制再建、さらには産業構造高度化を優先する政策指向のもとで、産業育成下での中小企業近代化政策に置き換えられたのである。上記の寺岡氏も、中小企業庁設置法から中小企業基本法、さらにその後の立法過程の背景を丹念に追い、米国流の競争の健全な担い手としての中小企業の振興・育成に向かうことなく、中小企業近代化促進に収斂してきたことの矛盾の広がりを指摘している。

このように戦後民主化期の中小企業政策指向への再評価からは、「独占への『拮抗力』」としての中小企業の存在を重視する競争秩序政策、また中小

規模ゆえの中小企業の社会的経済的不利を是正する政策（有田）、あるいは大企業体制のもたらす不利を解消し、大企業体制を変革していく主体としての中小企業の能力蓄積をはかる「ネオ・経済民主化型」政策（黒瀬）、寡占化により歪められた市場の資源配分機能の是正をはかり、中小企業が自由な経済活動を行える余地拡大をすすめる政策（寺岡）、といった理念が導かれる。しかし 90 年代末にすすんだ中小企業政策の「転換」の方向は、以下で見るように必ずしもそうではなかった。

　なお、政策史研究のうえでこうした通説への反証もある。渡辺俊三『中小企業政策の形成過程の研究』、同「戦後復興期の中小企業政策の構想と展開」[*8]は、中小企業庁設置法前後の事情に米占領軍司令部 GHQ の反独占的民主化策の意図が強く及んでいたと見ることはできず、日本政府の産業政策的志向を色濃く反映していたこと、その後の業種別対策への「転換」も GHQ の是認のもとですすんでいたことを史料的に検証している。

　政策史的研究が戦後政策全般、とりわけその起点に関心を寄せているのに対し、高度成長期及びそれ以降の、業種別中小企業近代化政策を軸とした展開への詳細な検討や新たな見解の提示は、上記のものをのぞけばこの間意外に少ない。この政策過程への否定的な評価が立場の如何を問わず一般化しているだけに、それを裏付けるだけの研究が必要なはずである。これを抜きにして、「二重構造論」の影響下に「中小企業は、総じて非効率、非近代的であり、中小企業に従事する労働者は低所得である等『弱者としての中小企業』というややもすれば画一的な中小企業像が形成された」（中小企業政策研究会の「平成 11 年報告」、中小企業庁編『中小企業政策の新たな展開』[*9]）と断じる見方が、政策理念の転換の前提とされるような事態は幸せなことではない。

　ちなみに、この中小企業政策研究会の主役の一人であった橋本寿朗氏は、経済史研究者の立場から「二重構造論」を総括し、それが中規模企業の成長と零細企業への代替化による格差解消をめざし、中小企業の「自立化」を促進すべく、金融・設備合理化・安定化組織化を図ったとみる。しかし実態面で、一方では自営業者としての「自立化」が二重構造を解消し、他方で

は自動車工業などでの大企業への「従属」がむしろ中小企業の蓄積と効率化を可能にしたことが検証できるとし、「二重構造論」が実態とあわなくなったとする。事態は中小企業自立化の歩みであったのであり、政府機構と業界の密接な関係の根拠は失われた。今日求められる政策はその意味で、「55年体制の打破」でなければならないとするのが橋本氏の主張である（橋本寿朗「中小企業『自立化』の戦後史」、橋本寿朗「経済の〈５５年体制〉を打破せよ」）。[*10]しかし、米倉誠一郎「政府と企業のダイナミックス——産業政策のソフトな側面」[*11]は実証研究にもとづき、戦後高度成長期の産業政策展開における政府と企業との関係が双方向的であり、柔軟なものであって、企業の主体性を補完するものであったと規定している。「55年体制」、あるいは「1940年体制」といった形容をするにしても、通説となってきた政府主導の産業政策と業界団体の密着、統制経済的な色彩、既存業界の保護といった理解は果たしてどこまで事実なのか、言葉が一人歩きをしていないか、慎重を要するところである。

3　90年代中小企業政策の転換と諸議論

「1940年代体制」清算か、「55年体制」打破か、あるいは「1948年の復権」なのか、主張はさまざまあるにせよ、中小企業政策の転換が90年代に顕著となってきたことは事実であり、その「総決算」を平成11年（1999年）に迎えることになったのは間違いない。

こうした転換のきっかけとなったものは、1990年に出された中小企業政策審議会企画小委員会報告『90年代の中小企業ビジョン』である。[*12]これは「創造の母体としての中小企業」と題し、構造転換期の中小企業政策の理念を市場経済下での中小企業の重要な役割認識とその環境づくりに置くものとした。そして中小企業は「我が国社会の創造性と活力をリードする創造的先進」であると示し、競争の担い手、豊かな国民生活への寄与、創造的挑戦の場の提供、人間尊重の社会への貢献、個性ある地域づくりへの貢献、草の根レベルの国際化の担い手、という五点に中小企業の役割があるとする。一方

第5章 〈補論〉中小企業政策の転換と評価

では市場経済原則のもとでの自助努力支援の観点からの中小企業政策の課題として、公正な競争条件の整備を前面におき、中小企業構造の高度化や中小企業の不利の是正を正面からは取り上げない。政策の重点としては、「ソフトな経営資源の充実」、「創業の促進等」、「積極的転換対策の推進」、「個性と魅力ある地域の建設」、「中小企業の国際化の促進」、「小規模企業政策」という六つの柱が示されている。

　このように「90年代ビジョン」が第一に「市場経済」を大前提とし、中小企業を競争の担い手と位置づけ、公正な競争条件の整備こそが政策課題であるとしたのは、明らかに大きな理念の転換であり、戦後中小企業政策の清算の始まりであるだけではなく、欧米で勃興してきた「新自由主義」の影響を強く受けていることがうかがえる。また、旧ソ連や東欧「社会主義体制」の崩壊、中国の「社会主義市場経済化」志向のような、世界的な市場経済回帰の流れに意を強くしていることも見てとれる。第二に中小企業の「役割」に注目し、「格差・不利」といった「問題」状況の認識を避けたことは、瀧澤菊太郎氏の言う「問題性認識型」観点を離れ、「貢献型」観点に強く傾いていることを示している。[*13] しかし第三に、「市場経済」を大前提におき「問題性」を取り上げないものであれば、どのような政策的介入の根拠があるものなのか問われることになる。この点では、「90年代ビジョン」がいち早く開業率の低下に注目し、創業支援基盤整備や資金調達円滑化などの「創業の促進」を取り上げたところにこそ、政策的意義があったものと言えよう。かつて中小企業の「過小・過多」を問題とし、「過当競争」状況を打開し、中小企業の「適正規模」集約をめざしたところとは180度の転換でもある。同様に、「中小企業の国際化の促進」として、中小企業の海外事業展開も政策的支援の対象としたことも、従来の「追い上げ」や「円高」「空洞化」問題などへの適応対応に追われてきた国民経済的観点での調整的政策のスタンスを大きく変えるものでもある。

　「90年代ビジョン」以降、中小企業政策自体において大きな変化が生じてきた。一つは従来からの調整政策的な色彩も帯びた「中小企業新分野進出円滑化法」（1993年）であり、いまひとつは創業支援を前面にうたった「中

小企業創造活動促進法」(1995年)、さらには「新事業創出促進法」(1998年)である。これらをきっかけとして、創業支援・ベンチャー支援を掲げる諸施策が急速に整備拡充されていった。特に従来の政策の柱の一つである中小企業高度化資金がベンチャー財団設立にもあてられるなど、政策手段を「転用」するような動きがすすみ、政策理念・法体系と実施される施策のあいだのねじれも目立ってきたことは否定できない。また、創業支援と並んで掲げられ、世間の注目を浴びるようになったベンチャー支援策にかんしては言葉とイメージが先行し、個別実態研究や経営技術的提言などは頻出したものの、その対象、政策的根拠などについて十分論議がなされたものとも言えなかった。

　こうした創業支援策やベンチャー支援策自体のあり方や機能、実態をめぐる研究がきわめて活発となったことは言うまでもない。しかしそれらは別途論じられるものである。

　このような状況下で、中小企業政策の理念的根拠の再構築をはかったものが、中小企業政策審議会基本施策検討小委員会報告(15)中小企業庁編『中小企業政策の課題と今後の方向〈構造変化に挑戦する創造的中小企業の育成〉』[*14]である。これは「90年代ビジョン」の観点を受け継ぎながらも、制定後30年を迎えた昭和38年基本法の立場を再整理し、「産業政策」の見地から位置づけを行おうとしたものであった。中小企業政策の目的は、「経済社会の活力基盤である中小企業の市場での競争条件を整備するとともに、環境変化への的確な対応を促進することにより、市場の機能を活発化」するものであり、中小企業の直面する新たな課題と開業率低下、地域経済沈滞、ものづくり基盤の衰退などの問題状況を打開する政策的対応を求めている。その第一は、中小企業の不利を補正することにより、大企業との競争条件を整備する産業組織政策的性格の「経営基盤強化対策」、第二には、時々の構造変化に円滑に対応できるよう、課題毎に特別の施策を講じる産業構造政策的性格の「構造改革支援対策」、第三には、経営基盤脆弱な個人企業が多く、地域経済の動向に左右されやすい層に配慮した「小規模企業対策」である。

　この「今後の方向」報告には、前出の黒瀬氏らの「産業政策観」も反映さ

れている。産業政策とは単に新産業の創出や構造調整を行う政策のみを指すのではなく、「産業組織的政策」のうちには反独占的な競争政策が含まれる、とするのである(黒瀬直宏「80年代中小企業政策の特徴と中小企業政策への提言」[*15])。産業組織的政策の視点は一面では、独占的な大企業への対抗勢力としての「独立した中小企業」の育成ないしは簇生発展の環境づくりという意味を持ちうるし、他面では競争秩序政策ないしは「競争のルール」の維持強化という意味を求めることになる。黒瀬氏の主張では前者に重きが置かれているが、大林弘道「中小企業政策の新しいパラダイム」[*16]は「寡占的市場構造」と「競争的市場構造」の相互の関係という視点から、競争における公正性の確保、参入による調整の推進を通じて、「競争のルール」の基本的な再検討を行うことこそが今日の中小企業政策をめぐる課題であると位置づけている。

　産業政策観をめぐる議論は、古典的にはドイツ流の「社会的市場経済」における「構造政策」の位置づけにも関わるものであったが、こうした関心は当時では乏しかった。かつてドイツ的社会的市場経済に注目した清成忠男氏も、あらためて言及することは少ない。大野正道「中小企業法制の理論的基礎」[*17]は独禁法と中小企業法制との関係、その根拠に関連して、ドイツの企業規模構造政策の原点としてのW.レプケの新自由主義思想を取り上げ、中産階級維持、市場原則と社会性・人間性原則の共存の意義を評価し、大店法などの調整原理は是認すべきものである、競争原理は絶対ではないと唱えている。しかしこのような大野氏の主張は少数派であり、「新自由主義」イコール市場原理主義・競争絶対論という論調が支配的となったのである。

　この産業と競争にかかわる問題はまた、中小企業と規制緩和政策をめぐる議論にもつながっている。80年代からさまざまな分野ですすめられてきた規制緩和策は市場原理を重視し、参入機会の促進、競争活発化、技術進歩や経営努力の刺激という期待を伴うとともに、既存企業には脅威ともなる。わが国では、それが公企業の民営化、民間活力の導入の政策や、大店法問題に見られるように欧米からの市場参入要求ともかかわってすすめられただけに、中小企業に新たな市場機会を開くというよりも、存在を危うくするのではな

第Ⅱ部

いかとも受けとめられた。百瀬恵夫「規制緩和と中小企業」[18]は、中小企業における格差の拡大や失業増、労働条件の低下などを招く恐れが大きく、中小企業全般に厳しい経営環境をもたらすと警告する。こうした状況に対し、個別企業だけでなく中小企業の組合団体が真価を発揮し、企業経営に活力を与えるとともに、社会的規制の必要な分野での「経済の道徳化」の運動を起こすことを提唱している。永山利和「規制緩和政策の現段階」[19]は、わが国での近代法の形成過程の曖昧さ、独占の弊害是正の不十分さのもとで、日本的「規制緩和」といううたい文句が特定部分の利益擁護、不法行為の是認と裏腹となり、「弱者切り捨て」「強者保護」につながりかねない危険を指摘する。中小企業の存立構造の再確立をはかる方向での規制運用と競争促進の政策が望まれるという。

いずれにしても、規制緩和の流れから市場主義的な見地での中小企業政策の転換への道が導かれたことは間違いない。

4　中小企業政策理念の「転換」の背景

市場経済における社会性視点も競争ルールの主張も広まらない中で、政策の観点として注目を浴びるようになってきたのは、「ネットワーク」「企業間関係」の視点と、「グローバリゼーション」及び「地域」視点であった。これらもいずれも80年代から取り上げられることの多かったところであるが、単に中小企業の実態研究や存立基盤の把握の方法というだけでなく、政策面でもこうした見地が必要である、またそれゆえにこそ、従来型の政策は効果を失ってきているという主張にもつながったものである。

たとえば、上野紘「転換期にある日本の中小企業政策」[20]は従来の日本的企業間ネットワークの効率性が国際標準化や情報通信ネットワーク化によって崩され、見直しが迫られ、地域集積のもつ機動性・創造性を水平的オープンネットワークの関係下に発揮する必要があることを強調し、自立・専門化した中小企業が産業集積の内外で活発に活動できる開かれたネットワーク体制を築くべきであり、これを促す中小企業政策の地方分権化が必要とする。福

第5章 〈補論〉中小企業政策の転換と評価

島久一「グローバル時代における中小企業の構造問題と新展開」、同「東アジアの産業政策と日本中小企業」[21]はグローバリゼーションの進展と「東アジア大の産業構造」の形成に注目し、中小企業の存立条件が大きく変化し、従来型構造の解体と構造調整が迫られていると指摘する。そしてグローバル寡占化・従属的構造発展にすすむのか、それとも企業間の支配・従属関係の克服、アジア経済圏に向けた自立的関係模索のうちでの自立的企業の構造にすすむのか、これを定めるのが今日の政策課題であるとする。そのためには、産業政策概念も多義的なものとなるし、経済民主主義と社会的ルールの確立、地域密着の中小企業の特性を生かした、地域間ネットワーク化を含む地域集積の再生、個別企業の事業革新と国際化対応推進が求められる。

こうした関心のもとで、特に地域レベルでの中小企業の実態、その「集積」構造の研究や対応する地域産業政策と地域中小企業政策の議論があらためて活発となったのは、この間の大きな特徴であり、関満博・西澤正樹編『地域産業時代の政策』[22]等、関満博氏、吉田敬一氏、橋本寿朗氏、松島茂氏などからさまざまな研究や見解が発表されている。

このような地域「集積」視点とネットワーク視点、そして新自由主義的市場重視論、企業家の役割論を取り上げ、新産業創造と研究開発促進を結びつけ、返す刀で既存の中小企業観や政策理念を切るというスタイルの議論が、やがては政策理念の主流を形成することになった。たとえば、橋本寿朗『『日本型産業集積』再生の方向性』[23]は産業集積の活用の観点から来るべき公共政策を整理し、創業支援・創業環境整備としてのミクロ政策と、研究開発促進並びにその普及を図るコーディネーション機能を軸としたマクロ政策、そして集積メリットを効果的に発揮できる「導管」を形成するものとしてのフレキシブル・ネットワーキングの促進のためのメゾ的政策という三段構えを求める。

一方で高橋美樹「反独占政策としての中小企業政策」、同「イノベーション、創業支援策と中小企業政策」[24]は、産業組織的観点での反独占政策の必要性とイノベーションの関係から、中小企業政策の新たな位置づけを試みる。従来の中小企業政策は「不利の是正」の看板のもとで、中小企業の競争制限

的な行動を是認する方向に進み、「産業政策専属下請型中小企業政策」が維持され、イノベーターとしての可能性を生かしてこなかった。中小企業のもつ経営資源活用能力とルーティンの壁を壊す革新性柔軟性を評価し、「イノベーション創出を担う反独占勢力」としての中小企業を「育成」する、競争促進政策とイノベーション創出支援策の一体活用が、今日の中小企業政策の使命と位置づけるのである。太田弘子「転換期の日本経済と中小企業政策」[*25]は、構造改革期にあっては中小企業が日本経済の革新の担い手となることが重要であるにもかかわらず、従来の中小企業政策は「弱者保護性」をもち、本来の機動性や革新性を失わせ、長期的には中小企業の活力を損なうものであると規定する。重要なのは、現状維持型企業に代えて革新的事業者の参入と活躍の環境を整え、労働市場や金融・資本市場の規制緩和と改革を進めるという、流動化の政策なのである。

5　1999年中小企業政策の「大転換」

うえにあげたような主張をベースに、清成忠男氏らの従前の「ベンチャービジネス論」、「企業家革命論」、「誕生権経済論」などを用い、従来の中小企業政策への否定的総括と政策資源の重点配分、政策責任の地方移管、「企業家主義」、市場原理主義、構造転換と新産業創造、「ベンチャー」期待とをミックスしたところに生まれたものが、平成11年（1999年）における中小企業基本法の全面改訂をはじめとする、一連の政策「大転換」の作業であった。

この政策転換の論理は、中小企業庁長官の私的懇談会としての中小企業政策研究会（清成忠男座長）の報告（前掲、中小企業庁編『中小企業政策の新たな展開』、に所収）と、これをもとにした中小企業政策審議会の中間答申に示されている。端的に示せば、従来の基本法の前提となった社会経済状況と企業の経営環境が大きく変化したこと、規制緩和の流れの中で、中小企業を一律に弱者として保護するような政策は効率性を阻害し、中小企業の活力を失わせており、認められないこと、従来の中小企業政策が理念的に実態と

乖離し、過去の政策が維持され、政策資源の効率的配分を妨げ、また細分化され使いにくいものとなっていることを問題とする。そして来るべき政策は、中小企業の役割の積極評価を前提とした、競争条件の整備、創業・経営革新への自助努力支援、セイフティネット整備に向けられるべきとする。こうした主張からは、従来の中小企業観と政策理念、政策体系の大半が否定され、その全面的な見直しが不可避となるわけであった。

　新政策理念にあっては、「90年代ビジョン」同様の中小企業の「役割評価」が重要なポイントとなる。しかしそのうちでも、「イノベーションの担い手」という点が強調され、また人間尊重社会への貢献や国民生活への寄与に代え、「魅力ある雇用機会創出」が前面に出ている。こうした点は、90年代の停滞と経済不振、雇用問題の深刻化を反映しているものといえよう。また、政策課題の中身として「競争条件整備」がとりわけ重視され、資金調達や経営ノウハウ等ソフトな経営資源充実、人的資源充実、中小企業組織など従来の政策手段の大半がここに集約される。これとともに、自立型専門企業をめざしての経営革新支援などの「自助努力支援」、新事業創造の急成長指向企業への「ベンチャー支援」、個人の創業環境整備を含む「創業支援」といった課題が示され、市場競争の「敗者」への緊急避難的措置と再挑戦の機会を与える「セイフティネット整備」も新たに浮上している。

　この新理念にもとづき、中小企業者の定義の見直し・資本金規模上限の引き上げを含め、全条文を改めた新中小企業基本法案が同年には国会に上程され、「既存中小企業者への配慮」などの附帯決議を得たうえで可決成立した。戦後約半世紀にして、我が国の中小企業政策は「市場における競争の促進」（第3条）を掲げた、新たな方向と方法をめざすものとなったのである。ただし中政審答申と新立法とは全く同じというわけではない。一番大きな違いは、「競争条件の整備」の表現が前面から退き、「中小企業の経営基盤の強化」という1993年中政審中間報告以来の用語法に戻ったことである。また、いわゆる「ベンチャー支援」といった表現は用いられず、これに該当する内容は「創造的事業活動」への支援と表記され、「経営革新・創業・創造的事業活動」という三つの目玉的支援対象が諸施策に生きてくることになる。これに伴い、通説的理解では混然としていた、「創業支援」と「ベンチャー支

援」という政策がはっきり区別されることになり、「新事業創出促進法」の多様な創業支援施策メニューを受けて、創業環境の整備がすすんできている。他方では、従来の中小企業政策の重要な柱であった中小企業近代化促進法に代えて「中小企業経営革新支援法」が1999年に制定され、「中小企業構造の高度化」と「組織化」推進の色彩を払拭し、個別企業の経営革新努力を支援するという姿勢が顕著に示された。

しかしまた、この新基本法においては十分な説明がないまま、一方では「独立した中小企業者の自主的な努力」という語が新たに条文前文中に盛り込まれ、他方では旧基本法にあった「中小企業の不利の是正」ないし「補正」の語が一掃されている。「独立」という企業の基本的性格や制度的規定、その社会的地位評価にもかかわる概念が説明なしに登場したこと、中小企業の「取引適正化」はいっそう重視されると位置づけられたとはいえ、従来の基本法と中小企業政策の重要な柱をなしていた「不利の是正」の理念を「弱者保護政策」や「二重構造論」もろとも葬ったことは、問題を後世に残したとせねばならない。

6　結びと残された課題

90年代の中小企業政策をめぐっては、中政審「90年代ビジョン」に始まり、1999年の中政審答申と基本法全面改定という大きな政策転換とともに終わるという、まさしく政策そのものが立法と行政次元で根本的に動いた時期となった。しかしそのため「時間切れ」という様相もあり、この「転換」をめぐる本格的な議論は21世紀に持ち越しとなった。

論点・対立点は別としても、共通して認識されたのは、戦後半世紀、高度成長から四半世紀を経て、日本の社会経済や行政全般が大きな転換期にあり、それは戦後体制の転機であるのみならず、急速な技術進歩、グローバリゼーション、情報ネットワーク化などの環境変化がそれを不可避としている現実であった。この現実を前にして、戦後中小企業政策、とりわけ1963年基本法下での近代化政策、そのもとですすめられた中小企業構造の高度化ないし

第5章 〈補論〉中小企業政策の転換と評価

は環境適応政策に関しては、黒瀬・有田両氏はじめ大方の意見は否定的であったのである。また、理念的な位置づけや理解はさまざまあれ、「創業」に対しては共通して期待が寄せられるし、いわゆる「ベンチャー支援」策に対しても、過度にそれに傾く政策や、既存の「普通の企業」や「ベンチャー的でもない」創業への支援が軽視される恐れへの批判はあっても、中小企業政策面のみならず、国策レベルからの研究開発の促進や新産業創造といった見地からも肯定的な論調が支配的である。

　もちろん、中小企業観、市場経済観、中小企業政策、とりわけ不利是正策の位置づけ等をめぐっては基本的な対立点が見いだされる。90年代の諸論のうちからは、中小企業政策をめぐる論点と分岐点、さらには今後問われるべき点を以下のように示せよう。

　第一に、中小企業が過度に「保護」されたから活力を失ったのであり（太田弘子）、その組織化策や調整適応的な政策は時代に適合しない企業の「退出」を妨げ、既存業界の既得権を維持し、日本の経済社会の構造改革を阻んでいるとする見解がある。したがって、1999年中小企業政策研究会報告のように、「ベンチャー支援」のような政策こそが重要であって、既存企業にとっては、規制緩和を含めた市場メカニズムの試練に耐えうるのかどうかが試されるとされる。これに対しては公共政策の本来的使命と目的の観点からの批判があり、また「改革」のもたらす混乱や社会不安、中小企業従事者の立場への軽視が問われる。のみならず市場原理第一では、独占的企業の優位と専横がまかり通り、吉田敬一「産業構造転換と中小企業の存立課題」、同「中小企業基本法改定のねらいと21世紀の中小企業政策の方向」[26]が指摘するように、築かれてきた企業連関メカニズムや経営資源利用、ものづくり等の技能継承などははかれず、戦後経済のプラスの遺産も失うことになりかねない、他方少数の「ベンチャー」的企業によって経済を担っていくことはできないという批判が生じる。要素市場や商品市場での中小企業の「不利是正」政策と新基本法の掲げる「経営革新支援」は本来対立しないはずという疑問も残る。

第二に、健全な市場メカニズムの作用を前提とするとしても、その競争主体を作り出す、時には「独占に対抗できる」（高橋美樹）イノベーターの創出が望ましい競争秩序をもたらすとするのか、すなわち政策の基本は「競争条件整備」でいいのかという点がある。これに対し、「競争のルール」は今日ますます必要であり（大林弘道）、中小企業の「不利是正」政策を再評価しなくてはならない（有田辰男）という主張がある。寡占的市場構造を前提としても、優先さるべきは競争を担えるプレーヤー主体形成か、市場補正とルールづくりか、という論点である。これに関連しては、バブル崩壊以降の大企業体制の蹉跌、「市場原理」を超越した不良債権処理や金融機関救済という事態が一方にあり、市場のルールがあらためて問われるし、またいわゆる「ベンチャー企業」を含め、中小企業によるイノベーションはどこまで可能なのかという本来的な問いもあろう。

第三に、市場メカニズムへの全般的信頼と競争重視の理念を前提にすれば、新基本法にも盛り込まれた新たな産業創造への強い期待、公共政策的介入重視の姿勢とのあいだの根本的なズレないし矛盾、ひいては「保護」された競争のプレーヤーないしはひ弱な「冒険者」（ベンチャー）の想定というパラドックスも浮上せざるを得なくなる。新基本法とこれを支える主張には整合しがたい理念が同居している。これはひいては、公共政策の有効性や合目的性・首尾一貫性をめぐる議論になりうる。たとえばマイケル・ポーターの提唱以来、「産業クラスター」は90年代末からのわが国中小企業政策や地域政策の目玉的存在になりつつあるが、ポーターは「産業政策」の有効性を否定しているのである。それにもかかわらず、新しい科学技術成果の事業化をめざし、産官学連携などによる市場介入やベンチャー支援を行うことが自明のように進んでいる状況には、論理的な危うさもある。

第四に、市場メカニズムを重視し、また構造改革の不可避を認めても、それに伴う混乱を最小限にとどめるためにはセイフティネットや雇用政策の機能が問われることになる。この際特に問題となるのは、1999年の基本法改定においても避けがたかった小規模企業層の存在への評価である。政策の理

念型においてとかく念頭に置かれるのは、市場で大企業とも競っていけるような「企業性」の強い中規模企業とその経営である。しかし現実には中小企業の大多数は生業的な小企業であり、利潤率の法則のみが作用するものでもなく、またその経営の破綻は多くの人々の生活問題に直結する。90年代以降労働市場と雇用情勢がますます深刻となっているだけに、中小企業政策を経済効率性原理だけで割り切れない、複雑な状況は依然実在する。

　第五に、拠ってたつ理念上の対立にかかわらず、ほとんどの論者が異口同音に、「公正」概念とともに、現状からの「革新」(福島久一)、中小企業の「独立」や「自立」(福島、黒瀬直宏、二場邦彦)の必要を語り、99年新基本法などの見地と似通ってきている。しかし、その意味するところには十分な検討がなされたとはいえず、言葉が上滑りしている観はぬぐえない。それでは、「従属的」企業はあらゆる意味で「悪」なのだろうか？　80年代に盛んに語られた日本的な企業間関係と生産システムの「合理性・効率性」の主張は無意味であったのか？　こうした問いにこだわる姿勢を欠いている論調には疑問が残る。

　そしていずれにおいても、近年欧米の政策論や中小企業論において語られる、事業の社会性・人間性の視点、企業主体の幅広い位置づけ、「社会的経済」概念などは、市場経済に対し公共政策の担う使命としての意味が大きいと思われるが、今のところそうした見地からの中小企業政策論は乏しい。元来我が国でも取り上げられることの少なくなかった、生活の質や福祉社会という目標との関わりも、市場経済の優位が叫ばれる今日こそますます重要であるはずなのに、言及が少なくなっている。

　こうした新たな論点にかかわっていく中で、「中小企業政策とは何なのか」という古くて新しい問いへのこたえが見えてくるのではなかろうか。そして、以来10年余でこうした論点に対する「現実」の側からのこたえがある程度見えてきた観がある。それは世界的な流れの及ぼすところでもあり、また日本の現実が否応なく求めている帰結でもある。その象徴としての2010年「中小企業憲章」制定に至る経過が、世界の動きとともに以下紹介検討される。

第Ⅲ部

21世紀EU中小企業政策の展開

第Ⅲ部

第6章　EU中小企業政策の展開過程[*1]

1　EU欧州連合の存在と発展過程

「EUとはなにか」という問いをいまさら発する必要は基本的にないだろう。しかし、『現代日本の中小商工業——国際比較と政策編』（新日本出版社刊、2000年）のように、EUとILOなどを「国際機関」でひとからげにする書もあるくらいだから、「ちがい」は明白にせねばならない。[*2]

1952年結成のECSC欧州石炭鉄鋼共同体に発する今日のEU欧州連合は、その前身EC欧州共同体（1967年結成）のころから、国家間の団体でありながら国家を超える機能を持ってきた。そのためこの仕組みはかなりわかりにくく、それぞれの機関や政策の機能や権限は複雑なものである。[*3] ECの主な機関は、行政府にあたるEC委員会（Commission of the European Communities）、各国政府代表からなり、実質的な立法府となっている理事会（Council）、直接選挙で選ばれるが、諮問など限られた権限しかなかった欧州議会（European Parliament）、欧州裁判所（European Court of Justice）、[*4] 理事会任命の各層の代表からなり、諮問の役をつとめる経済社会審議会（Economic and Social Committee）、会計検査院（Court of Auditors）、欧州投資銀行（European Investment Bank）などで構成されていた。加盟各国の首相などの首脳が会する公式会議は、「欧州理事会」とも「サミット」とも呼ばれる。

1991年の「マーストリヒト条約」調印後、ECの性格と機能は大幅に強化拡大され、93年からは正式にはEU欧州連合と称することになった。このことについて詳しくはそれぞれの記述のうちでふれるが、従来のEC委員会は「欧州委員会」（European Commission）と呼ばれることになった。また、理事会は正式にはEU理事会と呼ばれる。欧州委員会のもとには多数の職員

を擁する課題・分野別の各総局（Directorate-General）があり、政策立案と実施にあたっている。*5 この省にあたる総局のうち23番目におかれたものが、後述のように中小企業担当の第23総局（DGXXIII）である*6（第23総局はその後の機構改編を経て、現在は企業・産業総局となっている）。

EUはこのような立法と行政、さらには司法の仕組みを持ち、多額の予算を動かし、*7 法制を定め、またさまざまな分野の政策を立案実行するという、事実上「国家のうえの国家」の性格を帯びてきている。その背景には、長期にわたる対立抗争と戦乱を繰り返してきた歴史に終止符を打ち、「統合された欧州」を実現しようという、壮大な理想と目標が存在する。したがって、EUはASEANやAUのような単なる主権国家の連合体ではなく、国境を超えた規範とルールにもとづく新たな政体を現実のものとする仕組みでもある。主権国家の存在を前提にしながらも、そのかたちを超えた法制や規則、政策を実行し、あるいは共通の枠組みを形成し、またそれぞれの歴史・文化・地域社会を尊重しながら、国境なき欧州における「欧州市民」として権利と経済的繁栄を共有できるとする、大きな歴史上の実験であり、またそれだからこそ、強い求心力を発揮してきたのであった。

ECからEUへの発展、これと対照的な旧ソ連東欧社会主義圏の崩壊・市場経済化、1995年の北欧等3ヵ国の加盟、90年代後半の経済回復と経済統合の内実化、投資活発化という経過を経る中で、21世紀の初めの経過の意味するものは、EU欧州連合にとっては予想を超える統合の量質とも進展であった。経済的統合の如実な進展は共通通貨ユーロのスタートに象徴されている。全加盟国が参加したのではないにせよ、ドイツ、フランスをはじめ12ヵ国が自国通貨を廃止し、ユーロ（€）に移行した。*8 他方で、2004年には新たに10ヵ国がEUに加盟し、*9 EU加盟国は一挙に25ヵ国になった。2007年にはさらに2ヵ国が加わった（図6-1）。

もちろんこの統合の進展も以降必ずしも順調ではない。2003年の米国や英国のイラク侵攻に対し、EUの有力加盟国であるドイツ、フランスなどが反対し、一方でイタリアやオランダ、デンマーク、またポーランドなどの中

第Ⅲ部

図6-1　EU加盟国

原加盟国	ベルギー ドイツ フランス イタリア ルクセンブルク オランダ
第1次拡大 （1973年）	デンマーク アイルランド イギリス
第2次拡大 （1981年）	ギリシャ
第3次拡大 （1986年）	ポルトガル スペイン
第4次拡大 （1995年）	オーストリア フィンランド スウェーデン

第5次拡大 （2004年）	キプロス チェコ エストニア ハンガリー ラトビア リトアニア マルタ ポーランド スロバキア スロベニア
第5次拡大 （2007年）	ブルガリア ルーマニア

東欧新加盟国が米英に同調、イラクに侵攻するなど、政治的外交的な亀裂が表面化した。そして 2005 年には EU 統合のいっそうの質的深化を示すものであった「欧州憲法」案に対し、フランスとオランダの国民投票が相次いで否決の意思表示を行い、欧州憲法の批准発効には大きな困難が生じた。これに関連し、EU の中期財政予算構想自体が加盟各国政府の合意を得られず、同年 6 月のブリュッセル・サミットは英国ブレア首相やオランダ・バルケネンデ首相とドイツ、フランスなどとの対立を解消できないままに終わった。憲法案の扱いが先送りをされたことに加え、EU の今後には黄信号がともった。統合の量質ともの進展に対し各国の意思が基本的に一致していた時期とは異なり、それぞれの利害関係や政治的な立場の違いがそのまま表面化する状況を迎えてしまったのである。それとともにこのサミットで浮かび上がったことの一つは、2000 年代前半の EU の経済産業戦略がめざしたような成果をあげていないという現実の確認であった。

　さらに 2000 年代後半には 27 の加盟国を数え、欧州の地図の大部分をシンボルカラーの青色で塗りつぶし、総面積約 433 万平方キロ、総人口約 4.9 億人という巨大な存在となった EU は、その高邁な理念の反面、足下の経済的社会的現実に次第に自ら脅かされる状況に直面していることも否定できない。[*10] 各国、各地域や各階層間などの利害は錯綜し、そのなかで「EU 拡大は余りに早すぎた」、「経済的格差が余りに大きい状態での統合は無理があった」、「開かれた欧州はさまざまなリスクに対応できない」、「通貨主権をはじめとする主権国家と国民経済の現実をさらに拘束できるのか」等々の批判の声は、とりわけ 2008 年後半の米国発金融危機の拡大、欧州経済への大きな打撃に伴い、一挙に噴出している。2009 年 6 月の欧州議会選挙では、従来の統合の推進役であった各国社会民主主義勢力を代表する欧州社会党が大幅に議席を失い、中道右派 EEP 欧州人民党が優勢を増し、さらには欧州統合自体に反対し、排外的な要求を掲げる右派勢力が各国で議席を得るという事態になった。現実にも、EU 加盟国のうちでギリシャ、アイルランド、ポルトガルなどで経済危機が進行、EU の対応能力が問われるに至った。
　ここに至った経済的社会的矛盾や利害対立はいまや覆いがたいとしても、

欧州統合の経済的社会的理念自体は容易に否定できるものではない。もちろんそこにも、狭い国民経済を超えた巨大な地域経済圏の実現、統合された市場の規模と低い費用の効果発揮、一部多国籍企業の横暴や自己利益優先の行動への警戒と国境を越えた規制・福祉と労働条件の平準化、地域間などの格差是正・経済的繁栄の享受・生活向上、そしてこれらのための欧州規模での政策実施、汎欧州的なルールづくりというようなさまざまな仮託と具体的要請が複雑に投影されている。それらを現在のEUがすべて予定調和的に満たしていけるものかどうか、誠に予断を許さない現実が2010年代に待ち構えているものの、すべてをご破算にすることも、また後戻りをすることさえも遙かに困難である。半世紀を超える統合の歴史自体はむろんのこと、国境を超えた経済活動と産業システムが現に形成され、それがまさしくグローバリゼーションとリージョナリーゼーション（汎欧州という意味で）の一翼を構成し、またその結果である以上、基本的に「戻る道」はない。

2000年代、欧州憲法案の挫折、これに代わるものとして用意された新リスボン条約の批准と発効に至る曲折[*11]などは、EUの抱える矛盾の広がりをすでに予告するものであったものの、逆に言えば、ここに至るまでの試行錯誤、行きつ戻りつ自体がEUの漸進的発展の現実的な道を示すものであるとも考えられる。そしてそのような経験のうちに、EU中小企業政策の展開過程、その到達点と世界的な意義の理解のカギもある。

2　EU中小企業政策の展開過程——その「前段階」と「第一期」

前身としてのEC時代を含め、EUが中小企業の存在に注目するきっかけは、第一次オイルショック以降不振を極める欧州経済の打開、とりわけ雇用失業問題の解決の道というところにあった。[*12]中小企業こそが雇用の源泉であり産業競争力回復の鍵である、そして「市場統合」と加盟国拡大を続けるEU経済圏の可能性を生かすのは中小企業の活力である、こうした考え方が定着してきたのである。

EUの中小企業政策展開には、1983年「欧州中小企業とクラフト産業の

ための年」を契機とする、中小企業存在と中小企業政策の必要に対する覚醒の「前段階」時期がある。「92 年市場統合」が合意された 86 年には、中小企業対策担当の EC 委員会委員および「タスクフォース」が置かれ、「EC 中小企業のための行動計画」が理事会で採択された。これは中小企業への情報提供、経営環境整備と行政手続簡素化、経営研修、地域振興との連携、企業間の連携と協力共同の促進を柱としながら、市場統合により中小企業が不利を被らず、新たな事業機会として生かせる経営環境整備を図る、それにより市場統合の効果を実現し、欧州経済の活力を高めるという課題が欧州中小企業政策の主題と位置づけられた。

　EC・EU としての中小企業政策の本格的な展開は 89 年に始まる。「タスクフォース」を改組し、「企業政策、流通業、観光業、協同組合（社会的経済）」を担当する、EC 委員会第 23 総局（DGXXIII）が設けられた。第 23 総局の取り組む具体的な施策としては、「中小企業の柔軟性活用」「中小企業の連携共同」を引き続き重視し、各地に設けた EIC ユーロインフォセンターなどを用い、情報提供、事業環境整備をはかるとともに、企業間の連携共同を具体的に推進した。特に国境を越えた企業間連携をはかる BC-Net（企業間連携協力ネットワーク）や BRE（企業間パートナーシップ）推進が特徴的である。また、大企業と中小企業の間のサプライヤネットワークづくり、創業環境整備も取り組まれた。

　こうした施策展開が十分な効果をあげえたのかを別として、この時期のいまひとつの特徴として見るべきは、EC・EU の中小企業存在への注目が中小企業サイドからの政策要求の高まりを呼んだことである。欧州議会や経済社会審議会の 89 年 11 月意見書など一連の動き、のちに詳しく見るように、EUROPMI（欧州独立中小企業委員会）などの中小企業者の組織する全欧州規模の運動と要求がこれを示している。これらは事業環境問題、金融アクセス問題、EC 施策の機会への参加問題、代金支払遅延問題、社会政策と中小企業の立場の問題などに対する政策要求を繰り返し展開した。中小企業の雇用拡大や市場統合の効果発揮などが期待されるのであれば、多くの中小企業が直面している問題の解決に努力をすべきではないかとの要求が浮上する。

3　1990年代後半の中小企業政策——政策「第二段階」へ

3-1　90年代後半のEU

　1992年、空前の経済不況と高失業率のもとで、「市場統合」の完成と、EC欧州共同体からEU欧州連合への発展を迎えねばならなかった西欧経済は、90年代後半には大幅な回復を示した。年経済成長率は3％台に乗り、失業率も一時の11％以上、1800万人余から8％台にまで下がった。そして、国際収支バランスは維持され、各国の財政赤字削減も進んだ。

　こうしたなかで、欧州統合の新しい段階も画された。90年代前半での3ヵ国（スウェーデン、フィンランド、オーストリア）のEU加盟に続き、旧ソ連社会主義圏から離脱した中東欧、さらに地中海諸国の新規加盟の条件が整備され、21世紀早期での加盟実現をめざして交渉が開始された。また、経済統合の一挙の進展を意味する、欧州共通通貨ユーロが99年1月を期してスタートし、2002年には参加国の自国通貨に取って代わることが合意された。

　もっとも、こうした展開が当時極めて順調であったわけではない。ユーロのスタートに当初より加わったのはドイツ、フランス、イタリア、スペイン、オランダなどEU中の11ヵ国であった。デンマークは2000年秋の国民投票で参加を否決した。英国では自国通貨ポンドを捨て、ユーロに加わるということには強い抵抗があり、産業界や労働界の意向を受けて、本来欧州統合に積極的なはずの労働党政権でさえ、ユーロに対しては明確に参加を見送った。

　その主な原因はユーロスタート以来の著しい価値低下である。対ドル・円などのレートは、2年足らずでじつに3割近くも下がってしまった。ユーロの下落は、米国等の好景気に支えられた輸出産業には追い風であったが、当然それは輸入価格の高騰としてはね返ってこざるを得ない。このことは2000年後半、世界的な石油不足・原油価格上昇の兆しとともに、石油製品の価格高騰として表面化し、これに抗議する運輸業者や労働組合などの要求

第6章 EU中小企業政策の展開過程

行動が各地で暴動化、一挙に欧州政局を揺るがした。そして、ユーロ低下に手を打てず、景気過熱とインフレへの対応が遅れた、ユーロの元締めでもあるECB欧州中央銀行の姿勢や意思決定の遅さなどに、各国政府などからの不満と批判が高まった。

　事態の背後には、統合が進む欧州各国や各地域間、あるいは諸産業や諸階層間での格差、利害の対立、将来への不安などが複雑に絡んでいる。少なくとも、EUの東方拡大は、投資意欲の高い金融資本や多国籍大企業には新たな投資機会として魅力的でも、安価な農産物の流入や低賃金労働力利用の影響を恐れる農民、労働界などには不安材料であることは間違いない。

　中短期的にも、ユーロの価値低下は、回復してきた欧州経済の根幹に忍び寄る大きな不安と不振の火種であり、欧州経済の回復を支えてきたいま一つの柱でもある、対米国向けなどの対外直接投資の急増の足元も揺るがせた。他方ではもちろん、「市場統合」「通貨統合」の効果が次第に表れ、域内での投資と生産活動が活発となり、欧州経済の回復を導いてきたのも間違いない。日本や東アジアの経済不振はあったが、米国経済の好況と高い消費の伸び、さらには欧州への継続的な投資流入が大きな牽引力となってきたと言わねばならない。

　96年に「市場統合」の成果を検証するために欧州委員会が行った調査「モンティ報告」[*13]は、域内価格差など多くの問題が残っていることを認めながらも、統合による諸コストの低下とともに、域内貿易が活発となり、域外からのものを含めて域内投資も活性化し、雇用を相当に拡大したと自負している。また、地域間格差の是正は着実に進んでいると評価している。それ以降の動き、とりわけユーロスタート後をみれば、「モンティ報告」の経済成長への効果に対する控え目な評価は、いっそう上方修正されただろうとされる。

　このように、総体的に順調な評価のうちでも、欧州の中小企業が統合の恩恵に十分あずかっていないことは、明白に指摘された。「これまでのところ、構造上の優位によって新市場の可能性をかなりうまく利用することがで

きた大企業グループに比べると、小・中規模企業の収益増加は小さい」。また、市場統合に対応してコストが低下しているとみる中小企業は少ないと確認されている。[*14] 大企業同士の国境を越えた合併や大規模投資の実施などで生産の集中は進んだが、「市場経済」の活性化を促し、競争促進を担うはずであった中小企業の役割が高まったとはいえない現状なのである。

　もちろんこうした状況を放置してよいはずはなく、「モンティ報告」でも触れているように、[*15] EUはあらためて中小企業政策に本腰を入れて取り組んでいく必要に迫られた。しかもそれは、欧州の中小企業を統合進展下の新たな環境に適応させ、[*16] 活力を発揮させていくといった次元にとどまらず、欧州経済全般をこの機会に大きく組み替え、21世紀型の経済構造と産業構造に向かわせていくという、極めて大がかりな課題と表裏一体の関係となっている。

　こうした課題を集約的に表現したものが、2000年3月のリスボン・サミット（特別欧州理事会）であった。サミットは依然1500万人を数える失業者数や、地域間格差が大きいことに警鐘を鳴らし、さらに欧州全体が情報技術革命、電気通信・インターネット分野で立ち遅れていることを指摘、「新戦略目標」（New Strategic Goal）を示して、競争力向上とイノベーションの推進こそが欧州経済の課題であることを掲げた。そして、これを支える重要な存在として、教育の向上と人材育成とともに、革新的な企業家と新企業のダイナミックな役割を特記し、中小企業の事業環境の大幅な整備向上、企業家精神の奨励を打ち出したのである。この「リスボン戦略」と並んで、EU加盟国が合意調印したものが「欧州小企業憲章」であった。そのこと自体、次章で見るように重要な意味を持っている。

3-2　90年代EU中小企業政策の展開

　92年の「市場統合」の実現とともに、マーストリヒト条約によりECはEU欧州連合へ93年に発展を遂げたものの、前述のように、不幸にも目にみえる成果は乏しかった。欧州経済は90年代初め、再び深刻な不況に陥り、加盟12ヵ国の失業者は1800万人、失業率は11％にも達した。

第6章　EU中小企業政策の展開過程

　このような深刻な状況下に、93年6月のコペンハーゲン・サミット（欧州理事会）の合意に基づき、EC委員会を受け継いだ欧州委員会は『成長・競争力・雇用白書』*17を策定し、同年末のブリュッセル・サミットで、この『白書』の理念と方針を実行する「ドロールパッケージ」が実施されることになった。そのなかでは、雇用機会の創出と新時代の産業インフラ整備に向けた、運輸・情報通信網などへの大型投資、台頭する東アジア経済圏などに比べ、企業への重い負担となっている社会保障費用や労働条件規制、雇用保護などの緩和による「労働市場の柔軟化」、研究開発や教育訓練事業のいっそうの強化拡大、さらに加盟各国間の大きな経済格差を埋めていく努力などが指摘されている。

　この『白書』においては、「中小企業の役割の重要性」も繰り返し指摘された。その期待の第一は、再び中小企業の雇用創出に果たす役割である。第二には、中小企業のもつダイナミズムが欧州産業の競争力の強化に大いに寄与する点がある。こうした潜在能力を十分発揮させない、現在の企業法制環境、税制や金融などの中小企業の経営環境と支援体制、さらに産業インフラ整備などの弱点を克服していくことが、中小企業の役割発揮に必要とされた。

　こうした経緯のもとで、中小企業に対する政策も新段階に入った。「中小企業のための第2次多年度計画」（Second Multiannual Programme for SMEs）による1億1220万ECUの予算措置を伴って、「共同体の成長に必要な企業次元」*18と題する新政策が93年に理事会で採択された。これは、86年「行動計画」以来、重点的に進められてきた中小企業への情報提供、経営環境整備と行政手続等の簡素化、経営研修、地域振興との連携、そして企業間の連携と協力共同の促進というEU中小企業施策を基本的に受け継ぎながらも、中小企業の実態把握や、科学技術施策などとの連携の強化、小規模企業やクラフト産業、中小商業など従来対応の不十分であった層の重視、税制や金融問題への対処を掲げている。

　さらに、前出の『白書』に示された見地から、特に「雇用対策への中小企業の寄与」を重視する形で、「企業次元」政策を補強するものとしての「中小企業ならびにクラフト部門のための統合計画」が、94年6月に新たに出

153

された[*19]。この「統合計画」は、企業政策自体と他の諸施策、さらに各国の政策をまとめるものであり、短期ならびに中期的な諸施策を統合していること[*20]、それらの一貫性、透明性を追求し、また加盟各国から各地域、関係各方面の間の密接な協力を求めているところに特徴がある。

その第一は、「企業の負担を軽減し、雇用創造への能力を解き放つために、行政の簡素化を行って企業の経営環境を改善すること、ならびに各国および各地域レベルですでに行われている企業支援策を促進することをめざし、加盟各国間の相互協議と共同行動を推進する諸施策」、第二は、「企業の法制および税制（財政）環境において、またEU条約の各条項に定められた諸政策を通じて共同体がなし得る直接的な支援策において、企業の発展に資するうえでの、共同体が実行を計画する寄与を明らかにすること」である。また、共同体の施策は各国の行動への「補完性」（subsidiarity）原則によるものであり、直接介入で効果を上げられないときには「媒介者」（catalyst）に徹する、と示している。「統合計画」によってEUの企業政策は「第二世代」に入ったとされるのである[*21]。

95年のマドリード・サミットに、欧州委員会は『中小企業——EUにおける雇用、成長、競争力の活力源泉』と題する報告書を提出し[*22]、中小企業政策のいっそうの強化を提起した。ここでは、中小企業は諸要素市場や製品市場でさまざまな不利に直面しており、「市場メカニズム」に委ねているだけでは中小企業のもてる力を十分に発揮できないものとして、欧州委員会、各国政府、関係機関が協力して多面的な施策の展開を図る必要があることが指摘された。

この見地を基礎として、市場統合の効果発揮、競争政策と中小企業の役割、さらには雇用拡大の関係を重視した、94年「統合計画」の新版が96年に理事会で採択された[*23]。また、「第2次多年度計画」の終了を受けて、予算総額1億2700万ECUを伴う「中小企業のための第3次多年度計画」が、96年12月に正式決定されている。

この「第3次計画」では80年代からの政策を継承し、5つの政策目標を定めていた。さらに、これに基づき実施施策を決めた96年12月の理事会

決定によると、以下のような6点が柱となっている。最新の政策との比較の意味を含めて、これをみてみよう。*24

(1) 中小企業の発展に望ましい環境。すなわち、共同体の施策における中小企業の利害への配慮、共同体立法の簡素化、企業の行政面、規制面の経営環境の簡素化と改善、国境を越えた中小企業の事業への枠組み改善など。
(2) 企業の金融環境改善。すなわち、融資やリスクキャピタルへのアクセス改善、代金支払遅延問題への対処継続、ファクタリングや融資保証など金融手段の開発、急成長中小企業のための資本市場の枠組み開発など。*25
(3) 情報化の進展、市場統合と「欧州化」・国際化のもとでの競争力向上。すなわち、共同体の情報サービスの向上、施策活動のプロモーション、パートナー探しネットワークによる企業間協力関係づくり、ユーロパートナーシップやインタープライズ*26による連携関係づくり、下請協力関係の開発、統合市場の事業機会への中小企業の参加推進、新市場や国際化へのアクセス改善など。
(4) 中小企業の競争力強化と研究・イノベーション機会、教育訓練へのアクセス改善。すなわち、イノベーティブな潜在能力向上、経営能力改善など。
(5) 企業家精神推進、特定グループ支援。すなわち、ビジネスカルチャー、企業家精神の奨励、クラフト業ならびに小企業支援、商業・流通業の企業の対応努力支援、女性ならびに青年企業家、社会的に不利な立場の人々の支援など。
(6) 中小企業団体との協力や、中小企業の実態把握向上、既存の施策の再評価など、中小企業政策の施策手段の改善。

このような政策の展開は、90年代前半における欧州経済の不振打開の必要を示して、従来に比べても産業競争力強化を強く求め、意欲的企業の新技術や情報化、国際化への対応を重視している特徴を有していた。そして、そのなかでも、金融問題、資本市場整備、代金支払遅延問題、税制、小規模層・クラフト産業対策などへの踏み込みがより鮮明になっている。80年代

から続いてきた創業支援という見地は継続しているが、それとともに、「企業家精神の奨励」と多様な層の社会参加を重視していた点も見落とせない。また、EU中小企業政策には、地域政策・雇用労働政策などとの緊密な連携が求められたのも特徴であった。

しかし、90年代末には、中小企業政策全般の監査と再評価・見直し作業[*27]も行われた。それは、従来の施策のなかで実効性が問われるものがみられたことに加え、欧州委員会全般のあり方に対して98年から99年にかけ、容赦ない批判が浴びせられたこともかかわっている。そのため、委員の入れ替えを含め、大幅な機構改革が実施されざるを得なくなった。[*28]

これに伴い、中小企業政策を担当してきた第23総局にも機構改革と役割の変更が図られた。新たに担当となった、フィンランド出身のE.リーカーネン（Liikanen）委員のもとで、2000年を期して第23総局は「DG Enterprise 企業総局」と改称され、従来の産業担当第3総局の領域の一部も受け継いで、A. 企業政策、B. 企業家精神と中小企業、C. イノベーション、D. サービス業・流通業・観光業、E. 環境問題、F. 単一市場と規制環境、G. 諸基準の整合化といった幅広い担当部門をもつことになった。これに沿って、全体の組織構成も全面的に改められた。その結果、一面では中小企業政策と産業政策の関係が深まったということもできよう。

また、環境問題への重視の姿勢は顕著となった。これらの新しい機能の意義とこれに対する評価は、以下での新たな政策方針のなかで検討することができる。

なお、90年代での中小企業政策重視の姿勢は、EC・EUの基本条約にもみられる。92年に調印され、93年から発効したマーストリヒト条約によって改訂されたローマ条約のうちに、「特に中小規模の企業の起業と発展に好ましい環境の奨励」（第130条）[*29]という文言が入り、初めて積極的な位置づけが明記された。さらに、条文構成を全面的に改めた97年のアムステルダム条約においても、この文章はそのまま第157条に受け継がれるとともに、社会政策に関する第137条（旧第118条）において、労働環境・労働条件などの最低基準の作成が「中小企業の設立および発展を阻害する行政上、金融上および法律上の制約を課するものであってはならない」[*30]という条文が新

たに加わった。社会政策と中小企業政策との間の矛盾を意識しながら、中小企業重視の姿勢を一層鮮明にしているといえよう。

　このように中小企業という存在が基本的に重視され、そして中小企業政策の課題がより具体的になればなるほど、また他の諸施策や各国の政策との連携や整合化が求められれば求められるほどますます、対象となるべき「中小企業」の正確で厳密な規定が要求されるようになったのも、90年代の特徴であった。「市場統合」を経て「経済統合」をいっそう進めるうえでも、他の諸基準同様に、「中小企業」の共通の物差しが不可欠になったともいえる。

　80年代以来慣例的には、「従業員数500人以下、純固定資産額7500万ECU以下で、より大きな企業に資本の3分の1以上を保有されていない企業」という基準がEC・EUの「中小企業」(Small and Medium-sized Enterprise) 定義として用いられていた。統計分析や施策実施のうえでは、これが多くの場合の基準となっていた。

　しかし、96年には、欧州委員会が新たに公式文書を採択し、中小企業を「従業員数250人未満、年間売上額4000万ECU[31]以下または年次バランスシート（総資産額）2700万ECU以下で、他の一つないし複数の大企業に資本または経営権の25%以上を保有されていない企業」としたのである[32]。その結果、従来に比べれば、従業員数ではおよそ半分に引き下げられたことになる。また、上限基準となる金額は当時の為替レートでいえば、売上高は約44億円、総資産額は約30億円であったが、99年のユーロスタート後、その価値低下が著しく、売上高で約36億円、総資産額で約24億円まで下がった。この基準はのちに変更されている[33]。

　この96年基準は公式な決定であり、加盟各国もこの定義を基準として自国の中小企業の実態を把握し、施策を実行することになった。これは、中小企業にさまざまな政策的支援を行う、また有利な扱いを図るものであり、これを加盟各国に共通して実行することについては、より厳しい上限を設けるべきであるという考え方を示しているといえる[34]。

　なお、このほかにEUとしては、「従業員数50人未満、売上額700万ECUまたは総資産額500万ECU以下」の企業を「小企業（Small

Enterprise)」とし、さらに「従業員数 10 人未満」の企業を「マイクロ企業（Micro Enterprise）」とするという規定も、同時に用いている。こうした、日本流に言えば小企業とすべき層への見方、政策上の具体的な取り扱いについては、後でより詳しく触れるが、「第 3 次多年度計画」にもみられるように、小企業層への独自の取り組みが強まったのも、90 年代の特徴であった。

3-3　2000年代に向けて

すでにみてきたように、欧州委員会が従来展開してきた中小企業政策は、各プログラムとともに、その制度上・予算上の裏付けとして「多年度計画」という形をもっている。「第 2 次多年度計画」は 93—96 年度を実施年度としてきた。「第 3 次多年度計画」は 97〜2000 年度が実施年度で、2000 年度をもって終了した。

「第 3 次多年度計画」の終了を迎え、新たな「第 4 次多年度計画」が立案された。この予定年度は 2001〜2005 年度であり、今度は該当期間が 1 年長くなっている。これに至る手続きとしては、まず、アムステルダム・サミットを受けて、企業家、行政関係者、学者などからなる BEST（Business Environment Simplification Task Force）事業環境簡素化タスクフォースと呼ばれる組織が、欧州委員会によって 97 年 9 月におかれ、特に EU 諸立法や規制が中小企業に課している行政的負担の問題を調査し、翌年報告書を出した。[35] この報告には、単に行政問題にとどまらず、19 項目にわたり EU 中小企業政策のとるべき全般的な課題と方向を指摘している。[36]

BEST の勧告を受けて、欧州委員会は折からの 98 年カーディフ・サミットの路線と一致するものであると評価し、これに基づき施策立案と実施に当たっていく、そのために「企業家精神と競争力のための行動計画」（Action Plan to Promote Entrepreneurship and Competitiveness）を提案すると発表した。[37] この「行動計画」は新たな予算措置を伴うものであり、その意味では「第 3 次多年度計画」の補正的性格をもっている。現実にはその内容はほぼそのまま、1 年半後の新政策「計画」にも反映されることになるのである。

一方では、従来の「第 3 次計画」をはじめとする EU 中小企業政策の全般

第6章　EU中小企業政策の展開過程

的な監査と評価が99年前後に実施された。この対象には、BESTやその報告に基づく新しい「行動計画」も含まれている。その結果として、各施策については相当に厳しい評価もなされており、特に中小企業間の新たな連携協力を推進するために行われてきたBC-Net（企業間協力ネットワーク）などは、効果が極めて乏しいと批判されている。[*38] 概して、政策立案までの調査や検討が十分行われないのに、実践の上では細分化されすぎた施策が多くなり、整理統合が必要であるとも指摘される。こうした監査は、折からの欧州委員会のあり方への批判の高まりと、委員の相当数の入れ替えを含む大幅機構再編と重なっている。これによって従来の企業政策担当第23総局は、新たに企業総局になった。

　前述のように、2000年3月に開かれたリスボン・サミットは、「雇用、経済改革、社会的結束」という主題を掲げ、欧州経済の回復傾向のなかでも、EUは依然多くの失業者を抱え、経済のグローバル化や情報技術革新などの新たな課題にも直面していることを強調した。[*39] そして、新しい戦略目標を定め、全般的戦略を明確にすると表明している。その目標とは、「ナレッジベースドエコノミー（knowledge-based economy）での最も競争力があるダイナミックな経済をめざし、持続可能な経済成長を可能にし、もっと多くの、より良い雇用を生み出し、より高い社会的結束を実現する」ということである。そのための、経済改革と経済移行促進、欧州の社会モデルの近代化と人的投資、適切なマクロ経済ミックスによる健全な経済と望ましい成長の展望実現、これらが戦略となる。

　そのうえで、リスボン・サミットの結論は、経済改革を通じたダイナミックな経済実現には、革新的な企業、とりわけ中小企業の創業と発展に望ましい環境をつくることが必要であると、1項目を設けている。

　また、「市場統合の完成とその実効全面発揮のための経済改革」のなかでも、中小企業への配慮が言及された。このリスボン・サミットの決定を実行に移したものが、中小企業のための「第4次多年度計画」（4th MAP）、中小企業政策評価のためのベンチマーキング、各国に呼びかけての「欧州小企業憲章」の作成、EIB欧州投資銀行およびEIF欧州投資ファンドの資金の、

第Ⅲ部

創業支援、ハイテク企業支援、マイクロ企業支援への重点的振り向けという、四つの政策であった。

このように、先の監査結果を踏まえ、リスボン・サミットの決定に基づき、欧州委員会は同年4月に、「多年度計画」案の立案とこれに伴うコミュニケーションの作成に当たった。[*40] そして、この「計画」案を含むコミュニケーションが、いったん訂正をみたのち2000年5月11日付で理事会あてに提出され、のちに承認を得られた。

この新しい「第4次多年度計画」とそれを提起した欧州委員会文書には、21世紀を迎えてのEU中小企業政策の基本的な考え方と方法が網羅されている。そこで、これを以下詳しくみてみよう。[*41]

「第4次多年度計画」提案を記した欧州委員会公式コミュニケーション「知識主導経済下の企業政策の挑戦」(Challenges for the enterprise policy in the knowledge-driven economy) 文書は、この象徴的な題名のもとで、以下のような取り組みの重点を述べている。[*42]

(1) 「企業家精神」について、リスクテイキングな姿勢、これに対する報酬、失敗への評価・処理と再挑戦の機会など、その精神面、行動面が強調される。そして、そうした状況を醸成するために、企業家精神と起業方法を教える教育の推進、中等および高等教育との連携、とりわけ女性や青年や失業者などの層での開業の支援が掲げられる。

一方ではまた、市場メカニズムによっては供給され難い、新企業のためのシード資金、アーリーステージ資金、マイクロローンの利用の道を開くよう、現在のEUの金融諸施策を見直すとしている。他方、生存可能性の高い革新的企業の創業と発展を可能にする条件の比較検討と問題点把握のために、米国などでの経験を生かして、シードキャピタル、アーリーステージ融資、株式　公開などの方法を検討するとしている。

(2) 「イノベーティブな事業環境の推進」について、まず新時代の経済下での革新的な企業、とりわけ中小企業の創業と成長に求められるあらゆる要素を研究し、新技術への企業のアクセス、公共部門と民間部門の連携やスピンオフの推進を図るとしている。また、経済と社会におけるイノ

ベーションと研究の文化を育て、イノベーションを助け、研究成果とイノベーションのリンクをつくる枠組みを整えるとも指摘する。各研究機関や研究者同士のネットワークを広げる、欧州研究エリア（ERA）の形成がこれに寄与すると構想されている。他方では、研究成果の事業化に障害となる諸問題、知的財産権保護とこれにかかわるEU法制の整備が重要である。また、情報や通信などの分野の熟練労働力不足に対処する教育体制整備、職業教育改革も課題である。

(3)　「『e－エコノミー』下の新ビジネスモデルの奨励」について、e－コマースやインターネットが新時代の事業機会の鍵であることを認識し、他の国にEUが追いつかなくてはならないと主張している。B to Bのe－コマースは欧州でも普及してきているが、今後多くの部門に革命的な影響を及ぼすと予想される。下請取引から資材調達、製品開発、マーケティング、ロジスティックス、流通に至るサプライチェーン全体に影響し、あらゆる企業に「新しいビジネスモデル」の構築を迫っていく。これに対し、とりわけ欧州の中小企業は新技術への対応に積極的ではなく、新企業政策は成功を収めたビジネスモデルの普及と利用に努めるものとしている。

(4)　「市場統合のいっそうの活用」について、市場統合が大きな成果を生みつつも、企業にはまだ多くの障害や不要なコスト負担があると指摘し、特にガス、電気、運輸、郵政の各分野での取り組みが欠かせないとしている。そして、「欧州単一市場への戦略」を再度見直し、オンライン調達によってe－コマースの推進を図るとしている。

(5)　「行政負担（レッドテープ）の緩和」について、公共政策目的と合致する限りでの規制の最大限の軽減を掲げ、企業の負担の最小化を進め、「小企業に適した（right）規制はあらゆる企業に対応可能だが、その逆は真ならず」という立場で、EUとして小企業を最優先に検討を図るものとする。

　　また、EUの規制は加盟各国のものと一致する必要があり、各国の努力を求める。「あらゆる既成のもの（acquis）を実際の効果から見直す」というのが今後5年間の課題であり、新しい施策が提案される際は、企業に

及ぼす影響からのアセスメントを図るべきである。こういう意図は過去にもあったが、[*43]実行が不足していた。立法への介入やコストベネフィット分析を行う権限をもつ米国政府の例に倣い、EUでも高度に政治的なレベルで、立法へのアセスメント結果の反映を進める必要がある。アセスメントは新立法提案が出される前に行われるべきと、欧州委員会は主張する。

(6) 「政策諸手段の協調、ベンチマーキング、モニター、調和」について、リスボン・サミットの求める政策評価、ベンチマーキングを実施し、成果の上がった施策経験を交流して新たに「最良の手順」（BEST Procedure）[*44]と呼ばれる方法を実施に移す。これには、中小企業施策スコアボードや「競争力報告書」、「小企業憲章」で促される各国のかかわり、ベンチマーキングや経験交流、理事会向け報告書、勧告実施状況のモニターといった諸方面にわたる手段が用いられる。欧州委員会ならびに加盟各国、各施策の間の「調和ある行動」（Concerted Actions）は、「第3次多年度計画」時期から進められてきた手法であり、今後いっそう強化されるものとなる。

このような重点施策のもとに、規模の大小、形態、業種、立地などを問わず、欧州企業の競争力を飛躍的に強化し、「企業のヨーロッパ」（Enterprise Europe）[*45]をめざす、これがEU企業政策の今後の方向であると位置づけられたのである。そして、その実行の中心をなすものが、新たな「第4次多年度計画」であるということになる。「多年度計画」自体は、EUが担う直接的な施策、金融的諸手段、情報提供サービスを主な内容とするが、その他の諸施策や各国の取り組みなどとの連携をいっそう深め、また政策評価体制の確保によって、機動的な見直しがつねに図られていくことになる。

この「第4次計画」理事会決定提案の「まえがき」においては、経済のグローバリゼーションと情報革命のもとで、経済全般のあり方が変わろうとしている、今そのときにあって、新たな発想と挑戦が求められているという見地があらためて強調される。そして、その鍵を握るものは企業家精神であり、それはリスクテイキングな企業的精神（spirit of enterprise）の推進、企

第6章　EU中小企業政策の展開過程

業が生まれ、成長し、創造的であるような事業環境づくり、域内であれ世界であれ、市場への企業の効果的なアクセス拡大を求めているという主張がなされている。もちろんこのスタンスは、90年代のEU中小企業政策を強く彩ってきた、何よりも雇用機会の確保をという姿勢とまったく隔絶したものではない。しかし、新時代、新技術、新市場といった「新しさ」の方に重点がおかれていることは間違いない。そして「企業」(enterprise and entrepreneurship、日本語的に言えば、業をおこし、企て、生み出す)のための「多年度計画」であること、それ自体が政策の目標となってきたといえよう。

「第4次多年度計画」の実際の構成をみると、以下のようになっている。[*46]
(1) 顧客優先・サービス文化に基づく企業家精神を、価値ある、また生産的な生涯のスキルとして奨励する。これに、先のベンチマーキングとBEST procedureを用いて、成果ある手法の普及を図っていく。
(2) 持続可能な成長に配慮し、また研究やイノベーションや企業家精神が栄えるような　規制上・事業上の環境を推進する。「企業への影響評価Business Impact Assessment」システムをさらに開発し、諸方面の連携を図るとともに、やはりベンチマーキングとBEST procedureを用いて、より良い手法を広める。
(3) 中小企業の金融環境を改善する。中小企業の信用保証制度の拡充を重視し、特に、EIFおよび各国の既存信用保証制度を用いての、ベンチャーキャピタルやマイクロクレジット、中小企業ローン(ICT情報通信技術)に重点をおいていく。リスクキャピタルファンドへの参加(ETFスタートアップ)やその経常費用援助を通じ、リスクキャピタルの発展を図る。中小企業の信用保証やETFスタートアップは元来、成長と雇用イニシアチブのもとで行われるものである。これは2001年まで継続されるが、その後についてはアセスメントを行って検討する。ビジネスエンジェルネットワークをつくる。ここでも、ベンチマーキングとBEST procedureを用いて、より良い手法を広める。
(4) 知識主導経済における中小企業の競争力を高める。ベンチマーキング、

163

BEST procedure、調査と統計分析で支援策を開発する。

(5) 企業への支援ネットワークやサービスの供給と協力連携を進める。ユーロインフォセンター*47とユーロインフォコレスポンデンスセンター・ネットワークの活性化、ユーロパートナーシップ・イベントの組織化を推進する。多年度計画の財政のうちでの該当資金を、これらに対するテクニカルサポート団体や専門家たちへ振り向けることを検討する。情報提供の電子化を進める。

(6) その他。「欧州中小企業観測」*48による調査の推進と、「多年度計画」の評価を行う。

これを「第3次計画」の構成に比べてみると、法制・行政・規制環境への配慮、金融環境改善、競争力強化といった課題は引き続き政策の柱となっている。しかし、企業家精神奨励が最優先課題になったこと、リスボン・サミットの姿勢を受けて、単なる「情報化」や国際化にとどまらず、「知識主導経済」や「e−エコノミー」など、経済社会が総体的に新段階を迎えていることを強調したこと、「持続可能な成長」が経営環境に関する重要な前提に入ってきたことが特徴である。

その一方で、従来に比べ、企業間の連携協力の課題が幾分後景に退いており、むしろ企業支援ネットワークや諸施策の間の連携が重視されてきている。また、「創業支援」一般というより、創業の文化性・人間性の重視とともに、革新的な開発型企業、ハイテク企業への支援・競争力強化が前面に出た。これらの存続と成長が雇用拡大につながるという見地に傾いてきたのである。

4 まとめ——EU中小企業政策「第三段階」の意義と課題

このように、「第4次多年度計画」を中心とした、21世紀を迎えてのEUの中小企業のための政策は、従来のものと相当に異なった色彩を帯びることになった。その意味でこれはEU中小企業政策の「第三段階」と言える。そこには一つには、情報化の急進展を受けて、「未来」志向ないしニューエコ

ノミー志向が強く打ち出され、これに対応できる欧州経済の脱皮、新産業戦略の確立、したがってイノベーションやIT重視、研究開発推進の姿勢がそのまま反映してきている。そのため、開発型ないし革新的企業が重視され、それらの創業や成長の環境づくり、経営力強化、知的財産権問題への対応、市場開拓、人材育成などに焦点が当てられた。

　他方では、企業家精神とその社会的文化的意義が強調され、教育や文化面からの環境醸成が前面に出てきている。これは、90年代を彩ってきた雇用重視の政策のスタンスを継承しつつ、新産業展開と合わせて、創業と企業成長による雇用機会拡大にこそ力点をおこうとする姿勢の表れでもある。

　さらに、市場機能を重視し、行政負担軽減や規制緩和により、企業の競争力を高め、事業活動の域内市場のみならずグローバルな展開を推進しようと図っている。また、中小企業の直接金融機会を広げ、市場からの資金供給を促進し、企業成長の条件を整えようとした。

　そして、政策の効率化と統合化を重視し、ベンチマーキングや諸施策全般との整合化、優れた施策実践のモデル化と普及推進を主な柱の一つにしている。

　もちろんこのほかにも、環境問題の重視、「持続可能な成長」実現への課題設定が新たに前面に掲げられ、また社会的に不利な立場の層からの創業促進、小企業やクラフト産業の独自の性格への留意[*49]と援助策展開などの視点も受け継がれていることは軽視できない。

　しかし、全般的にみれば、この流れは、産業育成と競争力向上を主題とする「産業政策」への傾斜であり、これとネオリベラリズム主流の、「介入主義・保護主義」否定、規制緩和・競争政策的基調との調和の方途を示すもの[*50]となってきたのは否定できない。そしてその調和の鍵となるのは、革新的(中小)企業支援策の「目玉」化である。その導入部をなすものは、情報化・電子化社会とイノベーション概念である。企業政策担当第23総局が、従来の産業政策担当の第3総局などと統合され、新たに企業総局となったことは、その土台を構成するものである。他面で今ひとつのカギは、「リスボン戦略」とともに合意された「欧州小企業憲章」にある。その意味は次章で詳しく紹介検討される。

もちろんこれは、「市場統合」を課題とした、80年代後半のEC中小企業政策の本来の基調をなす理念と共通するスタンス・視点も有している。その後の欧州経済の不振、企業経営をめぐる困難の増大、深刻な雇用失業問題という状況がこうした理念を後退させ、中小企業の全般的な不利に対する積極的な介入と援助策を表に出させてきたのであるが、90年代後半での欧州経済の回復基調、21世紀新経済社会への期待、さらに世界的なITブームや革新的／創造的成長企業（支援）ブーム、よみがえった米国経済への再注目によって、一種の「先祖帰り」現象が生じたものともいえよう。

　しかし、そのことと裏腹に、新たな問題が生じる。一つは、96年「統合計画」にも明示されたような、中小企業の不利是正、とりわけ企業間関係適正化への介入策の後退の懸念である。「第4次多年度計画」に伴うワーキングペーパーでは、「企業政策は公平な事業活動の場（level playing field）を企業に与え、支配的地位の濫用を防ぐ効果的な競争政策に基づくものである」とし、そのなかでは、企業家、中小企業、イノベーション、競争、市場へのアクセスから生じるニーズに最大限配慮する形で、競争政策に貢献をするものであるとしている。[*51] たしかに、競争政策での対等公平な競争条件という立場からの中小企業政策の位置づけは維持されているが、中身が問題であろう。

　「代金支払遅延問題」にみられたような、EU指令の採択にまで至った、強い規制政策への展開の経緯[*52]から考えれば、この段階での不利是正への積極介入からの後退は感じざるを得ない。「競争政策」の言が、大企業と中小企業の形式的な「平等扱い論」や、個々の企業の「競争力強化」での解決論にとどまる可能性は否定できない。

　さらに、要素市場での中小企業の不利に対しては、前節でみたように、金融施策の重点が変わってきた。創業支援、ハイテク企業支援など、重点対象が限定され、民間資本や金融機関が重視され、資本市場活用でのベンチャーインベストメントなどに重きがおかれている。しかしそれでは、多数派の中小企業には不安と不満がつきまとう。

　最も問題なのは、こうした経緯によって、なぜ「中小」（規模）企業を取り上げ、施策の対象とするのかという、「中小企業政策」の原点が曖昧にならざるを得ないことだろう。もちろんEC・EUにおいては、規模的位置づ

第6章　EU中小企業政策の展開過程

けの曖昧さは当初からつきまとっていたのであり、それは「企業政策」という形と名称をとったところに表れている。その後、90年代を通じてはほぼ、「企業政策」＝中小企業（およびクラフト産業）のための政策という暗黙の了解があったものといえる[*53]（付け加えては、「社会的経済」＝協同組合）。しかし、ここへきてまた、規模概念が有意でなくなってきた。現に「第4次多年度計画」の実施に関して、Enterprise Europe の名が掲げられ、「規模、企業形態、業種、地域にかかわらず、企業の成長発展を期する全般的事業環境を示すことが、企業政策に求められる」[*54]と主張されている。たしかに「企業総局」の課題は「企業全般」であり得る。しかしそれでは、SME はどのような存在であり、なぜこれに対する政策が必要であったのか、曖昧にならざるを得ないだろう。[*55]

このようなことは、80年代から90年代にかけて、中小企業の金融問題、代金支払遅延問題等数々の問題をめぐって、欧州の中小企業者「多数派」が不満を募らせ、実効ある対策を求め、その勢いが欧州議会や社会経済審議会などを通じ、否応なく EU の立法や行政に及んできた経過というものを想起させずにはいられない。[*56]そこにこそ、「欧州小企業憲章」の存在意義と役割もある。EU 政策が傾斜をしてきた米国の「小企業政策」展開のこれまでの歴史経験をみても、中小企業政策のもつ「政治経済学」性がまざまざとよみがえる。そして欧州にあっては、いっそう複雑な多国間、地域間、諸階層間の関係、利害対立や軋轢がこれに絡んでこざるを得ないのである。

このことは、2000年代後半における具体的施策の展開、さらには「小企業憲章」「SBA小企業議定書」の制定と役割、ひいては2008年世界金融危機に発する欧州経済の混乱のうちであらためて検証され、そしてそこからの突破口における中小企業存在と政策の意義を通じて確認されるのである。

第Ⅲ部

第7章　「欧州小企業憲章」と2000年代のEU中小企業政策[*1]

1　リスボン戦略と中小企業政策の課題・目標

1-1　リスボン以降のEU中小企業政策

　2000年の時点でリスボン・サミットの決定と戦略を実行に移したものが、うえに見た中小企業と企業家精神のための4th MAP「第4次多年度計画」であるとともに、中小企業政策評価のためのベンチマーキング、各国に呼びかけての「欧州小企業憲章」の作成と実践、EIB欧州投資銀行およびEIF欧州投資ファンド資金の、創業支援、ハイテク企業支援、マイクロ企業支援への重点的ふり向けという四つの政策であった。これはその後、以下のような諸政策を推進実行するという方向に展開されてきている。

1-2　企業政策の進展と「Think small first」

　4th MAP「第4次多年度計画」をはじめとする21世紀のEU中小企業政策の実践には幅広い課題があり、また従来以上に各国が主体となって、なおかつ足並みを揃えて政策を実行していくことが求められる。4th MAPのような理解と課題にもとづき、2001年に企業総局が発表した政策プログラム[*2]は、11の重点的なプロジェクトを定めている。ビジネスエンジェルネットワーク、起業マネジメントのベンチマーク、各規制等の事業への影響評価、事業承継対策、共通規格一致アセスメント（conformity assessment）の経済的影響評価、女性の企業家奨励、企業家精神の教育と訓練、IC技術の熟練不足対応、最高水準の企業支援サービス、インキュベータマネジメントのベ

第 7 章 「欧州小企業憲章」と 2000 年代の EU 中小企業政策

ンチマーク、中小企業の e－コマースについての各国対策のベンチマーク、これらである。

それとともに、2001 年あたりから欧州委員会は「Think small first」という表現を盛んに用いるようになり、ついにはこれを EU 中小企業政策の基本的な理念とするようになった。[*3]「Think small first」の語がいつから公式に用いられるようになったのかは必ずしも明らかではない。[*4]「欧州小企業憲章」を採択した 2000 年の欧州理事会、あるいはまたその前提となった同年のリスボン・サミット、これらの関係公式文書中には「think small first」の表現はない。また、これらを具体化する使命を担った欧州委員会の公式文書にもこうした表現はない。[*5] しかし 2002 年からはリーカーネン担当委員は頻繁にこの語を引用し、そして下で詳しく触れる同年の「小企業憲章」フォローアップ報告はこれをそのタイトルに掲げている。それは基本的に「小企業憲章」およびリスボン・サミットの合意の意図するところを表現したものであるとされるのである。のみならず、英国政府などは「Think small first」の語を自国の中小企業政策の基本理念に掲げ、その積極姿勢の証左とするように努めている。[*6]

「Think small first」、つまり「小さいものをまず考慮せよ」、言いかえれば「小企業を第一に考えよ」という理念は、それ自体が中小企業重視の姿勢を強調するものであるが、のみならず、なにより各政策および各国政府・行政機関がつねに中小企業の存在とその役割を意識し、これに十分な配慮を行うべきだという見地の表現でもある。それゆえ、これは以下でみる「小企業憲章」の実践具体化や「SME Envoy」の設置などのとりくみ、中小企業との対話協議の推進、各国政府による先進例の理解と実践、企業家教育の推進と起業文化の普及、EU 各施策への中小企業重視の姿勢の強化を求める根拠となっている。[*7]

2002 年 2 月には EU としての中小企業担当相会議がスペイン・アランフェスで開かれた。これは「21 世紀企業家のための新たな環境を目指して」と題しており、以下で見るように、2000 年「小企業憲章」の実施状況とベンチマークの確認とともに、特に「家族企業と事業承継」をトピックス

169

としている。[*8]一方では専門家等の手による政策の実施状況やその効果、あるいはまた現行の政策制度の各国比較を行い、他方ではこの担当相会議のような形で、各国の政府の責任者のもとで中小企業のための政策の実施状況を確認し、経験を交換し、足並みをそろえた政策の推進を図るという形が定着していくことになるのである。こうした手順とともに、先にあげた「Think small first」のような共有されるべき理念、さらには「欧州小企業憲章」にまとめられた各課題がつよい意味を持つことになる。

1-3 「企業家精神」とその普及

　21世紀のEU中小企業政策では、「企業家精神」（entrepreneurship）の重視がいっそう顕著になっており、それは単なる「精神論」ではなく、学校教育や社会教育などを通じた企業家的なマインドと起業ならびに企業経営に要する知識の普及、体験機会の拡大などを諸方面との連携で積極的に推進するものである。他方ではまた、「企業家精神」自体の理解と検討の機運を諸方面各地域で広めようというものである。

　こうした意味で、2003年に欧州委員会が出した『企業家精神グリーンペーパー』[*9]はユニークな役割を持つものであった。ここではentrepreneurshipとは、新しいまたは既存の組織のうちで、リスクテイキングと創造性、イノベーションを健全な経営とブレンドし、経済活動の創成と発展をもたらすマインドセット・過程であると位置づけられ、その雇用創出性、競争力形成への役割、個人の潜在能力の発揮、社会的利益との合致が強調される。個人の能力発揮と仕事の質という点で言えば、雇用者なし自営業者の33％、雇用者あり自営業者の45％は仕事に満足しており、被雇用者の傾向と対照的であるという調査結果も引用される。また社会的利益への合致という点では、企業の社会的責任に関連し、「responsible entrepreneurship 責任ある企業家精神」という語も示されている。

　そして「entrepreneurial society 企業家的社会」の実現をめざすということが「グリーンペーパー」の示す目標であり、そのために企業家的な能力発揮を制約する環境の改善、望まれる政策課題の解明、各国間の協議協力と共

同行動がすすめられねばならないとしている。しかも「グリーンペーパー」は一方的な理念や政策指針の明文化ではなく、一連の問題を提起し、これらに対する広範なパブリックコメントを募集し、その内容を公開して、全欧州規模での企業家精神に対する関心と議論を喚起したことが特徴となっている。[*10]

　こうした諸議論や要望等をふまえ、欧州委員会は2004年にEAP「企業家精神行動計画」[*11]を立案した。これは「グリーンペーパー」を契機にして企業家精神を推進普及する全欧的な議論が盛り上がっていることを確認し、「企業家的マインドセットを燃え立たせる」「より多くの人たちが企業家となるようにすすめる」「企業家の成長と競争力を加速する」「資金の流れを改善する」「より中小企業にやさしい規制ならびに行政の枠組みを作る」という五つの戦略的な政策領域を示している。[*12]そして以後、欧州委員会の中小企業政策の具体的な枠組みと目標、実施状況評価のうちにはこのEAPが加えられることになる。

1-4　BEST Procedure 最良の手順

　前記のように、BEST Procedure は90年代末に設置されたBEST (Business Environment Simplification Task Force) 事業環境簡素化タスクフォースと同じものではない。この経験を受け継ぎながらも、BEST Procedure は政策立案と実施、その評価、諸勧告、再検討のサイクルをなす方法自体を示すものである。[*13]BEST Procedure はリスボン欧州理事会の求めた「協力のオープンメソッド」に対する欧州委員会としての対応として2000年12月に発表されたものである。そして以降、BEST Procedure の実践状況の報告書が発表されてきている。

　BEST Procedure はすでに実施されている各種の政策評価と改善のための調査や報告書と連携し、これらを活用しながら、特に「重要課題についての高いレベルからの政治的関心に焦点を当てる」ものであり、企業存在にかかわる重要領域での各国の政策変化を促し、事業環境の改善を実現す

ることを目的としている。そのために明確で実践的な結論を示すことを意図し、MAPと「小企業憲章」の政策諸目的にかなうものである。そしてProcedureをもとに評価作業と勧告としてのBEST Projectsが専門家グループによって取り組まれることになる。①課題・分野の特定、②プロジェクトの範囲や目的の規定、③実施、④結論の採択、⑤モニターというサイクルにしたがう。したがってこれは具体的な政策のテーマそのものに即した性格を持つ。その際、「企業とイノベーション」スコアボード（Enterprise and the Innovation Scoreboards）、「競争力報告書」（Competitiveness Report）、「小企業憲章の具体化（フォローアップ）報告書」といった、すでに開始されている現状分析と評価各報告書の対象政策が取り上げられることになる。

最初に取り上げられた11のプロジェクトとしては、Business Impact Assessment（諸法制の事業への影響アセスメント、詳しくは次章）をはじめ、前記の4th MAPによる重点プログラムにほぼ重なる。

このように、中小企業政策の多くの分野が評価の洗礼を受け、またそれにもとづいた各国政府の責任ある対応が迫られるようになったことも新たな特徴である。それによってEU中小企業政策の拘束力は強化されたと言える。

2　EU「小企業憲章」の意義とその後

2-1　2000年「欧州小企業憲章」の調印

EUとしての中小企業政策展開の第三段階を画するうえで今ひとつ重要な意義を持ったものが、「欧州小企業憲章」（European Charter for Small Enterprises）である（巻末資料1）。加盟15ヵ国は前記のように2000年3月のリスボン・サミットで、新MAPの立案とともに、小企業のための憲章を作成することを合意し、同年6月13日の理事会が憲章を採択し、6月19－20日のポルトガル・サンタマリア・ダ・フェイラでの欧州理事会がこれを承認したものである。これは加盟各国がトップレベルで中小企業のための政策に合意をし、正式文書としたという意味で、過去のEC・EUの歴史上

でも画期的なことであり、注目する必要がある。[*14]

「欧州小企業憲章」[*15]は短いものであるが、EU並びに加盟各国がめざすべき方向を具体的に示している。その前文はこのように述べている。

「小企業は欧州経済のバックボーンである。雇用の源であり、ビジネスアイディアを育てる大地である。ニューエコノミーの到来を告げる欧州の努力は、小企業が政策課題のトップにあげられてこそ、成功を収めるものである。

小企業は事業環境の変化にもっとも敏感な存在である。過大な官僚的負担の重みを負わされれば、真っ先に被害を被るだろう。行政負担（レッドテープ）を削減し、成功が報われるようならば、真っ先に繁栄を遂げるだろう。

我々はリスボンにおいて、世界中でもっとも競争力があってダイナミックな知識主導経済（ナレッジベースドエコノミー）になる、持続可能な経済成長を達成する、より多くの、よりよい雇用を実現する、いっそうの社会的結束を図るという、EUの目標を定めた。

小企業は、イノベーション、雇用、そして欧州の社会的および地域的統合の原動力と見なされるべき存在である。

したがって、小企業と企業家精神のニーズにとって最良の環境がつくられるべきなのである。」[*16]

「憲章」は六つの「原則」を掲げている。①市場のニーズにこたえ、雇用機会を生み出す小企業の活力の認識、②社会的および地域的発展をはぐくむ小企業の重要性、③価値ある、また生産的な人生のスキルとしての企業家精神の認識、④報酬にふさわしい成功企業への賞賛、⑤失敗例は責任あるイニシアチブとリスクテイキングにつきものであることへの認識、これにたいする学習機会としての考察、⑥ニューエコノミーにおける知識、コミットメント、フレキシビリティの価値の認識、こういった点をまず認めるべきであるとする。

そして、欧州の小企業をめぐる環境を改善するべき諸施策を検討する必要を説き、以下の諸点を今後の政策的課題としている。a. 挑戦する欧州企業へのイノベーション精神と企業家精神の強化、b. 企業家的活動に資するような規制上・財政上・行政上の枠組みの達成、c. 支配的な公共政策目的と

整合する、負担を最小化する条件下での市場へのアクセスの保障、d. 最良の研究と技術へのアクセスの推進、e. 企業のライフサイクル全般にわたっての金融へのアクセスの改善、f. 世界中で最良の環境を小企業に提供できるような、EUとしてのパフォーマンスの絶えざる向上、g. 小企業の声に耳を傾けること、h. 最高レベルの小企業への支援の奨励。

「憲章」は「憲章」自体の実行のために、10点にわたる行動（アクションプラン）を提起している。すなわち、①企業家精神への教育と訓練、②開業コスト低減と奨励、③よりよい法制と規制、④スキル獲得機会、⑤オンラインアクセス改善、⑥市場統合からの成果の向上、⑦税制と金融問題、⑧小企業の技術力向上、⑨成功するe－ビジネスモデルとトップクラスの小企業支援、⑩EUならびに各国レベルでの小企業の利害のいっそう効果的で強力な反映、これらである。

注目すべきことは、「憲章」は単なる精神や理念の確認にとどまるものではなく、一方では前述の「Think small first」というEUとしての政策のスタンスをいっそう強化促進する使命を持つとともに、[17]他方ではリスボンプロセスという軌道上にこの具体的な政策行動の実施実現を図るための現実の指標と課題、方法を含む、きわめて実践的な役割を担っているという事実である。[18]毎年春のサミットで、欧州委員会の報告をもとに、政策の進展状況を検証評価する、そのために、小企業に影響を及ぼすあらゆる分野での、最良の実践例との関係で、進展を測っていけるような効果的な指標を用いると、「憲章」自体が結んでいる。そのことは以後の経過が証明をしている。

2002年2月、欧州委員会企業政策担当のリーカーネン委員（当時）は前記の担当相会議において、「憲章」の実施について次のように説明している。「憲章」にもとづく政策の進展状況の最初のテーマとなったのは、「創業のしやすさ」であった。より低いコストで、より速やかに新企業を設立できるかを比較調査し、その結果にもとづき、各国がベストプラクティスを求めて対応措置を行っている。また、既存の諸法制や規制が中小企業の設立と発展に望ましい環境となっているか、見直しが各国で行われている。しかし「企業家的欧州」という点では3分の2の国で中等教育や大学レベルでの起業家教

育を行っているものの、まだ今後の成果を見なくてはならない、等である。[19]

2-2 「憲章」後のフォローアップ

「憲章」自体に記された、その実施状況のフォローアップは、早くも2001年7月から開始された（COM(2001)12a）。もっとも1年ほどではほとんど進展は確認できないので、これは前年末に示された「憲章」行動計画実行のためのレポート等に言及するにとどまっている。そして以降毎年末にBEST Procedure年次報告を産業理事会に出し、進捗状況と推進措置を確認していくことを明記している。また、この報告は「憲章」のガイドラインに沿って、加盟諸国と取り組むべき、11のベストプラクティス確認事項を示している。

2002年2月の「憲章」具体化フォローアップ報告[20]は「EUは『小企業を第一に』としているか？」と問いかけ、「Think small first」の内実を問うものとしている。「憲章」はこのアプローチの主流をなすものであり、問いかけは重要であるという。ここで最大の問題とされたのは、中小企業の実態が十分わかっていない、それはアンケートなどの作業では解決されない、なにより中小企業者自身を代表する組織や機関の意見を重視するべきであるという点であった。こうした意味で「小企業を第一に」の理念は生かされなくてはならないのである。また、EUとしての中小企業政策は「結束」(cohesion)政策との関係をいっそう強化する必要がある。一方で今次報告での各国の進捗状況の一般化は容易ではない。それをまとめれば、以下の7点となる。

(1) 各分野で進展はあるが、起業教育など、それが実感されてくるには時間がかかるところも多い。加盟国の3分の2で、起業準備の内容が中等教育で取り入れられている。
(2) いくつかの分野では進展が顕著である。前記のように、まず最優先された「創業のしやすさ」に関連して見ると、個人事業の設立に要する期間は8ヵ国で2日以下であり、コストも最小である。非公開会社の場合、

10ヵ国で2週間以内に設立できる。
(3)　政策的関与は広がっている。規制簡素化や事業への影響アセスメント、規制に代わる手段開発などがそうである。EUレベルでも2002年6月までに欧州委員会が行動計画を出す予定である。
(4)　若干の加盟国では教育制度での企業家教育内容の導入を明文化していないなど、遅れが目立つ。
(5)　景気循環に左右されるところが大きいため、容易に解決できない問題も少なくない。共通通貨スタートに向けた金利低下や安定成長経済のため、小企業の金融アクセスは現在容易になっている。アーリーステージのリスクキャピタル供給も増加している。しかしその一方で、最近の景気後退や金融再編から開業企業や小企業への融資は困難になっている。信用保証機会や高い資本参加を提供できないと、小企業の長期資金調達は容易でない。
(6)　インキュベータから創業した企業は3年後でも90％が存続しているなど、政策手段の活用をいっそう広げることのできる事例の豊富な分野は少なくない。しかしインキュベータの存在状況は相当不均等である。
(7)　一番遅れているのは、EUならびに各国レベルで中小企業の利益を代表するより効果的な仕組みを作ることである。すべての政策分野で中小企業の利害を優先すべきことが「憲章」で示されているが、まだ相当の取り組みが必要である。

2003年2月の「憲章」フォローアップ報告[*21]は、「誰か小企業の声を聞いているか？」と題し、「憲章」の意義を再確認しながら、「Think small first」の精神がどこまで広まっているかを問うている。中小企業の声に耳を傾けている国として、デンマーク、スウェーデン、フィンランド、英国では顕著な進展が見られるが、そうでない国も少なくない。また、各国間での経験交流と学び合いがすすみつつある。たとえばスウェーデンはオランダやフィンランドから融資保証制度の経験を学んでいる。ベルギーは産業クラスター政策をデンマークやフランスなどから学んでいる。小企業の各国間パフォーマンスギャップが埋まってきているものの、そうでない分野もある。

たとえばオンラインでの企業登録制度である。企業家教育の推進や事業負担の軽減といった各国政府が直接かかわる分野では、徐々に進展が見られる。

2003年報告は各国政府の責務が決定的であることを強調し、中小企業を代表する組織との協力をいっそう密にして「憲章」の内容を具体的に推進実施することを求めている。ただ、欧州議会が決議した（2002年6月13日、10月10日）ような、「憲章」内容の法制化には欧州委員会は否定的である。リスボン戦略はあくまで加盟各国のオープンな協力を求めており、またあらたな実施計画といったものも必要ではない。4th MAPなどの政策プランとその予算措置が「憲章」実現の手段をすでになしているからである。また、「企業家精神グリーンペーパー」も「憲章」の目的に沿うものであり、さらに多くの企業家をどう生み出すか、企業の成長をどのようにすすめるかを問うている。

そのうえで2003年「報告」は企業家精神の教育と訓練、創業の迅速化・廉価化、よりよい法制と規制、熟練技能のアベイラビリティ、オンラインアクセスの改善、市場統合の成果のいっそうの発揮、税制・金融問題、小企業の技術力向上、e－ビジネスの成功モデルと小企業支援政策のトップクラス化、EUならびに各国レベルでの小企業の利益のいっそう強力な反映、という10項目を取り上げている。

(1) 企業家精神の教育と訓練については進展はあるが依然なすべきことは多い。ギリシャやポルトガルでは新たなとりくみが見られた。

(2) 創業の迅速化・低コスト化では、オンライン登録がデンマーク、スウェーデン、ノルウェー、オーストリアで始まり、スペインとフランスで準備中など、とりくみがすすんでいるが、各国間の開きが依然大きい分野である。

(3) 法制と規制については、前回報告以来の進展が顕著である。特にいくつかの国では、再起業を可能にする倒産法への見直しがすすめられている。これについてはBEST Procedureの枠組みでの経験交流と取り組みが有益であると期待される。規制インパクト・アセスメントシステム（RIA）の確立は有効であるが、これに取り組もうとしない国のあることも指摘せねばならない。

(4) 熟練技能のアベイラビリティに関しては、小企業での人材不足が深刻であることが確認される。ドイツやアイルランドやイタリアでは新しい取り組みが始まった。スキルギャップを埋めるEUレベルおよび各国の行動計画の実行が期待される。

(5) オンラインアクセスについては、インターネット利用の情報提供や登録など各国で進展がある。しかし各国間の開きも依然大きいし、一番すすんでいる国の政府にあっても、期待されるほどの成果にはまだつながっていない。

(6) 市場統合の活用については、10年を経てその効果が浸透してきている。しかしサービスなどの分野ではまだ効果が現れていない。デンマークやオランダやフィンランド、スウェーデン、英国を別として、統合のための法制変換がまだ十分ではない、目標に達していない国々がある。EUの精神とバルセロナ欧州理事会の示した目標を実現し、ヒト・モノ・資本・サービスの完全な自由移動を実現すべく、欧州委員会は監視役を務める。

(7) 税制・金融については、小企業の税負担の軽減がベルギー、デンマーク、アイルランド、英国で実現した。一方で金融アクセスの困難は依然企業成長の障害である。ドイツ、スペイン、スウェーデンでは創業と小企業の成長に適したフレキシブルなマイクロローンが実現した。ベンチャーキャピタルファンドの活動にかなう税制と構造の改革が必要である。またビジネスエンジェルの投資活動と地域ネットワークづくりに適した税制環境も望まれる。小企業内でのストックオプションやボーナスなどのインセンティブについての新たな措置はすすんでおらず、今後の検討を要する。

(8) 小企業の技術能力向上については、デンマーク、ドイツ、ギリシャ、アイルランド、オーストリアなどでの中小企業を含むクラスターや技術ネットワークづくりに注目できる。大学からの技術移転や、新技術型・伝統型双方の小企業でのイノベーション推進などについて、先進事例の情報交換がいっそう望まれる。BEST Procedureでの技術移転促進、長期的視野に立った全国および地域レベルでの技術クラスターと企業間ネッ

第7章 「欧州小企業憲章」と2000年代のEU中小企業政策

トワーク推進に各国が努力することを期待する。
(9) 特にマイクロ企業や小企業でのe－ビジネス展開を支援する動きがいくつかの国ですすんでいる。しかし各国間の開きが大きい。企業向けのサービスの質的向上と個別ニーズへのマッチは地域レベルでいっそうすすめられる必要がある。顧客本位の支援サービスが研究されるべきである。オンラインによるサービスもすすめられるべきである。
(10) 小企業の利益の反映については、前回報告以来の進展が乏しい。フィンランドでは法制立案の委員会に事業者団体の参加が行われるようになったが、こうした例はまだ少ない。中小企業団体との協議は一連の国ですすんでいる。欧州委員会は各国のとりくみを推進するとともに、中小企業エンボイ（SME Envoy）[22]の任命やオンライン協議制度導入をはじめ、小企業との対話にいっそう努力をする。

2003年3月の「競争力理事会」は「憲章」報告書にもとづき、あらためて企業家精神と小企業の存在意義を確認し、そのうえで、企業の声に耳を傾けるべきこと、「憲章」実施を加速すること、先進例にいっそう注目すべきことを指摘している。また加盟各国と欧州委員会が、「憲章」実施の自主的な質的および量的目標を整合的に追求することを求めている。またこれと前後して、中小企業担当相会議がギリシャ・テッサロニキで開かれている。この間、中小企業関係団体の対話と参加がいっそう進んできたことが特徴である。

2004年2月の報告書[23]は「小企業のために最良の環境をつくる」と題し、「憲章」の総合的アプローチの意義を確認している。そしてこの3年半での進展は、個々には微々たるものであっても、全体として非常に大きなものであり、「憲章」はいまや全欧州、各国、各地域の中小企業団体と行政のシンボル的存在になっているとしている。

その上で報告書は特に三つの重点的な課題について検証を行っている。小企業との協議、金融アクセス、特にベンチャーキャピタルとマイクロローン、イノベーションと技術移転、この3項目である。

(1) 小企業との協議については依然各国間の開きが大きいが、オランダや英国などいくつかの国で新たな進展があった。多くの国はスウェーデンにおける政府任命委員会のように、法制立案段階からの参加の方法を見習うべきである。

(2) 金融アクセスについては、「憲章」以来具体的改善策がとられているものの、企業側は依然困難を訴えている。熟練人材が持ち株参加をするフィンランドの「DIILI」スキームや、不利地域の企業へのマイクロクレジットを供給する金融機関を税制優遇する英国の新施策、地域開発への地域投資ファンドを作らせ、資金供給者に税制優遇を行うフランスの動きなど注目できる。今後の課題はアーリーステージの資金供給とエクイティ充実である。経営意思決定への参画を伴うオーストリアの公的シード資金などは新たな形としておもしろいが、全般的にマイクロ資金や信用保証などは今後の金融課題である。イタリアの「CONFIDI」のような相互信用保証の仕組みには注目できる。

(3) イノベーションと技術移転に関してはいくつかの新しい取り組みがすすんでいる。オランダでの「テクノパートナー」イニシアチブは開発型の創業支援の手段をとりまとめて提供し、ポルトガルのイノベーション庁は企業家と国立の科学技術研究機関との連携を推進し、特徴的である。もちろん多くの小企業はその規模制約ゆえに研究開発への資源が不足し、イノベーションへの挑戦は困難である。それだけに政策的な支援の枠組みとイニシアチブはきわめて重要な意義を持っている。デンマークの各機関の役割、ノルウェーでの知財所有権改革と大学の技術移転オフィス設置、アイルランド・シャノン開発庁の設けたネットワーク[*24]などには注目できる。もちろん、企業間ネットワーク（inter-company networking）とクラスターは小企業のイノベーティブな潜在力の発揮とイノベーション成果普及に重要な手段となる。このうちには国境を越えた協力も広がっている。

その他の「憲章」実行についてみれば、創業のコストと時間についての進展がもっとも顕著である。BEST Procedureのもとで各国はこの改善に

第 7 章　「欧州小企業憲章」と 2000 年代の EU 中小企業政策

非常に熱心に取り組んだ。たとえば、かつて企業設立のためには 30 日から 60 日もかかっていたスペインは「新企業」プロジェクトを開始し、それによりオンラインでの企業設立手続きは 48 時間で可能になっている。

　このほか、規制緩和や簡素化、企業家教育などでも進展が見られる。またこの報告では特に優れた経験の相互学習、小企業政策の調和化（orchestration）などに言及している。

　2004 年 6 月、アイルランド・ダブリンにおいて「憲章」会議が開かれた。これには担当委員ヤン・フィーゲル氏とともに、34 ヵ国の政府関係者を始め、地方自治体、企業団体、支援機関などからの 250 人が参加している。また中小企業団体を代表する参加者として、UEAPME、UNICE、欧州商工会議所の名がアイルランド小企業協会とともに記録されている。[25]

　会議は欧州委員会からのレポートにもとづき 1 年間の「憲章」実施状況を報告しあうとともに、上記のようにその重点とされた「金融アクセス問題、特にベンチャーキャピタルとマイクロローン」、「イノベーションと技術移転」、「小企業との協議」の三課題を柱としている。このほか、「先進例に学ぶ」、「小企業のための政策の調和化」、「『憲章』実施の地域化」が取り上げられ、また新たに「特に中等教育レベルでの企業家教育」、「倒産法などについての望ましい規制」「熟練技能者や技術者不足問題」が取り上げられている。会議では「憲章」の改訂の件も取り上げられた。しかしこれは合意を見なかったもようである。

　なお、この会議の性格にも反映しているように、2004 年に EU に新たに加盟した 10 ヵ国は「欧州小企業憲章」に同意することが義務となっており、以前から国内政策の整合化と進捗状況調査に参加し、2002 年 4 月には今後の加盟候補国であるブルガリア、ルーマニア、トルコとともにマリボル（スロベニア）の会議で「憲章」に署名した。[26] 引き続き西バルカン諸国（クロアチア、ボスニア・ヘルツェゴビナ、セルビア・モンテネグロ、マケドニア、アルバニア）が 2003 年 6 月のテッサロニキ会議で「憲章」に署名、翌年にモルドバが加わり、その結果「憲章」署名国は 35 ヵ国に達し、さらに広

181

範囲な地域を対象とすることになった。[*27]このほかノルウェーは2001年から「憲章」の実施フォローアップに参加している。この2004年ダブリン「憲章」会議の34の参加国はいずれもこれら「憲章」に加わる国々である。

またこれに伴い、2004年版の「憲章」フォローアップ報告書からはEU加盟国対象版のほかに、西バルカン諸国版、加盟候補国・予定国版がそれぞれ出されるようになった。

2005年版の「憲章」フォローアップ報告書[*28]は三つの柱を掲げている。企業家教育、特に中等教育レベル、倒産法と影響アセスメントを中心にするよりよい規制環境、熟練人材不足と熟練テクニシャンおよび技術者不足解決の方法、これらである。そしてこれらの事項に関し、今まで以上に具体的な国名などをあげ、すすんでいるところと遅れているところを明示している。

(1) 企業家教育については諸方面の水平的連携がなにより重要であり、これについてはフランス、オランダ、フィンランド、ノルウェーでのしくみが参考になる。新たな取り組みがリトアニアなどですすんだ。企業家的スキルと態度の育成については、中等教育レベルでの総合的カリキュラムへの導入がチェコやスペインやアイルランド、フィンランド、ノルウェーに見られるが、まだ少数派である。学校等への奨励策や教員の育成などが問題であり、オランダでは政府がパイロットプロジェクトを支援し、英国では「企業教育開拓者」施策がすすめられている。[*29]

アイルランドなどではミニ企業経営やバーチャル企業などの実践が行われ、欧州全体では毎年60万人の生徒がこうした経験をへている。これらの活動をすすめる非政府組織、ネットワークができてきており、またオーストリアでは中等職業教育で企業運営の活用がシステマティックに実施されている。一方でこうした企業家教育の取り組みが遅れているのは、キプロス、ハンガリー、スロバキア、ポルトガル、ギリシャである。

(2) 規制環境については、いくつかの国で改革が図られ、ほとんどの加盟国で影響アセスメントが新立法の準備作業の一部に取り入れられている。しかし中小企業への影響テストや中小企業の除外といった実際の発動には不十分なところが目立つ。オランダや英国は実際の活用の先陣を切っ

ており、ポーランドにも好例がある。この課題については政府機関同士の連携、水平的なユニットの設置が必要であり、それは各国ですすめられている。エストニアやラトビアで見られるようなe－政府のようなかたちはこれを加速しよう。フランス、ポルトガル、スロベニア、スロバキアではいっそうの努力が求められる。

(3)　倒産法については、そのあり方が企業の再生や企業家の再挑戦への障害となる。前年度中に半数の加盟国が倒産法の見直しを実施ないしは検討に入っている。スペインでは破産法の見直しを実施した。フランスの企業救済法案は早期財務問題発見とセカンドチャンス奨励を目的とし、オランダの「債務リストラ」プロジェクトは司法手続き外債務処理の簡易化をめざしている。

　ベルギー・ブリュッセル首都圏での「自営業小企業問題センター」やオランダでの「企業家反響版」（Foundation Ondernemersklankbord）[*30]は財務問題への廉価なアドバイスを行っている。こうした早期の相談や援助は倒産問題を防ぎ、また企業家への汚名をそぐ風潮を導ける可能性を持っている。しかしギリシャやルクセンブルクは対応が遅れている。またチェコやポルトガルのような破産処理を優先する、債権者の立場を強化するような立法は企業家の再挑戦を困難にするものであり、問題である。

(4)　熟練人材の不足に関しては、多くの国が直面している問題であり、各方面との連携で対処していく必要がある。大学と企業の連携という古典的な枠組みを設けるスウェーデンのような国もあれば、中等学校の学習と職業訓練を連結する資金供給、調査事業や業種別イニシアチブなどを推進しているイタリアのようなところもある。各国は将来の労働市場の構造変化予測にあわせた教育と職業訓練政策に転換しつつある。フランスやオーストリアでは徒弟制度をより魅力的ないしよりニーズ重視型に変えてきている。生涯学習の必要は多くの国で指摘されるが、まだそのための総合的なシステムは組まれていない。アイルランドやスロベニアや英国では、e－ラーニングや訓練制度のクラスター化がはかられれている。将来性の高い機械技術、情報通信などの専門職業についての啓蒙活動は

重要である。こうしたことについては多くの国が事業者団体や専門職団体と連携し、さまざまなツールを用いて情報提供している。ドイツやアイルランドでの業種別組織によるイニシアチブは興味あるものである。

2005年「憲章」報告はさらに、欧州委員会として中小企業政策全般に関する現状認識と課題を指摘している。「中小企業次元」(SME dimension) の考え方はEUの政策全般にいっそう組み込まれ、「憲章」の実施はすすんでいる。MAPや金融諸施策、BEST Procedreの各プロジェクトなどが中小企業の経営環境を改善し、また企業家行動計画（EAP）の実施が進行している。そのほか、EU構造基金による地域レベルでの中小企業支援、研究開発計画への中小企業の参加、環境、エネルギー、職業訓練や国際化などの各分野での中小企業のニーズへの対応、競争政策や通商政策での中小企業への配慮もすすんでいる。しかし中小企業の参加を促すにはまだまだ行政手続きやアセスメントのための期間など、障害は少なくない。ユーロインフォセンターやイノベーションリレーセンターなどの活動はいっそう強化されるべきであり、各施策プログラムのシステマティックな評価が行われるべきである。法制とその中小企業への影響の問題では、アセスメント手続きに見るべき進展がある。調合薬の分野の例のように、小企業のための料金減免や実情に応じた手続き援助などの成果を欧州委員会はあげている。

「憲章」の実施は各国に中小企業のための政策の推進と、各国それぞれの実情に応じた展開のためのすぐれた手がかりとなっている。BEST Procedreレポート、さらに企業家行動計画（EAP）の進捗レポートはともにこれを支え合っており、後者は今後、「憲章」報告に統合される予定である。リスボン戦略の目標追求とその2004年見直しは「企業家」の存在の重要性をいっそう求めており、この間の教訓をくみ取り、またEAPの内容を盛り込むかたちで「憲章」は改訂されることになる。

この報告を踏まえ、2005年6月にはルクセンブルクで「憲章」会議が開かれ、EU加盟国・候補国・西バルカン諸国・地中海諸国を含む38ヵ国から250人が参加した。これにはまた、政府機関のほか、欧州商工会議所・

第7章 「欧州小企業憲章」と2000年代のEU中小企業政策

UEAPMEなどの中小企業団体、支援機関などから参加を見ている。ここでは主なテーマとして、前年度を受けついで起業家教育、倒産法などの規制環境問題、熟練人材不足問題がとりあげられたほか、その他に「憲章」の意義と活用方法、フォローアップ、先進事例から学ぶ、金融アクセス問題等が論じられている。

2006年からは、「憲章」のフォローアップ報告書は、「リスボン戦略」全体のレポート『成長と雇用』に統合されることになった。これは中小企業団体などからは不満の声も出たが、「憲章」会議は継続され、そして次章で見るように、「憲章」からSBA小企業議定書へ、という新たな事態が2007年以降進んだので、「憲章」の成果検証はそちらに実質的にバトンタッチされたものと見ることができる。そしてこれまでの検証作業を通じた具体的課題の摘出が、SBAの具体的な内容を構成したものと言える。

2006年6月の「憲章」会議はウィーンで開かれ、ここで出された多くの成功事例は『先進事例集』[*31]として公刊された。これは「統合市場からいっそうの成果を」「企業支援（特に創業と事業承継）」「成功するビジネスモデル」「その他の憲章分野」という各事例項目から構成されており、非常に多くの成功例が取り上げられている。構成からもわかるように、特に事業承継に注目していることが目立っており、スウェーデン経済地域開発庁の「事業承継円滑化全国プログラム」、フィンランド貿易産業省の「中小企業の管理された世代交代準備プログラム」などが紹介されている。2007年7月には「憲章」会議はベルリンで開催された。また、『先進事例集』もやはり刊行されている。2008年6月には「憲章」会議はスロベニアのブレドで開かれている。これ以降は次章で見るように、SBAの検証会議に継承されたものと言える。

一方で上記の『成長と雇用』2006年報告書は[*32]、中小企業に関し、その可能性を十分生かしていない、依然創業や発展への障害が多いと厳しい指摘をしている。そのうえで、2007年中の具体的目標を明示した。すべての加盟国で、起業希望者への完全なワンストップショップサービス提供、開業手続

き期間の半減の実行と全域での1週間化目標の追求、全国カリキュラムによる全学校での起業家教育の実施、本国税制にもとづく中小企業の国境を越えた事業展開の推進、VATのワンストップショップ化への欧州委員改定案の速やかな理事会採択、CIPにもとづくEUレベルでの中小企業の金融アクセス機会の拡大強化、マイクロ企業から中企業までのための構造基金等にもとづく資金供給のしくみの実現（JEREMIE）、中小企業に課せられた各国の行政的負担に関する全面的な算定方法の確立と、各国およびEUによる負担の実態把握および適切な軽減化措置の検討、また各国の小規模な支援策に関するEU義務規制の緩和といったものである。こうした具体的な課題と目標の提示というかたちは、SBAの行動計画実践に引き継がれたものと考えられる。

3　2000年代後半への展開

3-1　中小企業の「新定義」と欧州憲法案

　21世紀最初の5年間の推移は一見順調のように見えるが、欧州経済とEU政策については少なからぬ現状批判と見直しの気運が起こっている。特にリスボン戦略自体がそうである。

　2005年には「中小企業」（SME）自体の定義の見直しが行われた。これは2003年よりすすめられていた作業であり、欧州委員会の新定義案勧告（C(2003)1422）の発表後、各国政府の間の調整やパブリックコメントの募集等を経て、2005年1月1日をもって新定義が発効することになったのである。新定義は1996年の欧州委員会決定（96/280/EC）を大きく変えるものではないが、この間の物価上昇や生産性向上、企業構成の変化、また2004年の10ヵ国新加盟に考慮をし、若干の変更が加えられている。

　中小企業新定義について詳しくは、中小企業金融公庫総合研究所の前掲論文[33]を参照されたいが、①年次売上高の上限が€4000万から€5000万に、もしくは年次バランスシート（総資産額）の上限が€2700万から€4300万に

引き上げられたこと、②「中企業」「小企業」の区分に加え、「マイクロ企業」（micro enterprise、従業員数 10 人未満、年次売上高€ 200 万以下、総資産額€ 200 万以下）の区分が正式に記されたこと、③企業のタイプ別区分を行い、「自立型（autonomous）企業」、「パートナー型企業」（所有関係を持つが連結型でない企業同士間）、「連結（linked）型企業」（実質的に支配している企業同士間）の三種類を位置づけ、上記定義の具体的適用のうえで配慮するとしたことが特徴である。また、④従業員数での上限には変更はないが、従来は「employees」とされていたものが、今回は「headcount」となり、owner-manager やパートナーも含まれる、つまり我が国の「従業者」（employment）概念に近くなったと想定されることも見落とせない。

　前記のように欧州憲法案にも、中小企業に関する条項が盛り込まれた。同案第 3 部Ⅲ・第Ⅲ章「第二項　社会政策」のうちに、「基本的社会権にもとづく社会政策のための欧州枠組み法の立法にあたっては、中小企業の創業と発展を妨げるような行政上・金融上（税制）・法制上の制約を課すことを避けるべきである」（第Ⅲ− 104 条）との条文がある。また第 3 部Ⅲ・第Ⅲ章「第九項　研究・技術開発と宇宙」のうちに、「EU は産業の科学技術上の基礎を強化し、国際的な競争力を高める必要があるが、そのためには中小企業を含む企業や研究機関や大学の研究・技術開発活動を高いレベルで推進するべきである」（第Ⅲ− 146 条）とある。さらに第 3 部Ⅲ・第Ⅴ章「第二項　産業」のうちには、「EU 産業の競争力を高めていくために、全域にわたって企業、特に中小企業の発展に望ましい環境づくりをすすめるべきである」（第Ⅲ− 180 条）と記された。[34] このように中小企業の存在とその可能性、これに対する政策的支援と配慮の必要を明記したことは重要である。ただしこれは基本的に、従来のマーストリヒト条約やアムステルダム条約、ニース条約によって改訂強化されてきた EU 設立の基本条約（ローマ条約）に盛り込まれてきた内容の再確認であり、まったく新しい事態とは言えない。

3-2 リスボン戦略の見直し

21世紀最初の5年間のEU政策を主導してきたリスボン戦略に対しては、21世紀に入ってからの欧州経済の減速のもとで不信の声も次第に高まってきた。なによりも、2010年までに「欧州を世界中でもっとも競争力あるダイナミックな経済とする」という目標はとうてい実現できない、現実には東アジアや北米に再び水を空けられているという批判がつよまった。[*35]

こうした不信の声を加速したのは、2004年11月に発表されたコーク委員会報告書である。[*36] 欧州理事会の依頼により2004年4月に発足した、オランダの前首相ウィム・コークを代表とする独立調査委員会（High Lebel Group）はそのレポート「*Facing the Challenge*」（SEC（2004）1430/1）を同年11月に発表し、大きな反響を呼んだ。[*37]

この報告書は「成長と雇用」を掲げるリスボン戦略の課題は妥当なものであるとしながら、その求める改革と実践が十分になされておらず、行動を加速する必要があると指摘している。いま求められる課題は研究開発推進やICT利用など「知識社会への対応」、サービス部門などでの「市場統合の活用完成」、企業活動を容易にする「ビジネスクライメートの変革」、欧州雇用タスクフォースの勧告にもとづく、人口高齢化を重視した「労働市場への対応」、技術革新と産業活動における「環境的な持続性」の五つである。そして、欧州理事会、加盟各国、欧州委員会、欧州議会、欧州の各社会パートナーにそれぞれの責務を積極的に担っていくことを求め、特に各国政府と欧州委員会には努力を倍加させるべきとしている。欧州の「経済と社会モデル」は生産性と社会的結束と環境的持続性への貢献とを結びつけるすぐれたものであり、その実現は大きな意義を持つとするのである。

「ビジネスクライメートの変革」に関しては、特に企業家の役割とその創業発展に求められる環境づくりの必要を力説している。リスボン戦略は投資とイノベーションと企業家精神を導けるような規制環境と事業経営のコストを引き下げ、創業を妨げる負担規制をなくすということを明示している。中小企業こそがこれからの知識基盤経済と開かれた欧州を支えるものであるが、

いまだ欧州は「企業家的」であるとは言えない。諸規制・負担の現状を早急に調査し、問題点を明らかにし、各国の法制の改革を迅速に進めるべきである。トップスリーの国々の平均値を目標に、企業に要する期間、努力、コストを画期的に引き下げるような措置をはかるべきである。さらに資本市場の改革、各種金融支援策の連携強化、EIBの役割強化などによって、リスクキャピタルの供給や中小企業の資本調達を推進すべきであり[38]、事業の失敗による企業家への汚名をすすぎ、再起と再生を容易にするような法制、金融制度と社会的機運を広げる必要もある。

　この報告書を受け、2005年3月のブリュッセル欧州理事会はリスボン戦略の「中期見直し」を行った[39]。ここに出されたものが欧州委員会のコミュニケーション[40]「成長と雇用への協働　リスボン戦略の新スタート」[41]である。これはリスボン戦略の実現が道半ばであることを認め、戦略に対してはあらゆる関係者がステークホルダーであることの自覚を求め、そしてより焦点を絞った行動をはかるべきこと、変革につながる支援を動員すべきこと、戦略自体の簡素化、合理化をするべきことを指摘している。具体的には、「欧州を投資と就業にとってより魅力的な場に」という諸規制などの見直し改革、サービス業の市場統合活用化、「成長への知識とイノベーション」という研究開発推進、官民協力、中小企業の研究開発とイノベーション支援強化、教育改革、「より多くのよりよい雇用」という社会政策保護の見直し、労働市場の柔軟化、人的資本開発と生涯学習、労働移動と専門職業資格の共通化推進、「リスボン戦略」のガバナンス強化、各国との連携の強化を示している。このうちサービス業の規制統合化・市場自由化に関しては、従来からの「サービス指令案」をめぐる各国間の対立が理事会で再燃し、それがのちにはフランスでの憲法案否決、仏英間の対立にもつながったのである。また、REACH（Registration, Evaluation and Authorisation of Chemicals 新化学品規制評価）をめぐっては環境保護と中小企業の競争力への配慮とが対立し、バランスの調整ということで合意をしている。

　ブリュッセル欧州理事会の結果、加盟各国とEUとの関係を見直しながら、2007〜2013年の「中期財政計画」を立て、中長期的に成長と雇用を

実現していくとともに、当面3年間の中期改革プログラムによってリスボン戦略の具体的な推進を各国に求めることになった。そしてこの理事会決定は2005年6月のブリュッセル・サミットで基本的に追認され、加盟各国はリスボン戦略の見直し・「成長と雇用重視」の新戦略立案に正式に合意した。ただし、次章で見るように中期財政計画はその時点で合意に至らなかった。

3-3　EU中小企業政策の新たな方向

このリスボン戦略の見直しと新戦略の設定はさまざまな方面に影響を及ぼしてきている。EUの中小企業政策に関しても例外ではないと言うより、戦略の重要な対象でもあるだけに、その今後については少なからぬ変更や改革が求められることになる。

2005年1月からDG Enterprise企業総局はEnterprise and Industry DG企業・産業総局に改称され、製造業への産業政策を担っていることをあらためて強調した。[*42] DG Enterpriseは従来企業政策ならびに流通業、観光業、社会的経済を担当分野としたDG XXIIIのもとに産業政策担当のDGIIIの一部を統合して設けられたものなので、産業政策担当の役割は当初からあったのであるが、敢えてこうした名称の変更までも行ったのである。その任務にも企業家精神の推進、イノベーションと変革の推進、市場統合の効果の拡大強化、競争力と持続可能な発展という柱を掲げ、イノベーションがクローズアップされるとともに、市場統合の活用をあらためて重視している。その一方で規制や事業環境問題は位置づけが変わり、DGの活動担当分野全体としては「企業政策」そのものは前面に出なくなっている。この総局改編はのちに行われた「部門別の取り組み」の強化、宇宙・安全工学関係の専門家の研究・情報社会総局からの移管によっていっそうすすめられている。

この組織改編はリスボン戦略の見直しと直結するものではないが、内容としては相当にこれを反映している。産業政策へのいっそうの傾斜自体が、生産性と産業競争力を重視する姿勢の表れである。市場統合の活用が再び前面に出てきたことも関連していよう。

第 7 章　「欧州小企業憲章」と 2000 年代の EU 中小企業政策

　4th MAP 第 4 次多年度計画は 2005 年で期限が終了するにもかかわらず、終了後の政策プランについては容易に定まらなかった。すでに MAP の枠組みを超える幅広い政策手段が実行され、またそれぞれにその進捗状況と評価を繰り返しているだけに、MAP というかたち自体が問いなおされている。欧州委員会は 4th MAP の期間を 2006 年末まで延長することも示唆した。EU 全体として、2007 年を新財政制度のスタートと考えてきており、また構造基金や研究開発のフレームワークプログラムなども現行政策の期限を 2006 年においているので、これらに足並みを揃え、次期政策プログラムを 2007 年からスタートさせようと考えるのは不自然なことではない。しかしそれだけではなく、これまでの「中小企業のための」ないし「中小企業と企業家精神のための」多年度計画という考え方自体が変更される流れが見えてきた。

　2005 年 4 月、欧州委員会は一方で「成長と雇用のための統合ガイドライン」[*43]を示し、各国および EU がマクロ経済、ミクロ経済、雇用にわたって新リスボン戦略の実行のためにとるべき中期的政策の全般的なかたちを提起した。これは付随して各国の労働政策に対しかなり微妙な問題にも踏み込んでいるが、ミクロ政策においては「より魅力的な事業環境をつくる」「企業家的文化をさらに推進し、中小企業に助けとなる環境を築く」といった項目も含まれた。

　他方では「CIP 競争力とイノベーションの枠組み計画」(2007〜2013 年)[*44]の提案を同月に行い、EU として競争力とイノベーションの向上にかかわるさまざまな政策を統合し、共通の枠組みを設けると示した。そのキーワードは生産性、イノベーション能力、持続可能な成長、プラス環境への配慮である。CIP には€ 42 億の予算を用意し、そしてこの枠組みのもとに新たに三つの計画が立てられ、そのうち二つは「ICT 情報通信技術政策支援計画」と「インテリジェントエネルギー・ヨーロッパ計画」であるが、最大のものは総額€ 26 億 3100 万をあてる「企業家精神とイノベーション計画」(EIP) である。これが実質的に従来の「多年度計画」(MAP) に代わるものであると欧州委員会は示した。

　EIP は「企業ならびに中小企業、企業家精神、イノベーション、産業競

争力を支援する」ものである。具体的には、a) 中小企業の新開業と成長への金融アクセス、エコイノベーションを含むイノベーション活動への投資、b) 中小企業同士の協力に望ましい環境の形成、c) エコイノベーションを含む企業でのイノベーション、d) 企業家精神とイノベーションカルチャー、e) 企業とイノベーションにかかわる経済的行政的改革、これらを推進する役割を持つ。そして、個々の施策としては広範にわたる金融支援等が組み込まれており、高成長・イノベーティブな中小企業への投資を促進するSME Facility（GIF）、マイクロ企業なども含む中小企業の資金調達を円滑化するSME信用保証Facility（SMEG）、シードキャピタル提供や専門家採用の支援によりイノベーティブな中小企業などへのベンチャーキャピタルの投資を促し、また国内での資金供給の不十分な国での中小企業向け融資を拡大するキャパシティビルディング・スキーム（CBS）などが提起されている。もちろんそのほかに、企業家精神の普及と事業環境の向上、イノベーションの推進に向けたさまざまな施策ツールがあげられている。

　このようなかたちでMAPはEIPに移行していくものと位置づけられた。しかし、2007年度からのEU中期財政構想自体が全加盟国の合意を得られないという新たな問題が生じた。この状況下では新政策もスタートできない。また、欧州委員会企業・産業総局としては「MAPからCIPへ」ということを公言するに至ったが、欧州の中小企業団体等からは、既存の「イノベーティブでもない」多くの中小企業にどれほどの効用があるのか、CIPはもとよりEIPでも「SMEのための」という看板が下ろされることも含め、再び不満の声が出ることもありえる。そこにこそ、以下でみるSBA小企業議定書の積極的な意義があるものとも想定できる。

　EU中小企業政策はこのようにその「第三段階」の階梯を歩んできた。中小企業への期待はますます大きく、雇用面からさらにイノベーションの促進、欧州の産業と経済の飛躍的な活性化を担っていくことが展望されている。その結果、中小企業に対する政策と産業政策等との関係がますますつよめられる一方で、「中小企業自体に対する」政策という意義が薄れている面もある。そのあたりは「小企業憲章」の実施と点検評価過程において、各国の責

務と共同歩調をつよく求める中、各国各地域での中小企業の存在にいっそう配慮した法制や諸施策の実施、あるいは企業家精神と起業文化の推進普及というかたちに集約されてきている。それは確かに「憲章」制定の成果ではあるが、しかしまたそれだけに、拡大された EU 域内の格差と矛盾、利害関係対立が表面化してきた今日、EU 全体としての中小企業政策の共通理念と枠組み、今後の展望がどこに求められることになるのか、一定の課題を残した 2000 年代前半の展開であった。

第Ⅲ部

第8章 2008年SBA小企業議定書と2010年代への展望[*1]

1　SBA小企業議定書の制定

　前章で見た「欧州小企業憲章」の意義は、単に理念を共有し、宣言したことだけにあるのではない。一方で新加盟国はすべて「憲章」への調印参加が義務づけられ、また未加盟の候補国や地中海パートナーシップ国なども相次いで「憲章」や同様の宣言に参加した。その結果、「憲章」参加国は40を超えている。他方でまた、EU・欧州委員会は毎年「憲章」実施進捗状況に関する報告書を出し、フォローアップのための会議を開催し、「憲章」の掲げた政策課題がどれだけ実行されているのか、どこに障害があるのか、加盟各国に対して厳しく問い、改善措置を求めてきた。そこで常に掲げられるキーワードは「Think small first」であり、「Listening to small businesses」(「小企業の声を聞く」)である。これは、狭い意味での「中小企業支援政策」だけに限るのではなく、さまざまな施策、制度、法律・規則などに至るまで、あらゆる方面のしくみや行政が真に中小企業のことを考えているのか、中小企業、とりわけ小規模な企業に困難や不利をもたらしていないか、中小企業と企業家に望ましい環境の実現につながっているのかチェックをし、改善を求めていくものである。そしてその上で、当事者たる中小企業者の声に耳を傾け、具体的な対応が迫られている。

　こうした中で繰り返し取り上げられている政策課題としては、創業環境、起業家教育、技能人材問題、金融問題、税制問題、技術力向上とイノベーション推進の問題、市場統合の活用、行政手続きと「負担」問題などがある。これは「リスボン戦略」の重要な構成部分としてのEU中小企業政策の具体的な課題を示すものであるが、他面では成果が容易にあがらず、「戦略」自体

第 8 章　2008 年 SBA 小企業議定書と 2010 年代への展望

の見直しを迫られる中で、いっそう踏み込んだ対応策を求められる状況の反映でもある。90 年代以降、文字通りその声を強めてきた欧州の中小企業団体は、「憲章」には拘束力がない点を指摘し、より強力なかたちを作るように求めてきた（2009 年 12 月から発効した「新リスボン条約」にも中小企業に関する言及があり、「中小企業の発展に望ましい事業環境をつくる」ことを求めている）。[*2] これに応じるかたちで、欧州委員会は 2007 年末に新たに SBA「小企業議定書」（Small Business Act for Europe）をつくると言明した。[*3] これは「リスボン戦略」の改訂に伴い、中小企業の持つイノベーティブな能力を最大活用し、成長と雇用を実現するために、「欧州の中小企業のための枠組み条件を定める、原則と具体策を示すもの」と位置づけられている。

　パブリックコメント等を経て、2008 年 6 月には正式の SBA 草案が公表された（COM（2008）394）。[*4] 最終的には同年 11 月 26 日、折からの金融危機対処策として欧州委員会が立案した「経済回復計画」が競争力理事会で承認されるのと同時に、SBA アクションプランが承認され、12 月 1 日には加盟 27 ヵ国閣僚会議（理事会）が先の SBA コミュニケーション（com（2008）394 final）を正式承認、12 月 4 日には欧州議会が SBA に関する決議を採択、という一連の過程を経て SBA は動き出したのである。また、12 月 12 日に開かれた「経済回復計画」（および環境規制問題）討議のための欧州理事会は、SBA アクションプランを全面実施する旨合意した。このように SBA は EU の中小企業政策と事業環境整備を推進するにとどまらず、経済危機打開の切り札の一つという役割を担うことになった。[*5]

　SBA には以下の 10 原則が示されている。①企業家と家族経営が繁栄し、企業家精神が報われる環境を築く、②倒産に瀕した正直な企業家は第二のチャンスをすぐに得られるようにする、③「Think small first」の原則に沿った諸規則を設定する、④中小企業のニーズにこたえる行政機関を設ける、中小企業のニーズに公共政策のツールを適合させる、⑤官公需への中小企業の参加機会を推進し、中小企業への各国支援策を利用しやすくする、⑥中小企業の金融アクセスを推進し、商取引における適切な支払いへの法的・事業的環境を築く、⑦市場統合から生じる機会から中小企業がいっそう利益を得

るのを支援する、⑧中小企業でのスキルの高度化とあらゆるイノベーション形態の推進を図る、⑨中小企業が環境問題を事業機会と変えられるようにする、⑩各市場成長から中小企業が利益を得られるよう奨励支援する、これらである。

　SBAはさまざまな法制、行政に対する「包括的枠組み」を示すもので、EUおよび加盟各国政府が果たすべき政治的関与が明記されている。そしてSBAをもとに法制上の諸提案の立法機関での採択を求めている。理念性の高い「小企業憲章」に比べ、微に入り、細をうがった観があるほど、SBAは具体的な課題や対応を欧州委員会、各国、関係機関に求めるというかたちになっている。またそのため、相当に長文でもある。

2　「憲章」・SBAと「小企業」「中企業」政策

　先にあげたように、EUでは公式に「中小企業」(Small and Medium-sized Enterprise) の概念と定義を定め、用いてきている。[*6] しかし、「憲章」もSBAもあえて「SME中小企業」と明記せず、「small」を強調している。これは「large」ないし「big」対「small」の構図を重視するという意味で、SBAという名称を含め、米国のsmall businessに対する政策理念への接近でもあるが、また中小企業の圧倒的多数を占め、雇用機会のうえでも地域経済活性化のうえでもきわめて重要な存在でありながら、顧みられることが少ない「小企業」や「家族経営」にこそいま注目せねばならない、とりわけ新加盟国においてはそうであるという、欧州での中小企業観と中小企業政策の歴史的な経過を踏まえての視点とも理解できる。[*7] くわえて、技能の継承発展などの点では、欧州では古くから取り組まれてきた、「手工業保護政策」の後継性も見いだせる。

　しかしながら、「小企業」への注目はまた、「中企業」への政策との矛盾や軋轢を伴うことも避けられない。2000年代後半のEU中小企業政策自体は、従来のMAP多年度計画に代わるものとされる「EIP企業家精神とイノベーション計画」(Entrepreneurship and Innovation Programme) に移行し

た。[*8]EIP は「CIP 競争力とイノベーションの枠組み計画」の一環と位置づけられ、「企業ならびに中小企業、企業家精神、イノベーション、産業競争力を支援」するものであり、「企業政策」と「産業政策」の一体化を象徴するものである。[*9]しかしそうなれば前述のように、新技術開発としてのイノベーションや新市場展開などを通じ、産業競争力の飛躍的強化を直接担えるような中規模企業や新技術企業、さらに大企業などが脚光を浴び、政策支援の重点になることも必然的である。これには欧州の中小企業団体からの不満の声もある。そこにまた、「小企業」への政策が特に強調される必然性もあると考えられよう。

上記のように、一方では EIP を基礎にすすめられ、また他方で「小企業憲章」などによって枠組み条件を規定されている EU としての中小企業政策では、2005 年からの「今日的企業政策」（従来の MAP を補充するもの）を強化する形で 07 年に示された「『包括的』・今日的中小企業政策」（Comprehensive Modern SME Policy）を軸に諸施策が展開されてきた。[*10]具体的には、
○「最小化」（de minimis）規程[*11]の拡大、VAT のワンストップショップ化、新法制監視の強化、規制の改善課題明示などを内容とする「行政負担軽減」、
○ 技術障壁削減、企業とイノベーション支援ネットワークの統合、規格標準化、官公需拡大、イノベーション推進ガイド、第三国市場展開などを内容とする「市場アクセス改善」、
○ 開業手続きのワンストップショップ化、企業家的スキルの普及、雇用手続きの簡素化、事業承継推進、起業家イメージ向上などを内容とする「企業家精神推進」、
○ CIP にもとづく中小企業金融の拡充、構造基金や各金融機関連携での中小企業向け投融資拡充、マイクロファイナンス推進、中小企業と金融機関の対話促進、イノベーション政策クラスター政策推進、新スキル労働力育成など「持続可能なかたちでの中小企業の成長ポテンシャルの改善」、
○ 中小企業団体との定期的協議、ハイレベルの会議設置、「欧州企業賞」の

設置(2006年)など「中小企業関係ステークホルダーとのコミュニケーションと協議の推進」、
という五つの柱がある。わけても中小企業金融の課題は再度強調されている観がある。

しかし、このような2000年代後半のEU政策の努力以上に、2008年世界金融危機は深刻な状況を突きつけた。株価・資産価値暴落のもとで国家財政も経済全般も破綻状態に陥る国が続出し、通貨下落(ドル安・ユーロ安・円高とともに)、需要の急減、不振の基幹産業・大手企業の経営危機、雇用不安の拡大、相次ぐ金融機関の経営破綻といった一連の事態が広がり、民間金融メカニズムが行きづまり「貸し渋り・貸し剥がし問題」が出現するに至った。EUとしての「経済回復計画」[*12]は、EUのGDPの1.5%、€2000億を投じる救済策に乗り出すとともに、マクロ政策の軌道回復と通貨安定、EIB欧州投資銀行による公的支援や介入規制による金融再編と再生措置、金融市場の再活性化、また自動車・建設など特定産業への支援、財政支出と公共投資、減税による需要創出、環境・新エネルギーなどエコイノベーション推進、産業再活性化をすすめ、EUおよび各国による財政金融発動での雇用安定、インフラ投資推進を掲げた。なかでも、中小企業のためにはなによりSBAの実施がカギとされ、これを具体化する各施策が08年後半からすすめられている。

3　金融危機とSBAアクションプランの実施

SBAアクションプランの具体策として、以下のような取り組みが実行されている。[*13]
(1) 「起業家と家族企業への望ましい環境づくり」として、先進事例の交換、2009年欧州中小企業週間の開催、青年起業家のためのERASMUS(大学生交流計画)[*14]、女性起業家ネットワークづくり。
(2) 「失敗した企業家への第二の機会」について、先進事例の交換。

⑶ 「Think small first原則」について、補完性・比例性原則の実施に関するプロトコルアセスメント、特定部門での欧州委員会の自立的試験的取り組み、欧州委員会と各国による、「中小企業テスト」の実施、ステークホルダーとの協議。
⑷ 「中小企業のニーズにこたえる」について、2012年までに行政負担の25％削減、「acquis既定物」のスクリーニングの完了。
⑸ 「中小企業の官公需参加推進」について、参加機会拡大、各国支援の活用促進、官公需参加についての先進事例基準作り、需要機会の情報アクセス、各国の中小企業支援便覧作成。
⑹ 「中小企業の金融アクセス推進、商取引における適正な支払」について、中小企業の金融拡大と欧州メザニン市場の開発、マイクロクレジット支援と推進、私募債制度導入への方法評価、ハイクオリティ投資準備計画への各国取り組みの支援。
⑺ 「中小企業による市場統合活用」について、統合市場のしくみと部門別動向に関する情報収集、相互運用的な電子サインの利用促進行動計画（2008年）、グローバル・サプライチェーンへの中小企業参加の支援、EUの金融支援の拡大（08・09年で€100万の予算）、EU商標制度のアクセス向上、消費者保護規則の分断除去作業、規格団体によるアクセス費用削減努力見直し、「中小企業ヘルプデスク」拡大、欧州規格要点の公刊。
⑻ 「熟練技能の高度化、さまざまな形でのイノベーション推進」について、レオナルドダビンチ計画による徒弟の移動推進事業の延長、欧州e−スキルとキャリアポータルのステークホルダー支援、オンラインe−ビジネスガイドの刊行、第七次RTDフレームワーク計画への中小企業参加最適化の継続、同計画での中小企業の地位向上、各国支援規則の簡素化（一括除外）、各国の計画とイニシアチブ協力による、高成長企業の出現加速化、クラスター戦略の開発、欧州クラスターイノベーション・プラットフォームのもとでの三つの連携開始、知財事業化ファンド支援のパイロットプロジェクト、欧州イノベーション・技術機関による事業への中小企業の積極参加推進。
⑼ 「環境の課題を事業機会に変える」について、環境監査と経営スキーム

(EMAS) へのアクセス推進、EEN欧州企業ネットワーク[*15]での環境とエネルギー専門家ネットワーク財政支援、エコイノベーション分野での革新的起業と中小企業支援の新たなかたちの開発。

(10) 「市場拡大からの利益推進」について、マーケットアクセスチーム設置、第三国市場開拓の積極追求、相互的および多国間的交渉による非EU諸国の官公需マーケットの開放追求、WTOおよび二国間交渉による貿易円滑化推進、EENを通じた、加盟候補国および周辺国でのEU中小企業のアクセス推進継続、インド、中国などでの欧州ビジネスセンターの2009年度設置、「中国へのゲートウェイ」事業の開始、

等である。

このほか、欧州委員会自身はSBAの具体策実施のための当面の制度的措置として、VAT税制や一括税率引き下げ、代金支払遅延問題などにとりくんでいる。[*16]具体的には、各国の援助措置規制に関する特例一括除外（2013年12月まで有効）、各国でのVAT税率特例引き下げに関する指令案（労働集約的サービス業対象）、欧州私企業規則（Statute for a European Private Company）に関する理事会規制案の提案（各国間でまだ合意せず）、代金支払遅延に関する2000年指令の改訂、VAT請求に関する各国規則の簡素化・合理化・調和化のために、2006年VAT共通化指令の理事会改訂提案を用意、それぞれの実施である。

2009年に入っては、深刻化する経済危機を前にしてこのようなアクションプランの実践とともに、SBAの内実化を図るための一連の手続き、さらにはその実践自体のフォローアップへの作業も開始された。2009年1月には経済社会審議会によるSBAへの意見書が出され、2月には地域委員会意見書が、そして3月には欧州議会での審議と決議が行われている。3月には「Think small first」原則推進のための専門家委員会報告書も出された。[*17]

5月にはEU競争力理事会の審議においてもSBAが取り上げられている。

2009年10月には、「『小企業憲章』から『小企業議定書』へ」と題する会議が欧州委員会企業産業総局と、2009年EU議長国スウェーデンの共催

第8章 2008年SBA小企業議定書と2010年代への展望

で、ストックホルム近郊のインフラシティで開催された。これは従来の「憲章」検証会議に代わるものと想定される。ここで取り上げられた主な議題は、再投資できる利益と支払遅延問題、中小企業での省エネ推進、企業家精神における創造性推進、女性企業家の推進、破産手続きの容易化と事業継承、官公需へのアクセス、西バルカンおよび地中海諸国での中小企業政策の進展ベンチマーキング、さまざまな形での企業家精神といったものである。[18]

さらに同年12月15日には、欧州委員会のSBA実施報告書が発表された[19](COM (2009) 680)。ここでは特に、規制的負担軽減・金融アクセス・市場アクセス・企業家精神推進という四つの重要分野での進展が指摘されている。金融アクセスでは、新たな融資と信用保証スキームが多くの国で設置ないし拡充（オーストリア、フランス、ドイツ、イタリア、オランダ、英国等19ヵ国）された。EIB欧州投資銀行では二次保証のための€300億の資金を2008〜2011年の間提供する、ベルギー、フランスでは「融資仲介人」を導入した。支払遅延問題では、一連の国が新立法をすでに実施（フランス、ドイツ）、あるいは新措置を推進中である（ポルトガル、英国）。

「Think small first」原則実施では、すべての国で、行政負担軽減、行政環境簡素化の措置を実施した。新企業設立の平均時間と費用は、9日から8日へ、€463から€417へ前年比削減されており、ブルガリア、ドイツなどで制度簡素化がはかられた。

「市場アクセス」では、SBAにより定められた官公需に関する「ベストプラクティスコード」を、各国が実施するように要請中である。フランスは「官公需法」の最低能力規程をオプションとするように明確化し、ハンガリーの2009年官公需法修正は分割発注を可能に、アイルランドは応札者の資金力に関する基準決定についてのガイダンスを発注者に提供している。スウェーデンは発注者応札者双方のためのガイダンスを2009年より提供した。融資を含めた中小企業の国際化への公的援助を、多くの国が強化している。

このように、従来の「憲章」にまして、SBAの具体的な実行はきわめて強い形で諸方面に求められているのである。

4 「リスボン戦略」から「EU2020戦略」へ

4-1 EU新体制と「EU2020戦略」

　深刻な経済危機と従来の統合・成長戦略のいきづまりを前にしながら、EUは2010年代への新たな方向性を示さねばならなくなった。それは一方では、新リスボン条約発効による指導体制の強化、意思決定の効率化という制度的側面を有する。これにより、2010年1月1日から、欧州理事会常任議長ヘルマン・ファン・ロンバイ氏、欧州理事会事務総長ピエール・ド・ボワシュー氏、外交安全保障上級代表キャサリン・アシュトン氏、という三者が就任し、続投となった欧州委員会委員長ジョゼ・バローゾ氏とともにEUを内外に代表することになった。

　他方では、2000年リスボン戦略を引き継ぐものとしての、「EU2020戦略」が立案されることになった。これは、社会性・環境と持続可能性・知的高度性というキーワードを特徴とし、「知識による価値創造、統合的社会への個々人のエンパワーメント、競争力ある、連結されグリーンな経済」(smarter, greener social market) を掲げるものである (IP/09/1807)。2009年12月欧州理事会は、「2020戦略」の立案を合意し、その内容に、投資と社会福祉を維持しながら持続可能な財政・統合的で効率的な労働市場確立・欧州単一市場強化/域外貿易からの互恵的利益最大化・グリーンな経済からの便益に関わる検討・特に中小企業と産業基盤に関連する事業環境の改善・研究とイノベーションを含む欧州各国経済の知識基盤の強化という各点を織り込むものとしている (EUCO 6/09)。[20][21]「2020戦略」自体は諸方面での議論や意見聴取を経て、2010年6月に正式決定を見た。

　新戦略においても中小企業の存在は当然重要な位置を占める。2020戦略の基調を示した欧州競争力理事会（2009年12月4日）の「結論」は、以下の点に言及している。[22]
○EUおよび各国でのSBA実施は最優先課題である。SBAアクションプラン

の三大優先課題（金融アクセス・規制環境の改善・市場アクセス強化）の施策はただちに実施される必要がある。
○経済回復を図るために、支払遅延の削減、金融アクセス向上は優先的に各国で取り組まれるべきである。
○欧州委員会、EIB、EIFおよび各国は中小企業の成長とイノベーションを支える既存の金融諸手段を推進向上すべきである。
○「中小企業テスト」実施など、あらゆる政策立案レベルでの「Think small first」原則の組み込み化を重視すべきである。
○官公需アクセスや規格標準化など、欧州単一市場で、各国内同様に中小企業が成長行動できるような可能性、さらには第三国への事業展開支援を強調すべきである。
○雇用機会創造と長期的成長にむけ、企業家精神の可能性を積極活用するのを認識すべきである。
○女性企業家など、強力で持続可能な経済に不可欠だがそのニーズが十分生かされていない層の奨励を重視すべきである。
○欧州委員会と各国は、人口構成の変化に応じ、あらゆる世代のうちからの企業家というキャリア選択をすすめ、成長機会をとらえるとともに事業継承をうながすべきである。生涯教育の中でのキーコンピタンスとしての創造性と企業家精神を奨励すべきである。
○エコ効率的な経済推進に向け、中小企業には枠組み的条件を与えられるべきである。
○失敗した正直な企業家には迅速に第二のチャンスが与えられるようなカルチャーを奨励する必要性を強調する。

さらに「EU2020戦略」の完成形全文でも、世界金融危機の打撃が中小企業に大であることを指摘し、事業環境改善、知財活用、イノベーション推進、市場統合活用などにわたり、SMEの存在と役割、政策支援の必要が頻繁に言及引用されている。特に「持続可能な成長」の戦略目標のうちでは、「事業環境の改善、とりわけ中小企業にとってのそれを達成し、世界で競争していける、強固で持続可能な産業基盤の発展を支援するために、『グロー

バリゼーション時代の産業政策』最重要イニシアチブをすすめる」ことが、「競争力」目的として明示されている[*23]。

このように、「2020 戦略」は「Think small first」原則と金融アクセス、規制環境、市場アクセスなど SBA の示した課題を基本的に継承し、戦略全般に関係づけながら、女性企業家の役割、エコ効率的な経済とエコイノベーションなどにいっそうの力点を置いているものと言える[*24]。

4-2　企業・産業総局の活動

　欧州委員会は従来から（中小）企業政策を重視してきた。1989 年に設置された第 23 総局に始まり、その後の再編等を経て、現在は企業・産業総局（Enterprise and Industry DG）としての役割が明確化されている。ただ、2000 年の産業総局等との統合以降、産業政策と企業政策の一体性が強調され、また実践されてきたことも明らかである。

　企業政策については従来から、閣僚である欧州委員会に担当委員を置き、2010 年現在では欧州委員会副委員長でもあるギュンター・フェルホイゲン（Günter Verheugen）氏が「企業・産業政策担当」となっている。そしてそのもとで、企業・産業総局が実際の政策立案と実施を担当するわけである。2010 年現在、総局長にはハインツ・ズーレク（Heinz Zourek）氏である。
　企業・産業総局はこれまでの改編を経て、企業政策と産業政策両面を所管する機関となっており、その担当分野も以下のように広くなっている。
・欧州の成長と雇用の戦略推進　Promote the European Growth and Jobs Strategy
・EU 産業の持続可能な成長力の強化（産業政策）　Strengthen the sustainable competitiveness of EU industry (Industrial Policy)
・イノベーションの拡大　Increase Innovation
・中小企業の成長促進　Encourage the growth of Small and Medium-sized Enterprises

・EUの産業と市民のために、商品の統合市場の運営　Manage the Internal Market for goods to the benefit of EU industry and citizens
・宇宙部門と安全保障のための技術の強化　Strengthen the space sector and improve security technology

　そのスタッフ総数も年々増え、2010年現在約1000人、所管予算額約€15億と発表されている。2008年度での予算額は約€5.1億であったから、急増していると言える。

　しかしEU機関の常として、各国及び各地域での施策展開や事業活動との関係が問題となる。そのため遅まきながら、2007年にはSME Portalを設置し、webによって総合的な情報提供を行うしくみを整えた。さらに2008年にはCIPにもとづきEnterprise Europe Network欧州企業ネットワークをつくり、各地の支援機関等の情報交換と連携・ワンストップショップ化を担う体制を築いた。これには欧州各地の約600機関が参加したとされる。

4-3 「中小企業エンボイ」と「中小企業テスト」

　「中小企業エンボイ」（SME Envoy）は先に触れたように、2000年「小企業憲章」を踏まえて2001年に当時の担当欧州委員リーカーネン氏の発案で企業総局内におかれたものである。「エンボイ」には「使節」「特使」の意味があり、EU各施策への「中小企業次元」の取り込みのいっそうの強化、中小企業と欧州委員会との連携と対話の強化に目的がある。対話には、多くの非公式の機会が含まれる。それはまた、「小企業憲章」の実現と「Think small first」理念の実践の一環とも位置づけることができる。近年はさらにSBAの推進実践の役割が加わった。ただし、これがまた毎年度に政策の実施状況などの報告書を出しているため、若干屋上屋の観がないでもない。また、近年はこの役を企業・産業総局の副局長（フランソワーズ・ラベイユ氏、のちダニエル・カレヤ氏）が兼ねているので、必ずしも本来の役割を果たしているのかどうか疑問もある。

　ただ、こうしたかたちで文字通り「中小企業の声を聞く」仕組みを積極的

に築き、それによってまた包括的横断的な現状把握や政策立案も可能になることは間違いない。とかくタテ割りセクショナリズムになりがちな各総局＝行政機関に対し、欧州委員会という「内閣」レベルからの企業政策担当と「中小企業エンボイ」の活動がうまく組み合わされれば、望ましい形であることは想定できる。

「中小企業テスト」はきわめて重要な存在と理解される。これはSBAの「Think small first」原則の実践を具体化する手法であるとともに、先にも示された「RIA規制インパクトアセスメント」の全般的導入実施の一環でもある。基本的には、新たな規制を実施する際には、その及ぼす影響を諸方面にわたって事前アセスメントを行おうとする考え方であり、2000年代後半のEU政策立案実施のうえでの重要なステップとして全般的に導入されてきている。それは、「EUのイニシアチブと法制化が透明性、包括性、バランス性を備えていることを保証する」重要なツールであり、政治上の意思決定を助け、しかしそれに取って代わるものではないと位置づけられる[25]。このためにIABインパクトアセスメント委員会が置かれるのである。

「中小企業テスト」としては、以下の三項目が柱となる[26]。
・影響を被りうる企業に関する事前アセスメント
・中小企業全般へのインパクトの測定（費用便益分析）
・軽減方法の使用（もし適していれば）

まず、中小企業関係者との協議が必要である。円卓会議、専門委員会、ITツール利用（オンラインの協議やフォーラムなど）、さらには企業産業総局との正式のヒアリング等の会議、中小企業エンボイと中小企業団体との定期会合の活用、EENを通じての全欧州の中小企業者からの意見聴取、DG MARKT域内市場とサービス総局が運営する「EBTP欧州ビジネステストパネル」の利用等が考えられる。

事前アセスメントについては、影響を被りうる企業や業種等のタイプの明確化、諸資料の収集と分析をすすめ、そのなかで企業数や規模、かかわる雇用の規模、規模別のウェイト、部門間の連関や下請関係への影響等が考慮される必要がある。特に中小企業への影響が大と予想される場合、さらに分析

をすすめ、規制の目的や政策的オプションなどもインパクトアセスメント中で検討されるべきである。

　インパクトの測定は企業規模に沿って、質的にもまた可能ならば量的にも行われるべきである。特に、新たな事業環境のもとでは中小企業の競争力がどれだけ影響を受けるかという点は重視されねばならない。また、影響は直接面間接面ともに考慮されねばならない。さらに、中小企業のコスト負担の増減、特には資金コスト、「実質的な」(substantive) コスト、行政上のコストそれぞれにわたるコストが利益を大幅に帳消しにするような事態に留意すべきである。また、大企業の被るインパクトとの比較も重要である。外部的要因による競争力の低下、競争相手やサプライヤや顧客の行動変化、参入障壁、競争、市場構造等へのインパクト、イノベーションへの影響、提案から生じる便益等付加的要素全体にわたって、検討があるのは望ましい。

　代替的手段や軽減手法の検討アセスメントにより、中小企業のために特別な措置や除外化といった対応をとることが考えられる。これはもちろんケースごとに検討されねばなさない。中小企業やマイクロ企業に対する企業規模的な全般的ないし部分的除外措置、除外ないし削減措置の一時的実施、税軽減や直接の金融援助、料金軽減、中小企業の報告義務の簡素化、特定の情報キャンペーンやユーザーガイド、講習や相談窓口設置、全般的な簡素化イニシアチブの実施等の方法が考えられる。

　いまだその成果等が報告されていないとはいえ、こうした「中小企業テスト」の実施は当然ながら、EU の施策や諸法制・規則等全般に関し、中小企業の立場を十分に反映していくうえでの有力な手がかりとなりうる。もちろんそれは中小企業のみの利害の突出ではなく、個々の目的を持った規制や政策があらゆることに影響を及ぼさざるを得ない今日の経済社会と行政の機能にかかわる基本的な問題提起であり、質的ないし包括的な是正向上をめざす一つの手法であることも間違いないだろう。

　これまで取り上げてきた展開状況とともに、「EU2020 戦略」のもとにあって EU 中小企業政策も「第四段階」に移行する可能性が見えてきた（表8-1）。ただ、その基本的性格や課題等はまだ十分には見えていない。い

表8－1　EC・EU中小企業政策の展開過程

時期	背景・欧州の統合展開	主要政策・機関	理念	具体的施策
	欧州経済停滞と失業問題 「単一欧州議定書」 　92年市場統合	83年「中小企業とクラフト産業年」 「中小企業のための行動計画」	雇用機会確保 市場統合活用	中小企業政策をめぐる議論 タスクフォースの設置
第1期 (1989 ～94)	92年市場統合完了 マーストリヒト条約（ECからEUへ） 再度の経済不振、深刻化する失業	第23総局設置（企業政策・流通・観光・社会的経済）	市場機能の発揮 中小企業の柔軟性と連携共同重視 事業環境整備	EICと情報提供 企業間連携推進（BC-net、BRE） サプライヤネットワーク 行政手続簡素化
第2期 (1995 ～99)	北欧新加盟国参加 単一通貨ユーロスタート（12カ国参加） アムステルダム条約 欧州委員会問題浮上・再編	「中小企業・クラフト部門のための統合計画」 『活力源泉』報告書 「第三次多年度計画」	産業競争力強化 介入主義的対応で中小企業経営環境改善・当面する不利問題解決 RIS地域イノベーション戦略	SME Facility EIF・信用保証制度 直接金融推進 代金支払遅延問題 税制と承継問題
第3期 (2000 ～10)	欧州経済の回復 リスボンサミット「リスボン戦略」 ユーロ流通開始・12カ国通貨廃止 ニース条約 「リスボン戦略」見直し 「欧州憲法」案の曲折・改訂リスボン条約提案 加盟国の急増 　（27カ国体制へ） 東方支援・地域政策から結束政策へ 世界金融危機と「経済回復計画」	「第四次多年度計画」 企業総局への再編 「欧州小企業憲章」 「EIP 企業家精神とイノベーション計画」 企業・産業総局へ 中小企業エンボイ 「包括的・今日的中小企業政策」 「SBA小企業議定書」	「Think small first」原則 企業家精神推進 イノベーション重視 産業部門別政策 小企業・家族経営重視 持続可能な経済と責任ある企業家精神 クラスター政策	研究開発支援 起業文化・企業家教育推進 開業コスト低減 e-ビジネス化 金融アクセス改善 「憲章」参加拡大と成果検証作業 規制環境見直し 市場アクセス改善 官公需対策 「欧州企業賞」 中小企業団体と協議 「中小企業テスト」
(第4期) (2011 ～)	新リスボン条約発効 ギリシャなどの経済危機 「EU2020戦略」			

まのところは、SBA小企業議定書が、すべての政策の原点とされている。

5 欧州統合の意義と困難、EU中小企業政策の到達点

2008年後半・米国発世界金融危機以降の状況は、グローバル資本主義の中での欧州経済・EUの存在の立ち位置をあらためて問うものであったことは否定できない。基本的な権利と経済的繁栄の共有、格差是正と平等の概念追求、社会性・持続可能性ある統合欧州の実現も、グローバルな金融資本主義のあだ花に踊らされ、その「繁栄」に支えられ、またその崩壊に晒されていることは事実であり、むしろ対照的なまでの東アジアの経済発展との関係で、ますますもって将来が問われているとせねばならない。ましてや、域内での各国・各地域間の状況の多様性、利害対立は文化的社会的な摩擦と抗争を再燃させる危険を容易に克服できないことも否定できないのであり、これまでEUに託されてきたさまざまな仮託が色あせ、崩れていく可能性も残されている。

しかし、1980年代以降急速に進んだグローバル化と、マクロ経済調整も放棄した新自由主義・市場主義のひろまりはグローバル金融資本主義の隆盛を可能にしたが、欧州はいち早く経済政策思想としてこれに調整を加えてきたのも事実である。またそれなくしては、大きな吸引力を発揮し、複雑な欧州をEC・EUのもとに統合していくこともできなかった。一方には伝統のドイツ流「社会的市場経済」理念やフランス・イタリア等の協同主義・コミュニティと連帯組織思想、北欧的福祉国家理念があり、さらには英国でのブレア主義・「第三の道」論の興隆も見なくてはならない。そうした近年の思潮を象徴しているものが、市場経済の相対化、社会的構築性の指摘であり、「ヒューマンキャピタル」ひいては「ソーシャルキャピタル」への注目でもある。現実の過程は単純ではないにせよ、これらはEU欧州連合を通じ、市場型経済体制の中での産業（競争力）政策と格差是正・「結束」政策、国家を超えた統合の一方での分権化、自治と地域主体の政策、学習と知的創造・学習地域化、イノベーションのグラスルーツからの推進、「ものづくり」だ

けではないメディア・文化・アート等の「産業化」、環境や資源問題などへの規制と同時での事業化推進等による経済牽引の志向などとして、90年代以降試みられてきたのである。米国でさえも、80年代レーガノミックスの足下から、イノベーション政策、90年代クリントン政権下での規制緩和と研究開発投資、インフラ投資の推進によるIT産業の世界牽引力化が図られてきたことを見落とせない。そして経済危機下にも、EUという巨大な「調整」のメカニズムを機能させ、介入と連携を図ることなしには、各国レベルの危機の打開もできないということが自明になっているのである。[27]

もちろんそこには、さまざまな意味での旧社会民主主義や伝統的労働組合主義への距離感と、事業化の担い手たる企業家精神や社会的企業等への期待というものがあり、また政府の肥大化や政策非効率、「市場・政府いずれの失敗」への批判もあり、福祉国家や社会的連帯公平に対する批判論も含めた複雑な構図が描かれ、市場主義傾斜を含め、政策理念ないしは経済社会観、ひいては政策自体のありようなどとしての揺れが繰り返されてきたことも事実だろう。[28]

こうした中で、主にはミクロないしメッゾ（セミマクロ）レベルの枠組みと目標・対象を相手とする中小企業政策や産業政策には、マクロやグローバルレベルでの事態に対しての限界性がおのずとあると考えるべきかも知れない。しかしまた、そうした機能的な性格・範囲だけではなく、ここには基本的な経済社会観・市場観・ひいては体制観も絡むことを無視はできない。EUの中小企業政策の歴史は、大企業中心の経済、国家管理重視の政策運営の見直し、雇用機会拡大をはじめとする中小企業を軸とした社会経済体制と産業システムの再構築を追求してきたものである。それは当然競争的な市場経済の復権ではあるが、決して市場任せの新自由主義傾斜では実現もされないのであり、なによりも中小企業の不利の打開や中小企業の立場の積極的な主張、また市場競争と取引関係の規制調整を伴ってこそ真にワークするものである。[29]さらにはグローバリゼーション、リージョナリゼーションを前提としながら、そのもたらす問題性、地域間・階層間格差や民族問題、移民問題等の「摩擦」を、理念上の「公正・人権・結束」「権利と繁栄の共有」、具体的には中小企業の復権にもとづく地域レベルからの経済社会の再生・活性化

で乗り切っていこうとするものである。

　そうした意味において、中小企業と企業家精神は、雇用就業機会の創造者、イノベーションと地域経済再生の担い手、新たな創造的なビジネスアイディアの事業化の中心であり、また市場経済の公正性確保と活性化の支えであると理解されている。またEUの根本的存在意義でもある結束と統合（cohesion, inclusion）は、健全な企業家精神と家族経営によって促進されるとし、社会的企業・協同組織などを含め、中小企業の社会的役割発揮を通じ、社会統合と課題解決、環境と持続可能性確保をめざすものでもある。そしてそこには、単に欧州のみならず、従業者総体を含めた中小企業者の多数派性、その要求や声に応えていくべき政治経済学的必然性、中小企業政策の普遍化・積極的位置づけの必然性という、世界共通の背景条件、従って中小企業政策の国際公準化の可能性がある。

　いままで見てきたEUにおける政策展開を引き写すこともできないが、そこには日本においても活用すべきいくつかの教訓もある。

　第一には、「中小企業のための」政策を担う真の主体の確立がある。現在のEU企業・産業総局は欧州委員会の一局であるとはいえ、従来から中小企業の声を代表する機関と位置づけられ、さまざまなかたちで中小企業団体などとの協議、意見反映を図ってきた。[30]さらに「中小企業エンボイ」の役割、「中小企業テスト」など、「中小企業を第一に」、「中小企業の声を聞く」という原則があらゆる側面・課題に対して求められている。こういった原則は単に狭義の中小企業向け政策の具体化のみに向けられたものではなく、小企業憲章やSBAのアクションプラン、その後のフォローの作業が如実に示すように、EU、各国のさまざまな法律・規則・諸制度や施策が真に中小企業の立場と利害に配慮し、望ましい発展と役割発揮に役立っているのかどうかを検証し、是正を積極的包括的に求めるものでさえある。

　寺岡寛氏の研究などが示すように、米国のSBA小企業庁（Small Business Administration）[31]は、さまざまな国策や官公需要などに中小企業の立場を反映させ、機会を確保することを目的としてきた。SBAのミッションの一つは「中小企業の利害を代表する」ことにあり、連邦政府の一部ではない。また

SBAをモデルとして2000年につくられた英国のSBS小企業サービスも一エージェンシーで内閣の中小企業政策担当とは別個の運営体制下にあり、「中小企業の声を代表し、反映させる」存在とされた。*32*33 日本とこれらの諸国やEUとではそれぞれの歴史や制度の違いは大きいが、「中小企業のための」政策は他の制度や政策に従属的ないし限定的なものにとどまる必要はなく、むしろ今日にあっては積極的に「もの申す」存在でなければならず、これを担う真の政策主体と中小企業者との連携・意見反映の仕組みの確立が求められるはずである。

　第二には、うえの見地からも、政策の立案実施の分権化、包括的な総合化連携化が必要である。EUは一面、その存在自体が国家を超える巨大で集権的な権力のようであるが、実際には各地方・地域との密接な連携のもとでその諸政策が実行され、また近年は「憲章」の実施と検証の体制に見られるように、各国を超えた普遍的な原則・枠組みと政策課題を提起し、諸制度や諸施策を点検し、EU諸機関・各国政府・各地方機関（RDA地方開発庁など）・自治体などが広く取り組むように推進と評価点検、調整を担う存在という役割を明確にしている。*34 政策の主体と責任は分権化されつつあり、「タテ割り」を排し、横断的な課題と期限を明示するものとなっている。その結果、中小企業にかかわる政策の総合的な展開実施は不可避のものとなる。「憲章」自体に地域レベルから自主的に参加する動きもあり（イタリア・サルディーニヤなど）、欧州委員会は「憲章の地域レベルでの実施支援非公式ガイドライン」を示し、憲章が地域政策に深く関わっていること、地域での政策立案に憲章を生かすべきことを指摘し、地域が参加していくための諸基準も提起している。*35

　他方においてRIS地域イノベーション戦略やクラスター政策のように、公私部門の協力により地域の利点をベースに諸資源を有効に結合活用し、企業のイノベーティブな能力を向上させ、さらにパートナーシップの発展、広範な参加と組織体制確立、人材育成、政治行政体制整備、地域諸施策との連携をめざす戦略立案と実行のプログラムがたてられ、多くの地域で成果をあげている。*36 この間、見直しや政策改編、また機能の分化もはらみながらも、

第8章 2008年SBA小企業議定書と2010年代への展望

そうしたとりくみの中軸には、第10章でみる、RDAのような総合的横断的な力を持つ主体と、地域諸方面との連携の進展がある。

　第三には、中小企業政策の社会性視点の重視が求められる。EUの統合には経済的効率性だけではなく「社会的側面」が色濃く反映している。社会的公正の実現、基本的人権と平等な権利の保障、労働条件と社会保障の向上といった課題が明確であり、「社会的市場経済」の理念が共通の理解となっていればこそ、地域間不均衡の是正を含め、統合欧州の将来に大きな期待が寄せられ、強い求心力として作用してきた。中小企業のための政策も例外ではなく、いっそう重要な貢献を期待されている。EU中小企業政策においては、①原点としての「雇用機会確保」、②営利企業だけでなく協同組合・非営利組織までを含む企業政策の幅広い視野・対象、③「社会的結束」、地域間や諸階層の間の格差・不均衡の是正との関わり、④移民など社会的に不利な立場の人々の社会参加と経済的地位向上支援、また「創業」「企業家精神」の持つ社会性・文化性[*37]、⑤地域商業や福祉サービス、伝統的技能継承など、事業の社会的使命と貢献、⑥中小企業も免れない企業の社会的責任と環境問題への対応、ガバナンスの発揮[*38]、⑦EU拡大下での国際協力・将来の加盟国企業との連携、といった諸点が顕著にある。「憲章」が小企業をして「欧州の社会的および地域的統合の原動力」[*39]と冒頭に位置づけてきたことの意義はここにある。こうした社会性視点はわが国の中小企業政策等には未だ乏しい。

　中小企業政策の位置づけ・理念・目的や対象・方法の国際公準化とも言える流れができてきている中で、こうした教訓をわが国でも生かすべき時である。

第Ⅳ部

EU中小企業政策の課題と実践

第Ⅳ部

第9章　欧州での「代金支払遅延問題」と是正策[*1]

1　はじめに——問題の所在

　80年代から90年代にかけ、EU中小企業政策の主な方法として重視されてきたのが企業間の連携協力の推進である。それは一方では中小企業の規模的な不利を補い、持てる能力を発揮させるものであり、また広域的な企業間の協力関係の推進によって、「市場統合」のもたらす効果を実現できるものと考えられたからであった。そのために、当時の欧州委員会の中小企業政策担当第23総局（DGXXIII）は、BRE、BC-Netといった、ビジネスパートナーを求める中小企業間の協力関係づくりのための情報提供や支援を行うネットワークの構築に大きな力を裂いてきた。さらには地域版の企業間協力促進プロジェクトやイベントが、EU地域政策と合同で相次ぎ実施されている。[*2]
　一方また、こうした企業間の連携協力の理念から取りあげられた施策分野の一つが、「下請取引（subcontracting）の推進」である。下請取引は大企業と中小企業との間の効果的な分業と協力関係とも位置づけられる。こうした考え方は多分に日本における経験に由来しており、日本の自動車産業などの成功から学び、欧州において能力ある部品加工企業を育て、効率的な「サプライヤネットワーク」を築こうとするものであった。そのために、数次にわたり日本に調査ミッションを送り、また国際会議を開催して活発な意見交換を行った。しかもこうした機会を通じて、欧州のサプライヤ企業と日本からの進出メーカーとの下請取引の拡大も意図された。「協力会」づくりさえも推進されたのである。[*3]
　他方、下請取引に限らず、多くの中小企業は受注納品後の代金の支払いをめぐって、従来から少なからぬ困難に直面し、多々不満を抱いてきている。

こうした問題は「late payment, slow payment」と表現されている。そこでEUとしてもこの問題に本格的に取り組まざるを得なくなったのが近年の特徴である。中小企業の役割と下請取引に期待すればするほど、そこで直面している問題の解決も迫られるのである。

2 「代金支払遅延問題」の状況

西欧諸国で「代金支払遅延問題」が取りあげられるようになったのはかなり最近のことではある。特に英国においては、80年代サッチャー政権のもとで「中小企業重視」の政策が進められるにしたがい、現実はむしろ厳しい状況であるということが、中小企業者の運動団体から繰り返し指摘されるようになった。そうした問題のうちでも「代金支払遅延問題」は重要な課題の一つとされてきている。

会員5万人を数える英国の中小企業者の運動団体FSB中小企業連盟(当時はNFSE全国自営業者・中小企業連盟という名称)は、いち早くこの問題を取りあげてきた。そして1987年の総選挙にあたっての中小企業者の政策要求の柱の一つとして、「支払遅延防止法制定」を掲げている。[*4] 同連盟が92年に出した『小企業憲章』でも、支払遅延問題が中小企業の取引上の立場の弱さに起因しており、企業のキャッシュフローに困難を生んでいると指摘し、速やかな対策を求めている。[*5] CBI英国産業連盟も、86年、90年とこの問題についての報告を出し、状況は悪化していると警告し、92年には「速やかな代金支払の慣行のための規定」を提案している。[*6]

英国のFSBが90年代に作成したパンフレット『支払遅延と未払債務——その解決策』[*7]では、中小企業にとって深刻な問題であるにもかかわらず、既成の法的手続がこの問題になじみにくく、改善を要すると求めるとともに、「通常の支払期間を30日と定めること」、「支払完了まで、供給品に対するサプライヤ側の所有権を留保すること」、「悪質支払者のリスト化」などを行うよう求めている。当時FSBはEUに対するプレッシャーグループとしてのEUROPMI欧州独立中小企業委員会をリードしており、EUでの政策決

定に影響を与えうる立場であった。[*8]

　欧州委員会として、「代金支払遅延問題」の実態を1993年に調査したところでは、平均して支払までの期間は65日、4分の1以上の企業は支払を受けるのに90日以上待たねばならず、8%の企業は120日以上待っている有様である。その一方で過去1年間で支払状況が「改善した」とする企業は4%にすぎず、65%は「悪化した」とこたえているなど、問題の根の深さを示している。また、概して英国やイタリアの場合、支払遅延に遭遇している企業の割合が高く、30日を越えるものが半数以上を占めている。[*10] この問題の影響が比較的少ないのは、ドイツとデンマークだとされている。

3　EC・EUの代金支払遅延問題への取り組み

3-1　1992年勧告とその後

　欧州委員会（当時はEC委員会）も、この問題にしばしば言及してきた。「92年市場統合」に向けて、ECとしての中小企業政策の理念を示したものである1988年の『EC共同体のための企業政策』文書では、中小企業の金融問題に関連して、支払遅延問題が取りあげられている。「これは特に中小企業にとっての金融上の困難のもとになるものである。請求に対しては一定期間内に支払を行うべきであるという契約上の義務があるにもかかわらず、支払を求める法的コストゆえに中小企業はしばしばそうした法的手段をためらわざるを得なくなる」。[*11] さらに89年に出された、ECレベルでの下請取引を推進するためのコミュニケーション文書[*12]でも、取引に伴う代金支払の問題の存在することも認め、この問題の改善を図らねば、市場統合による広域的な取引の拡大が阻害されることを指摘している。そのためにはまず、各国間での慣行や制度、実態の差が大きいので、調査せねばならないとした。

　EC委員会が「代金支払遅延問題」についての報告書[*13]を92年に出したの

ち、この問題への関心はさらに高まった。ESC 経済社会審議会は 93 年 6 月に意見書を出している。また欧州議会も、93 年 4 月の「下請取引と官公需」についての決議で、全欧州レベルでの調整が必要であり、欧州委員会は提案を行うべきだとしている。これにもとづき、欧州委員会は 93 年 7 月にブリュッセルで公聴会を開催している。

しかしこの EC 委員会の 92 年報告書は元来、問題の重要性を認めながらも、法的な規制には慎重であった。EC 条約なり国際法なりの活用を図るか、国境を越えた取引にのみ対応措置を講ずるか、あるいはすでに各国がもっている法制条項の接近をすすめるかというのが基本的な対処の方向である。そして特に官公需関係の支払にかかわる問題を重視し、規定の明文化や最長支払期間の明記、遅延分への利息支払いなどを講ずることも提案はしている。主権国家である加盟各国の法制と政策に対する「補完原則」をあくまで守ること、また基本理念として、「市場経済原理」にもとづく経済運営を大前提とし、企業間の取引に直接介入するような策には慎重であることが、こうした姿勢に現れていた。

けれども、その後の EU の対応には姿勢の変化が現れた。前記の欧州議会や社会経済審議会の動きに並行して、中小企業の金融問題への積極的な対応を意図して 93 年 7 月に欧州委員会の手で開催された銀行関係円卓会議では、「企業間信用問題」は中小企業の金融にとって重要であると位置づけ、支払期間の遵守を「奨励ないしは強制」(encouraging, even imposing) することも必要であるとした。[*14] そして、深刻化する経済不振と雇用問題への全 EU 規模での対策を掲げた、93 年 12 月の『成長・競争力・雇用白書』のなかでの提案にもとづいて、94 年 6 月に出された EU の新政策体系である「中小企業並びにクラフト部門のための統合計画」のなかでは、こうした動きを受けて、「支払遅延問題」への積極対処を行うことをうたった。問題は長い支払期間よりも支払の遅延の方であり、これに対しては一連の法的・実践的施策が寄与するものである。当面は、現行法制の改善、利息請求権、告訴係争以外での請求分の処理手続、公共機関の支払遅延への処罰といった対応を各国に求める、「非拘束的法的手段」による勧告を行うが、改善が進まない場合は、さらに拘束力ある提案を行う権利を留保するともしている。[*15]

その結果、欧州委員会は94年11月に、加盟国での税制上の措置、遅延支払期間への利息請求権、紛争処理手続の改善、さらに公共機関による支払に60日間以内という遵守基準の導入などを含む、「商取引の与信期間（credit periods）についての勧告」を採択した。[*16] しかしこの「勧告」の本文はそのまま公表はされず、予定より半年近く遅れ、以下で見るように95年5月に（明らかに修正のうえで）正式採択されている。

さらに96年3月に出された「第3次多年度計画（1997〜2000年）」提案でも、支払遅延問題改善への努力を引き続き強化するとして、97年には新たな提案を行うと述べた。また、事業者団体が中小企業者の金融マネジメント能力向上を図る活動を支援するとしている。[*17]

ちなみに、これらの中小企業対策への評価として欧州委員会の依頼で検討を行った報告では、支払遅延問題対策については、いろいろ盛り込みすぎの観はあるとしながら、到達点としては4段階中の2（good）の評点を与えている。[*18]

3-2　95年欧州委員会「勧告」の特徴

上記のように、94年「統合計画」方針の具体化として、95年5月12日付で欧州委員会は「商取引における支払期間にかんする勧告」（95/198/EC）を出した。[*19] この文書には、EUとしての「代金支払遅延問題」への今日の基本的な立場と対策が示されている。[*20] ここでは勧告の目的として、「不良支払企業に対し、抑止力となるような作用をもち、それによって契約上の支払期間の定めが遵守されるようにする法的枠組みを提供することで、支払遅延問題に取り組む」、「契約当事者双方の力関係が等しくない場合（とりわけ、官公需契約の場合）に、取引のうちで妥当な（reasonable）代金支払期間が守られるようにする」、という二つがあるとしている。そして、代金支払遅延は中小企業の経営に深刻な影響を及ぼしていることを改めて確認し、企業の競争力をそぐとともに、統合された欧州市場の効果の発揮を阻害している（特に二国間の取引では、支払の遅れる一般的傾向もあり、中小企業をして参加に消極的にしている）、また官公需の機会開放も妨げられていることを

問題としている。

　そのうえで、納入品の数量や品質をめぐっての紛争もあるにせよ、基本的にはこの問題は、支払義務者側の意図的引き延ばしや、支払業務の管理不十分に起因しているものとし、企業間信用が銀行からの借り入れより安上がりとなると、支払義務者側が意図的に支払を遅らせることは、従来のような情報提供や研修等の方策では解決できないと明言している。したがって「こうした事態を正し、取引契約上の期限遵守を確実にするには、法的枠組みが不可欠」となるのである。法的な手段は有効ではないとの見解に対しては、勧告は北欧諸国での経験を引いて反論している。また、各国の法的制度や規制が統一されていないことも問題であり、共通最低基準を設けるべきだともしている。

　勧告の第１条では、その目的とともに基本的なポイントとして、契約関係の透明性拡大、より均等な契約関係づくり、不良支払企業への強い抑止力、という点を挙げている。第２条は透明性・経営情報・研修訓練・付加価値税問題となっている。支払期間や支払方法、支払期限などを明確に契約に記すこと、明文の契約の定めがない場合にたいし、北欧諸国のように法定の支払期間条項をおくこと、官公需では特に透明性が求められることが述べられている。また、専門職団体などの活動で、関係企業の経営能力の向上を図ることが効果的ともしている。中小企業は受け取るべき代金の支払いが遅れると、キャッシュフローのうえで困難を来すうえに、付加価値税の納税が先に求められる結果となって、この点でも困難に直面する。だから、英国やドイツで行われているように、特に小企業の付加価値税納税に猶予期間を設ける、また納税を年次ベースとするなどを勧告している。

　勧告第３条は支払遅延への補償措置となっている。遅延期間への利息請求などは重要だが、国によって残債への請求権の確立の条件が非常に異なっており、ケースバイケースの判断を法廷に求めねばならないところさえある。これでは利息支払を義務づけることはできず、利息は自動的に、また支払請求書の金額とは無関係に義務づけられるべきである。支払うべき利息の利率が市中金利を大きく下回っていたのでは抑制効果はない。支払遅延への

第IV部

補償請求にかかる手続費用も中小企業には大きな負担であり、利息とともに、法的費用や回収事務費用の弁償を認めるべきである。これらの点では、スウェーデンやデンマークの厳しい制度が参考になる。

　第4条は処理手続の是正となっている。罰則強化は問題対処の手続が迅速かつ容易にできるものでないと、効果を持たない。告訴による一般法廷での判決を待っていたのではうまくいかないのであって、特別な調停や仲裁の手続が設けられるべきである。また、こうした手続にかけられる請求額の上限も問題となる。支払履行命令に至る手続については、すでに実施されている各国の現行の制度や慣行をよく研究する必要がある。

　第5条は、国境を越えた取引についてである。他国の制度や慣行についての情報の整備提供や習熟、さらに金融機関の振替手続の改善などが挙げられるが、多国間での支払遅延にかんする紛争処理の手続の法的有効性や、執行令状の効力をめぐっての問題解決が必要である。第6条は、官公需契約についてで、本来中小企業に配慮すべき行政機関等がむしろ悪い評判をとっていることは問題である。まず各国が実態を支払期限等について十分調査把握することが必要だが、行政機関には経済的インセンティブによって支払遅延問題を解決する可能性がない以上、米国の「支払迅速化法」やフランスやベルギーの例に倣い、遅延期間に対しては自動的に利息を支払うように定めさせるといった措置も考慮すべきである（ただし、60日間以内と定めるといった文言は消えている）。また（再）下請業者への支払についても、受注企業からの支払期間の定め、直接支払化など、今後考慮をする必要がある[*21]。そして第7条はこの勧告の効果の調査報告の必要を述べている。

　このように、この「勧告」の中味は相当に突っ込んだものとなっていた。

4　代金支払遅延問題対応策の展開と曲折

4-1 「指令」採択への曲折

上記のように1996年の「第3次多年度計画」でも、中小企業の金融問題

第9章 欧州での「代金支払遅延問題」と是正策

の一環として重視されていたのが「代金支払遅延問題」である。これに関しては、欧州委員会の姿勢が次第に事態を重要視し、より強い政策対応を図るべきであると転じてきた様子が見てとれる。

　95年の欧州委員会「勧告」以降、支払遅延への規制強化の方向が強まってきた。96年には経済社会審議会と欧州議会が相次いで支払遅延への対策を求め、後者は勧告ではなく、各国に強制力のある「指令」とすべきことを決議している。欧州委員会もあらためてこの問題の実態調査を行い、その結果、支払遅延の状況は悪化している（平均して15日以上の遅延）、中小企業の経営に重大な影響を及ぼしている、サプライヤ中小企業の地位が大企業による意図的遅延によって脅かされている、各国の取り組みはほとんどすすんでいないということを指摘した。[*22] そして、97年10月の公聴会を経て、欧州委員会は98年3月に、「商取引の支払遅延対処のための指令案」[*23]を理事会及び欧州議会に提案するに至った。

　この指令案では、支払遅延に関する法的定義を明確にするとともに、損害補償としての利息支払いを法的権利とし、これを欧州規模で公認させていくこと、遅延支払期限を原則21日以内とすること、公共機関の支払いの60日以内規制を実施すること、小規模債権回収の法的手続の簡素化を図ることなどを、EU並びに加盟各国に求めている。この提案に対し、欧州議会は98年9月17日、27項目の修正強化提案を採択した。これは、遅延のみならず、60日を超えるような長期支払期限の規制、公的機関の購入契約を対象に含め、官公需の支払遅延へのデフォルトと自動利息発生の規定明記、遅延に対する納品の引渡保留権（retention of title）の導入をはかること等をあげている。

　この提案を受けて、欧州委員会は98年10月29日付で、新たな修正「指令」提案を発表した。[*24] これは、遅延期間の計算方法の修正・厳密化とともに、権利発生時点の表現文言をdue dateからdefault dateに変更し、支払遅延だけでなく、長期の支払期限（45日を超える）を定める契約への規制を掲げた。また、文言が存在すれば支払遅延に対し発生し、善意の第三者にも対抗できる引渡保留権を取り入れ、さらに公共機関の官公需の支払遅延への規制を強化し、透明性を高めるとともに、45日を超える10万ECU以下支払

223

額の遅延へのデフォルトと自動利息発生を規定化し、これを請負先のみならずその下請企業にも適用すると明文化した。

　しかしながら、加盟各国政府代表で構成され、EU としての立法権を持つ理事会は、99 年 7 月、この修正「指令」案に対する「共通の立場」回答を採択（8790/99）し、そのままでは受け入れられないことを表明した。各国の同意が得られなかった点、再修正に決した点は、以下の通りである。利息支払いの権利発生をどこまで厳密に定めるか合意できない、支払い遅延の期限は 21 日ではなく 30 日とすべきである、利息利率は委員会案にあった 8% ではなく 6% とすべきである、回収費用を含む損害賠償権という考え方は認めがたい、長期支払期限契約規制は今後の「見直し」条項にとどめ、当面各国の選択にゆだねる、引渡保留権条項は削除する、債権回収手続見直しは各国にゆだねる、官公需関係の記述は削除し、民間企業と同じ扱いに含め、代わって「反濫用条項」を導入する、各国はそれぞれ支払期限の 60 日以内制度化を定められるとする、といったものである。これは各国の選択を優先し、相当程度に規制強化の骨抜き化であるとすべきものであるが、欧州委員会は 99 年 9 月 10 日のコミュニケーション[*26]で、不満を示しながらも、事態の緊急性からみて大きな前進ではあるとし、理事会の修正を受け入れると表明した。

　このように、「代金支払遅延問題」への規制策の実施にはかなりの紆余曲折が避けられなかった。こうした問題になれば当然、大企業と中小企業の利害が衝突し、各国間の利害も絡んで容易に合意形成ができない。しかも遅延の「常習犯」が各国の政府や公共機関であるとなれば、面子にもかかわる。しかしまた、こうした規制強化の動きのなかで、経済法制的にも相当に踏み込んだところにまで来ていることは、誰もが認めざるを得ない。

　もちろん加盟各国のうちでも、スウェーデンのようにこうした問題に以前から相当の規制を実施しているところもある。さらに、従来「市場原理」を第一にしてきたと思われた英国では、保守党に代わって 18 年ぶりに政権についた労働党ブレア内閣のもとで、98 年にはいち早く「商取引債権の支払

遅延（利息）に関する法*27 を議会に提出、採択をみた。これはその名の通り、財・サービスの供給についての債権支払遅延に対する利息請求権を法的に定めたもので、当面、購入側大企業に対し小企業（従業員数50人以下）が公定歩合相当の利息を請求できる権利であり、また第三者への譲渡可能となっている。英国の中小企業団体はこの問題に対する規制策を求める動きの先頭に立ってきたものであるが、ただし、利息請求権の法制化がそのまま事態の改善につながると楽観視はしていない。

4-2 2000年の「決着」と「指令」

上記のように、理事会の「拒否」によって一時宙に浮いた欧州委員会「指令」案を、欧州委員会は理事会の意見を反映して修正、2000年には再提案を行い、理事会とのすりあわせ作業ののち、同年5月に理事会の同意を得、さらに6月には欧州議会での採択に至った。8月に公布された新「指令」は、本指令の適用範囲（すべての商取引の支払）、用語の定義、支払遅延時の利息、引渡留保権、異議申し立てなき請求への回収手続、各国の改定義務、発効時点、指令の対象者（加盟各国）の各条項からなっている。*28

第一に「支払遅延」について、「指令」は支払期間自体は定めない。他に契約上の取り決めがない場合、支払期間の定めから30日を超える（納品書の発行ないし商品の受領から）遅延の事態に対し、「債務不履行」（default）の手続が生じる。受領と検品の手続を両者が取り決めた場合には、その終了後からとなる。支払期間は両者の合意で延長はできるが、債権者に著しく不利なものであれば、効力を持たない。

第二に「利息請求権」について、支払遅延の事態に対し、利息の請求権が自動的に生じる利率は、毎年1月1日および7月1日現在での、ECBの利率に7%上乗せしたものとする（ユーロ非参加国の場合は、自国中央銀行が定める同等の利率とする）。

第三に「引渡留保権」について、事前に両者が明確に合意している場合、支払が完了するまで、売り手は商品の引渡を留保することができる。「引渡留保権」が法制上存在しない加盟国は、立法措置を行う必要がある。

第IV部

　第四に「債務回収手続き」について、債務や手続に関し異議申し立て等がない場合、債権者の請求申立期間、あるいは法廷ないし他の当局への申請後90日以内に回収手続が開始されねばならない。書類作成の期間や、申請の訂正など、債権者の責で生じた遅延期間は、これに含めない。
　「指令」は拘束力ある法令として、加盟各国の義務を示している。加盟各国は2002年8月8日までに、自国の法律、規則、行政諸規定を改定し、そのむね欧州委員会に報告する。「指令」を超えて、債権者に有利な措置を実施することもできる。債務者に対する支払不能手続にかかる債務、2002年8月8日以前に定められた契約、€5未満の利息の請求権については、各国はこれを除外することができる。そして欧州委員会は、2002年8月8日から2年の後に、法定利率、契約上の支払期間、支払遅延状況などの実情を調査し、報告するものと定めている。

　2003年までの各国の取り組みに関しては、以下のように指摘されている。[*29]フィンランドは利息法、商取引契約規制法を改正した（2002年5月）。アイルランドは法令388号を発している（2002年8月）。英国は1998年商取引債権支払遅延（利息）法をさらに改正した（2002年8月）。フランスは新経済規制法（2001年第420号法）を制定した（2001年5月）。ドイツは連邦債務法改正法を制定した（2001年11月）。デンマークは支払遅延利息法改正法を定めた（2002年6月）。ベルギーは商取引支払遅延防止法を新たに制定した（2002年8月）。スウェーデンは関連する土地法、利息法、合名会社法、商契約法、会社抵当法、TVラジオ免許法、海事法、預金保証法それぞれを改正した（2002年7月発効）。イタリアは2002年布告231号を発した（2002年10月）。オーストリアは利息法改正法BGBllを定めた（2002年）。オランダは民法改正の記載を示している（2002年11月）。

　このように、代金支払遅延問題への踏み込んだ規制政策の取り組みは、2000年をもってひとまず決着し、各国政府及びEU機関の具体的法制化や政策的対応が実行される段階になった。こうした経過をみるについても、中小企業をめぐる問題状況と、市場におけるその不利を是正する政策、健全な

市場経済のルール確保が共通の課題となってきていることは明らかである。しかしなお、これですべてが決着し、解決に向かったとも言えない。後述のように、2008年のSBA小企業議定書はあらためて「支払遅延問題」をとりあげ、その改善が重要課題であることを指摘している。*30*31

4-3 2009年からの新展開

　SBAで「支払遅延問題」があらためて対応対象として明記されたのをうけ、2009年4月に欧州委員会は欧州議会及び理事会に対し、新たな「指令」を定める提案を行った。*32 その根拠は、SBAとともに「経済回復計画」にも記されたような中小企業の金融問題対応、それによる経済再建と雇用拡大が喫緊であること、とりわけこの間目立ってきたのは公的機関の支払遅延であることだと示される。国境を越えた取引も支払遅延になりがちである。2000年指令以降、十分な改善が進んでいるとは言えない。その背景には、支払義務を負う債務者の姿勢として、競争や市場力などの市場構造の問題、マクロ経済の影響の問題、金融機会との関係・資金調達の問題、債務者側の財務マネジメント能力の問題、効果的な救済措置（remedies）の不十分な問題、などが絡んでいるとされる。だからいまなすべきなのは、支払遅延問題の解決により欧州企業のキャッシュフローを改善し、域内市場の統合を実質化すること、債権者の権利を最大限に生かし、特に公的機関への対抗を容易にすることだという。

　その上で、欧州委員会の新提案は2000年指令の改善強化を図り、具体的な支払遅延件数の削減と支払期間短縮の実現を果たす、特に公的機関の支払の迅速化への規制とインセンティブを導入するものとされる。また、この法制化には時間を要すると予想されることから、欧州委員会として「コミュニケーション」（SEC（2009）477 final）を発し、EU各機関での改善措置を迅速に実施するように求めるとしている。その上で示された新「指令」案は2000年指令の改定修正というかたちなので、大幅な変更はないものの、債権者の不利になる「契約の自由」を盾にとった濫用は禁止されるとしている条項に、「債権者の利息請求権の排除や市中金利を大幅に下回る金利など

の明記される契約は無効」という具体例を記入する、加盟各国は時限つきで自国の法制化義務を負っていることを明示する、各国の法制化において、債権者は自動的に以下のような補償を受けられるものとする、€1000以下の債権には€40、€1000〜1万の債権には€70、€1万以上の債権には総額の1％同等額、公的機関（public authorities）の支払遅延問題に対し新たに1条を設け、その現状に警鐘を鳴らし、30日を基準として利息支払いをはじめとする規制を各国が実施すること、また各国の慣行や実情を調査し、制度化をすすめ、特に支払遅延への利息負担を排除するような規定は無効とする、支払問題の透明化を実施する、これらの取り組みと実施状況を2年以内に報告する等を示している。

このように、欧州委員会の新提案はある意味、1999年の時点に立ち返った観がある。もちろんこの間に、世界金融危機と欧州経済の大きなセットバックがあった以上、いまいちど原点に戻り、受注中小企業のためにいっそう強い規制措置を行う必然性はあるわけである。しかしまた当然ながら、各国公的機関の支払遅延問題への強い言及は、諸方面の反発を再度招くことは避けられない。各国政府を代表する理事会の反応は今のところ公式には判明しないが、他方で欧州議会は2010年10月付で、この指令案にはそのまま同意できないと意見表明した。主には、この支払遅延問題は全EU規模の問題であり、各国の対応を求めるだけでは不十分、あらゆる商取引という位置づけは消費者の利益を損なう恐れがある、支払遅延を許す文化を根本的に変えるために、遅延の結果がきわめて重大であり、企業間取引では原則60日以内など、支払期間自体や債権者の回収費用すべての規定化、回収費用補償権の排除契約の無効化など、対応をあらためさせるような強力なものである必要がある、公的機関の姿勢は社会的影響が大なので、これに対する特別な規則を導入するなどの対応が必要である、等々詳細な意見が述べられている。

1999年の指令案をめぐる動きと同様に、各国政府の面子をかけた理事会と欧州委員会、さらには中小企業の立場を代表してより強い措置を求める欧州議会との間でどのような「綱引き」がすすむのか、2010年時点ではまだ予想はできない。しかし間違いのないことは、「代金支払遅延問題」は市場

と取引関係のあり方、ひいては中小企業のおかれた経済的関係上、経営上の問題として、そしてこれに対する規制と調整の政策課題として、EUにおいても普遍的かつ重要なものであるという現実である。

5 まとめ

　代金支払遅延問題に関するEUの規制と政策においては、支払遅延はすなわち債務不履行であり、損害補償の対象でもあるとしてきていること、さらに「引渡保留権」という、財産権の根本にもかかわる考え方が示されたことは、利息請求権を特に重視している点、あらゆる取引をカバーしている点を含め、我が国の法制とも違いを示していた。[*35] 一方また、長期の支払期間自体を違法とするようになったこと、小規模債権の回収に対し、一般民事法廷とは別の係争処理手続を考えていることは、我が国と似た面もみられる。ただし、後者はあくまで民事司法の範囲内でということであって、公取委のような存在は考慮されていない。独禁法や競争法といった「経済法」の枠組みではなく、取引関係のルールとそこから生じる中小企業の「金融問題」という性格づけがここに顕著である。それでもなお、日本においても製造業のみに限定されてきた（建設業では建設業法による下請関係への規制が従来からある）「下請代金支払遅延防止法」は2003年にようやく改正され、むしろすべての業種・取引関係を対象とするEUの「指令」のような性格に近づいたとも言えるのである。[*36]

　しかし日本と欧州の間に決定的な違いがあり続けているとも言い難い。この問題をめぐる経過のうちには、欧州経済の復活のために望ましい競争条件を整えるためにも、中小企業の「不利」是正にむけた規制的な介入と、経営資源面でのサポートが必要であり、正当化されるという理解が定着してきたことがうかがえる。「支払遅延問題」について92年の欧州委員会報告が指摘したように、労働法や消費者保護同様、力関係が不均等な場合、「より弱い立場の利益を法は保護し、また紛争時には不均等是正のための根本手段を

与えるべき責務を負っている」*37とするなど、中小企業の置かれた立場に配慮した法制や施策が本来の「競争」を促進し、不公正を是正するものであるという見地が、EUのうちでも強まってきたということも指摘できる。積極的競争政策を掲げた97年実施の新「統合計画」においても、規制緩和を図るとしながら、そのうちでは、独占的慣行の支配する分野での競争促進、各国の自国産業援助策の削減へのEU規制の強化、商業分野での「垂直統合」の進行と「集中化」への対処、公正な競争の促進がうたわれ、むしろ「独占規制」の色彩も濃い。*38また、中小企業の行う共同化とネットワーク協力関係づくりに対しては、「競争規則」を明確化する必要があるとする。中小企業同士の動きが強く競争制限的になるのを警戒しながらも、他面「企業間の協力連携関係づくり」の施策にもからんで、ルールをきちんとするべき、としているのである。*39

　中小企業の市場と取引関係における不利を是正する政策は、いずこにおいても必要かつ重要な存在であることがここに示されている。それなくして、中小企業経営困難は打開されず、その役割発揮もなしえない。

第10章　地域政策・地域イノベーション戦略と中小企業政策*1

1　地域論、地域産業論の再生

1-1　地域と経済の理論的前提と現実

　EU中小企業政策にあっては、他政策、とりわけ地域政策との関わりが90年代以降強まってきた。それは政策の包括性横断性を示すとともに、地域経済の再生と発展には中小企業を主体とした産業の活性化ないし創造が欠かせないからでもある。その背景となる、グローバル化の下での地域産業論、地域イノベーション論の論点と意義とともに、これを根拠にすすめられたEU地域イノベーション戦略、ひいてはクラスター政策の展開状況を、アイルランドなどを例にみながら、日本との比較、それらの課題や問題を含めて検討する。

　経済立地と産業集積の理論の祖であるA.ウェーバーの立地原理の前提は、距離と輸送費用であり、輸送費用から「集積の利益」と労働費用の最小化を差し引いたところに最適立地が決定されると見た。*2 つまり、経営の規模拡大としての「規模集積」および多数経営の集合による技術的改良や経済的組織への適合、間接費の低減といった「社会的集積」が集積作用を招くが、それを超える速度で輸送費用が低減していけば、集積の利益は意味を失い、むしろ地価や労働費用等諸費用の高騰という「集積の不利益」がまさってくる。A.マーシャルの「外部経済」の原理も、工程の専門化、熟練労働力供給、補完的工業成長、さらに輸送費の節約といった「産業の地域的集中」の要因

231

からも規定されるが、これとても輸送費用が大幅に低下すれば、地域的集中の範囲自体が非常に変わってしまうことになる。[*3]

運輸技術や情報技術の進歩、また国際関係の中のボーダレス化の進行は、特定の地域への産業集積の意義を根本的に変える。産業集積地域間の国際競争が直接に激化しているもとにあっては、労働費用や地価などの低廉な地域において相応の技術水準での生産供給が可能であれば、物理的時間的な距離の壁を越え、立地と企業間の取引関係の組み替えが一挙にすすんでしまうことは避けがたい。その結果、日本のうちでも分業と取引関係の広域化が急展開し、さらに東アジア規模での生産分業体制が目に見えるかたちで登場してきている。特に中国経済の世界経済へのプレゼンスの高まりはこれを顕著なかたちですすめることになった。ましてや、国境なき欧州をめざす EU の統合は遙かに先を行っている。

したがって今日では、原材料供給地や消費市場との距離はもはや別問題としても、「地域的集中」による各生産単位間の輸送費用の節約の意義は乏しくなり、社会的分業の進展にもとづく専門化、それぞれの規模的集積の利益の発揮、間接費の低減、補完的工業の成長、熟練労働力の大量存在といった「社会的集積」ないし「外部経済」の効果もこれをカバーするに十分ではなくなる。もちろんそれに対し、「都市化経済」(A. レッシュ、E.M. フーバー)[*4] のもとでの多様な産業の重複集積と巨大な市場の存在、輸送費用節約の「結節点」性は依然相当の意義を有するし、渡辺幸男氏らの挙げる「動態的集積利益」[*5]、すなわち多様な生産能力と受注機会の複合的存在下での範囲経済発揮と環境変化対応力の意義も見落とせない。しかしそれも十全ではないことが、近年の東京大田区や東大阪市などでの中小機械金属工業の質量ともの「衰退」傾向からも見て取れる。地方の中小機械工業などでは広域的な受注のみならず、全国的に広がる分業ネットワークを組み、それぞれの担い手の持つ技術的経営的特性を相互に活用しようとしている。個々の企業の技術と市場、取引関係追求の道は別としても、特定の業種に特化した多くの地方「産地」にはきわめて厳しい将来予想しか引き出せない。[*6] 現に、地域産業集積活性化法によって指定された活性化計画実施 B 地域（産地型）の大部分では目標値を達成できず、その 3 分の 1 程度にとどまったところもある。[*7]

そのために、前記のように同法に代わって地域資源活用化促進法が制定されたのであった。

1-2 地域産業システムをめぐる諸議論と地域イノベーション

その一方で、90年代以降世界的には、地理的近接性を前提とした「地域と産業」、「地域と企業間システム」、「地域と知識創造」をめぐる議論と政策展開が近年きわめて活発で、対照的な状況にある。これはいまや東アジア諸国や中国でも顕著な傾向である。そのシンボルとなっているのはM.ポーターの「産業クラスター論」であるが[*8]、これに前後するかたちで様々な議論・主張が示され、影響を及ぼしあい、地域を基礎とする有力な考え方を形成している。[*9*10]

(a) 1980年代以降の地域の産業集積ないし「産地」という存在の「再発見」は、ピオリとセーブルの「ポストフォーディズムと柔軟な専門化」論などに一端を見ることができる。[*11] 彼らやイタリアの研究者たちは新しい産業組織の姿をもとめるに、前記のように「第三のイタリア」をはじめとする「産業地域」(industrial district) への注目と実証研究に立脚し、[*12]また90年代以降の制度論、進化論的な社会経済論の先駆けである「市場の社会的構築」の理論を展開した。

(b) 企業の新たな競争力と経営革新を生み出し、あるいは新産業部門を形成し、経済への活力とダイナミックな変動をもたらす知的創造と科学技術の進展、研究開発の実践などの過程に関して、知識創造過程自体の特徴を明らかにしようとする議論が活発となり、これが労働と生活という人間的活動と伝達・交流の場でもある地域の存在に新たな意義をもたらした。M.ポランニーらが示してきた「暗黙知」の概念[*13]、暗黙知のやりとり、また暗黙知と形式知の相互作用に知識創造と変換の特徴を見る野中・竹内氏やオードリッチとフェルドマンの論[*14]、ルンドボール、マルムベルイとマスケルらの示す知識のモビリティタイプ[*15]や、マークセンのあげる「地域粘着性」の議論[*16]などが、フェースツーフェースのコミュニケーションが密で高コンテキストな知的創造の場としての地域の意義を[*17]

積極的に位置づけるものとなったのである。[*18]

(c) サクセニアンやフロリダらは80年代の米国シリコンバレーICT産業の発展などに注目し、地域内の企業間、あるいは個人間のネットワーク組織関係を研究し、経済システムと社会・文化のかかわりを重視した。[*19]サクセニアンによれば、重要なのはマーシャルの言うような外部経済一般ではなく、地域のアイデンティティと人的ネットワークにもとづくモビリティー、企業家の創業環境のほうである。

(d) またフロリダはこうした地域の持つ持続的イノベーションの原動力に注目し、「学習地域」(learning region) の概念を唱えた。[*20]知識・アイディアの流れを築く企業間移動のインフラ、知的労働者流入のインフラ、コミュニケーション・インフラ、そして一定のガバナンスの存在が重要であり、「知識革命」の時代には知識の流れこそが決定的である。近年サクセニアンやフロリダは移民などのエスニシティの広がりに着眼し、知識の移転速度と多様・異質なものの接触による創造性を重視している。[*21]

(e) さらに、狭義の社会経済性をも超えた「風土」(milieu) というものがむしろ地域を意義づける焦点となるという主張がサクセニアンやカマーニによって強調される。カマーニによれば、企業の活動には多くの障害と不確実性があるが、地域における人的資源の蓄積や情報交換、さらには意思決定の調整や共通の文化的背景が作用し、不確実性を引き下げるのであり、暗黙の協働空間としての「ローカル・ミリュウ」の機能を重視すべきものとする。[*22]フランスでの「イノベーティブ・ミリュウ」(milieu innovateur)[*23]の主張も従来からあり、これは経済地理的議論を超え、ネットワークを含む組織変動論、生物学的有機性論とも交わるとされる。[*24]

(f) キーブルらは知識創造における双方向メカニズムと地域の「集団的学習過程」を重視し、これが欧州などでのハイテク産業地域の展開を支えていると主張する。[*25]大学などからのスピンオフ、人材の流動化、中小企業間のネットワークが重要なのである。アシュハイムは柔軟な専門化論を引用しながら、内発的な技術能力・イノベーション能力が集団的学習と不可分であるとし、「産地」の学習地域化を求めている。[*26]

(g) ストーパーらは企業間・組織間・個人間の相互依存関係を重視し、そこに存在する「関係的資産」や「取引外の相互依存性」こそが重要なものとする。[27] それは社会学者グラノヴェターの唱えた「弱い紐帯」(weak ties)と「埋め込み」(embeddedness)理論[28]や、政治社会学的見地からのパットナムによる「ソーシャルキャピタル」[29]論などとの接点ともなり[30]、社会的コンテクストと諸関係のありかた、信頼と協調、あるいは調整を可能にするしくみの位置づけがクローズアップされることになる。

(h) ラングロワとロバートソンは企業のケイパビリティと動学的取引費用、企業間システムの効率性を長期的歴史的な変動の中でとらえ、マーシャル型産業地域が必ずしもイノベーションに適合的とは言えず、さらに大企業体制や日本型システムを超えた「イノベーションネットワーク」がラジカルで構造的な変化に適していると指摘する。[31] このようなかたちでネットワークとイノベーションとの関係を論じる見解は近年少なくない。[32] 集権的な事業構築の目的性とルーティン化の効率性は現実のものであっても、イノベーションは単純な投入と産出の関数でもなく、また資源の集合の結果でもない、不連続な過程だからである。[33]

(i) こうしたことから、地域内のフェーストゥフェースの接触と関係が高める「暗黙知」の獲得と生産・移転を重視する主張もあれば、また閉ざされた地域システムの壁が累積的な知識習得を呪縛化し、硬直化した成熟状態を脱却できない状況を危惧する主張もある。[34] エンライトらが述べる地域への「ロックイン」の危険である。[35] これを打破するには、フロリダやキーブルらの説くように集団的学習機会での外部からの移転促進や、過去の経路依存を克服した知識ベースの高度化、あるいはストーパーの言う柔軟な生産ネットワークが必要になる。ここに、「地域イノベーションシステム」(regional innovation system)の可能性と存在意義が問われることになるのである。[36]

このような議論のもつ意義を敷衍すれば、モノ・カネ・技術等のグローバル化普遍化がすすむとしても、ヒトの存在とヒトの知識・技能などの形成と知的発展、知的創造、知識と技能の習得伝播普及、高度化、そしてその事業

化には地域のもつ基盤性・社会関係性が不可分のものであり、またその意義は今日ますます高まっていることが、さまざまな視点と方法から共通して主張されているものと見ることができる。

1-3 地域イノベーションシステムとは

こうした流れを踏まえ、欧州などでは「地域イノベーションシステム」（regional innovation system）の概念が90年代から注目され、政策にも応用展開されてきた。コークらによれば、地域イノベーションとは広義の製品・工程・組織形態等の変化であり、「学習と知識創造に関わる社会的な諸過程」である。具体的には、「新知識の事業化においては世界、全国、他地域のシステムともリンクした」、相互作用的な知識創造と普及、および応用と活用の二つのサブシステムからなるものが地域イノベーションシステムである。[*37] 上記のような近年の諸議論を踏まえ、これが「地域」を基盤とすること自体には積極的な意味がある（表10－1）。

一面では、地域イノベーションシステム論はきわめて政策主導的な「国家的イノベーションシステム」（national innovation system）に対置され、その限界を指摘する見地からのものでもあるが、[*38*39] 他面では今日的な地域経済論、地域産業政策論の産物でもある。したがって地域イノベーションシステムという枠組みには「企業家的」（entrepreneurial）自生的なシステムもあれば、「制度化された」（institutionalized）システムもある。[*40] あるいはまた、ブラズウィックやアシュハイムが述べるように、地域イノベーションシステムの多義性とその「進化」も展望されざるを得ず、議論の混乱も見られなくはない。しかし重要なのは、知識インフラと制度的インフラに支えられたイノベーションの過程、ネットワーク経済とボトムアップ型の決定、ローカルな波及効果、そしてこれを担う地域の企業家たちの存在に注目してこそ、地域イノベーションシステムの普遍的意義と実践可能性が確認できるというZ.アーチらの認識自体である。しかも、ポーターのクラスター論における一種静態的な競争優位論に対し、学習地域と企業家行動を基礎とする創造性動態性、ひいては変化への対応力を示すものであるともすることができ、普遍的な意

表10-1 イノベーションと近接性——理論的観点の要約——

課題	産業地域	新産業空間	イノベーティブミリュー	地域イノベーションシステム
アクターの行動概念	アクターは独立した柔軟な組織として行動	経済的交換の受動的メカニズムとして、また柔軟な生産技術の応用者として、アクターは行動	アクターはシュンペーター的企業家として行動	アクターは学習の実体として行動
地域的環境の概念	環境は、社会的連携を形成する相手としての他のアクターからなる	環境は、交換を調整する地域ないしは分散的なかたちの生産システムからなる	環境は、経済過程を円滑にする諸資源から構成される	環境は、各制度機関からなるマクロないしメゾ経済的なシステムである
行動と地域の環境の関係	ボランタリズム：協力、相互依存、信頼が各アクターの重要な行動的特徴である	経済的技術的決定論	地域決定論とボランタリズムの混合	インタラクティブ：各アクターは地域的環境に依存し、貢献し、これを利用する存在である
イノベーションと近接性の関係	アクター間の社会的連携とネットワークを通じ、情報、知識、規格標準などが伝達・分配される	地域化された知識(労働)が移動できない資源：他のアクターとの交換関係がイノベーションのための資源	イノベーションの性質と各アクターの技術戦略に依りながら、環境は諸資源の供給であり、あるいは支援的な生産システムである	各制度、近接性、諸資源の多様性が、地域内のインタラクティブなコミュニケーション、学習、イノベーションを刺激し、あるいは抑制する
近接性のメカニズム	産業地域は生産組織が国際的に競争するための方法である (think global, act local)	垂直的分化と諸組織の間の取引の性格が地域的集中をうながす	イノベーティブミリューは、集団的学習の過程をよりよく組織する、そしてより低い情報コストを実現する、特定地域の能力のもたらす効果である	技術変化の性格のもたらす結果として、地域的近接性がインタラクティブな学習を刺激するメゾ制度的システムが、新しい生産形態の出現やその応用を支援する
(議論の)新展開	さまざまな形の産業地域群の研究	「取引外相互依存性」としきたり(conventions)の重要性に重点	制度的要因をいっそう強調	地域ないしは部門段階での応用の推進

出所) Oerlemans et al.'Innovation and proximity,' Green,M.B.&McNaughton,R.B.(eds.) *Industrial Networks and Proximity,* Ashgate,2000, p.36-37（邦訳初出は伊藤正昭氏による、これを一部訂正）

義を持つ。[41]

　もちろん、地域イノベーションシステムをめぐる議論にはまだ不十分な点が多々ある。オードリッチはそれをいくつか示している。[42]一つには、知識の創造と波及・事業化には明らかに「都市化経済」[43]がプラスに作用する。J. ジェイコブスらに示されたような、「知識源の多様性」があり、また産業の多様性が知識の外部性を高め、イノベーティブな活動と経済成長を推進するからである。もちろんそれは直接にも、事業化の前提となる環境と技術や諸資源、さらに市場機会につながるものでもあろう。しかしそうなれば、地域的な専門化より多様化の方が知識経済の時代にフィットすることになり、特定産業特化の地方産業都市より大都市が優位に立つことを示すに過ぎなくなる。ポーター流のダイヤモンドも大都市において整っているとせざるを得なくなり、事実、シリコンバレーのような地域を例外として、知識経済の中心をなすと考えられる情報産業、バイオテクノロジー産業などの発展は大都市部で生じていると見る方が自然だろう。

　今ひとつには、知識の事業化過程における中小企業の役割というものへの積極評価がはらんでいる矛盾がある。オードリッチは地域イノベーションシステムの優位性として、情報と区別される「知識」の粘着性を前提に、フェースツーフェースでの知識の移転波及を重視し、そしてこれを現実に担うものとしての企業家と中小企業に注目する。しかし現実の中小企業の多くにはさまざまな困難と不利があり、大学等の知的成果の事業化を推進していくことは決して容易ではない。[44]規模の制約や不利の一方で、知的成果を迅速低費用で利用できるのが中小企業のつよみとしているものの、それのみを重視するわけにはいかないし、オードリッチがあげているのは大学や研究機関などからのスピンアウトの必然性であって、中小企業全般の役割とは言い難い。他方で、以下でもみるように大学からの起業による「科学者企業家」の抱える問題は厳として存在するとせねばならない。こうしたジレンマをどのように克服できるのか、「企業家精神」重視の論者たちの前向きのこたえが[45]求められるところでもあった。

2　欧州における地域産業と政策

2-1　欧州統合と地域政策・産業政策・企業政策

　EC・EU の政策においては、かねてより地域政策が重要な柱である。地域間の格差を是正し、域内の住民は等しく経済的繁栄と欧州市民の権利を享受できることをめざすという理念は欧州統合の強力な求心力をなしてきた。[*46]
90 年代にあっては、従来からの ERDF 地域開発基金、ESF 社会基金などの構造基金 Structural Funds に加え、EC から EU への進展に伴い 4 ヵ国を対象とした結束基金 Cohesion Fund などが充てられてきた。[*47] これらの基金は、遅れた地域・経済的に困難な地域を直接対象とする補助金として交付され、1 人あたり GDP が EU 平均の 75% 以下である Objective 1 低開発地域、Objective 2 産業衰退地域などが指定を受けている。[*48] これらに対し、2000 年代前半においても 5 年間で約 €1500 億の予算を割り当てられている。

　現在の EU 地域政策に関しては、成長と雇用のための結束政策、cohesion policy が非常に重要な概念になっている。「結束」とは、もともとは 1986 年に単一欧州議定書で登場した概念であり、のちには基本条約にも明記される非常に重要なものになった。これは端的には、地域間における所得・雇用格差の縮小、さらには労働市場の中における格差の縮小をはかり、是正することを意味し、統合欧州のうちでの「結束」という概念につながるわけである。そして時代とともにその意味も拡大され、21 世紀に入って中東欧からの新たな加盟国を迎え、"cohesion" は格差の大きい国々・地域への支援という性格にかなり傾いている。のみならず、EU「地域政策」自体がいまや「結束政策」と称されるようになった。

　2007 〜 2013 年の 7 年間における「結束政策」の支出は総額 €3474 億と設定されているが、このうちポーランドに €670 億、スペインに €350 億、イタリアに €280 億、チェコに €260 億、ドイツに €260 億、ハンガリーに €250 億、ポルトガルに €210 億、ギリシャに €200 億、ルーマニアに €200 億がそれぞれ配分されることになっていた。また、この方針にもとづき、

ERDFについては、持続可能な職業機会創出・インフラ構築・企業、とりわけ中小企業への支援とサービスを含む地域発展援助の諸手段・技術支援という4対象への投資にあてられるものとされ、「コンバージェンス」「地域の競争力と雇用」「地域間の連携協力」「その他地域固有の課題」を各目的に設定している。[*49]

「結束政策」への傾斜は、それだけ大きな格差を有する欧州内各国・各地域をEUのもとに抱え込んだことの反映であり、矛盾は小さくない。しかしまた特徴的なことは、近年は地域政策、産業政策、企業政策の連携実施という方向が具体的に推進されてきている事実である。[*50]それはある意味、世界共通の課題であり政策のめざすべき方向でもあるが、EUに関しては、その背景に1980年代後半からの中小企業政策の拡大強化、90年代以降の「産業競争力政策」のクローズアップという流れも作用している。こうした三位一体的な方向性およびローカルパートナーシップ重視の姿勢を顕著に示すものが、90年代中頃から不況地域や低開発地域での新技術新産業発展をめざして、各地域ですすめられたRIS地域イノベーション戦略およびその後、そしてそれに触発された各地域での総合的な経済戦略・産業戦略立案と実施である。[*51]

2-2 地域政策改革とRIS地域イノベーション戦略

欧州統合が深化し、加盟国が増えていく中で従来のEU地域政策は何度か手直しを受けてきた。そのひとつが1993年の改革であるが、[*52]ERDF改革に関する1993年理事会決定新規則第10条に基づき実施される行動の一環・第4項「地域レベルの経済発展のためのイノベーション」は、RTT多地域間技術移転プロジェクト（のちにはRITTS地域イノベーションインフラ・技術移転戦略）の実施と、地域経済と産業の現状と将来を展望し、地域内でのイノベーション活動と企業のイノベーションの活性化、産学官連携の推進を目的とする戦略立案を図ることを定めている。実際には資金準備や支援機関のネットワーキング、創業支援、スピンオフ支援、人材育成などの内容の

第10章　地域政策・地域イノベーション戦略と中小企業政策

計画と戦略を立てるもので、各地からの応募の評価選定にもとづき、97〜99年の間に21のパイロットプロジェクトが実施され、90年代後半以降では100ヵ所以上で実施された。[*53]21世紀に入っては実施プロジェクトであるRIS+に発展を遂げた。[*54]

　RISにおけるイノベーションという概念は様々なかたち、規模、レベルのものを含んでいる。その特徴は公的部門と民間部門の協力で、地域のイノベーションシステムを確立強化し、諸資源を効果的に結合活用し、それによって地域内の企業のイノベーティブな能力を高めるということにある。RISに参加した地域には、公共部門・民間部門のパートナーシップ、他地域での政策行動に移転可能な特徴、地域間協力や政策のベンチマーキングなどにより、欧州規模の展開を活用可能という課題が求められる。RISの立案を通じて地域からのイノベーションの可能性を高めるとともに、イノベーション成果の普及やパートナーシップの発展、広範な参加と政治的行政的な支援体制の整備、地域政策諸施策との連携がその重要な成果として期待される。[*55]そうした発展性と総合性、協働性を重視しているところにRISの特徴がある。

　RISの対象となったのは、カスティーリャ・ラマンチャ（スペイン）、テッサリ（ギリシャ）、リンブルフ（オランダ）、トスカーナ（イタリア）、ニーダーエスタライヒ（オーストリア）、ハレ・ライプチヒ・デッサウ（ドイツ）、シャノン（アイルランド）、ヨークシャー・ハンバー・ウェストミッドランズ、ウェールズ、西スコットランド（イギリス）等である。

　RIS、RIS+自体はあくまで「戦略」であるが、これらの実施により具体的なイノベーションのための計画立案が進んだだけではなく、及ぼしているインパクトは幅広いと欧州委員会地域政策総局のレポートは指摘する。[*56]地方行政当局、地域の企業等がイノベーション推進のための政策立案と行動への機運を高めている、構造基金活用の具体的な方向のうちにイノベーション推進の位置づけが明確となってきている、公的・民間資金の効果的な活用がすすんでいるといった関連の効果が確認される。もちろんイノベーションへのとりくみにあたっては、クラスタープロジェクトやネットワーキングが各地ですすみ、これらをまとめる機関も設けられ、ネットワークの普遍的な効果

性、形式知暗黙知いずれもの経済機会への応用普及、地域のイノベーションをカタライズするシナジー発揮のための個人間や諸機関の間の連携が展開しているとされる。さらに研究開発機関と地域の中小企業との連携の進展、地域イノベーションシステムの内的結束の形成、各地域間の経験交流でイノベーション支援諸手段の向上も図られている。今後は知識と無形の資産をいっそう重視し、新たな政策手段の開発、企業家精神を推進し、個々の企業に補助金を与えるのではない真のビジネスサービスの向上と、市場参入の障壁除去をはかる必要があると結論づけられている。

　さらに翌年には、欧州委員会が公式のコミュニケーションで上記の内容を確認し、地域政策においてRISの内容を全面的に実施すべく、政策的支援を各地域に対しおこなうと表明した。[*57] このなかには、イノベーション推進のための事業に€30万から€300万の補助金供給、公私部門協力と中小企業の参加、私的部門の資金提供の期待といったことも記されている。これに応募してきた各地域からは、企業グループからのイノベーション実施計画、中小企業の情報コミュニケーション技術利用、サプライチェーンの統合などが示されているという。[*58]

3　EUにおける地域イノベーション戦略の展開

3-1　RIS地域イノベーション戦略の実践過程

　欧州でのRISの実践状況については近年わが国でも紹介されるようになってきた。ただし前記のように、日本においては「産業クラスター政策」として理解されるとりくみが、欧州などではRISに近いものであったということについての異同性を念頭におかなくてはならない（表10-2）。[*59] そのうえで、フィンランドやドイツ、アイルランドなどの実例については、寺岡寛氏の言及があり、[*60] また中小企業総合事業団の調査などでもとりあげられている。[*61] 英国のスコットランド・グラスゴー、ウェストミッドランズの実例に関しては、三井前著で詳細に検討を加えた。[*62]

第10章　地域政策・地域イノベーション戦略と中小企業政策

表10-2　「クラスター政策」概念をめぐる日欧の認識のずれ

日本	欧州等
産業集積	industrial district
	cluster
（地域の産官学連携）	
産業集積活性化政策	cluster policy
	local economic strategy
産業クラスター政策	
（地域産業集積再生）	regional innovation strategy
〈地域再生と創造戦略〉（仮称）	regeneration and local economic revival

　これらの事例にあっては、SE スコットランド企業庁や AWM アドバンテージ・ウェストミッドランズ（ミッドランド地方開発庁）などの強力な地域の中核機関の存在と役割発揮、地元自治体や諸方面との連携・パートナーシップ体制の充実、中長期的な戦略の立案実践と、地域の学習機能強化、研究教育と人材育成重視、大学を含めた事業化・起業インフラの積極活用、クラスターアプローチの応用、生活基盤の向上や社会問題対応・地域再生との結合、総合的経済戦略の推進等が特徴的であると言える。ただ、筆者が調査したスコットランド・グラスゴーの企業事例でも判明するように、大学からスピンオフする科学者企業家の経営の長期的維持困難、あるいは地域内での企業間連携構築の困難などは否定できない。

　もちろん地域を支える産業戦略の対象も幅が広く、いわゆるハイテクに限定されず、英国ウェストミッドランズにおけるバーミンガム・ジュエリークォーター地区の宝飾品産業の再生といった「伝統産業」対策も見落とせないものである。バーミンガム市のインナーシティ同地区は家族経営中心・手工業的な宝石・宝飾品・アクセサリーの製造販売の長い歴史を有し、19 世紀ビクトリア期に大きく発展していたが、20 世紀後半には衰退の一途をたどっていた。その再生に AWM、バーミンガム市などがあげて取組み、RIS およびバーミンガム経済戦略の対象として、既存産業クラスターの一つを構成する「高付加価値消費財産業」があげられ、ERDF の補助金などによって人材育成、デザイン開発、販路開拓や経営力強化がすすめられた。2002

年から2008年までERDFに支えられ実施されたNPD新製品・デザインプロジェクトでは1275社の企業が支援を受けており、中小企業の参加は無料であった。また、バーミンガム市立大学の援助でイノベーションセンターが設置され、従来からのジュエリースクールとともに、技能人材の育成と特にデザイナー育成、産学連携での製品開発などをすすめている。またこの地区自体の建物や環境保全に市として積極的に取り組み、まち全体が新たな魅力ある観光地・商業地として再生している。[63]

3-2　アイルランド・シャノン地域の地域発展と地域イノベーション戦略[64]

シャノン地域の性格

　アイルランドは長年にわたり大英帝国の植民地であり、第一次大戦後にようやく独立を達成[65]、その後も停滞する経済下、農業に依存する欧州でも遅れた地域の一つであった。しかし1973年のEC加盟後の経済発展はめざましく、欧州モデルの優等生の一人とされるに至った。その象徴的なまでの変化は、かつて就業機会を求めて多くのアイルランド人が世界各地に移住流出していたのが、2000年代には逆に流入人口がこれを上回り、アイルランド系の人々のみならず、東欧や北アフリカなどからの「移民」を政府が受け入れるに至ったことに示されている。[66]

　アイルランド共和国は人口わずか400万人足らず、国土面積7万平方キロの島国であるが、90年代から年率10％近くの高い経済成長を維持してきた。その背景には、EU地域政策のフル活用、政労使の社会契約と安定した政策運営、そして長年にわたる教育投資と人材蓄積があるとされる。また、EU統合市場の一員であるとともに、英語国で、英米との関係が深く、とりわけ北米大陸には多数のアイルランド系住民が住むという環境もこれに味方している事を見落とせない。そうした意味でも、アイルランドは「もっとも北米に近いヨーロッパ」なのである。

　アイルランド共和国の中西部に位置するシャノン地域は、シャノン川河口沿いの地域で、クレア、リムリック、北ティペラリー、南オファリー、北

図10-1　シャノン地域

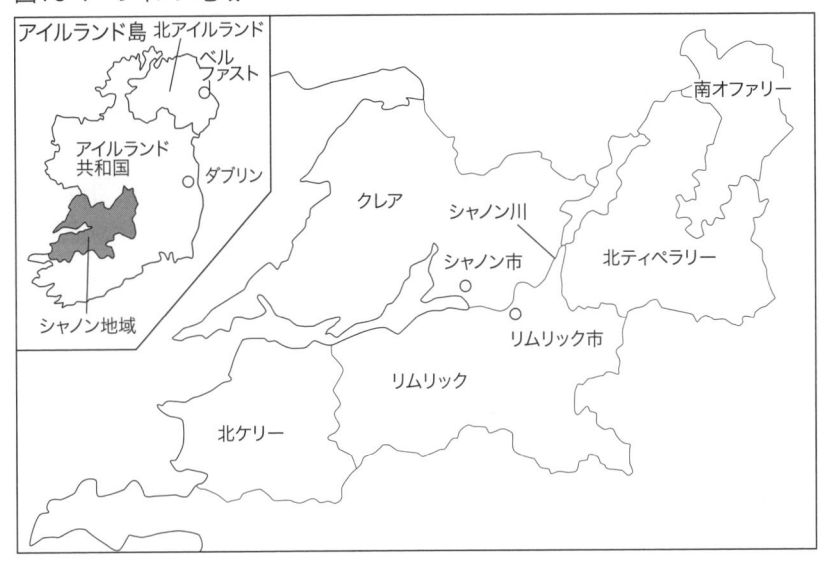

ケリーという各県自治体とリムリック特別市とからなる（図10−1）。総面積約1万平方キロ、40万7千人の人口を擁し、アイルランド第二の都市リムリックがその中心である。元来農村漁村地域であったが、大西洋航空路が開かれると、給油中継基地としてシャノン空港が1945年に建設され、地域の重要な雇用機会をなしてきた。しかしその後、航空機の発達で給油が不要となり、空港の意義が失われ、地域経済の将来に不安の色が強まった。このとき、地域の経済界、行政関係者などがまとまり、政府に働きかけ、アイルランド最初の開発庁SDシャノン・デベロップメント（当時はシャノン空港自由開発公社）を1959年に設立するとともに、空港周辺に産業地域を設け、大規模な産業開発に取り組むこととなった。[68]

　用地と道路などの整備をはかる一方で、保税加工を行うための非関税自由貿易地域の設定、新事業への優遇税制、立地企業への金融助成といった一連の措置がはかられた。これによって建設されたSFZシャノン・フリーゾーンは、面積242ヘクタール、約130社、8千人が働く大規模な産業地域となっている。外国企業、特に北米系を中心に、輸出を担う産業の集中的な

245

立地が形成されたのであり、生産のほとんどは輸出され、その総額は年€23億を記録している。[69]

　この間、アイルランドが EC に加盟し、EC として域内の関税障壁を撤廃したため、SFZ の税制上の有利さは失われた。しかしアイルランド全域が EC 地域政策の援助地域 Objective 1 の指定を受け、多額の構造基金補助金が交付されるようになり、またアイルランドとしての低い法人税率（10%）も是認されたので、EC 加盟は有利に働いた。つまりシャノンの経験はアイルランド全国の 80 年代以降の直接投資誘致、輸出推進の立地政策の模範となったのである。それが 90 年代の高度成長の持続として結実したのであった。
　こうした全国的な直接投資誘致の先頭に立ったのが、政府の設立した IDA アイルランド産業開発庁である。IDA は全国的な産業開発と企業誘致の主役となり、EU 補助金を最大限活用して、21 世紀までにのべ 1237 社を全国で誘致、13 万 8 千人の雇用、€527 億の生産を生み出し、アイルランド経済を支えてきた。[70]

90年代の地域経済と産業集積の概況

　1996 年時点で、シャノン地域の就業人口構成では農業が 15.5%、工業が 21.7%、サービス業は 62.8% と集計され、[71] 10 年間で農業人口は 6 千人あまり減り、工業人口は 5 千人近く増えたことになる。サービス業人口は 2 万 2 千人の増加である。就業人口全体が 2 万人以上増加していることを考えると、シャノン地域の経済が急変したことがうかがえる。
　シャノン地域の主な部分と重なる中西部地方[72]（総面積 7870 平方キロ）は、2000 年現在人口 32 万 9 千人であるが、7 年間で 1 万 5 千人が増加し、労働力人口は 4 万 2 千人も増加した。農業人口は 16.8% から 9.9% へ低下、工業人口は 32.6% から 32.5% へとほぼ同率、サービス業人口は 50.6% から 57.6% へと上昇している。総粗付加価値額は 1993 年から 1998 年までの 6 年間で、73.5% 増加し、工業では 113.4% 増加、サービス業では 71.8% 増加と、驚くべき成長を遂げ、1 人あたり粗付加価値額はアイルランド全国水

準の90.2％、EU平均の97.4％にまで達した[*73]（このような増勢は2001年には若干のかげりがあり、従業者数は前年比でマイナスとなった）。

　この地域を代表する産業は、従来は農林業、それらをもとにした食品工業であったが、今日ではSFZなどを中心に、機械、金属、電機工業が重要な存在となってきている。航空機関連のメンテナンスや部品製造も重要であり、化学、健康・医療用品関係の企業も立地してきた。電子、コンピュータなどの製造業種の発展とともに、これらに関連する組み立てや部品製造の「サブサプライ」企業も多数生まれ、アイルランド全域の傾向として、ICT関連、ソフト産業や通信関連事業の展開も目立っている。航空輸送をはじめ、輸送関連の事業所の集中も特徴となっている。
　このように、シャノン地域では産業集積と域内の企業連関、バリューチェーンの形成が1990年代から2000年代にかけて相当にすすんだと言えよう。

基本戦略の内容
　21世紀に入り、アイルランド経済の全般的な転機を意識し、シャノン地域での産業振興も新たな段階を迎えた。アイルランド経済の成長は、EUの一員としてのメリットを最大限生かし、その支援を活用し、EU域内市場という巨大な市場を相手とし、そしてその好調にこれまで支えられてきた。共通通貨ユーロのスタートも、過熱気味のアイルランド経済には好機となった。しかし、21世紀に入って、米国のバブル崩壊と景気後退を被り、EU経済に翳りが出てきているのをはじめ、一連のマイナス要因が働き始めた。もちろん、米国の景気後退とIT産業の不振は、アイルランドに立地した米国系企業の姿勢を揺るがせ、撤退の動きも出始めた。それ以上に重大なことは、成長発展を遂げたアイルランドは今後ともEU内で援助を受けられる立場にとどまり難くなっており、これまで享受してきた特典を手放さなくてはならなくなっていることである。他のEU諸国の批判の的であった低い法人税率については、交渉の結果、2003年からは12.5％に引き上げられた。これは依然特典であるとはいえ、援助地域としての構造基金、結束基金などの補助

金交付も今後は期待できない。[*74] 新開業企業や立地企業への融資制度などの直接援助も維持が難しくなる。一方では、EUの東方拡大により、多くの財政支援はそちらに振り向けられ、また低コストの魅力を求める外国企業はアイルランドから中東欧へ移っていく傾向にある。景気過熱による人件費や諸物価上昇はその大きな加速要因になる。

　こうした事態を先に予想し、IDAやSDでは新たな展開を図ってきた。政府レベルでも2000年からの「新全国開発計画」(NDP)で、EUの援助に頼らず、今後とも競争力ある産業の振興と均衡ある地域開発を志向し、総額405億8800万アイルランドポンド（当時）をあてる予算措置とともに、その目標と計画を明示した。それにもとづき、「全国地域戦略」も2001年に発表された。NDPのなかでは、ICT情報通信技術、製薬化学・健康、国際サービス（ソフトウエア、シェアサービスと顧客サポート）、国際金融サービス、e-ビジネスという、期待される産業分野があげられている。国際金融サービスやコールセンターなどは90年代末から積極誘致がはかられており、ダブリンの国際金融センター開発が実現した。21世紀の課題は、これらの新産業振興がダブリン一極集中を加速することになるのを避け、全国に産業展開をすすめるべく、それを支えるインフラ整備と人材育成をはかることにあると位置づけられた。[*75]

　シャノン地域では、EUの支援のもとでのRIS地域イノベーション戦略プログラム（1997-98年）立案に、SDシャノン開発庁、IDA、Forbairt（産業振興庁、のちのEnterprise Ireland政府商務庁）、自治体、商工会議所、各企業委員会、リムリック大学、各高専（IT）など19組織が参加し、多くの企業の協力も得て、総合的な調査研究と戦略立案にあたった。[*76] ここにおいては、現状分析と企業実態、とりわけ近年でのイノベーションへの取り組み状況調査をベースにして、「ニーズ分析」「トレンド分析」「サプライ分析」を実施し、企業がイノベーティブに動けるための内外環境条件を明らかにした。「不足するニーズ」としては、文化要因、熟練・専門労働力不足、金融難、マーケティング、公共政策の不備があげられ、今後のサプライとして企業の自助努力、複合ステークホルダーアプローチ、人的資源開発という三

つの主題が示された。そして戦略プランとして、「シャノン地域を地域イノベーションの世界的リーダーとする」という目標を掲げ、「地域のイノベーションシステム」、「学習する社会」、「産業部門別政策」、「社会的統合」、「地域のアイデンティティ」という各原則を示している。そして戦略の実践にあたっては、インフラ、教育訓練、高等教育部門の活用、イノベーション推進への文化的取り組み、金融、部門別戦略立案といった各課題をあげ、これらに対し関係各方面・組織が果たすべき役割とステップを明らかにしている。そのうちでは、研究開発プログラム、域内のイノベーションネットワークの「node」（結節点）形成、テクノロジーインキュベーション、事業化、中小企業のITアクセス、さらに文化的啓蒙などの措置があげられた。

この RIS プログラムではまだ、戦略的に推進すべき産業を明示しなかったが、その後の検討によって示された戦略的重点としては、「知識主導経済」下の「情報・知識産業」を未来理念として念頭におき、ICTはもとより、コールセンター、国際サービス産業、さらにバイオ分野でのバイオエンジニアリング、バイオインフォマティックス、医療・健康産業等がある。従来型の化学や重機械工業には重きはおかれない。しかしまたSDとしては従来から観光事業も重要な活動分野としており、古城の活用など観光資源の開発と観光客誘致にも新たな戦略的な目標を設定している。リゾート開発やレジャー施設建設にも取り組まれている。

産業振興策としては、海外からの直接投資と企業誘致も依然大きな意味を持つ。コールセンターや金融サービス関係の誘致では、アイルランドの立地と言語の有利に加え、人口構成の若さ、教育レベルの高い人材の分厚い存在と今後の教育のいっそうの充実がつよみである。他方では、大学・研究機関等からの技術移転・事業化、新分野に取り組む域内の「内発企業」（indigenous enterprise）・中小企業の振興、イノベーター化などが欠かせない。「内発的発展」は21世紀アイルランドの共通のキーワードである。B・E・I（business educational infrastructure innovation）という三つのキーワードのもとに、イノベーティブな地域づくりがすすめられた。

地域戦略の中核機関

　SDシャノン開発庁は地域の総合的開発・産業支援機関のモデルとして、きわめて強力な組織であり、シャノン地域の開発と産業振興にあらゆる角度からかかわってきた。2001年時点ではSDの年間予算は€4300万、総員419人の組織で、活動分野はフリーゾーン、NTPテクノロジカルパーク、イノベーションセンターやビジネスセンターなどの企業支援部門、観光開発や観光施設、住宅建設・賃貸、マリーナなど多方面に及び、また自前のベンチャーキャピタルShannon Venturesも持っている。[*77] SD本部のあるシャノン市中心部では2000年代に大規模な商業開発も行い、まちは大きく生まれ変わった。もちろんすべての開発事業を自力で行うわけではなく、SFZやNTPの建設にあたっても、地主やデベロッパー企業の協力を得ている。また、地域の諸機関との密接な連携も特徴的で、とりわけ地元のリムリック大学との間では役員を交換しあうなど、一体の関係を持っている。このような機関の役割発揮には、当然ながら政府の財政支出に加え、EUからの構造基金などの補助金が大きな支えとなってきたことは明らかである。特にNTPの建設や運営には、イノベーションセンターを含め、EU補助金が多額に投じられてきた。

　NTPナショナルテクノロジカルパークは総面積650エーカーの研究開発地域内で、リムリック大学に隣接する土地に、1984年に建設された。NTP自体の面積は350エーカー、90社以上が入居し、5000人以上が働いている。その半数はDell、Johnson & Johnsonなどの外国企業であったが、内発企業、大学関連企業も相当数を占めた。ICT、健康・医療、電子、教育などのe－ビジネス等の世界企業や新興企業が集まり、リムリック大学のキャンパス拡張とともに拡張開発を進めてきた。建物施設・海外並びに内発投資・高等教育機関・インキュベーション施設という四つの要素を結んだ、理想的なサイエンスパークの姿を追求してきている。これらをまとめる役割を担うNTPC管理会社はSDの所有であるが、一方ではリムリック大学と緊密な関係を保ち、他方では、ESATテレコム社との提携でいち早くデジタルパーク化をはかるとともに、NTPを軸にした広域的な「knowledge network」

を構築してきた。リムリック市にのみ集積と研究開発を集中するのではなく、またハード面の投資を重ねることなく、エニス、ケリー、ティパラリーなどシャノン地域各地のテクノパークの建設とネットワーク化を図るものである。地域集中性と空間分散性の両者を結びつけた、点から線、面への展開をすすめてきている。

　NTPのなかにはインキュベーション施設であるイノベーションセンターが置かれている（当センターはEU地域政策によって各国に設けられてきたBICビジネスイノベーションセンターの一員である）[*78]。当センターの支援対象は単に新規開業企業というものではなく、知識経済の時代に見合った、イノベーティブな活動を展開する、HPSUハイポテンシャル・スタートアップに絞られている。それは成長市場に展開し、2年以内に10人以上の雇用と€130万の売り上げを見込める、成長力の高い企業ということである。これらに対し、「ベンチャーデベロップメントプロセス」と称する企業の創業と発展の各段階に見合う総合的な支援を実施し、またセンターのルームや設備、利便を提供し、VCを含む金融支援を行い、さらに専門家の助言を提供するものである。ここからICT、ソフト関係の企業が多く生まれた。
　リムリック大学は1972年創立（大学化は1989年）の若い大学であるが、成長めざましく、1万人を超す学生を擁している。MITをモデルとし、実学と職業能力の育成を重視し、ICTやソフト開発関連の研究教育を特徴としてきた。また、上記のようにSDや地元経済界、外資企業などとの連携が強く、豊富な資金を得るとともに、9ヵ月の企業現場実習を行う「コーペラティブ教育プログラム」、最終学年での企業参加を行う「ワークプログラム」の教育、産学連携研究を積極的にすすめてきている。「必要とされる人材を育てる」姿勢が顕著な大学である。ICTのほか、物質・表面科学、バイオサイエンス、バイオエンジニアリング関係に特徴があり、さらにビジネススクールを拡充している。大学からの技術移転を戦略的組織的に推進し、研究委託、ライセンス、キャンパスカンパニー、コンサルティング、メンタープログラムなどが整備されている（この事業化推進室自体が独立し、新企業をスタートさせた）。

リムリック大学のほか、この地域の各地には6つの工業高等専門学校（Institute of Technology）があり、人材育成とともに、地域のビジネスセンターとの連携をはかっており、各拠点での中心的役割が期待されてきた。

転機のアイルランドとシャノン地域

このようなアイルランド・シャノン地域の発展も、とりわけ2008年の世界金融危機の影響を直接被り、大きな転機を迎えていることは間違いない。「もっとも北米に近いヨーロッパ」は両義的でもあった。バブル経済の破綻と金融危機で、域内での投資が滞り、経営困難が広がっている一方、政府機関も財政難や政府方針の変更で事業に重大な齟齬を来している。かねてからの動きもあってSDシャノン開発庁も責務を大幅削減され（中央政府のEI商務庁に多くの業務が移管された）、また自主財源依存を求められ、これまでの戦略路線と事業活動を全面的に見直さざるを得なくなった。産業戦略を担う主体というよりも、「開発公社」的に、建物や土地、インフラの整備管理や販売に力点が移されいる。加えて、世界不況とEUの東方拡大・低賃金の中東欧諸国の加盟の両方の要因から、Dellコンピュータ社など地域内の外資企業の撤退転進も相次いでおり、従来型の経済発展パターンが大きな壁に直面している。

しかしなお、地元の中小サプライヤ企業は健闘を続けている。2006年の時点ですでに、電機電子等の部品製造を行うサプライヤ企業群はSDの援助プログラムやサプライヤネットワーク活動を通じて新需要分野・新市場開拓を進めており、高付加価値な医療健康機器関係の部品製造に大きくシフトをしていた。こうした市場も2008年来の経済危機の打撃は免れず、売上の減少を被ってはいたものの、取引先拡大と合理化を通じて生き残りを図っている。この間の技術力強化と営業力の確保は一つの重要な手がかりである。

その一つ、T社[79]は地元大学卒業後、アイルランド富士通に勤務した創業者がのちにリムリック市近郊で1998年に設立した金属・プラスチック加工企業であり、以来業績を伸ばし、SDが開発した工業団地に土地を取得して工場を新築し、米国系メーカーDell、モトローラ、IBMなどからの精密部品

や治具などの受注で順調に拡大成長を続けた。その後、多数の大型マシニングセンタや三次元測定器導入など積極的な設備投資にもとづく加工能力を生かし、医療健康機器関係の部品製造にシフト、トータルのサービスと顧客満足の高さを武器に受注を拡大し、最盛期は50人近い従業員を擁し、地元サプライヤ企業のネットワークでも重要な存在となった。

　2008年10月には月額€36万というピークを記録したが、2009年には一転受注額前年比30%減という創業以来のマイナスに落ち込み、従業員を10人削減し、また週就業時間を37時間から34時間にカットして耐えるとともに、国外の医療機器メーカー等に受注先拡大を図り、社長や営業員、外部外交員のみならず生産部長までも動員した積極的な営業活動によって経営を支えようとしている。EI政府商務庁との連携と支援で新製品開発や作業改善への補助金をうけ、経営相談も受けるほか、従業員訓練への援助も考慮中である。また、地元大学卒業生として大学との関係も重要で、これが受注先開拓にもつながっている。金融危機のもとでも銀行等との関係も良好で、資金繰りに窮する状況ではない。

　このように、外資系製造業の誘致とローカルサプライヤベースの構築という道筋から、「自力で生き残れる」企業への飛躍は可能にもなっている。なお、政府の政策もあってT社は最盛時には10人以上の外国人労働力（ルーマニア、ポーランドなど）を入れたが、人員削減対象になったのはこのうちの2人のみであり、外国人も熟練作業者であるうえに非常に仕事熱心なので、むしろこちらを残してアイルランド人従業員を減らしたい思いだという。同社に限らず、外国人労働者への信頼は他社でも聞かれ、バブル景気のおかげでの国内賃金水準の急上昇に加え、勤労意欲や向上心の低下が目立ち、またかつて職を求めて世界へ出ていったアイルランド人の原体験から、同じような境遇の東欧等出身の外国人労働者への同情心も目立った。

3-3　RIS地域イノベーション戦略の到達点

　RISならびにこれを基礎とした地域戦略の実践においては、①地域問題や教育、雇用、生活、福祉などまでも含む戦略の対象領域の広さ・総合性、②

戦略の立案と実施にあたる強力な権限と財源をもった中核機関の地域内での存在、地域の自治体・経済団体・大学・研究機関・教育機関・住民組織等の間での密接なローカルパートナーシップの展開、③振興対象となる産業の設定の幅広さ、ハイテクに限らず、既存産業やサービス産業等におけるイノベーションの推進、④技術移転と事業化をめざしての産学官連携および大学からの起業の推進とともに、大学の積極的な地域連携の推進、⑤「学習地域」の視点の重視、人材の育成と人的資本形成、起業文化推進の追求、⑥BIC（Business Innovation Centre）などの活用や大学等のインキュベータ支援、スピンアウト支援、マイクロ企業支援などによる「地域インキュベーション」の推進、といった特徴を示している。そしてここには、EUや加盟各国での中小企業政策、産業政策、地域政策等の連携強化と総合的な取り組みの流れも如実に反映されている[*80]。

このように、RISの立案推進のうえでは地域の中核的開発機関とともに、BICの存在が重要であった。BICはEU地域政策の援助地域を対象として、ERDFを財源にDGXVI地域政策担当第16総局（現在はDG Regio地域政策総局）のもとに1984年から設置された。公私連携を特徴とし、加盟国以外も含めて約150のセンターがあり、EBNネットワークを形成してきている。事業の目的としては、起業家発掘、新事業支援、新技術普及、研究開発事業参加推進をかかげているが、現実には創業支援機関の色彩が濃い存在であり、独自の金融なども担ってきた[*81]。

なお、創業支援機関としての活発な活動は上記のようにアイルランド共和国ダブリンやシャノンなどで特徴的であった。1988年に設立されたダブリンのBICはEUおよび政府の支援で都市部での「内発企業」創業を推進する役割を担い、独自のベンチャーファンドやインキュベーション施設も持ち、年間20件ほどの新企業を育てている。特に生存率の向上を重視し、多くの起業希望者をふるいにかけ、確実なものを選んでいくとともに、徹底した事業計画の練り上げ、総合的な起業家教育をすすめている。また、近年は大学や教育機関、自治体との連携を重視し、研究開発成果の事業化にも対応してきている。ただ、近年は財源難などもあり、建物設備の多くは地元最有力大

学トリニティカレッジの産学連携・事業化活動に供されている。

BICの活動も2000年代後半には転機を迎えているが、見落とせないのは、主には西欧諸国でのこうした経験がその後中東欧新加盟国などに「移転」されている動きである。

4　RISの転機とクラスター政策の浮上

4-1　地域イノベーション戦略の「終末」

2000年代後半からは、別の意味でも状況が異なってきた。一方ではRIS地域イノベーション戦略の実践にひとまず区切りが画され、その推進母体自身にも見直しが迫られた。RISの各地域での担い手の性格が濃いRDA地方開発庁の汎欧州組織EURADA欧州地方開発庁協会とともに、90年代中期に欧州委員会の支援で築かれた、地域イノベーション政策、戦略、スキームの実践経験の交流、先進事例の普及をめざすためのネットワーク組織であるIRE（Innovating Regions in Europe Network）は、235の機関・団体の参加を得ていたが、2008年をもって事務局体制が閉鎖され、機能を停止してしまった。同年11月、スウェーデン・イェーテボリで開かれたIRE主催の「RIS先進事例ワークショップ」は、RIS政策自体の終幕を告げるものとなった。

ここで大きな問題とされたのは、RISの実践にもかかわらず依然地域間格差が大であり、基本的にはRISの掲げる課題と目標があまりに壮大で、多くの地域の到達し得るところではなかったこと、その意味で「イノベーション」そのものの意義、ありようを問い直すべきであるという指摘であった。また、支援政策としても「ソフトな」支援をもっと重視すべきであり、政策に対するモニター・ベンチマーク・評価も必要である、さらに経験の普及応用も生かしていくべきだとされた[*82]。こうした指摘を事実上受けるかたちで、RISの第二期は結局実施されず、EUの支援プロジェクトそのものとしては立ち消え状態となったと見なさざるを得ない。これにはまた、2000年代中

期での「リスボン戦略」の見直し、軌道修正の流れも影響していると想像できる。

4-2 EU「クラスター政策」の浮上とその意味

これに対し顕著なのは、「クラスター政策」の浮上である。地域的な産業集積や研究開発成果を基盤に、地域経済全般の活性化をめざす政策は、90年代以降、EU地域政策の財源をもとにする「RIS地域イノベーション戦略」として前記のように各地で展開されてきたが、これとは別に、2000年代半ばから企業・産業総局や研究総局（DG for Research）を軸として、FP研究開発枠組み計画、結束政策と後発地域支援、産業競争力イノベーション推進の政策という三つのねらいと手段を持った政策が、EUの「クラスター政策」として新たに各地ですすめられてきている。[*83] これは2010年代を意識した展望のもとでの新たな要請と地域および産業の現実を反映したものと考えられる。

具体的には、2006年9月にオープンプラットフォームとしての「欧州クラスター連合」（ECP European Cluster Alliance）が設立され、各地の技術開発支援機関など70以上のメンバーが参集した。ECPを構成し、支えているのは、CIPにもとづくPRO INNO Europeイニシアチブプロジェクトを財源とするINNO-Netsに参加している四つのネットワーク組織である。ECPの活動の一環がECO欧州クラスター観測所でもある。2007年6月には欧州クラスター政策セミナーがコペンハーゲンで開催され、さらに2008年1月にはイノベーションとクラスターに関する欧州首脳会議がストックホルムで開かれるにいたった。これには開催国スウェーデンとともに、スロベニアが推進役となっている。これらを踏まえて、2008年3月の欧州理事会での委員長とりまとめのうちでは、「科学と産業間のリンク向上、世界レベルのイノベーションクラスター、そして地域クラスターとネットワークの進展により」、イノベーションへの枠組み条件の調和を図ることが強調された。関連して、EU地域委員会はクラスターとクラスター政策に関する意見書を提

第10章　地域政策・地域イノベーション戦略と中小企業政策

出、さらに欧州委員会は「世界レベルのクラスターに向けて」コミュニケーション[*84]を発表し、EUとしてのクラスター政策を全面的に位置づけた。また、2008年10月22日の欧州委員会決定による、「欧州クラスター政策グループ」の設置が大きなステップとなったことも間違いない。ここでは、産業競争力、イノベーションフレームワーク、グローバリゼーションとクラスター間国際連携、世界の先進事例からの教訓といった各観点が示されている。

　この欧州委員会「世界レベルクラスター」コミュニケーションおよびそれに関連するドキュメントで、クラスターとは「互いに地理的に近接し、特化した専門家・サービス・資源・サプライ・スキルを発展させるに十分な規模に達している、企業群、関連する各経済アクター、諸機関」と定義される[*85]。そのうえで、EU「地域政策」（結束政策）の展開との強い関わりと、地域イノベーションシステムの向上のうえでの「クラスター政策」アプローチの可能性が注目され、あらためてクラスター論のフレームワークへの接近が意識されている[*86]。

　その具体的施策実施への前提として、「経済変革のための地域」イニシアチブ、さらに「欧州研究地域」（ERA）政策下における、科学技術研究「第7次枠組み計画」（FP7）によって設けられた、「知識地域」イニシアチブ（2007年）が置かれている。加えて、CIPにもとづく、欧州INNOVA[*87]によるイノベーティブな中小企業へのクラスター支援強化、クラスターへの支援サービス事業強化の各事業も関わるものである。さらには、SBAにもとづく、国際化戦略推進をはじめとする、イノベーティブな中小企業のクラスターへの統合を図る施策も関係してくる、このように示されている。

　既述のように、欧州でのRISの立案と実践がすすむなかにおいてもポーター流の「クラスター論」が応用され、これと重なってきた[*88]。もちろん、地域イノベーションシステムと地域クラスターとは同一の概念ではない。前者には企業と、知識開発・普及を業務とする機関との間の協力が主な内容となる。後者はあくまで「同一の地理的領域内における、同一産業部門及び周辺産業部門内での相互に依存した企業群の集中」を示すものである。単純には地域イノベーションシステムは地域クラスターと支援機関が組み合わさっ

たものであり、関連支援産業を含めた地域の産業クラスターに属する企業群、支援を提供する知識機関、これらの活動主体間の相互作用によって構成されるということになる。[*89]一方では欧州委員会地域総局のガイドにおいては、クラスターとは「多くは異業種間の工業企業および（または）サービス企業の集まりで、サプライチェーンなどを通じて連携し、同じ市場条件の下にある、長期にわたって形成されてきた企業集積」とし、ポーター以上に企業の集積と連携に重きを置いている。[*90]また、時には「科学主導型（science-based）クラスター」と「伝統主導型（traditional）クラスター」とも区分される。[*91]そのように、RISシステムとクラスター概念をめぐっても理解は一様ではない。しかし、各地域のレベルにおいてはクラスターアプローチにもとづくRIS戦略の展開発展という大きな流れがすでに存在したのであった。

　EU全般の政策においても、従来からクラスターの観点を時々に活用してきていることも見落とせない。2000年の「欧州小企業憲章」（資料1）のうちには、「企業間のクラスターとネットワークの発展に向けた各国・各地域レベルの行動が支援されるべきである」と記されている。これと時期を同じくして採択されたOECD「ボローニャ中小企業政策憲章」（資料2）ではさらに明確に、「多くの国々では、クラスターやネットワークがイノベーティブで競争力ある中小企業を刺激できるという事実を確認」し、各地の中小企業政策立案にクラスターとネットワークの発展戦略などのイニシアチブ、施策をすすめるよう考慮をすべきものと勧告している。ここではOECDの1999年レポート、「Boosting Innovation: The Cluster Approach」に依拠しており、「付加価値生産的なチェーンにおいて互いにリンクしている、強く相互依存的な企業（専門化したサプライヤを含む）の生産的なネットワーク」、「大学や研究所、知識集約的なビジネスサービス、ブリッジ機関、顧客などとの連合を取り巻いている」という位置づけが引用されている。

　これらと、2000年代後半のEUクラスター政策の位置づけは近いものではあるが、OECDなどのスタンスでは「地理的近接性」は必ずしも重視されていない。また、前者では企業群の地理的展開の「規模」にもかなりのポイントが置かれている印象がある。

第10章　地域政策・地域イノベーション戦略と中小企業政策

　このような背景と展開状況から見て、EUとしての「地域イノベーション戦略」と「クラスター政策」には位置づけ上性格上の決定的な違いはなく、政策母体と政策根拠ないし財源の差異に発していること、またむしろ後者に「地域性」をあとから加味したこと、さらに前者の「科学・イノベーション重視」的姿勢に対し、後者には元来、「伝統型」の既存産業集積を重視できる可能性が見いだされていたことを指摘できる。これは産業発展の遅れた中東欧新加盟国への対応のうえで必要な観点でもある。また「クラスター政策」には先端的な研究シーズの事業化としての、科学技術政策と世界レベルのハイテクイノベーション重視の側面も共存している。これは企業・産業総局にとってもCIP・EIPおよびSBAをベースに、産業政策の「部門別アプローチ」と中小企業の地域的集積重視の視点がここに生かされることになるわけである。その意味では、地域政策と産業政策の間の綱引きの結果、後者に流れが傾いたと言えないこともない。

　「リスボン戦略」でも重要な柱であった従来のRISの志向性にいったんピリオドが打たれるなか、産業政策性を明確に示しているクラスター政策の浮上は、これも当然ながら、政策対象の裾野の拡大とともに、中小企業の地域経済との関わりをいっそうクローズアップさせる意味を持つことになる。SBAの実施と総合的包括的な中小企業政策の推進、クラスター政策の実施、これらは地域政策・産業政策・企業（家）政策の三位一体的展開をいっそう明確なものにしているといえる。

　しかしそれだけに、これがめぐりめぐっての日本の「産業クラスター政策」「知的クラスター政策」への接近であるとも言い難い。むしろ同床異夢の観をぬぐえないものとせねばならない。ここにある差異と距離感を十分理解せず、「クラスター」という言葉だけに振り回されるのは妥当なことではない。むしろ上記のように、従来より多くの場合に、「クラスター」の語は「産業集積」とほとんど同義に理解されていることを見落とせないのである。

第IV部

第11章　EU中小企業政策と企業の社会的責任、社会的課題[*1]

1　はじめに

　「企業の社会的責任」（Corporate Social Responsibility）をめぐる議論は年々活発になり、中小企業ももちろんその例外ではいられない。とりわけ「環境問題と中小企業」という観点からは、限りある地球環境のもとでの「持続可能な発展」を前提とする枠組みのなかで、中小企業にも避けられない重要課題がある。第一には、環境問題等の経営環境制約を前提とした存立のあり方を求められること、第二には自然環境や社会に貢献をするという経営志向があり、それが中長期的には企業の存立基盤を高めること、第三には環境問題や資源問題が企業の新しい事業機会につながること、第四には環境問題などを契機として、産業システムや企業経営のあり方自体の変革が避けられず、多様で多元的な企業システムの広まり、社会的存在としての会社が展望されること、これらである。

　以来、環境や資源問題の様相は、最近の「地球温暖化」の進行のさまざまな兆候、また石油エネルギー価格の高騰などによっていっそう深刻なものとして突きつけられている。1997年の「京都議定書」は、全世界の国々や企業に大きな課題を示した。こうした地球環境問題にとどまらず、「企業の社会的責任」をめぐる事態は、単なる「世の中の動き」や「遠い世界の話」ではなく、すべての企業に対し「いま、ここで」対応のありようが迫られる現実課題となってきている。EU欧州連合は従来から、環境問題などの「持続可能性」の問題を重視し、以下でも見るように、基本条約にもこれを掲げてきた。また同時に、さまざまな社会的課題に対処できる「統合の社会的側面」を不可欠のものと位置づけている。こうした姿勢のもとで、中小企業政

策にも大きな課題が課せられている。

2　EU欧州連合での中小企業と環境政策

2-1　EUと環境政策

　欧州諸国にあっては、環境問題への関心は極めて高いことがよく知られている。そして環境問題は本来的に市場メカニズムの枠外の大きな課題であり、市場経済への制約である、それを現実経済活動のうちでどのように規制・管理・実践し、かつまたどのように市場的な解決をも図っていくのか、というところに、欧州での環境問題と環境政策への取り組みの特徴がある。こうした見地から、京都会議やヨハネスブルグ・サミットなどでのEUや関係国の積極的な姿勢が1990年代には顕著であった。また欧州域内での環境政策は進展が著しい。

　EUの存在を規定する欧州共同体設立条約（ここでは、1999年発効のアムステルダム条約によって改訂された版を指す）[*2]においては、第3条の目的で「環境の領域における政策」を掲げ、さらに第6条では「環境保護のための要件は3条で定められた共同体の政策ならびに活動の定義及び実行に、特に持続可能な発展を促進するという観点に立ち、取り組まなければならない」という条文を入れている。これはアムステルダム条約によって加わった記載であり、EUの諸政策全般に環境問題への配慮を求める意味を有している。具体的政策としては、第XIX編「環境」の章で、環境政策の目的、方法、手続き等を詳しく定めている。その目的としては、「環境の質の維持、保護、改善」、「人間の健康保護」、「天然資源の慎重かつ合理的な利用（prudent and rational utilization）」、「地域的、あるいは世界的な環境問題対処のための国際的水準の措置の推進」の四つが第174条に明記されており、しかもこの問題に関しては、第XI編「社会政策」の条項とは異なり、「中小企業への配慮」といったことは記されていない。[*3]

2001年6月のイェーテボリ・サミットでは「EUとしての持続的発展への戦略」(EU SDS)[*4]を採択し、前年2000年3月のリスボン欧州理事会で確認されたEU統合の社会的・経済的次元に、「環境次元」を加えることとした。「持続可能な発展」は、環境対応と経済成長と雇用確保などの社会的課題とがトレードオフの関係に陥ることを避け、むしろ互いにシナジー効果を発揮できることを期待している。一方従来からは、EUの行政府である欧州委員会の第11総局(DGXI)が「環境、原子力安全、市民保護」を担当し、2000年からの機構改革により、これが新たに環境総局(DG Environment)となった。EU自体としては「環境行動計画」を継続的に立案実施してきており、「第6次行動計画」(2001～2010年)[*5]では、環境と経済・社会政策との統合、戦略的な対処を重視し、「京都議定書」を受けて、地球温暖化、自然と生物多様性保護、人間の健康、持続可能な天然資源利用とリサイクル等を通じた廃棄物処理という四つの重点課題を掲げている。また、将来のEU加盟国を含めた広域的な対応と支援プログラムを重視している。他方ではEC理事会(当時)の決定により、1995年に欧州環境庁がコペンハーゲンにおかれ、EU加盟国以外も参加し、また各地域の関係機関とのネットワークを組み、広域的な環境問題のモニターと対応をはかってきている。

2-2 環境問題と中小企業

EUの環境問題対策のうちでも企業とのかかわりの深いのは、1993年に採択されたEMAS欧州環境管理・監査スキーム(Eco-Management and Audit Scheme)である(Council Regulation (EEC) No 1836/93 of 29 June 1993)[*6]。これは英国のBS7750規格を参考にしながら、各事業所ごとの自主的な環境管理システムの作成、ステートメントの発行、公認検証者(accredited verifiers、現在約300存在)による認証とEMAS認定マークの交付を行うものであり、その後、諸方面で応用展開され、2001年からは拡張措置(Regulation (EC) No 761/2001)により、EN/ISO14001と一体化されるとともに、公的機関などでも実施されている。また、オーストリアではEMAS取得企業に行政上の優遇を与える法が制定された。欧州諸国で

約4000近くがこの認定を受けている。

　中小企業に関しても、環境問題とのかかわりは重要な課題である。1992年から刊行されている『ヨーロッパ中小企業白書』にも環境問題が登場する。『第3次白書』[*7]にあっては、「中小企業に関わる諸政策」の章で「環境政策」を取り上げ、92年リオ・サミット以降の環境政策の進展、その諸原則としての「汚染者負担原則」「環境汚染税」「割当制とライセンス制」「インセンティブ」「訓練とインフラ」といった点が欧州各国の政策のうえで実施に移され、税制や補助金制が活用されている状況を総括している。ただし、北欧やドイツなどとほかの国々といった各国間の差異も依然大きい。また産業界からの抵抗も根強い。今後は各国間の政策の整合化標準化が図られることが必要とされる。また、消費者が「グリーンラベル」商品を選好するようになってきていることが、企業の環境対応負担を軽減する機能を果たせるものと期待をしている。
　『第4次白書』[*8]では環境問題への言及はない。しかし『第5次白書』[*9]では「中小企業と環境問題」に一章を裂き、詳細に論じている。基本的には、持続可能な成長をはかるという前提のもとに、中小企業は環境制約を事業戦略のなかに組み込み、対応をはからねば存続を許されないという厳しい認識が求められる。省資源・エネルギー、汚染削減、廃棄物削減、リサイクル、環境破壊材料の使用削減、リサイクル可能製品開発、輸送量の削減、汚染度の高い投入物の使用削減といった課題である。企業規模ゆえの環境基準の変更は許されない。中小企業の環境保護活動には、環境負荷を減らすための活動・投資、環境管理システムの実施という二つの方法が考えられる。その現状を見ると、国別、業種別の差が大きいうえ、概して企業規模の大きい方が取り組みが進んでおり、ISO14001や上記のEMAS認定企業は中小企業では少ない。
　中小企業の環境問題への取り組みには、第一には環境問題の重要性の自覚、第二には環境問題対応への行動を必要とするような「圧力」、すなわち公的機関の規制、さらには顧客やライバル企業、従業員、株主、世論の影響などの動きが必要である。購買者としての大企業での環境要請や廃棄物処

理問題などが下請などの中小企業に影響を及ぼす例が目立ってきている。他方で地域によっては、雇用確保などを理由とした、環境基準を満たせない工場の存続といった機会主義的行動を許す事態もある。中小企業がこのような圧力を受け、また問題を認識しても、容易に環境保護対策を実行できない問題もある。技術的知識不足、人材不足、時間不足、資金不足等の制約である。ISO14001のような認証を受けるにも相当の時間と費用を要する。

そうした意味で、環境問題は中小企業にはコスト増加要因になりがちであり、容易に取り組みがたい状況がある。しかし、これを新たな市場機会としてとらえ、積極的な戦略を展開しようとする中小企業もある。ただ、環境投資が利益を生むような最適規模は、中小企業の投資可能な規模を上回ることが多い。

リサイクル、廃棄物処理、廃水液処理、衛生、環境技術開発など環境産業（eco-industries）およびそこにおいて活動する中小企業の実情はつかみにくいが、EU全域での環境支出、すなわち環境産業市場の生産額としては、1994年現在でGDP比1.4％、約898億ECU（当時）と推計される。また2万社から3万社の中小企業がこのうちで活動をしていると想定される。このうちでは各国間の差が強く反映し、ドイツ、ノルウェーなどの環境業種企業の競争力や専門性が目立っている。ドイツ、フランスなどでは大企業が優位であるが、概して小規模企業が優位で、中小企業がEU環境ビジネスの重要な担い手となっている。環境関連の雇用はわずかながらの純増で拡大をしているが、中小企業の雇用創出効果は今のところほとんどない。とられる政策の方法によっては、将来的に相当の雇用増を生むことが期待される。

環境政策の実施にも中小企業の制約には配慮があるべきである。少なくとも中小企業への制約が大企業に対する競争力を阻害するような環境基準を立案すべきではない。また、環境ビジネス分野での中小企業の創業と発展を促せるようなインセンティブや資金助成、情報提供などが求められる。一般の中小企業の環境問題対応を促すには、良質で最新の情報提供・普及が必要であるという。

この『第5次白書』に続く2000年の『第6次白書』[*10]では、環境問題への

第11章　EU中小企業政策と企業の社会的責任、社会的課題

特段の言及はない。しかし、『第7次白書』にあたる2002年版においては（今回は一冊の「白書」の刊行という形をとらず、「調査のポイント」「欧州の中小企業」「欧州の地域クラスター」、そしてこの「欧州中小企業と社会的・環境的責任」という4分冊を、しかも基本的に電子出版というかたちで提供しており、今後も続刊の予定がある）、「欧州中小企業と社会的・環境的責任」の部を設けている。[*11] そこでは、下記のように社会的責任（CSR）概念を全面的に用いるとともに、大規模な調査により、さまざまな社会貢献などの活動はマイクロ規模で5割近く、中小規模では7割近くの企業に広がっているものの、環境問題については多くの中小企業が依然十分対応できておらず、環境規制などの法令についての知識・情報も不足している、「vulnerably compliant 弱体な遵守」にとどまっている事実を率直に指摘している。これに積極的に取り組んでいる企業にあっては、下請取引などの機会を通じた市場の要請への対応、ライバル企業に対し競争優位に立ちたいという戦略的発想に主に起因しており、純粋「倫理的」な動機で取り組んでいる例は少ない。平均して8％の企業は、社会的責任への取り組みに関しなんらかの公共的な支援を受けている。

　21世紀を迎えてのEU中小企業政策の「第三段階」にあっては、アムステルダム条約の発効、そして先に見たように、2000年のリスボン・サミットにおける、「知識主導経済・持続可能な経済成長・雇用の拡大・社会的結束（social cohesion）の進展」というEU目標の明示を受け、「持続可能な成長」が政策の大前提と位置づけられた。2000年策定の「第4次多年度計画」では、その第二項に「持続可能な発展に配慮し、また研究やイノベーション、企業家精神が栄えるような規制上・事業上の環境を推進する」と記されている。[*12] 前記のEU SDSを受け、企業総局はその実践の使命を担うことになり、環境問題担当ユニット（DG Enterprise/E.1）をおいた。企業総局のスタンスとしては、企業規模に関わらない環境問題の重要性を直視しながら、「企業政策」による企業の競争力向上が経済成長の源であり、環境問題対応への源泉となること、他方で環境問題や社会問題と企業経営実践との統合化を推進し、さらに環境問題解決への技術革新の推進にもなることを重

視した。[*13]

　企業総局などの取り組みにおいては、経済性と社会性、環境性の間の統合化を基本的なスタンスとし、これに企業家精神・イノベーション・市場アクセスという企業政策の本来方向を重ね合わせ、シナジーを発揮していくことをめざしている。その意味で中小企業を含めた企業部門は、環境問題への対応を迫られるだけでなく、貢献が可能である。EMASなどを別として、現在EUとしての企業部門での環境対応を促進する重要な施策は、「BAT最良の利用可能なテクニック」であり、これは1996年に採択された「IPPCD環境汚染防止と管理統合指令」(96/61/EC)にもとづき、環境汚染を最小化する現段階の最良技術の普及をはかるものである。今日、産業競争力の強化と企業のイノベーション活動推進と結合されるかたちで、これが企業総局でも重点的に取り組まれている。環境対応の技術的改善の実施は資源の不足する中小企業にとって厳しい課題となるが、[*14]その現状は一方的に中小企業に不利というわけでもないのである。

　こうしたEU環境政策と中小企業政策とのかかわりは、前者の絶対的優位を前提としながらも、これが中小企業にとって不利とならず、むしろ事業機会を含めてその発展の可能性につながる方向性を導き、条件を整備することに力点がある。この見地はCSR企業の社会的責任問題にも共通するものである。

3　中小企業にとっての「企業の社会的責任」(CSR)問題の位相

　上記のように、中小企業にとっての「企業の社会的責任」にはさまざまな側面とあり方が見えてきていると言える。今日において企業の果たすべき共通普遍の社会的課題として、環境・資源保護の問題・持続可能な成長・人権擁護・経済的繁栄成果の公平な享受・「社会的排除」(social exclusion)状況の改善などを支えねばならず、それを担う企業には、狭義に「所得機会」や利益獲得をめざすだけではない、①「責任ある企業家精神」(responsible entrepreneurship）の発揮が求められている。[*15] 一方で自ら積極的に社会的課題に挑戦し、これを事業活動の基本とするような②「社会的経済」（economie sociale）「社会的企業」（social enterprise）などのプレゼンスが高まり、世間の注目を集め、また大きな期待が寄せられるようになっている。他方ではこれらを支援し、あるいは企業の社会的責任を全般的に問い、投融資の選択判断基準とする③「社会的責任投資」（socially responsible investment）などの機会が広がっている。資金供給面から企業の社会的責任を追求推進する機関の存在自体が、CSR の公準化を促すものである。またこれに関連し、社会的に不利な立場の人々の社会参加・起業機会の拡大などの、いわば④「社会的起業支援」ともいうべき政策目的が、多くの国々での政府や諸方面の共通課題になっている。起業の社会的意義ともできるものである。これに対しては、社会的責任投資に類似するものとしての「マイクロクレジット」などの供給機関も重要な存在である。

　しかしまた中小企業の経営には、「社会的責任」の追求は⑤経営環境上の新たな課題・コスト負担増となることも避けられない。その意味から、以下でふれるような「トリプルボトムライン」などの一律的な要求を中小企業に課することへの抵抗も各国で顕著である。また、取引先大企業が「グリーン調達」などを重視し、その条件のクリアーを求めてくることによる⑥中小企業への「しわ寄せ」の危険が否定できず、それが社会的課題にまで拡大してくることへの警戒感も強い。「企業の社会的責任」の論理のうちには、「児童労働」問題などサプライヤ企業が社会的課題に配慮した経営を行っているかどうかが問われる点も少なくないだけに、中小企業には取引関係をめぐる不利、受注と事業機会をめぐる存亡の危険さえも自覚される。

　それでもなお、「社会的企業」ではなくとも⑦中小企業が一般的に果たせる社会貢献、社会的責任の課題を積極的に展望検討することも無意味ではない。あとでも触れるように、中小企業による雇用機会の確保拡大が特に欧州での「企業の社会的責任」論の広まりや中小企業政策の強化の根拠ともなったのであり、こうした人材の育成や雇用、社会の安定、あるいは地域経済の持続的な発展などへの貢献は本来中小企業が長年担ってきたところでもある。個々の企業のユニークな社会貢献の例は枚挙にいとまがない。問題はそれら

をどれだけ目的意識的持続的に追求実践できるか、経営上の差し迫った課題との調和と結合をどれだけはかれるか、そしてある意味ではそうした取り組みや成果をどれだけ社会一般に理解していってもらえるかである。今日、社会的課題への優れた取り組み、成果の還元は影響力の大きい大企業には不可欠の課題であり、「CSR報告書」などの手段による広報活動は非常に重要なものとなっている。規模や形は違っても、それは中小企業にも必要なことである。

　しかもこうした企業の社会的責任にかかわる成果の報告還元ということは、CSRをめぐる考え方の枠組みをなす、「ステークホルダー」との関係、すなわち中小企業にとっては、⑧誰がステークホルダーなのかという論点も惹起させる。企業の直接的な利害関係者たる、株主、金融機関等資金提供者、取引先、従業員だけではなく、顧客・消費者、地域社会、さらにはこれらを代表する産業団体、労働組合、消費者団体、環境保護団体、地域社会組織、社会福祉団体、国際交流組織、行政機関などとの対話や意見交換、情報共有などが必要になる。しかし大企業と違い、多くの中小企業にはステークホルダーの範囲も限定される、またそれらすべての関わりを持つことは困難である、むしろ中小企業固有の課題から関係の深いところとの協力や対話をすすめた方が有効であるといった考え方もあろう。

4　「中小企業とCSR」課題と国際的な展開

4-1　世界的潮流と日本の「現実」

　しかしながら、我が国などの多くの中小企業にとっては、環境問題への対応のみならず、「社会的責任」を求められることにはどうしても「外圧」と感じられるところもある。特に「企業の社会的責任」という課題自体が、巨大化国際化して、その行動が直接に社会への多大な影響を及ぼす多国籍企業・大企業を対象としている趣がつよいだけに、むしろそれら巨大企業の行動からさまざまな影響を被っている、あるいはまた個々には社会に影響を

第 11 章　EU 中小企業政策と企業の社会的責任、社会的課題

及ぼすところの少ない中小企業にも、同じようなことがなぜ要求されるのか、あるいはまた、こうした概念自体欧米の経済社会の産物で、日本の産業界には元来あまり関係はないのではないかという理解になりがちである。「corporate」という語自身、「法人資本主義」を象徴する大規模な会社法人の姿を前提としており、多くの中小企業には異質なものとも見えてくる。

　2005 年に東京商工会議所が行った会員企業約 800 社に対する調査では、[*16]大企業では CSR の語を知らない、あるいは内容についてはあまり知らないという企業は皆無であったが、中小企業では前者の回答が 7.3%、後者では 35.0% あった。つまり、情報の集中している東京の、しかも規模的には比較的上層の中小企業の間でさえ、4 割以上では CSR という概念自体がほとんど知られていないのであり、回答企業の規模が小さいほどこの傾向は支配的である。また「CSR の意味」に対する設問については、回答中小企業の 67.6% はこれを「社会に存在する企業として、払うべきコストである」と見ており、大企業のうちでは 82.8% が選択した「経営の中核に位置づけるべき重要課題」との項目を選んだ中小企業は 38.5% にとどまる（2 項目以内複数回答）。さらに、回答中小企業が CSR に取り組めない理由としてあげられた上位の項目は、「人手が足りない」（52.8%）、「コストの増加が予想される」（37.0%）、「資金が不足している」（32.4%）の三点で、資金や人材などの経営資源が限られていれば対応は困難と考えられているのである（3 項目以内複数回答）。そして多く見られる考え方は、「よりよい製品・サービスを提供すること」が CSR の主目的であり、これに次ぐものは「法令を遵守し、倫理的行動をとること」とされるもので、ともかく事業の本旨を法や倫理に沿ってすすめることが最良ではないかという理解である。もっともこの点は回答大企業も類似の傾向を示している。ただ、大企業ではこれらの課題項目とならび、「地球環境の保護に貢献」や「地域社会の発展に寄与」という点がほとんどからあげられており、CSR への関心の広がりを示している。

　このように、CSR という概念自体への関心と理解の乏しさ、あるいはそのかなり受動的受け止め方のつよさは否定できない傾向である。この調査から 5 年以上が過ぎた現在では、CSR への理解はもっと広がっている可能性もあるが、中小企業自らが積極的にとりくみをはかり、成果を上げていくべ

き課題という受け止め方は依然少なく、CSRという耳慣れない語への違和感を含め、やはり「外圧」的な印象はぬぐえないだろう。

4-2　CSRの国際公準化・規格化の動き

国際的には、CSRを企業の主要な活動目的の一つとすべきであるという主張が、主には監査団体やコンサルティング企業の側から90年代初めごろから唱えられた。いわゆる「トリプルボトムライン」（経済、環境、社会の3項目を事業活動決算書の評価点として扱うべきであるとする考え方）の提唱である。[17]「持続可能性」を大きな前提とするこの「トリプルボトムライン」の考え方を推進するGRI（Global Reporting Initiative）の取り組みは世界的影響力を持つようになった。[18]我が国を含め、多くの大企業はこのような考え方を取り入れた「CSR報告書」を出すようになってきている。さらにはその後「CSRの規格化」という事態が現実に進行し、多くの国々の中小企業には相当の危惧感をもって迎えられた。[19]

ISO国際規格機構は「環境問題対応」を中心とするISO14000系の規格化に続き、CSRの国際規格化に取り組み、各国代表間での複雑なやりとりや駆け引きを経ながらも、2004年のストックホルム会議でいったん合意を見た。すなわち、企業などの社会的責任を「ガイドライン」として定める、対象は企業だけに限定せず、さまざまな組織の社会的責任と位置づける、2008年の実施をめざす、そのためにワーキンググループを置くという内容である。しかし、この中には多くの玉虫色の理解があったため、翌年3月のサルバドール会議（第1回ワーキンググループ）では「規格化と第三者認証制」をめざすグループと「各国の独自文化性・自主性尊重」を主張するグループの間で妥協がならず、2005年9月のバンコク会議（第2回ワーキンググループ）でも「規格化」の方針の再確認とともに、「第三者認証」は制度化しないことだけを合意した。

2006年のリスボン会議（第3回ワーキンググループ）、シドニー会議（第4回ワーキンググループ）を経て、ISO26000としての規格化を示すとともに、そのスペック内容については積み上げ方式で合意を得て、ワーキン

ググループとしての素案の提出にこぎ着けることになった。これをふまえ、2007年11月のウィーン会議（第5回ワーキンググループ）はISO26000の概要を示し、自発的な参加を前提とする2010年までの新規格制定を定め、2010年11月にはISOより全文が正式刊行された。

このように多くの紆余曲折を経ながらも、「社会的責任」（SR）規格の制度化が事実上進行し、世界各国の企業等に多くの影響を及ぼしてくることは避けがたい状況にある。企業の社会的責任が「グローバルスタンダード」化してくるのは、その性格上や課題の世界的広がりから自明の成り行きであるとしても、逆に各国間などでの文化的や制度的な相違を一概に無視するのではないか、企業の規模制約を軽視し、中小企業にも多国籍大企業並みの課題を押しつけることになるのではないか、あるいはまた、現行のISO9000や14000系規格などと同様に「認証機関」の関与と承認が必要となり、企業には相当な費用や作業負担になるのではないかといった危惧は依然広く聞かれる。「社会的責任を画一的に定めることはない」、「社会的責任を果たすのは企業の自発性の問題だ」とする声は、各国各地域の中小企業団体などには相当共有されている。「社会的責任」の課題の範囲や個々の企業責任の及ぶところ、さらにはそこでの情報共有や対話をはかるべきステークホルダーの範囲などが容易に共通理解されがたいだけに、こうした不満が解消されるのも困難であると考えられよう。

4-3 欧州における「企業の社会的責任論」と中小企業の存在

EU欧州連合はさまざまな枠組みや施策を用い、CSR自体の推進に積極的に取り組んできた。もちろんこれには前記のような諸方面からのとりくみやしくみ作りが相互につよくかかわっている。特に21世紀を迎えてEUとしての動きは加速している。それは、「社会的欧州」をめざすものとしてのEUにとっては不可避の課題でもある。

欧州委員会の「CSRグリーンペーパー」（2001年）は、「法的枠組みを超え、自主的なステークホルダーとの公正なやりとり」とCSRを位置づ

け、企業の主体的な努力を促し、CSRへの欧州枠組みの推進を明確に示した。翌年、欧州委員会「CSR:持続的成長のための企業の貢献 コミュニケーション」[20]では、CSRへの取り組みは「持続可能な企業活動の文化を強化するための、政府・自治体・企業・地域社会・NGO・消費者団体・労働組合等の協働作業」とし、各ステークホルダーとの関係強化とともに、法制化よりも最小限の原則の明示、企業の自主性の尊重、CSRを担うマネジメントスキル向上を特に指摘している。それはまた、CSRの推進が成長と雇用の「リスボン戦略」(2000年)と合致するものとする前提認識ゆえでもある。

こうしたとりくみのもとで、EU中小企業政策でのCSRの課題は急速に大きくなってきている。21世紀中小企業政策の二つの柱の一つである「企業家精神」の位置づけとこれを推進する政策を問いかけた、欧州委員会の2001年「企業家精神グリーンペーパー コミュニケーション」での記述として、「マイクロ企業を含む中小企業は、経済と雇用への貢献において非常な重要性を持つ。コミュニティへの関わりなどにおいて、すでに多くの中小企業はそれぞれの社会的責任を果たしつつあるが、中小企業でのCSR推進にはよい先進例普及へのさらなる啓蒙と支援の取り組みが役に立つ。労働者協同組合や参加スキームなどは、他の協同組合や相互扶助組織、連合的企業 (associative enterprises) などとともに、ほかの各ステークホルダーの利益を構造的に統合し、社会的及び市民的責任を自主的にすすめるものとなる」と示している。[21][22]

さらに2003年には欧州委員会は「責任ある企業家精神」の語を前面に押し出し、健全な企業家精神はCSRを担うものであると強調した。同年に出された「責任ある企業家精神 中小企業の事例集」は、多くの先進事例を紹介し、「経済的」(市場において)、「社会的」(職場および地域社会において)、「環境的」(環境関係において)それぞれの分野でのとりくみを特徴づけている。[23]この「事例集」の発行に当たって当時の企業政策担当欧州委員E.リーカーネン氏は「責任ある企業家精神」概念の意味するものとして、「顧客・パートナー・ライバルを公正に正直に扱う」「従業員と顧客の健康・安全・一般的安寧に配慮する」「地域社会の『よき市民』として行動する」「自然資

源と環境を大切にする」をあげ、中小企業の取り組める社会的責任課題を明示している。

2004年6月に開かれた、上記のCSRに関する欧州マルチステークホルダーフォーラムでは、中小企業にとってのCSRの独自性、企業の自発性重視を主張するユーロチェンバース[24]など[25]の立場を反映し、中小企業の側の困難を強調する最終報告を示している。第一に、中小企業は地域に密着して独自の経営理念に基づき、社会への責任を果たしているのであり、「CSR」という言葉を使っていないだけである。第二に、持続的成長のための経済、環境、社会の枠組みについて考慮するにも、現実には経済的困難の下にある中小企業も存在する。第三に企業の取り組むCSRには限界があり、基本的な責任は本来政府と公共当局にある。第四にCSRのもたらす便益の存在を示す証拠は概して殆ど入手不能である。第五に、中小企業にとっては用語の分かりやすさへの考慮も必要である。第六に、環境・社会の法制遵守がCSRに対する中小企業の基本的な約束として共有されるべきものである。第七に、サプライチェーンの末端の中小企業に重過ぎるCSRを要求すると、かえって環境と社会を危うくする方法でコストを削減しかねない。こうした現実が指摘され、CSRの戦略等について一般化を行うことが中小企業には危険であると示されている。[26]

4-4 21世紀EU中小企業政策とCSR課題の位置

21世紀EU中小企業政策をめぐる状況はいっそう複雑であることも否定できない。[27]一方では企業政策と地域政策、産業政策、人的資源政策などとの連携が進み、地域を基盤とした横断的総合的な政策展開が顕著になっている。他方では個別産業や新事業分野などに焦点を当てる産業政策自体と企業政策とが融合してきており、EU中小企業政策自体も「企業家精神とイノベーション」に傾斜し、「中小」企業への政策という位置づけが薄れているという批判も招いている。そのため、第一には「競争力政策」的志向と企業の社会性、社会的責任の推進政策との関係、第二には「社会的責任」の枠組みも含めた企業一般ならびに産業に対する政策、特に特定産業振興の介入的政策

と「中小」規模企業の立場、その利害を代表する政策との関係が問われざるを得ない。

前述のように2000年「リスボン戦略」の合意と実施を補完するものとなる「欧州小企業憲章」は、欧州統合の進展、欧州経済の持続的な成長と雇用機会の拡大、イノベーションの推進に対する中小企業、とりわけ小規模企業の普遍的な役割を強調し、その妨げとなるような規制や制度、不利を最小化することを掲げた。「Think small first」の原則を諸方面で実践し、「中小企業の声に耳を傾ける」よう、各機関や各国政府に求めた。これは別の見方をすれば、CSRの原則を一律につよく要求し、中小企業により大きな負担を強いることも望ましくはないということになる。ここではむしろ、「社会的結束」(social cohesion)の実現、すなわち地域間や諸階層間の格差不均衡是正と、繁栄の共有享受に対する中小企業の貢献にこそ注目点があると見ることができる。つまり、上記の二つの対立軸のうちの後者、「中小」企業の立場と利害を代表する方向性がここには示され、その追求が中小企業の固有の社会的使命を全うするものとする立場に立つのである。従来からのEUの基本的なスタンスからすれば、中小企業存在と中小企業に対する政策には本来的に「社会性」を有しているのであり[*28]、ことさらに中小企業のCSRを掲げるかどうかではなく、中小企業の社会的な貢献の環境を整備し、その活動に不利とならないような条件を整えること、真の企業家精神を積極発揮させることこそが重要であるということになる[*29]。

21世紀のEU中小企業政策はこうした枠組み的前提を踏まえながらも、知識主導型経済下での持続可能な経済成長に貢献できる革新的な企業家と新企業を重視し、これを支える事業環境、金融環境などの整備に重きを置いた諸手段を展開してきた。起業文化と創業環境の整備、ベンチャーキャピタルやマイクロクレジットの供給、人材とスキルの強化、中小企業の研究開発プログラムへの参加促進、環境・エネルギー・国際化対応などのとりくみが、「中小企業と企業家精神のための第4次多年度計画」(4th MAP)のもとですすめられた。また、「小企業憲章」の実践フォローアップの取り組みと報告により、各国レベルでの積極対応が求められてきた。

2007年から始動したEIP「企業家精神とイノベーション計画」は従来の

第11章　EU中小企業政策と企業の社会的責任、社会的課題

MAPに代わるものと位置づけられ、€22億の予算を充て、表題通りに企業家精神の推進と中小企業によるイノベーションの促進を重視するものである。これは、「持続可能な成長と雇用」を目標とする2000年の「リスボン戦略」が基本的には正しい方向を掲げながらも、なかなか成果を上げていないという現実、そのいっそうの強化推進が求められる状況を反映したものであり[*30]、前記のように一方ではEU企業政策の産業政策傾斜を象徴している。しかしまた、産業政策傾斜自体は、CSR実践を中小企業につよく求めるというより、中小企業の競争力と革新力の重視につながる方向にあり、ここで大きく取り上げられているのは、中小企業金融の大幅拡充とともに「エコイノベーション」などを通じた中小企業の貢献への期待である。[*31]

さらに21世紀のEU中小企業政策の新たな段階を画するSBA小企業議定書にはCSRの語はなく、むしろ「環境問題を中小企業の新たな事業機会にする」ということがあらためて課題の一つにあげられた。[*32]「グリーンマーケット」の活用こそが環境問題、資源問題の対応に有効であり、中小企業の役割発揮になるとのスタンスである。

4-5　EUのめざす中小企業のCSR推進とは

EU全般の枠組みのなかでのCSR推進の動きもすすんでいる。そのなかで2005年の4月に開かれた「グローバル経済の中での欧州の競争力の推進力となるCSR」国際会議は、欧州委員会雇用・社会総局と「トリプルボトムライン」の主唱者であるAccountAbilityの共催というかたちで、NCRI「各国の企業責任指標」というものを算出提起し、「競争力政策」が主流となっているうちでも「責任ある国家競争力」の概念を打ち出した。NCRIの主要な説明要因は、コーポレートガバナンス、倫理的なビジネスプラクティス、改善に向けた政策形成、人的資本の構築、市民社会との対話・働きかけ、公共財政への貢献、環境マネジメントの7点であるという。[*33]これはCSR問題の国民経済レベルへの拡大、公共政策との関係重視であるとともに、競争力政策の観点とCSRは整合するものである、という見地に傾くものであるとみることもできる。一方では「持続可能な経済成長」はこのような諸方面

にわたる社会指標を満たすものでなければ実現できないという立場の主張であるが、他方ではCSRを個々の企業の経営努力の課題には限定できないという現実を認め、また中小企業にとってのステークホルダーを明示することは避け、「市民社会」一般との関係をとりあげるという姿勢にとどめるものであると考えられよう。

 EUとしては中小企業のCSR推進にも継続的に取り組んできた。中小企業政策を所管する欧州委員会企業・産業総局が2005年から開始した「中小企業におけるCSRを主流化する」プロジェクトは、EUマルチステークホルダー・フォーラムと中小企業円卓会議の報告・勧告にもとづくもので、中小企業のCSRの推進と支援のための各国でのとりくみを財政支援する、中小企業のCSRを支援するための最良の方法を検討・経験交換するフォーラムとなる専門家グループを設置するという2点が主な柱である。[34] そして2007年にかけ、「第4次多年度計画」(4thMAP)を財源に、企業・産業総局がこれにかかわるさまざまなとりくみを実施することになった。このプロジェクトでは、CSR、中小企業と地域の競争力、中小企業向けCSRの事例、企業支援組織の能力開発、啓蒙活動、報告方法を含む、ツールキットとマネジメントシステム、サプライチェーン問題、メンターと認証方法、各国ごとでのCSRの定義と内容という七つの課題を挙げている。
 この専門家グループの2006年1月会合の基調ではCSRと競争力の関係を取り上げ、「マクロ的には、多くの中小企業が取り組んでいるCSRが地域経済の競争力回復に寄与するのか?」「ミクロ的には、CSRが個々の中小企業の競争力を高め、成功をもたらすのか?」と問題提起をしている。[35] まさしくCSRは「競争力の推進力」と理解されるのである。そして実際にも、EUとしてすすめている中小企業のCSR推進の活動は中小企業の「自覚」を促し、中小企業による社会的な活動展開などの方法に関する情報や教育訓練機会の提供を図ることが中心で、「先進事例」の紹介のかたちが多い。それが企業の成長発展にも大いに役立っているのであれば、推進奨励の活動は十分に効果を持てるものである。
 特に注目できるのは、ここに示された「地域の競争力とCSR」とい

う視点である。これに関しては英国ヨークシャーの経験がある。ここではブレア政権の設けた RDA 地方開発庁の一つ、Yorkshire Forward と AccountAbility、さらに長年創業支援機関や企業の社会貢献活動を支援してきた Business in the Community（BiC）の三者が協力し、DTI 英国貿易産業省が示した「地域の競争力指標」を手がかりに、「CR は地域の競争力（RC）を高める」（ここでは social の語はむしろ外されている）との理念を推進実践してきたという。それは、企業による賃金や代金支払い・納税、よい経営としての地域からの評価、スキル向上・人的資本形成・評判向上、環境成果による費用節約、省エネルギー・グリーン製品などの地域の潜在成長分野、公共部門によるよい実例の普及、中小企業への官公需機会・代金支払い迅速化・行政負担軽減などの効果、企業のコミュニティ投資や従業員のボランティアによる地域再生支援・社会的に排除された人々の参加機会、こうした関わりがあるからだという。そして CR による地域競争力向上には労働力開発、コミュニティ参加、環境マネジメント、事業経営上の実践という四つの主要課題があるという。[*36] ヨークシャーの地域経済は近年復調めざましく、Yorkshire Forward は各 RDA のうちでのサクセスストーリーを誇っているので、こうした主張にも説得力がある。同時にまた、こうなってくると中小企業にあらためて CSR を求める必要性があるのか、中小企業の日々の経営実践や地域社会とのつながり自体に再評価をするというものではないのかという疑問もわいてくる。[*37]

5　終わりに──「社会的課題」の複雑さと普遍性

　このように、EU の CSR へのとりくみと中小企業との関係を見ていくだけでも、そこにはさまざまな矛盾と相異なる軸の存在を確認せねばならない。それは、中小企業の当面する現実が複雑多様であるし、そこに外在的な規範を求めるだけでは中小企業の持てる潜在力をかえって損なうことになりかねないという現実認識があるからである。なにより、2008 年世界金融危機とそれ以降の欧州経済の混乱・困難は、企業の「社会的責任」の位相自体を問

うものであることを避けがたい。しかしなお、「Think small first」の追求こそが現在の課題であるという事実、また元来EC・EUの中小企業への注目の根拠には中小企業による雇用機会確保拡大の可能性という、いわば「中小企業の社会貢献」の最大かつ最優先課題があったゆえであるという歴史的な経緯[*38]、これを理解するならば、今日に至る中小企業と社会的課題の基本的位置づけは、なかば必然的なものである[*39]。日本の現状も、いたずらに外圧への危機感を募らせたり、困難な規格や枠組みを無理に押しつけたりするのではなく、中小企業の現実を踏まえ、実行可能な道筋を選びながら、なおかつ今日的課題に積極的にこたえていくというものであるべきだろう。

それゆえ、現在の議論と政策ないし制度化志向の位相は、図11-1のように多元的で輻輳をしている。それぞれに重なるところを持ちながらも、異なる方向に議論と諸手段が向かおうとしている。

これを同一平面上での実践のうえでの各選択肢としてとらえてみれば、以下のようにCSRのとらえ方、なすべきことをめぐって、それぞれの志向性を持つ主張の分立として描き出すことができよう。

(a) 「ミニマム」派──中小企業がいまなすべきことは、市場秩序、企業行動、労働条件、環境、消費者保護、安全衛生などの法律規則へのコンプライアンスを図ることと社会的倫理規範を遵守することに限られるのであり、あとは「本業」をまじめに追求し、顧客と社会の必要と信頼にこたえることこそが「社会的責任」なのであるとする。

(b) 雇用・人材育成重視派──EUに見られるように、企業責任のいわば原点であり、中小企業への期待が集まっているのは雇用機会と人材育成であるとし、それがまた企業・地域・国家の競争力の源でもあると位置づける。これには企業の最重要の担い手たる社内の従業員との関係重視、その人格や権利の尊重、能力開発推進などがかかわっている。

(c) 社会的・環境的事業機会派──社会的企業などを含めて、社会課題に積極的に挑戦し、あるいは「エコイノベーション」や「コミュニティビジネス」など、これを新たな事業機会にしていくことを推進奨励すべき

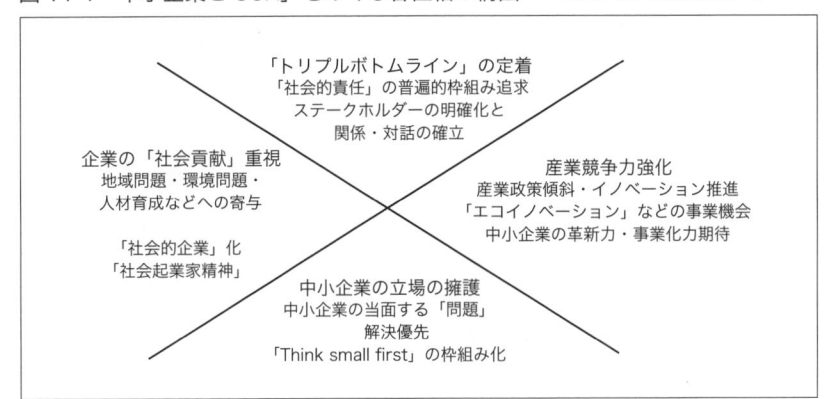

図 11-1 「中小企業と CSR」をめぐる各位相の構図——欧州における動向を踏まえて——

```
                「トリプルボトムライン」の定着
                「社会的責任」の普遍的枠組み追求
                ステークホルダーの明確化と
                  関係・対話の確立

企業の「社会貢献」重視              産業競争力強化
地域問題・環境問題・              産業政策傾斜・イノベーション推進
人材育成などへの寄与              「エコイノベーション」などの事業機会
                              中小企業の革新力・事業化力期待
 「社会的企業」化
 「社会起業家精神」
                中小企業の立場の擁護
                中小企業の当面する「問題」
                解決優先
                「Think small first」の枠組み化
```

であるとする。もちろんそのめざすところは多様であり、そこに中小企業のそれぞれの可能性と「責任ある企業家精神」が生かされることになる。

(d) 自主的な社会貢献努力評価派——「社会的責任」を一律に定めたり限定するよりも、それぞれの企業のアイデンティティと評判をえるための独自の社会貢献努力を評価し、これを社会に伝えていくコミュニケーションが重要であるとする。特に地域の経済社会との連携協働としての社会貢献は多くの中小企業の課題であるともできる。

(e) CSRの原則枠組みと課題共通化派——あくまでCSRはCSRであり、現代社会の要請として経営の論理を超えるものであって、「枠組み」「原則」の明示化・規格化を図るのが公平な競争になるのであり、そのうちには企業のあり方自体が基本的に変わっているとする「ステークホルダー関係重視」も含まれる。

これらの主張のいずれかを選択するかは、いまここでの議論の対象ではない。冷静にそれぞれの意義とめざすところを考え、比較し、さらにはその背後にある理念的位相を考えるべきところである。とりわけ我が国の企業風土や制度を考えるに、うえのうちでも (a)「ミニマム」目標の厳守を再確認しながら、(b) 雇用・人材育成を積極的に推進し、あわせて (d) 自主的

社会貢献努力を奨励するというようなところに、多くの中小企業のCSR対応の中心課題を見いだすことができよう[*40][*41]。また、CSRの追求が中小企業にとっての困難や「しわ寄せ」にならないような適切な支援もいっそう必要であろう。他方では、(c)のような具体的な社会的課題に直接取り組んでいく、なおまたこれを事業機会として企業経営のつよみと持続性を生かしていく、「社会的企業」などの起業や挑戦をいっそう促すような環境づくりや支援も今後の主題である。

しかもなお、特に我が国において考えられるべき、また企業の役割と責任のかかわる重大課題は、「社会的排除」(social exclusion)の問題と、これと裏腹な人的能力形成、職業観と職業機会の拡大ではなかろうか[*42]。これは世界的な共通課題であり、グローバリゼーションの影響が広がり、また国境を越えた人の移動・混住と定住化がすすむ中、あるいは激変する雇用就業環境や産業構造、「知識経済化」のもとで、労働市場から、ひいては職業と社会参加、安定した生活の機会と基盤から取り残される人々の広がりという形で顕著になっている。単なる「貧困問題」や「福祉の問題」とも異なる、複雑で根が深く、また社会に長期にわたって大きな課題を突きつける性格のものである。我が国においていまや重大な問題となってきた、若年層失業や不安定就業化、「ワーキングプアー」化もそうした事態の一環としてとらえられる。

これを打開するには、なにより人的知的能力の向上機会の確保、職業就業機会の拡大向上が必要であり、それらの取り組みや地域・生活環境の整備、人的支え合いのしくみの再構築を通じ、ひいては起業機会の拡大を通じ、「社会的排除」から「参加統合」(social inclusion)を実現していくことが望まれる。これに対し、これまでもそしてこれからも、幅広く人材の雇用育成、職業機会の確保に積極的な役割を果たしてきた中小企業による貢献の意義はますます大きいと言える。これをさらに、行政・公的部門、教育機関、雇用・職業訓練機関、創業支援機関、研究機関、産業団体、地域商工団体、職業別団体、労働団体、社会福祉団体、国際連携NPO、就業支援NPOなどとの連携のもとで長期的に取り組んでいくことができれば、社会の安定と安寧、経済的厚生の実現に向けて、「中小企業のCSR」はいっそう大きな意義を果たせるであろう。

第12章　中小企業政策における政策評価
——EUでの経験から——[*1]

1　はじめに——政策「評価」とは

　公共政策の実施に当たっては、その拠ってたつ理念や哲学、さらに方法などが問われるだけではなく、限られた資源（多くは政府予算など）を用いる以上、政策の合理性・合目的性、ひいては政策効果が予期した通りあったのかどうか、予期せざる問題や悪影響が生じていないのかどうか、きちんと問い、調査検討し、総括をすることは、政策の立案から実施にかかわる関係者全体の責務であると言える。またそれは、タックスペイヤーであり、政策自体の対象ないしは影響を受けるものとしての国民全体の問うところでもある。

　我が国の政策動向においても、立法や施策実施に至る過程だけでなく、その実施に伴う効果、付随しておこってきた問題など、政策の「評価」にかかわる議論が近年高まってきた。中小企業政策においても、1999年中小企業政策審議会答申[*2]にもとづき、「政策評価の充実」が課題とされるに至っている。政策の質の向上や説明責任の向上の観点から、立案過程での透明性、公平性の確保、施策導入後の利用者からの評価等による施策効果の検証と公表、施策実施機関へのフィードバックなど政策評価手法の確立と導入が求められているのである。[*3*4]

　我が国の場合でも、前記のように1963年に中小企業基本法とともに制定された中小企業近代化促進法においては、当初その政策効果を評価するべきフォローアップとデータ収集・分析がなされた。近促法指定をうけ、資金斡旋などの施策を受けた製造業中小企業自体が、期待されたような物的生産性の向上、経営の改善、集約化などを実現しているのかどうか、問われたので

第Ⅳ部

ある。中小企業庁『近代化促進法指定業種（昭和38年度〜40年度指定分）の効果』（1971年）といった内部資料がそれである。ここでは近促法指定業種における総投資額や貸付額、そしてその結果としての生産性伸び率、企業数動向などの数値が算定され、政策の目標がどれだけ実現したかを具体的に判断する材料になり得るものである。[*5]しかしその後、こうした政策実施後のフォローアップ、さらにその評価といった作業が十分になされてきたとは言えない。概しては、特に求められる事情や必要性に迫られない限り、なされなかったものと見ざるを得ない。

これに比べ、欧米諸国では概して、政策実施後のフォローアップ、具体的な成果の測定、定量的定性的な評価、そしてそれにもとづく政策の見直し・軌道修正や統廃合、といった一連の手続きが常識化していると見ることができよう。大規模な施策を立案実施する前に、小規模なパイロット的施策を試み、その結果を詳しくモニターし、全般的な実施に入るべきかどうか検討するということも通常である。中小企業のための政策ももちろんその例外ではない。その実例は数々散見されるが、たとえば1980年代の英国で、失業者に対し手当を支給し、起業を促すという「企業開設手当制度」（EAS：Enterprise Allowance Scheme）が大規模に実施された際、[*6]会計検査院（National Audit Office）がこれをはじめとする中小企業向け政策の政策評価を実施し、[*7]政策当局自体も繰り返し評価レポートを公にしている。[*8]また外部的評価の報告書も出されている。[*9]こうした作業と議論を繰り返す中で、政策が練り上げられ、また政策のあり方をめぐる諸議論も具体的で明快なものとなっている。

このような欧州における中小企業政策の実施に対する評価の最近の動きを、近年中小企業政策に力を入れている一方、政策担当行政機関のあり方の見直しが迫られ、2000年に大幅改革を余儀なくされた、EU欧州連合とその行政府である欧州委員会の活動にかんして見てみよう。

第12章　中小企業政策における政策評価

2　EU中小企業政策の起源と展開

　欧州各国はそれぞれの歴史や制度をもち、特に手工業のための政策を早くから展開してきた例もあるが、中小規模の企業一般への関心や政策機運は概して乏しかった。それが大きく変わったのは、第一次石油危機以降の欧州経済の不振、失業率上昇の背景のもとであった。EC欧州共同体が「中小企業」をはじめてとりあげたのは、「中小企業の雇用への貢献」を主題とする、「欧州中小企業とクラフト産業の年」が実施された1983年のことであった。以来、中小企業の存在は多くの注目を集め、中小企業政策に関する取り組みは量質ともに拡大されてきた。本書で見てきたように、とりわけ1980年代後半から90年代にかけての展開は急であった。

　「92年市場統合」が合意された1986年には、この市場統合という壮大な試みを欧州経済の活性化につなげるため、これを欧州中小企業のための機会とし、またそれによって生じるリスクを最小化するという方針のもとに、EC中小企業政策が本格的に展開された。中小企業対策担当のEC委員会委員が任命され、そのもとに政策実施のための「タスクフォース」が設けられた。そして、中小企業者はじめ各層からの意見・要求にこたえ、中小企業政策の整備強化が図られ、89年1月には「タスクフォース」を改組して、「企業政策、流通業、観光業、協同組合（社会的経済）」を担当する、EC委員会の省庁に当たる「第23総局」（DGXXIII）が新設されたのである。

　こうした政策努力にもかかわらず、また市場統合に伴う諸般の作業と手続きの順調な進捗にもかかわらず、92年の「市場統合」は空前の欧州経済の不況と11％にも及ぶ高失業率の状況の下に迎えられた。前年調印されたマーストリヒト条約により、EC欧州共同体からEU欧州連合への「進化」は実現されたが、現実は厳しいものであった。このような事態のもとで、EUの中小企業政策も第二の段階を画することになった。

　一方では、マーストリヒト条約により、EUの基本条約中に新たに「共同体内のイニシアチブと企業、企業、特に中小企業の発展に望ましい環境を奨励する」との条文が盛り込まれた[10]。他方では、中小企業政策と他の諸

政策、またEU政策と加盟各国の政策との連携および整合性一貫性を重視し、短期的な諸施策と中期的な目標との統合を図る94年の「Integrated Programme in Favour of SMEs and the Craft Sector 中小企業ならびにクラフト部門のための統合計画」（COM（94）207 final）が定められ、またこれと前後して、欧州委員会としての中小企業のための諸施策の体系と1億2200万 ECU の予算措置を定めた、「The 2nd Multiannual Programme for SMEs 中小企業のための第2次多年度計画（MAP）」（1993～96年）が実施されることになった。

90年代に入り、各国の行動への「補完性」（subsidiarity）原則が繰り返し確認されるもとで、「統合計画」の第一は、「企業の負担を軽減し、雇用創造への能力を解き放つ」ための行政の簡素化と、既存の企業支援策を促進するための、加盟各国間の相互協議と共同行動の推進、第二には、企業の法制および税制（財政）環境において、またEUの直接的な支援策において、企業の発展に資する諸施策と位置づけられている。さらに中小企業は諸要素市場や製品市場でさまざまな不利に直面しており、「市場メカニズム」に委ねているだけでは中小企業の力を十分に発揮できず、欧州委員会、各国政府、関係機関が協力して多面的な施策の展開を図る必要があることが明確になり、市場統合の効果発揮、競争政策と中小企業の役割、さらには雇用拡大の関係を重視した、94年「統合計画」の新版が96年に理事会で採択された。また、「第2次多年度計画」の終了を受けて、予算総額1億2700万ECUを伴う「中小企業のための第3次多年度計画」（1997～2000年）が、96年12月に採択決定されている。[11]

3　EU中小企業政策への政策評価

3-1　EU中小企業政策への外部評価報告書（1999年）

第12章　中小企業政策における政策評価

　このような経過は、決してすべて順調なものであったわけではない。従来から、これらのEU中小企業政策が十分その効果をあげているのかどうか、とりわけ多額の予算を投じて実施された施策がその目的にかなっていたのかどうか、批判の声は少なくなかった。中小企業政策に限らず、EC・EU政策の各分野に対し、長年にわたり批判的な見解や見直しの声は多々あり、実際に政策体系の見直し再編は従来からさまざま実施されてきている。[*12] 中小企業政策も当然その例外ではない。

　1999年6月に、欧州委員会は実施されてきた「第3次多年度計画」にかんする外部評価報告書並びにこれに対する欧州委員会としてのコミュニケーションを発表した。[*13] これはこの「第3次多年度計画」採択時に理事会決定第6条に記された条項にもとづくものであり、99年末までに欧州議会、理事会、社会経済審議会、地域委員会に対し、欧州委員会が報告を行うよう求められていたのである。第6条にはこう記されている。「政策の費用対効果性及び、政策の効果に関して必要と思われる新たな提案を含む、政策本来の目標が実現されたかどうかをアセスするための、決定実施についての外部評価報告を、1999年末以前に提出すること」。[*14] もっともこの報告書は、期限より以前に発表されている。それは次の「第4次多年度計画」の策定にこの評価結果を生かすという意図からであるが、ために「第3次多年度計画」の実施段階から評価作業にも入るという矛盾も抱えることになった。従って、この評価報告書では十分にアセスすることができないとして、のぞかれた事項もある。

　外部評価は入札により、監査法人デロイト・トゥーシュ（Deloitte & Touche）に発注された。[*15] 以下、この評価報告書の内容を詳しく検討してみよう。そもそも「第3次多年度計画」は、中小企業の成長に望ましい経営環境構築など、6項目の目標を定めていた。[*16]

　「第3次計画」の各目標に関し、コンサルタントチームが6ヵ月にわたり調査と分析評価を実施した。そのなかでは、中小企業団体などを通じて接触した政策対象となる企業関係者、施策実施にかかわる仲介機関、欧州委員会各部門スタッフ、第3次多年度計画採択時の理事会決定第4条により設け

285

られた各国代表からなる諮問委員会委員、第23総局スタッフらに直接協議やインタビューなどを行っている。また、34項目の質問票にもとづく、対象となるグループの2000人へのアンケート調査も行われた。分析と評価方法としては、「デザインとアプローチの質」(仲介機関の役割、補完性原則、施策の正当性など)、「量的インパクト」、「質的インパクト」、「費用対効果性」の四点にわたって検討が加えられている。特に「費用対効果性」については、量的及び質的成果と投じられた費用との関係だけではなく、欧州委員会以外の主体が施策を実施した場合との費用上の代替性も検討している。以下、これを項目毎に見てみる。

(1) 中小企業に望ましい環境の整備に関しては、良好な施策実施が見られ、EU機関による費用対効果性も確認できる。協調行動のもとでの各国の参加が、先進事例の普及に効果をあげている。適切なプランや事前調査、フォローアップなどのために、いっそうの資源投入が望まれ、それが成果をあげつつある。

BEST事業環境簡素化タスクフォース[*17]の活動は効果的であることが明らかだが、対応体制が整わないとその提案が生かされない恐れもある。具体的な課題毎の小タスクフォースの設置も効果的だろう。中小企業関係者との対話に関しては、費用対効果性が大であり、拡充が望まれる。欧州委員会各活動への影響力強化については近年進展が見られ、「中小企業と企業家精神についての委員グループ」や研究開発基金、構造基金関係とのかかわりが強化されている。

事業影響アセスメント (BIA) は十分適切にすすんでいるとは言えないが、ほかの部局との連携策になるものであり、強化すべきである。ユーロに関するCD-ROM作成は各国の対策との重複の恐れがあり、遅きに失しているとの批判もある。またその対象となる小企業に有効に利用されるのか、費用対効果の点で疑問がある。ユーロ対応策の分野では、第23総局の活動はもっと他の機関を活用し、中小企業への情報提供と人材研修を効果的にすすめるべきである。

EEIG欧州経済利益団体に関する活動[*18]については、その意味があるとは言

えない。このEEIGのRegieデータベースは中小企業のためというより仲介機関のためのような存在になっており、EEIG制度スタート後14年もたつのに、いまだ広報パンフレット作成などに費用をかける必要があるとも思えない。こうした分野の施策はやめるべきである。

統計と調査の分野では、ユーロスタットと中小企業観測[19]は概して有益な成果をあげている。中小企業観測とほかの第23総局の行っている調査との連携をすすめることで、政策立案に直接的な影響をいっそう及ぼすことができよう。

（２）企業の金融環境の改善について。銀行関係者円卓会議は、低コストで効果的という評価をほぼ全員から受けている。しかしその成果の普及については批判があり、改善の余地がある。議題の特定化、各国間の討議への展開、調査活動などによって、いっそう実効があげられよう。

金融アクセス分野では、委員会による調査の進展に期待が寄せられており、効果も高いと考えられる。ただし、調査活動の急拡大は第23総局の処理能力を超え、結果の活用の機会を失する恐れもある。

CREA[20]には強い批判が寄せられている。その「パイロット」が最初のものと重複していたり、新味がなく、あるいは初期の施策の教訓を生かしていないとされる。また、実践的であればそれだけ、補完性原則を犯すという批判もある。こうした施策はシードキャピタル施策の改善を通じて出てきたものであり、各国レベルの政策展開を支援する情報提供としてその成果を生かす合理性があるので、そうした活用により、疑念をぬぐう余地はある。

「支払遅延問題」への立法措置は必要性が高く、費用は低い。しかし、キャッシュマネジメントへの訓練にかかわるパイロットアクションはいまのところ実践的な政策実施につながっておらず、有効性を疑わせる。今後域内での取引と投資を活発にするためにも、立法措置の推進は必要であり、キャッシュマネジメントについては各国の取り組みとその成果を重視すべきである。

JEVジョイントユーロピアンベンチャー[22]は諸方面で歓迎されているが、その規則や規制方針が今後の課題である。この構想は不正行為やただ乗り防

止の機能を果たしているものの、奨励推進の手段をもたないことが難である。もっと多くの金融仲介機関の参加を図ること、これらと委員会との役割関係を見直すことが望まれる。

（3）中小企業の欧州化と国際化戦略対応推進について。EICユーロインフォセンター[*23]は積極評価できる。ブリュッセルの支援室も有効に機能しており、活動は向上している。この施策は高費用で人数も多いが、費用対効果は良好である。「最初の店」（first-stop-shop）的機能を強化し、各国の中小企業支援機関との統合をはかることで、人員を削減することができるが、これは各国の事情にあわせて進める必要がある。EICのネットワークの下では、その名の下に行われるサービスのレベルを委員会の監督で維持すべきであり、競合しあう機関同士に対しては各地域での協力をはからせるべきである。EICのネットワークについてはいっそう拡充すべきであり、他面で参加各EICの権利と責任を明確にすべきものである。EICへの補助金率は有効な部分に対しては引き上げるべきだが、EIC総数は引き続き削減すべきである。支援室の経費は削減可能と考えられる。

広報推進活動については全般的に効果をあげているが、「ユーロインフォニュースレター」やwebサイトの改善の余地があり、ハードコピーはweb情報に置き換えていく方が望ましい。

BC-NetとBRE[*24]については、ほとんどの回答で強く批判された。これらは補完性原則に則する限りでは公設運営される意味もあるが、「臨界量」的規模の成果をあげ、また他のさまざまな競合仲介組織からの支持を得られなければ、公金で維持する理由はない。1998年に新しいコンピュータツールが導入され、委員会はその効果を強調しているが、それで十分な支援が得られるとも思えない。BC-NetとBREについては、2000年に総合的な再評価を行うことが望ましい。もし、公金支出を正当化できるほど、こういった改善措置が大幅な成果向上をそれまでに見ることができなければ、BC-Netは第3次計画終了までに閉鎖するか民営化すべきである。EICがその役割を取って代われよう。BREはインターネットを用いて広範なアクセス可能にすべきであり、それによって米国などの類似パートナー探しメカニズムとの

リンクができるようになる。

　ユーロパートナーシップ[*25]は、その具体的な成果の数値が得られないが、概して有益であると見なされている。参加企業の44％はこれによって協力関係を得られたとしている。こうした質量ともの成果を見ると、これは費用対効果ありと言える。現在の地域単位の運営に産業部門毎の視点を入れれば、いっそう効果があろう。ただ、あまりに肥大化をさせるべきではなく、参加費制の導入も可能だろう。イベント時の契約関係のフォローアップを図るべきである。EU加盟国外からの参加企業に対しては、このユーロパートナーシップの意義が十分理解されているか、留意すべきである。主催者側に対しては、外部からの評価を義務づけることが望ましい。インタープライズについても、同様に有益で成果があがっているとみなされ、54％の企業が商取引関係を得られたとしている。費用対効果性は顕著である。今後については、主催者側への補助金削減を試みることで、どのような影響があるか見ることも必要である。

　下請協力関係[*26]については、出版活動が効果をあげたのか疑わしい。これに対し部門毎のプロジェクトは参加企業から評価されており、主催者側の評価も高い。これらは実施に値するが、今後は多年度プランに統合し、広報をはかり、外部評価を行うべきである。IBEX国際バイヤー展示会はほとんどの回答者から高い評価を受けている。広報や評価はここでも問題だが、主催機関を見つけられる限り、IBEXはさらに多く行われるべきである。下請協力関係アクションを行う単位については、部門毎プロジェクトやIBEXイベントにより多く振り向けられるべきである。この分野での各国の政策などの研究は有益なものとなろう。

　既存の第23総局プログラムの外部世界への拡大については、ほとんど費用を要さず、費用対効果性が高いものと言える。ほかの国際化対応のアクションについては、まだ評価ができない。こうしたうちのイベントの域外開催は、域外参加者ばかりになり、本来の意味を失うとなると見直しを要する。

　（4）中小企業の競争力の強化、研究、イノベーション、教育訓練へのアクセス改善について。イノベーションのアクションは、ヨーロッパイノベー

第IV部

ション・アクションプランと研究開発第5次フレームワークプログラムへの第23総局の関与から判断できる。第23総局は有効な関与をしているが、この分野でのパイロットアクションは有益なのか、その費用が安くつくというだけでは納得は行かない。第23総局として、第12、第13総局（科学・研究開発担当、情報通信、研究成果応用担当）がもっと多くのファンドを中小企業に振り向けるよう、影響力を行使すべきである。

　教育訓練については、第23総局が重要な役割を演じるべきなのかどうか、多くの回答は疑っていた。加盟国がそれぞれさまざまなプログラムをもち、また第5、第22総局（雇用、労使関係、社会問題担当、教育、訓練、青年担当）が多くの予算を投じているので、補完性原則が問われるのである。一部の分野では詳しい政策調査に基づき、効果をあげているものの（事業承継など）、費用対効果性については、概して検討を要する。第23総局のこの分野での活動は、他部局への影響力行使や調査活動に限るべきではないかと考える。

　標準化については、EUレベルの行動が求められるところであり、NORMAPME[*27]アクションは欧州での規格設定過程でのギャップを埋める役割をもち、費用対効果が認められる。広報をさらにはかるべきである。環境問題については、EMASの規制改定に中小企業の利害が反映され、ユーロマネジメント－環境アクションとEMAS（欧州エコマネジメント・監査スキーム）[*28]の間にははっきりした関係が見いだされる。しかしこの分野でのアクションには、第23総局のスタッフが決定的に不足している。

（5）企業家精神と特定ターゲットグループへの支援について。企業家精神の奨励については、委員会の活動でもっとも重要視されるところである。ルクセンブルグ雇用サミットとBESTのフォローアップの見地からは、いっそうのアクションが求められる。第23総局はこの分野での研究を進め、各国の政策当局間でのベストプラクティスの普及をはかるべきである。

　クラフト部門と女性・青年企業家その他不利のある人々という特定ターゲットグループについては、多くの会議やパイロットプロジェクトやデモイベントが行われてきているが、それによって具体的な進展があるのか、疑問

第12章　中小企業政策における政策評価

の声が出ている。第3次多年度計画実施の段階なのに、第23総局の方では第2次多年度計画の各プロジェクトの評価をしているところという具合で、対応は遅々としており、パイロット行動の結果をフォローする障害が現れている。第4条委員会や加盟国のうちでは、クラフトとマイクロ企業のみへの特別扱いを求めている。特定グループを特にとりあげるのは政策の枠組み内に限定されるという。クラフト部門に対するパイロットアクションはミラノ会議の政策枠組みに合致するもので、基本的に妥当とできよう。しかしそれは、結果が評価され、関係各方面に知らされ、EU政策の枠組みに取り込まれてこそ、費用対効果があるとできる。同じようなことが、女性や青年企業家に対して言えるのかどうかはっきりしておらず、パイロットプロジェクトへの評価はいっそう重要である。新たなパイロットアクションの前には、既存政策の評価と政策論議が不可欠である。この分野の新たな施策が必要なのかどうか、第23総局は各国や仲介機関や業種団体や関係ロビーグループなどの間で合意されてきた政策枠組みのうちで、よく確認をすべきである。

　商業[*29]については問題がある。第3次多年度計画においては、水平的なプログラムのうちで部門毎に焦点を当てているからである。中小企業のための多年度計画の枠組みで商業部門に対し予算を投じるのが妥当か、多くの国では疑問もあるが、第23総局はこの分野で中小企業の観点からとり組んできたと言える。最近出された『白書』は各方面から歓迎されているものの、戦略的対応が求められるし、取り組みは手遅れになる恐れもある。コマース2000第三段階の取り組みへのフォローアップには疑問もあるし、さまざまな報告書や会議の結果に対してもっと関心が持たれなければ、ことは前へ進まない。電子商取引のイニシアチブは歓迎されている。ただしその費用対効果はまだ判断できない。コマース2000全体がそうであるが、商業部門支援の取り組みが有益とされる限り、全般的な費用対効果性は認められよう。

　（6）全般的な評価の結論。第23総局の各施策の取り組みは全般的に、明らかな資源不足と思われる。対象領域の広さ、各国との協調や協力の必要などから見て、相当の資源投入を要することになる。諸施策はさらに統合する、具体化する、そして優先的テーマを年ごとなどで設定するといった対応が求

められる。あまりに小規模なパイロットプロジェクトやアクションが多すぎるのも問題である。中小企業に直接効果を及ぼすものでもない、広報的なスタイルのアクションが多すぎるのも問題である。あまり費用効果性のないものはカットし、ほかのものは統合化を図る、という発想がいる。

第23総局が中小企業と企業問題をEUの政策課題の中心におくべく、その役割を発揮してきたことは特筆できる。多年度計画の施策の多くはそのデザインや実施、量的インパクト、費用対効果性の発揮の点で、概して高い評価を受けている。問題なのは、総局内のセクト主義、あまりに小規模なプロジェクト、あるいは成果普及の努力不足などである。

第23総局が関係各方面との協議にもとづいて政策立案を進めるという点で進歩が見られる。しかし、あまりに特定グループの利害にかかわるのも考えものであり、施策の細分化にもつながる。あくまで、公共政策全般という枠組みを考えるべきである。

企業の立場を重視し、中小企業に影響する様々な問題を考えていくという理念は広く支持される。しかし第23総局が「やりすぎる」ということも望ましくない。予算の浪費を避けるには、専門性ある施策の効果が大であることを重視し、またあまりに小規模な支出は意味がないと考えるべきである。

ここで扱われてきた施策の大半に費用対効果性が認められる。しかしまだそれを判断できる段階に入っていないプロジェクトなども少なくない。今後予算の支出に留意するとともに、第23総局自体が効率性と費用対効果性を高めるべく、人員の配置換えも考えるべきである。

なお、この評価報告書では、関係者の間での情報の不足などに加え、MAPの諮問委員会委員のうちにさえ、同意を与えたはずの施策への異論や疑問がしばしば見られる、としている点も興味深い。ありがちなことであるが、それだけ施策が細分化され、わかりにくくなっていること、十分な情報提供や意思疎通がなされていないことを反映している。従って、このこと自体が評価の結論にもつながってくるのである。

3-2 BESTの設置と提言

　上記の評価報告書中でも言及された、BEST 事業環境簡素化タスクフォースは、「第3次多年度計画」のうちで「SLIM 域内市場の規制簡素化」チームとして設置の方向が示されたものであるが、97年のアムステルダム・サミットを受けて、企業家、行政関係者、学者などからなる組織として、97年9月におかれたものである（委員長には C. エバンス Chris Evans 英国 Merlin Ventures 会長が就任）。EU 諸立法や規制が中小企業に課している行政的負担の問題を調査したうえで、BEST は98年に詳細な報告書を出した。[*31] この報告は、単に行政・規制問題にとどまらず、従来の EU 中小企業政策を総括し、政策のとるべき全般的な課題と方向を指摘している。その意味では、この BEST 報告書自体が一種の政策評価・検討の意見表明の意味を有している。さらには政策への外部的点検評価とともに、新たな政策理念の提言という審議会的役割を担ったと言えるかもしれない。

　この BEST 報告書では以下のような19項目が指摘されている。規制の簡素化や改革は EU 施策の全レベルで進められるべきである。立法の企業への影響を十分検討し、その内容決定に反映させる。中小企業に求められる行政手続は変更する。加盟各国は企業創業に便宜となるような策をとる。創業と事業発展にとっては、十分な情報と助言サービスが有益である。企業家的精神の振興の教育をすすめる。ビジネス界との協力で、職業訓練策の見直しを行う。雇用と労働条件の弾力化を図る。雇用主と従業員の間の企業レベルの対話を向上させる。健康と安全問題の規制を、中小企業への影響との視点から改善する。社会保障制度の運営と財政の簡素化を図る。企業の承継に関する EU 指令の見直しを行う。小企業およびアーリーステージ企業の金融アクセス条件の改善をはかる。成長過程企業の金融アクセス改善を図る。革新的な中小企業（dynamic, highly innovative SMEs）の成長に寄与する税制、借入金よりエクイティファイナンスの奨励を行う。投資家のハイテク企業投資を促し、ベンチャーキャピタル資金の新中小企業への還流を促す。研究成果と新技術の中小企業での利用を援助すべきである。EU の研究開発プログラ

ムが、もっと中小企業向けとなるようにはかるべきである。中小企業の特許利用をいっそうすすめ、手続き簡素化などを行う。

　BESTの勧告を受けて、欧州委員会はこれにもとづき施策立案と実施にあたっていく、そのために「企業家精神と競争力のための行動計画」(Action Plan to Promote Entrepreneurship and Competitiveness) を提案すると発表した。[*32] この「行動計画」は前記のように新たな予算措置を伴うものであり、その意味では「第3次多年度計画」の補正的性格をもっていた。そしてさらには、その内容がほぼそのまま、1年半後の新政策MAP「計画」にも反映されることになった。つまり、2000年にまとめられた「第4次多年度計画」(2001〜2005年) はこうした政策評価作業や政策理念・方法の再検討作業を重ねたうえでまとめられたものであった。

　これらの施策の成果に対しては、以後も評価作業が繰り返されてきていることは言うまでもない。2000年には、主に97年以降の政策の成果と問題点を総括する、大部の報告書を欧州委員会自身が公表した。[*33] この報告書は従来から行われていたかたちにもとづくもの（第5次報告書）であるうえ、それが出されたのは「第4次多年度計画」が固まった段階でのことであるが、内容は「第3次計画」に関連して多岐に及び、詳細である。政策の概要や仕組みの説明にとどまらず、実際にどのような施策が実施され、どれだけの資源が投じられ、どれだけの企業等がその対象となったのか、といった各事項がそれぞれ詳しく記述されている。[*34] こうした情報の公開によって、また政策当局者と外部の評価者などとの間のやりとりによって、政策の検討がいっそう具体的なものとなることは間違いない。[*35]

4　「第4次多年度計画」策定と欧州委員会をめぐる紛争再編劇

　従来のEU中小企業政策とはかなり色彩を異にした、EU中小企業政策の第三段階とも言うべき、「知識主導経済下の企業政策の挑戦」(Challenges for the enterprise policy in the knowledge-driven economy) と題される「企業

第12章　中小企業政策における政策評価

と企業家精神、とりわけ中小企業のための第4次多年度計画」が2000年5月に発表され、同年12月に理事会採択を見た。[*36]この政策プログラムのうちには、政策の点検評価、見直しも重視していく姿勢がより鮮明に示されている。また、諸施策の連携と統合化、他の分野の政策や各国政策との調和、これらに対する中小企業の立場の反映は重要な課題と位置づけられている。すなわち、2000年のリスボン・サミットの求めにこたえ、政策評価、ベンチマーキングを実施し、成果のあがった施策経験を交流し、あらたに「最良の手順」(BEST Procedure)[*37]との方法を実施に移すとした。これには、中小企業施策スコアボードや「競争力報告書」、「小企業憲章」で促されている各国のかかわり、ベンチマーキングや経験交流、理事会向け報告書、勧告実施状況のモニターといった諸方面にわたる手段が用いられる。欧州委員会並びに加盟各国、各施策の間の「調和ある行動」(Concerted Actions) を、一層強化する、こういったことが明記されている。[*38]実際に2001年以降、ベンチマーキング、BESTといった用語がEU中小企業政策の文脈中で頻発されることになるのである。

　このような姿勢と対応は、明らかに1999年外部評価報告書やその他の評価・提言の動きへのこたえであるが、またこの間たまたまに、欧州委員会の運営や活動をめぐり、さまざまな批判が各方面から起こり、委員会や各部局等の内部の腐敗、不正、情実、無駄・浪費などの実態が暴かれ、大問題となったこと、その結果大幅な改革と不正防止努力が必要になったことも見落とせない。政策評価は個々の施策にとどまらず、EUの行政機構全般のあり方をめぐる問題にまで広がってしまったのである。その結果、欧州委員の相当数の入れ替え、機構改革と部局再編成の実施が図られた。中小企業政策自体が批判のやり玉にあがったということはないが、機構改革により、従来の第23総局は産業政策担当の第3総局その他の担当業務の一部を引き継ぐかたちで、2000年1月より新たに「DG Enterprise 企業総局」として再スタートしている（のちには、Enterprise and Industry DG 企業産業総局に改称）。これに伴い、内部の組織構成も全面的に変更されたのである。こうした経緯がある以上、政策の立案や実施体制、その成果の確認評価、見直し

295

といった手順と体制がいっそう重要なものとなったことは間違いない。そのうちには、これまでの評価や改善措置が生かされ、取り込まれているわけである。そしてその延長上には、単なる政策の直接目的に関する費用対効果のみに注目するのではなく、むしろ諸施策や規制等の及ぼす直接間接の影響を積極的に取り上げ、問題を事前に確認するIAインパクトアセスメントの制度化という、重要な展開がある[*39]。

5 終わりに

　このようなかたちで、EUにおける中小企業政策の評価と見直しがはかられており、その使命はますます重要なものとなってきた。もとより政策評価といった作業は決して容易なものではなく、その客観性の確保は無論のこと、評価の前提となるデータの収集や利用方法、要する費用などをめぐっても容易ではない課題の少なくないこともうかがえる。もちろん、評価に足るような時間的経過状況や評価対象の範囲、現れてくる結果への評価のうえでの考え方や位置づけ方そのものも、まだ多くの議論の余地があるだろう。しかし、ここで紹介をした1999年外部評価報告書のように、施策対象や関係者等からの意見聴取、アンケートといった手法からも、活用可能な方法が見いだせそうでもある。特に政策の直接の対象であり、当事者である中小企業者自身の声、要求や意見をなにより重視し、それを反映していくことを最大限生かしていることは見落とせない。その延長上に、「Listening to small business」の基本理念があると言える[*40]。そこにはまた、RIAの一環としての「中小企業テスト」制度化に示されるような、「Think small first」の理念に徹した、「欧州小企業憲章」「SBA欧州小企業議定書」の合意形成と課題実践への確固たる流れを見てとることができる。

第Ⅴ部

まとめ
――21世紀中小企業政策と「中小企業憲章」――

第Ⅴ部

第13章　2010年日本版「中小企業憲章」の制定[*1]

1　「中小企業憲章」制定への機運と経過

　かつては中小企業存在と中小企業政策の「先進国」であったはずの日本においては、バブル経済崩壊と停滞の時代に陥る中で中小企業経営の困難が続き、また廃業率が開業率を上回り続け、中小企業の減少衰退の傾向が顕著であり、現状を打開する新たなきっかけが求められていた。この状況に対し、1999年の「中小企業基本法改定」と政策転換は基本的に無力であった。他方では、深刻化する中小企業の衰退傾向に歯止めをかけ、またそれとともに重大問題となってきた地域経済の危機的状況を打開すべく、政府もさまざまな立法と新施策の実施を余儀なくされてきた。本書第4章でもあげたように、たとえば従来の創業支援や経営革新支援などの法を統合し、既存企業間の連携推進で経済活性化と地域再生を図る中小企業新事業活動促進法（2005年）、大型店と中心市街地問題の打開を図るまちづくり三法（1998年）の改定（2006年）、中小企業ものづくり支援法（2006年）、「地域ブランド」の制度化（2006年）、中小企業地域資源活用化促進法（2007年）、農商工連携促進法（2008年）、中小企業経営承継円滑化法（2008年）、さらには下請代金支払遅延等防止法の改定・対象拡大と規制強化（2005年・2009年）、「地域商店街活性化法」（2009年）などがあげられる。これらは99年基本法改定の論理で行けば、「中小企業の経営基盤強化」と「取引適正化」をめざした性格にあり、これとは裏腹に、華々しかった「ベンチャー支援」のかけ声はなりを潜め、「まちの起業家」や「社会的企業」に関心も向かうようになった。さらには、2008年世界金融危機の到来で重大な事態に陥った経済社会打開のために、当時の自民党政権も「経済情勢激変に対する緊急対策」を打ち出し、中小企業に対しては30兆円の緊急保証枠などの金融対

第13章　2010年日本版「中小企業憲章」の制定

策、下請取引適正化、税制対策を柱とする対応策を進めるに至った。

　こうした流れのもとで、中小企業の存在意義を高め、根本的な政策の理念の転換を求めて、欧州の動向などに注目する中小企業家同友会などの運動により、日本でも「中小企業憲章」を作ろうという動きが近年目立ってきた。中小企業家同友会は2000年代初めから、中小企業金融の抜本強化を求める「金融アセス法」制定の運動に続くかたちで「憲章」づくりへの検討と議論を重ね[*2]、ちょうど2010年には同友会「中小企業憲章」案の最終案をまとめるに至ったところであった。[*3]これらの動きをうけるかたちで、民主党は2007年に「日本国中小企業憲章」案を発表[*4]、さらに09年の総選挙マニフェストとして、「中小企業向け法人税減税」とともに「中小企業憲章の制定など、中小企業を総合的に支援」と明記し、衆議院の多数議席を獲得した。中小企業憲章を作ることには、他に自民党、共産党、社民党なども賛意を表し、公明党も同意している。

　民主党鳩山連立内閣のもとで、2010年初めから中小企業憲章をめぐる検討作業が始まった。中小企業庁に「中小企業憲章に関する研究会」が設置されたのである。研究会を構成したのは、村本成城大学教授、榊原慶應義塾大学教授、松島東京理科大学教授、安田東洋大学教授、山口立教大学教授及び筆者・三井である。またこの研究会には、直嶋経済産業大臣はじめ、増子・松下経産副大臣、近藤・高橋政務官、中山総理補佐官、中小企業庁の長谷川長官以下の幹部のみならず、国土交通省、厚生労働省、農林水産省、環境省、文部科学省、金融庁、公取委からも陪席し、憲章づくりが国政全般に関わる意義を持つことを示した。

　この研究会は、座長がその後出席できないというかなり変則的事態もはらみつつ会合が重ねられ、正式会合として6回を数えた。研究会での議論にあっては、現行中小企業基本法との関係や憲章自体の位置づけ、さらにはその「出口」などをめぐっての理解には必ずしも完全な合意を得ていたわけではないが、民主党憲章案を前提とし、今後の政策のあり方とともに、中小企業関係者はもとより国民全体の共有するものとしていける、簡潔にして内容豊か、今日的なものにすることが確認されてきた。諸方面からのヒアリング[*5]でも、理念性とともに中小企業をめぐる具体的な課題にこたえることが望ま

れた。

　2010年4月21日の会合をもってひとまずまとめられた「憲章案」は、「中小企業は経済や暮らしを支え、牽引する力である」「中小企業は社会の主役である」「国家の財産ともいうべき存在である」という基本理念を掲げるとともに、その経営資源制約や不公正取引にさらされる問題、大企業重視の価値観の問題を指摘し、他面で中小企業の力を発揮できれば現在の困難を打開し、豊かな経済、安心できる社会を実現できるという展望を示している。そして、中小企業の立場からの経営支援徹底、人材育成確保支援、起業・新事業展開の環境作り、海外展開支援、公正な市場環境、中小企業金融円滑化、地域および社会への貢献支援、中小企業への影響を考慮した総合的な政策展開・政策評価に中小企業の声を生かすといった、8項目の行動指針を提起し、今後の政策の立案実施に積極的に用いていくことを期待している。これを中小企業庁案として公開し、パブリックコメントを募集することとなった。
　これに対しては全国からのべ256件・173のコメント文が寄せられ、高い関心と積極的な提案が顕著に示された。そのほとんどが「憲章」づくりの必要性、積極的な内容の盛り込み、中小企業の現下の困難打開と未来の可能性の明示、当面する課題を解決する政策の本格的総合的横断的な展開をもとめるものであり、研究会での発言を含めて、日本版「憲章」づくりの運動を積み重ねてきた中小企業家同友会全国協議会（中同協）、またこれに関心と期待を寄せる全国中小企業団体中央会などの発言が目立っている。
　これらを踏まえ、さらなる議論を経て5月28日の研究会第6回会合で原案を修正、これを中小企業政策審議会などに付したのち、閣議決定の運びとなったのである。沖縄基地問題を契機ににわかに生じた鳩山由紀夫首相の辞任、菅直人内閣への移行という事態により、閣議決定は6月18日までずれ込んだが、これをもって政府「中小企業憲章」というかたちが定められ、公表されたのである。

2 2010年「中小企業憲章」の構成と特徴

　定められた「憲章」は、以下のような特徴を持っている。まず「基本理念」として「中小企業は、経済やくらしを支え、牽引する」と、中小企業存在の普遍的な意義を示している。さらに、「中小企業は、社会の主役として地域社会と住民生活に貢献し、伝統技能や文化の継承に重要な機能を果たす」「国家の財産ともいうべき存在である」という役割評価を与えている。一方で、中小企業の多くは「資金や人材などに制約があるため、外からの変化に弱く、不公平な取引を強いられるなど数多くの困難に晒されてきた。この中で、大企業に重きを置く風潮や価値観が形成されてきた」と、中小企業の当面する問題、大企業重視の社会への批判をあげ、世界的には中小企業への期待が高まっている中、中小企業の力を発揮してこそ、今日の難局も打開できることを指摘している。

　そして、一．経済活力の源泉である中小企業が、その力を思う存分に発揮できるよう支援する、二．起業を増やす、三．創意工夫で、新しい市場を切り拓く中小企業の挑戦を促す、四．公正な市場環境を整える、五．セイフティネットを整備し、中小企業の安心を確保するという五つの基本原則をあげ、さらに実施にあたっては、中小企業が誇りを持って自立することや、地域への貢献を始め社会的課題に取り組むことを高く評価する、家族経営の持つ意義への意識を強め、また事業承継を円滑化する、中小企業の声を聴き、どんな問題も中小企業の立場で考え政策評価につなげる、地域経済団体、取引先企業、民間金融機関、教育・研究機関や産業支援人材などの更なる理解と協力を促す、地方自治体との連携を一層強める、政府一体となって取り組むという考え方を示している。

　行動指針として、一．中小企業の立場から経営支援を充実・徹底する、二．人材の育成・確保を支援する、三．起業・新事業展開のしやすい環境を整える、四．海外展開を支援する、五．公正な市場環境を整える、六．中小企業向けの金融を円滑化する、七．地域および社会に貢献できるよう体制を整備する、八．中小企業への影響を考慮し政策を総合的に進め、政策評価に中小

第Ⅴ部

企業の声を生かす、という8項目を挙げ、当面する政策上の課題と方法を明記している。

　これらは今日の中小企業にとっての重大問題であり、金融円滑化はじめ焦眉のものであるが、他面で、中小企業の積極的な海外展開、成長分野等での起業や新事業展開の環境整備など、日本経済と社会の求める課題との関わりも明示している。とりわけ中小企業の「国際化」の支援は今日不可避の課題でもある。単純な「空洞化危惧論」ではなく、文字通りグローバル化時代の事業機会をとらえ、むしろ積極的に世界的な事業連携協力をすすめ、世界的に調和と均衡ある経済関係を築いていくことは、日本の中小企業の使命でもあり、役割でもある。もちろんそれは各企業、各地域のもてる優れた成果・経営資源、技術技能と産業システムの「つよみ」を積極的に生かすものであり、日本中小企業の生きる道の開拓・新たな存立基盤の確立である。

　「憲章」案には従来にはない画期的な内容も盛り込まれている。「欧州小企業憲章」にもならい、「中小企業の声を聞く」基本的な立場と、これを踏まえた総合的な政策展開および政策評価の実施の方向を示したことは、基本的理念と並んで、重要な進展を画するものと言えよう。また、「中小企業の受注機会の確保増大」、「小規模企業への配慮」、「中小企業への資金供給充実・不動産担保や保証人依存削減」、「高齢化・過疎化など地域や社会が抱える課題解決への活動支援」、「学校などでの健全な勤労観・職業観形成の教育」といった幅広い課題の記載も画期的である。もちろんまた、たとえば世界の先進国では常識化している、エスニックマイノリティなどさまざまな出身の人たちの起業支援での社会統合の推進[*6]、社会的起業家の積極的位置づけや支援、「企業家教育」の本格的な実施推進などの点では諸議論もあり、必ずしも十分には盛り込まれなかった[*7]。

　こうした経過を振り返る中でなにより大切なのは、「中小企業憲章」を国民全体のものとし、中小企業の存在と役割、またその問題解決の必要性を国民的な課題と位置づけ、政治と行政のなかで責任を持ってその実現実施を図ることにある。中同協などは「憲章」の国会決議を求めてきたが、長谷川中

小企業庁長官は、この「憲章」は閣議決定を出口とする政府の責任での文書であり、またその意味では現行基本法の「見直し」も今後の課題である、それは99年改定時の約束でもあると発言している。逆に言えば、「憲章」の国会決議や、中小企業のための政策のしくみ、たとえば中同協などが求め、民主党の2009年選挙公約にもある担当大臣の任命や内閣のもとの支援会議の設置、現行中小企業基本法の見直し改定、あるいはまた「憲章」の理念と精神を現場で生かすような各地域・自治体レベルでの「条例」づくりなどは、今後の中小企業関係者の幅広い運動と政治の課題であるともいえる。

3　日本版「中小企業憲章」の意義と課題

3-1 「憲章」の位置づけ

　このように、2010年「中小企業憲章」はある意味画期的な内容を盛り込んだものである。もとより、「憲章」とはどういう位置づけになるのか、いまだ議論の余地がある。そもそも13世紀英国の「大憲章」（マグナカルタ）に発するように、憲章には権力者との権利契約の意味が本来的にあり、転じて排他的使用を契約する関係などという意味でも今日用いられている。英国においていまだ「憲法」がなく、「大憲章」をはじめとする権力の所在と範囲、権利契約の位置づけを示すべき諸文書の集積による「慣習法」が形成されてきている歴史が示すように、「憲章」は元来、個別「法」を超える普遍的原則を示す法典と見ることができよう。

　しかし近代国家の下で憲法を頂点とする法体系が整備され、権力関係が明文規定され、立法にもとづく制度規範と行政政策が一般化される法治主義が確立されれば、「憲章」の意味もおのずと変化してくる。今回の「中小企業憲章」検討作業でも引用されたが、我が国では「児童憲章」（1951年）、「自然保護憲章」（74年）、「ワークライフバランス憲章」（2007年）といった先例もある。さらに日本の各自治体などでも、公園利用のようなごく細かい対象まで含め、法や条例になじみにくい理念や住民ぐるみの課題・原則など

を示す「憲章」が大小多様に存在する。これらは法律のように厳密な規範規定と規則を定め、遵守実践を義務づけるものと言うよりは、国民全体や社会全般としての理解にもとづき、それにふさわしい諸方面を結集した場で合意作成し、比較的抽象的な理念、原則を示し、これにもとづく判断や行動を意識的主体的に実践していくよう、行政当局だけではなく諸方面に求めるような性格にあると言えよう。

他方ではまた、主権国家の法体系を超えるような国際的ないし超国家的な共通原則や実践のしくみを定める、あるいは各国の実施を求めるといった意味での「憲章」もある。それは批准国を拘束する「条約」というかたちとは一線を画する。ヴェルサイユ平和条約にもとづきILOの設置、国際的な労働社会政策の課題を定めた「国際労働憲章」(1919年)、また第二次大戦後の「国連憲章」(1945年)のように、各国を越え、包括的な合意と制度的実践方法を定めた経緯が確認できる。OECD「ボローニャ中小企業政策憲章」(2000年) にもこれに近い性格があろう。加えて、各国間の情報交換や連携の環境づくりという性格も持っている。さらにEUは国家連合である以上、本来の法体系や行政上の規則、諸文書等のほかに、「社会(権)憲章」(1989/91年)、「欧州基本権憲章」(2000年) など一連の「憲章」を採択し、実践してきている。「欧州小企業憲章」は一面そうしたかたちで、共通の理念原則や基準、加盟各国やEU機関のなすべき活動の課題や方法を定めるものでもあった。

しかしまた前に見たように、欧州における「憲章」は単に超国家的な連合体としての共有すべき原則や課題を示す必要性からあるのではない。「欧州社会権憲章」などは共有されるべき理念と課題、原則を示すほか行動計画を伴い、その立法化や実施、さらに進捗状況の報告書作成を求めている。[*8] 同様に、「欧州小企業憲章」はEUおよび加盟各国を主語とする「われわれは」という表現に依り、また以降の毎年の検証と報告、改善措置を伴ってきている。そしてこれらをいっそう強化具体化するものとして、2008年には「SBA小企業議定書」(資料3) が定められたのである。「中小企業テスト」とのかかわりも重要である。つまり「憲章」は他面で、単なる理念の合意ではなく、つよい実践性行動性をともない、時にはEUや加盟各国の各法や政

策の枠組み変更までを求め、実行状況と成果の点検評価、改善を要求する役割を持っているのである。

そのような意味で、今回の日本の「中小企業憲章」は「中小企業基本法」などとは位置づけが異なる。ある意味では、既存の中小企業関係法や政策枠組みを超える、大きな理念性と普遍原則性を掲げている[*9]。また、単に各行政機関がなすべき政策上の課題や原則を示すだけではなく、国民的理解と共有、実践を求めるような深い意義を持っている。特に、中小企業存在とこれに対する政策の長い歴史を持ちながら、むしろ一面的な理解と偏見に近いみかたの横行がいっこうに打開されない我が国でこそ、「憲章」の浸透普及は社会的文化的にきわめて重要であろう。さらに抽象的な理解にとどまるのではなく、具体的実行を行動計画化し、追求・点検評価さるべき諸課題の明示と方法的枠組み性を本来的に有している。以下でも触れるように、地方分権化のもとで個別的な政策はできるだけ各地域の実情に合わせたものとして地方自治体の責任ですすめられることが望ましいが、そうした際の全国的普遍的・国民経済的な枠組みを示すような性格を持つことも展望されよう。

3-2　「中小企業を第一に」「中小企業の声を聴く」原則

「憲章」のもう一つの重要な意義は、中小企業の声を聴き、どんな問題も中小企業の立場で考え政策評価につなげる「基本原則」のスタンス、中小企業への影響を考慮し政策を総合的に進め、政策評価に中小企業の声を生かす「行動指針」の明記にある。それは、EU「小企業憲章」や「小企業議定書」の示す、「Think small first（小企業を第一に考える）」「Listening to small business（小企業の声を聴く）」の政策立案実行上の理念と共通するものがある[*10]。中小企業の存在が全社会的に重要かつ不可欠のものであり、またその経営の安定と発展には狭義の「中小企業政策」だけではなく、あらゆる法制度、規則、施策などが直接間接に関わっている。それだから、中小企業の当面する問題を解決し、その自立的な発展と社会的な役割発揮をまっとうするには、「タテ割り」の行政ではまったく不十分であるだけではなく、「Think small first」の見地からの現状認識、問題点の摘出、改善と打開方法が総合

第V部

的横断的になされなくてはならない。今回の「中小企業憲章」づくりの出発点には、金融行政と金融再生政策が中小企業と地域経済に配慮しているのかを問う、「リレーションシップバンキング」の検討と実践の経験があるとも言えるのであり、「中小企業を第一に考えているのか」との提起は我が国においてこそ問われるべきものである。[*11]

　真に中小企業の発展に役立つような政策の立案と実践には、「中小企業の声を聴く」見地からのとりくみと、その実行状況や成果、課題への評価と改善措置が不可欠でもある。近年こうした政策評価や既存施策への見直しが我が国でもようやく広まってきたが、それは単に数値目標や費用対効果などの確認にとどまるのではなく、当事者たる中小企業の声を生かさねばならない。前記のように、EUの「憲章」などに関しては「行動計画」実行状況に対する毎年の厳しい点検評価を伴い、そこに中小企業者をはじめとする諸方面の意見が直接に反映されている。さらには、「中小企業テスト」というかたちで、諸施策諸規制等の中小企業への影響を詳細に事前アセスし、中小企業者たちとの対話協議を重ねることが義務づけられてきているのである。

　そうした意味において、「中小企業憲章」の制定には、総合的包括的かつ省庁横断的な政策検討・立案と実施、評価を担う責任主体と仕組みの作成が不可分のものとしてある。今回の「憲章」研究会に多くの省庁からの陪席があったのはその第一歩でもあるが、中小企業家同友会などが求めるように、「中小企業担当大臣の任命」「首相のもとの中小企業支援会議設置」ということも、政府一体となった「横串を入れた」常設的な仕組みの確立、「Think small first」原則の実践として望まれるものである。今回の研究会の場でも繰り返し指摘されたように、中小企業が環境、健康福祉などの新成長分野を担い、地域資源を積極活用し、あるいは世界の事業機会への挑戦をはかるにも、省庁タテ割りと中小企業の存在に配慮しない制度や施策が多々妨げになっている。それを打開克服することは、中小企業の存立発展のみならず日本の経済社会全般の安定と持続にも不可欠なのである。

3-3 中小企業団体の存在意義

この「中小企業憲章」の基本原則第一では、「資金、人材、海外展開力などの経営資源の確保を支援し、中小企業の持てる力の発揮を促す。その際、経営資源の確保が特に困難であることの多い小規模企業に配慮する。中小企業組合、業種間連携などの取組を支援し、力の発揮を増幅する」と明記している。これは、99年の基本法全面改定の際に、従来の中小企業近代化促進法に代わって定められた中小企業経営革新支援法が「中小企業単独のみならず、異業種交流グループ、組合等との多様な形態による取組みを支援」として、従来の近代化政策を清算するかたちで、中小企業の組合団体等による組織化を著しく軽視したことからは大きな変化である。もちろん、組合団体による組織化だけが唯一効果的なものであるわけではなく、多様な連携や共同化のかたちが今日あってよいし、またそれも制度的に可能になっている。しかし、組合団体自体の存在が望ましくはないかのような理解は何ら今日的なものではなく、それでは中小企業の可能性を十分に生かすことはできない。むしろM.ポーターがクラスターの議論で述べているように、さまざまな trade association の存在はクラスター発展に有益なものがある。さらに、こうした組織と活動を通じた信頼関係構築やヒューマンネットワーク形成が、新たな事業展開への有力な環境たる「ソーシャルキャピタル」(社会関係資本)をなしているという理解もできるのである。[*14]

中小企業が存立を守るために、また事業の発展を図るために、協同組合などの組織を活用するということは、「憲章」の掲げた重要課題でもある海外事業展開や新市場開拓などの取り組みにはますます重要なものになる。個々の企業ではなしえないような大きな事業や行動をすすめることは必要不可欠である。さらに今日的には、中小企業の社会的使命を果たす、社会的企業としての存在意義を発揮するなどに関しても、中小企業団体の可能性は非常に大きい。詳論は別稿に譲るが、[*15]今日の中小企業団体の役割は多分に「社会性」「公益性」を有しているのであり、それだから狭い意味での「業界利害」や、「大企業並み」をめざすのではなく、中小企業と組合団体の積極的

存在意義を広く主張できるのである。

今回の「憲章」制定の経過にも見られるように、中小企業家同友会のような業種・事業のあり方を超えた、文字通り中小企業者の要求をまとめ、実現を図っていく自主的団体というものは、むしろ欧州をはじめ世界的に普遍的な存在である。欧州でのUEAPME中小企業・クラフト同盟はその代表的なものである。日本においては中小企業家同友会は単にそうした運動団体にとどまらず、「ひろく会員の経験と知識を交流して企業の自主的近代化と強靭な経営体質をつくる」企業経営と経営者の研鑽向上をめざし、また「共同求人活動」のような共同の経営行動を行い、きわめてユニークな存在でもあるが、なによりも独立した自主的民主的団体としての発言力は貴重なものでもある。これらとともに、業種での共同事業を担い、また協同性とともに社会的な存在意義を示すべき組合団体、地域の中小企業者を代表し、地域の経済社会に直接に関わる商工会議所（欧州などではそれはきわめて歴史も古い、強力な存在でもある）や商工会、それぞれの存在意義があり、役割がある。

今回の「中小企業憲章」づくりを通じ、これら諸方面の諸団体が立場を超え、共同の力で政策実現を果たしていく可能性が生まれ、とりわけ各地域での具体的行動に期待が集まっている。[*16] そうしたところにも、「憲章」の積極的意義が示されていると言える。

3-4　社会的な役割と機運の変革

組合団体の存在に限らず、「中小企業憲章」の制定は社会経済システムの大きな転換を求めるものでもある。「多数派」たる中小企業の普遍的な存在を軸とし、その多様性・創造性・社会性発揮を支えとする国民経済・地域経済の構築、世界・地域圏との間での共存共栄・協力と分担、他方で国民経済的均衡と内需拡大・国民生活向上と持続的発展・社会安定の実現、さらに地域をベースとした、学習と創造、イノベーションと連携協働の仕組みづくりの必然性今日性を示している。

中小企業は経済の担い手であるにとどまらず、その社会的存在意義の確認

と役割発揮の可能性を積極的に有している。EU政策をはじめ世界的な理念となっているのは、中小企業のイノベーション力重視とともに、中小企業存在の「社会的側面」への評価と積極推進の理念である。それは「欧州小企業憲章」が「欧州の社会的および地域的統合の原動力」との位置づけを冒頭掲げているように、雇用機会の確保、「社会的結束」つまり地域間や諸階層の間の格差・不均衡の是正、移民など社会的に不利な立場の人々の社会参加と起業・経済的地位向上支援、地域商業や福祉サービス、伝統的技能継承など事業の社会的使命、協同組合・社会的企業などの存在等を政策的に重視してきた。中小企業にそうした可能性と役割があればこそ、積極的総合的に支援する必要があるのである。[17]

今回の「憲章」に中小企業の地域および社会への貢献が明記されたことは、十分とは言えずとも画期的である。しかし我が国における中小企業存在の社会的課題は、社会の側の中小企業認識自体にもあるとせねばならない。企業の99％以上を占め、雇用就業機会の70％を支え、至るところで生産活動を担っている中小企業存在への国民的認識は不十分であり、大企業第一の価値観の横行、中小企業の人材採用や活用の困難、起業を志す機運の衰退を招いている。今回の研究会の場でも、学校教育における中小企業理解や就職サポートの実態なども取り上げられ、特に「企業家教育」への取組がほとんど見られない、世界でも異常な我が国の現実が指摘された。だからこそ、「憲章」中でも「魅力ある中小企業への就業や起業を促し、人材が大企業信仰にとらわれないよう、各学校段階を通じて健全な勤労観や職業観を形成する教育を充実する」と記したのである。

そうした社会の認識変革と理念共有を促すには、「中小企業憲章」自体の普及、特に各地域レベルや金融機関、学校等での活用を求めるとともに、国民的課題としての国会決議といった展開も今後必要であろう。[18][19]

4 今後への展望

2010年6月18日に同時に閣議決定された菅内閣の「新成長戦略」[20]には、

残念ながら中小企業の存在と役割への言及は乏しく、その後の政策展開にも、中小企業の国際事業支援や金融支援等を別として、「憲章」の掲げるような課題が十分に反映されているとは言い難い。前記のように、本来民主党の公約にもあり、鳩山前首相も言及した中小企業担当大臣任命、省庁の枠を超えた支援会議の設置など、「Think small first」「Listening to small business」のしくみと体制づくりがすすんでいないせいもある。それ以上に、国の政策展開における中小企業軽視の傾向が容易にぬぐえないと言わざるを得ない。前記のように、EUは現下の困難を打開し、今後10年での成長回復と「スマートでグリーンな社会的市場」経済をめざすとする「EU2020戦略」を打ち出したが、その実施にもSBAをはじめとする中小企業への政策展開が重要な柱となっているのである。[21]こうした姿勢と取り組みを欠いて、「成長戦略」が成果を収められるのであろうか。

　ひるがえっては、この「憲章」の理念と課題を各地域の実情、地域の経済・産業・社会状況に合わせて具体化し、実践していくことがなにより重要である。「憲章」は国民的レベルでの理念と課題、とりくみ方を示すものである。それを具体化していくのが今後の地方行政の役割である。EUの存在が示すように、大きな枠組み形成の一方で真の分権化をすすめ、政策はそれぞれの地域の主体性をもって立案実施していくことが望ましい。その糸口として、各地方自治体レベルでの「中小企業振興条例」といった形を作り、「憲章」の精神を生かし、「Think small first」を現場から実行することは必要であるし、また可能でもある。[22][23]前記のように、今回の「憲章」づくりの運動や議論によって、中小企業に関わる諸団体諸組織の間で共通の課題での連携をすすめ、実現していく機運が盛り上がっている。その一つの目標は、こうした「条例」づくりとその具体化にもあると言えよう。

　「欧州小企業憲章」やSBAのような、枠組みの理念性と具体的な課題の明示、責任ある実施体制と、これに沿うような総合的包括的な政策の立案と実践、具体的成果の追求、当事者たる中小企業の声を反映する政策点検・評価・改善のしくみの確立といったことは、中小企業の顕著な衰退と経済活力の低下、雇用失業問題の拡大、地域問題の深刻化に直面している我が国においてこそ、迫られている課題そのものである。

第13章　2010年日本版「中小企業憲章」の制定

　もちろんその手がかりは、今さらの「近代化政策」でも成長経済の生産力基盤再構築でもない。めざすべきは、大企業中心経済のひずみをただし、健全な市場経済の競争秩序とルール・調整機能確保、また市場メカニズムが不可避に伴う不利の是正による、中小企業の存在意義発揮を可能にする制度的枠組みと政策展開、これによる経済活性化ならびに社会的課題の解決、ひいては自立する個人の自由・自立と成長、連帯の復権を展望する、そしてその上に公平で豊かな社会を築いていくことである。人間の限りない可能性に目を向けない「市場絶対」の原理主義ではなく、「市場経済」自体の相対性・社会的構築性に思いを致せば、こうした展望を開いていくことはなんら夢物語などではなく、きわめて現実的な道筋であり、また世界が避けては通れないものである。21世紀の「世界」は、ここに中小企業存在と中小企業政策の普遍的意義を共有しようとしている。

資　料

資料 1
欧州小企業憲章
European Charter for Small Enterprises

（中小企業家同友会全国協議会訳）

　小企業はヨーロッパ経済の背骨である。小企業は雇用の主要な源泉であり、ビジネス・アイディアを産み育てる大地である。小企業が最優先の政策課題に据えられてはじめて、"新しい経済"の到来を告げようとするヨーロッパの努力は実を結ぶだろう。

　小企業はすべての企業の中で経営環境の変化に最も敏感である。小企業は、官僚制度の過剰な負担に悩まされるならば、真っ先に痛手をこうむる。また、小企業は、官僚的で面倒な手続きが減らされ、成功が報いられるような措置が開始されるならば、真っ先に元気になる企業である。

　リスボンにおいて、われわれはEUの目標を次のように定めた。すなわち、EUが世界で最も競争的でダイナミックな知識に基礎を置いた経済となり、持続可能な経済成長、ヨリ多く・ヨリ良い雇用の創出、ヨリ強固な社会的結束を可能にするということである。

　小企業は、ヨーロッパにおける社会的・地域的統合はもとより経営革新、雇用創出を推進する存在として認識されなければならない。

　それゆえに、小企業経営と企業家精神のための最良の環境が創造される必要がある。

諸原則

　上記のことを推進するに当たって、われわれは

・新しい市場のニーズに対応することや雇用を用意することにおいて、小企業が

もつダイナミックな諸能力を承認する。
・社会的かつ地域的発展を促進し、しかも、進取の精神と参加の模範となって行動する小企業の重要性を強調する。
・企業家精神を、責任のすべての水準における貴重で生産的な生活技能（スキル）として認識する。
・成功した企業に拍手を贈る。その企業は公正に報いられるだけの価値がある。
・どのような失敗であれ、それは責任を負うことができる率先と危険覚悟を伴っており、大部分学習機会として考察されなければならないと考える。
・"新しい経済"においては、知識、貢献、柔軟性などの諸価値を認識する。

EUにおける小企業経営の状況は、企業家精神を奨励し、現行の諸対策を評価し、必要ならば、それらを小企業に役立つように変え、政策立案者に対して小企業経営のニーズに正当な考慮を払うことを確実にする行動によって、改善されることが可能である。この目的のために、われわれは誓約する。

・ヨーロッパの企業経営がこれから先のさまざまな挑戦に立ち向かえるように、経営革新の意欲と企業家精神を高める。
・企業家の活動の助けになる、規制上・財政上・行政上の枠組みを完成し、企業家の地位を改善する。
・最も負担の少ない必要条件の基礎の上で、最重要な公共政策の目標と両立する市場へのアクセスを保証する。
・最良の研究や技術の利用を容易にする。
・企業のライフサイクル全般に亘って、金融の利用を改善する。
・われわれの成果を継続的に改善する。そうすれば、EUは小企業経営に対して世界で最良の環境を提供するだろう。
・小企業経営の声に耳を傾ける。
・最優良の企業経営に対する支援を促進する。

行動のための指針

われわれは、この憲章を支持することによって、小企業経営のニーズに正当な考慮を払いながら、以下の行動指針に沿って活動することを約束する。

1．企業家精神のための教育と訓練

　ヨーロッパは、今後、企業家の精神と新しい技術・技能を早い年齢から養成するだろう。企業経営および企業家精神に関する知識は、学校教育のあらゆる段階で教えられる必要がある。特定の企業経営に関する履修すべき内容は、中学校・高等学校および単科大学や総合大学において、教育計画の中の基礎的要素として扱われるべきである。

　われわれは、若者たちの企業家への努力を勇気づけ、奨励し、小企業の経営者として訓練するための計画を開発していくだろう。

2．費用や時間のヨリかからない開業

　いかなる会社の開業費用も世界で最も競争力のある水準に向かって進化しなければならない。新しい会社の認可のためにきわめて長い時間の遅延やきわめて重い負担となる手続きを必要とする国々は、最先進の国に追いつくことが求められる。認可のためのオンライン利用は拡大されるべきである。

3．ヨリ良好な法制と規制

　各国の破産法は良好な実例に照らし合わせて見直されるべきである。比較判断の訓練から学習するならば、それはEUにおける現行の実例の改善にわれわれを導くだろう。各国およびEUの段階での新しい規制は、小企業や企業家たちへの衝撃を査定して篩にかけられるべきである。各国とEUのルールは、可能なところはどこでも、極力簡素化されるべきである。政府は利用者が使いやすい行政書類を採用すべきである。

　小企業は一定の規制上の義務からは免除されるべきである。これに関して、委員会は小企業が規制を遵守することで過重な負担を強いられることがないよう、競争法制を簡素化するべきである。

4．技術・技能の獲得

　われわれは、企業内訓練計画も補完された訓練制度が、小企業経営のニーズに合った技術・技能の供給を行き渡らせ、生涯に亘る訓練と診断を提供することを確かなものにするように努力する。

5．オンライン利用の改善

公共機関は小企業分野とのe－コミュニケーションを増加するように強く督促されるべきである。そうすれば、企業は、助言を受けたり、申請手続きをしたり、納税申告書を提出したり、簡素なそれゆえにヨリ早く安い情報通信を獲得することができる。委員会はこのような分野においても模範を示して先導しなければならない。

6．単一の市場からのヨリ多くの成果の実現

小企業経営はヨーロッパ経済の現在進行中の改革から生まれる利益を慎重に点検している。そのために、委員会および加盟各国は、小企業経営にとって利用しやすい、真の内部市場の統合の完成を目標として現在進行中の改革を続行しなければならない。そのような改革は、e－取引、遠距離通信、公共施設、公共の調達と各国間決済の制度を含む、小企業経営の発展にとって重大な領域に属している。

それと同時に、ヨーロッパおよび各国の競争ルールは、小企業が新市場に参入するあらゆる機会を保証し、公正な条件下で競争できるよう、厳格に適用されるべきである。

7．税制と金融問題

租税制度は、成功に報い、開業を奨励し、企業経営拡大と雇用創出に恩恵を与え、小企業の設立と存続を容易にするように改善されるべきである。加盟諸国は、課税と個人的成果に対する動機付けに最良の実例を適用するべきである。

企業家は、大望を現実のものにするための資金を必要としている。小企業の金融サービスの利用を改善するために、われわれは以下の行動をする。

・全ヨーロッパの資本市場の創設および金融サービス行動計画、リスク資本行動計画の実施に対する障害を確認し、それを排除する。
・融資およびベンチャーキャピタルの適切な利用条件を作り出すことによって、銀行制度と小企業の関係を改善する。
・構造基金の利用を改善し、株式投資の手段を含む、新規開業企業やハイテク企

業が利用できる基金提供を増加させるヨーロッパ投資銀行による率先的な提唱を歓迎する。

8．小企業の技術的能力の強化

われわれは、小企業が、技術を認識し、選択し、応用する能力とともに、小企業への技術の普及を強化することを目標とする現行の諸計画を強化する。

われわれは、規模の異なる企業間での技術の協力や共有を育成し、特にヨーロッパの小企業の間で、知識や技術の営業上の適合性に焦点を合わせたヨリ効果的な研究を推進し、また、小企業を対象とする品質保証制度の開発と実用を図る。EUの特許が小企業に入手可能で、利用しやすいということをすることが重要である。

われわれは、小企業、高等教育機関、研究機関の間の協力はもちろん、地域、国家、ヨーロッパ、国際の各レベルにおける企業間の協力に小企業が参加することを推進する。

それゆえ、企業間の房（クラスター）と網（ネットワーク）の発展に目標が置かれた国家と地域のレベルでの諸行動が支援されるべきである。また、情報技術を利用する小企業間の全ヨーロッパでの協力が高められるべきであり、さらに、協力協定の最良の実例が普及されるべきであり、最後に、小企業間の協力が全ヨーロッパ市場に参入し、その活動が第三国市場に拡張する能力を改善するよう支援されるべきである。

9．成功するe－ビジネスモデルと最優良小企業経営の支援

委員会と加盟諸国は、小企業が最良の実例を適用し、"新しい経済"の中で真に繁栄できる成功企業モデルを採用することを奨励すべきである。

われわれは、利用しやすく、理解しやすく、かつまた、企業経営のニーズに適切な経営情報システム、ネットワーク、サービスを創設するように、加盟各国とEUの活動を調整する。また、ウェブサイトを通した利用も含めて、助言者（メンター）や企業経営支援者（エンジェル）からの案内や支援の利用をEU規模の範囲で確かなものにする。さらに、ヨーロッパ中小企業観測所を活用する。

10. EUおよび各国レベルにおける、小企業の利害のヨリ強力でヨリ効果的な代表の発展

　われわれは、小規模経営の利益が、社会的対話を通じる場合も含めて、EUと国家的レベルでいかに代表されるかということについての再検討を仕上げる。

　われわれは、各国の企業政策の調整についてオープンな方法を採用して上記の目標に向かって前進することに専心する。企業と企業家精神のための多年次計画、経済改革に関するカーディフ工程、雇用政策に関するルクセンブルグ工程、その他ＥＵの計画や提唱がこの目的に利用される。われわれは、春季首脳会談（サミット）での関連項目に関する委員会レポートを基礎に毎年進捗を注視し、評価する。

　われわれは、経過的に進捗を評価し、そして、世界の最良に照らして、小企業経営が持続的にわれわれの成果を改善するように影響を与えるすべての分野の最善の実例を学び、探すことを強化する効果的な指標を採用する。

資料2
ボローニャ中小企業政策憲章 （2000年6月15日採択）
The Bologna Charter on SME Policies

（三井逸友責任訳）

[解説]

　OECD 経済開発協力機構は 2000 年 6 月、イタリア・ボローニャにおいて中小企業政策担当の拡大閣僚会議を開いた。これには、加盟国以外の発展途上国などからも多数の参加があった。

　参加国は、アルジェリア、アルゼンチン、オーストラリア、オーストリア、ベルギー、ブラジル、ブルガリア、カナダ、チリ、チェコ、デンマーク、エジプト、フィンランド、フランス、ドイツ、ギリシャ、ハンガリー、アイスランド、インド、インドネシア、アイルランド、イスラエル、イタリア、日本、韓国、ルクセンブルグ、メキシコ、モロッコ、オランダ、ニュージーランド、ノルウェー、フィリピン、ポーランド、ポルトガル、ルーマニア、ロシア連邦、スロバキア、スロベニア、南アフリカ、スペイン、スウェーデン、スイス、チュニジア、トルコ、英国、米国、ベトナムの、４７ヵ国である。

　そしてこの会議は、「中小企業政策についてのボローニャ憲章」（The Bologna Charter on SME Policies）を採択した。

　以下はその訳である。

ボローニャ中小企業政策憲章

この憲章はまず、

４７ヵ国*の閣僚及び政府代表は、ボローニャ会議に参加し、

経済成長、雇用創出、地域発展、社会的結束における中小企業の重要性が、とりわけ女性と青年企業家の役割を通じて、ますます高まっていることを**確認する**。

企業家精神とダイナミックな中小企業部門が経済の再構築と貧困との闘いに重要であることを**確認する**。

資 料

　グローバリゼーション、技術変化の加速とイノベーションが中小企業の機会を広げているが、また過渡期のコストと新たな挑戦を伴っていること、グローバリゼーションが万人の生活水準の向上につながるものであり、その利益は等しい条件下で万人にアクセス可能なものであるべきであることを**確認する**。

　中小企業政策は各国並びに各部門の条件と優先順位にあわせて立案されるべきであり、また持続可能な成長と社会進歩に寄与するものである必要があると**確認する**。

　また、OECDや他の国際機関が果たしてきた中小企業への役割を歓迎し、OECD加盟国及び非加盟国の中小企業間の協力と連携関係を強化するという展望のもとに、経験と優れた施策実践の多角的な交換を促す。この点で、OECDとイタリア共催による今回の中小企業政策担当・産業担当閣僚会議の開催は、グローバリゼーションと貿易自由化の利益を生かして、それぞれの地域の中小企業の強化を助けるための公共部門と私的部門の行動を明確にする大きな機会であることを**歓迎する**。

　中小企業の競争力は以下の諸条件からもたらされるということを確認する。

・中小企業に不必要な負担を強いることがなく、企業家精神とイノベーションと成長に寄与するような規制環境。なかんずく、行政におけるガバナンスの発揮と高いアカウンタビリティをすすめ、公正にして透明な競争政策を促し、効果的な腐敗防止策をとる、また透明で、安定していて、非差別的な税制の実施をはかることによる。
・長期的な訓練と生涯学習を含む、イノベーティブで企業家的な文化を育てるような教育と人的資源管理政策。人的資源の移動促進、ならびに教育と労働市場需要とのマッチングを向上することによる、スキルの不均衡をなくすことにかかわる。
・金融サービスへの効果的なアクセス。とりわけ、シードキャピタル、運転資金、開発資金についてである。中小企業への貸付のリスクと取引コストの削減につながる新たな金融手段の開発を含む。

・ナレッジベースドエコノミーの利点を生かし、中小企業による、また中小企業のための新技術の開発と普及をさせるような環境。
・情報交換や知識の活用、政策の立案の手段となるような、それぞれの領域及び機関の関係者を含む、公共部門と私的部門の間の連携を強化し、政治的及び社会的対話をすすめる。
・中小企業政策の費用効果を高め、他の諸施策、さらには既存の国際計画との一貫性をはかる。

　イノベーションが中小企業の競争力に決定的な貢献をなすこと、一国のイノベーションシステムに中小企業が中心的役割を果たすこと、そしてイノベーション過程の利便のためには、情報、資金、ネットワークへのアクセスの改善が重要であることを確認する。そして、中小企業政策の立案にあたっては、以下の点を考慮すべきであると勧告する。

・中小企業のイノベーション管理力は、能力ある人材の雇用と教育の便宜を図る、イノベーション文化を広める、技術並びに市場の情報を普及させる、関係する援助を提供する（たとえば、関係する労働市場メカニズムの改善、企業と教育制度のリンク、産業と公共並びに大学の研究の間のリンクなど）。
・中小企業におけるイノベーションへの金融面の障壁は、（1）エクイティファイナンス及び関連するサービス、とりわけイノベーティブな創業への市場メカニズムの発展を推進する、（2）研究開発とイノベーションへの金融支援と税制措置を含む、リスクシェアリングの計画と手段を奨励する、（3）企業家、公共機関（エージェンシー）、金融サイドの間の「イノベーションへの連携」を促すようなイニシアチブを支援する、こうした方法によって除かれるべきである。
・一国ないしは国際的なイノベーションネットワークへの中小企業のアクセスは推進されるべきであり、公共の研究開発プログラムおよび発注契約への中小企業の参加は奨励されるべきである。

　多くの国々では、クラスター[**]やネットワークがイノベーティブで競争力ある中小企業を刺激できるという事実を確認し、中小企業政策を立案するにあたっては、以下の点を考慮すべきであると勧告する。

資　料

・地域のクラスターとネットワークの発展戦略への、私企業や、NGOや、さまざまなレベルや部門の行政機関がかかわる連携を、推進すべきである。
・私的部門がクラスターイニシアチブを主導し、公共部門が各国及び地域の優先順位に応じて、カタリストの役割を演じる（たとえば、なかんずく公共のインセンティブで私的投資を促す、シードファンドを推進する、ネットワークイニシアチブの成果をモニターする、など）。
・建物施設と効率的なコミュニケーション、そして運輸インフラへのクラスターのアクセスを改善する、大学と産業とのリンクにおいて、地域的な専門化を推進する、地域の特性と投資誘因を含む、目標を定めた情報の普及を図る、そしてサプライヤのネットワークや、技術サポートサービスや、学習サークルや、その他の協力事業を奨励することで、クラスター（既存のものも幼生期のものも）の成長を、公共部門と私的部門の諸団体がはぐくむ。

エレクトロニックコマースが中小企業にとっての機会も挑戦ももたらすということを確認し、中小企業政策を立案するについては、以下の点を考慮すべきであると勧告する。

・98年10月にもたれたOECDエレクトロニックコマースに関する閣僚会議の結論を特に考慮して、情報通信技術（ICTs）にかかわるガイドラインや、規則や、規制措置や方法を立案するにあたっては、中小企業の将来を全面的に考慮に入れるべきである。
・（1）エレクトロニックコマースにかかわる機会と障害についての情報の普及を奨励する、（2）電子商取引への紙の上の法制的障壁と、新企業創業と発展への行政上の障害をとり除く、（3）高品質のネットワークインフラへの競争的な市場を育成する、（4）行政の中小企業との相互関係にインターネットを活用し、中小企業に平等なアクセスを可能にする電子官公需イニシアチブを推進する、これらによって、情報化社会の利益と、インターネット利用とエレクトロニックコマースの統合の利益についての中小企業の認識をさらに高める。
・（1）情報通信技術とエレクトロニックコマースの利用を推進する、企業主導のイニシアチブにつながるような環境を育成する、（2）証明、認証、取引セキュリティシステム、プライバシー、消費者保護の効果的で利用しやすい枠組み

323

の開発を奨励し、また、より一般的には、販売、競争、知的財産権（IPRs）、規格、税制といった分野でのエレクトロニックコマースへの、魅力ある事業環境を提供する、(3) エレクトロニックコマースについての、明確で、首尾一貫していて、結果予想可能な法的枠組みで中小企業が活動することを可能にする、それによって、不当なコストや負担を課すことがない、「法廷外の」（"out-of-court"）紛争解決メカニズムへのアクセスが可能になる、これらによって、エレクトロニックコマースへの中小企業の参加を拡大すべきである。

世界経済における過渡期経済や発展途上国の中小企業の競争力を強化し、OECD諸国の中小企業との連携をすすめるという観点から、中小企業政策立案にあたっては、以下の点を考慮することを勧告する。

・過渡期および発展途上経済における中小企業の成長を援助することを目ざした産業開発プログラムやイニシアチブに関しては、各国政府・地域機関・国際機関間の協調は改善を要する。
・媒介機関（すなわち、自助組織・事業者団体・技術援助センターなど）等がすすめるものを含め、支援および金融サービスは、中小企業間の国際協力と連携関係を育成し、情報・金融・技術の諸資源や新しい市場へのアクセスの向上を提供するやり方で促進されるべきである。
・発展途上および過渡期経済における中小企業政策は、その部門の長期的発展を促進し、ネットワーキングを促進する。規模経済やその他の「自然独占」状態の諸条件によって特徴付けられていないことが明らかな部門においては、中小企業よりも大企業や時には国有企業に有利となるような政策と制度上のメカニズムは除去されるべきである。

今後の行動

ボローニャ会議に参加した各国の閣僚や政府代表は、

国際的な中小企業の連携を育て、中小企業の発展をすすめるような金融及び非金融手段の利用可能性を広げるために、協力しあい、国際機関内での相互的ないし多角的なイニシアチブの補完性を改善することに**合意する。**

各国及び準各国レベルで集計された、エレクトロニックコマースを含む、データと統計にもとづき、中小企業政策、規制的環境と成果の有効性についてのベンチマークの有益であることに**合意する**。

　関心を持って、イタリアからの中小企業国際ネットワーク（INSME）の提案と、その推進へのイタリアのイニシアチブに**留意する**。これに対するニーズアセスメントを含むフィージビリティ調査の実施、また、関心ある国々と私的部門の投資によって支えられる、その実行可能なデザインと開発の定義についての、イタリアの提議を歓迎した。閣僚とOECDには、フィージビリティ調査の結果が伝えられることになっている（会議の記録、*Italian Proposal for an "International Network for SMEs (INSME)"*. 参照）。

　ボローニャ会議の成果の上に立つこと、OECD加盟国と非加盟国の間の政策対話をすすめることの重要性に**合意する**。そして、グローバル化にかかわる新たな状況の及ぼす中小企業へのインパクトについてのアセスを行うために、第二回の中小企業担当・産業担当閣僚会議を開く可能性に**期待を表明する**。

＊　ECを含む。
＊＊　クラスターとは、付加価値生産的なチェーンにおいてお互いにリンクしている、つよく相互依存的な企業（専門化したサプライヤを含む）の生産的なネットワークとして性格づけられる。ある場合には、クラスターは大学や、研究所や、知識集約的なビジネスサービスや、ブリッジ機関（ブローカー、コンサルタント）や顧客などとの間の連合を取り巻いている。（OECD (1999), *Boosting Innovation: The Cluster Approach*.）

資料 3
欧州委員会コミュニケーション　（COM（2008）394）
「小企業を第一に考える」——欧州「小企業議定書」
"Think Small First": A "Small Business Act" for Europe

(抄訳)[*]

1．序文

　いまや EU にとって、知識主体の経済への移行を管理することが重要な挑戦になっている。その試みが成功すれば、より多くの活発な雇用とハイレベルな社会的結束を伴った競争力のあるダイナミックな経済が約束される。

　ダイナミックな企業家とは、まさにグローバリゼーションや加速する技術変革によるチャンスをものにするための存在である。このように中小企業の成長と潜在的な改革能力をもとに前進しようとするわれわれの力が、EU における将来の発展にとって決定的なものになる。絶え間ない構造改革と競争による外圧の強化など地球規模で変容しつつある状況のなかで、雇用機会の提供者、さらには地方や地域共同体の発展を支える中心的存在として、この社会における中小企業の役割はますます重要性を増している。活力にあふれる中小企業が、グローバル化した現代社会で指摘される不確実性に耐えることのできる力強いヨーロッパを生み出していく。

　このように EU は特に 2005 年以降、パートナーシップアプローチを利用して、中小企業のニーズをリスボン成長雇用戦略の中心に据え、具体的な成果を挙げてきた。今こそ中小企業のニーズを EU 政策の最前線に固定させ、2000 年度の EU 首脳および政府の見解を現実のものとして理解し、EU を中小企業にとっての環境にするべきである。

　中小企業が経営される国内および地域の環境は実にさまざまであり、中小企業自体の性質（手工業、マイクロ企業、家族経営または社会的経済企業を含む）も

一様ではない。したがって中小企業のニーズに取り組むには、この多様性を認め、また補完性原則を全面的に尊重するような政策が求められる。

2．EU　中小企業政策における飛躍的進歩の時期

　　　［略］

3．中小企業のための野心的政策課題の推進：欧州小企業議定書（SBA）

　ヨーロッパSBAの中心となるのは、中小企業にとって最善の枠組条件を達成できるかどうかは、何よりもまず企業家精神を社会が認知しているかどうかによって決まるという考え方である。社会通念上、個人が自ら起業するという選択肢を魅力的なものと捉え、中小企業が実質的に雇用の拡大や経済発展に寄与することを認めるような風潮が生まれるべきである。したがって、中小企業にとって追い風となる環境の実現に大きく貢献する要因として、EUにおける企業家の役割とリスク負担に対する認識が変化していかなければならず、企業家精神や、それに伴ってリスクを引き受けようとする意識が政界のリーダーたちやメディアによって賛美され、行政によって支援されるべきである。どのようなルールもそのルールを活用する大多数の人々を尊重しなければならないという信念、すなわち「小企業を第一に」原則にもとづき、「中小企業にやさしい」ことであることが政治上の主流になるべきである。

　以上の理由で、「小企業議定書」は企業家精神への包括的政策アプローチを改善し、規制から公共サービスまでを含む政策決定においてこの「小企業を第一に」原則を後戻りなく確立し、中小企業がその発展を妨げようとする未解決の問題に取り組むのを助けることによってその成長を推進することを目指す。

　SBAは欧州委員会および加盟諸国の政策実現にもとづき、現存する企業政策手段を統合した新たな政策の枠組を構築し、特にヨーロッパ小企業憲章および現

代中小企業政策を基盤として事を進めている。この挑戦的な政策課題を実践するため、委員会は補完性や比例制の原則を尊重した、EUおよび加盟諸国間の真の政治的連携を提案しようとしている。

このイニシアチブに与えられた「議定書（ACT）」という象徴的な名前は、下記を通じてEU経済における中小企業の中心的役割を理解し、EUやその加盟諸国に対する包括的な政策枠組を初めて確立しようとする政治的な動きを強調している。

・EUおよび加盟諸国の両レベルにおける政策のコンセプト化および実施を導くための10の原理。4章でその概略が詳しく述べられるこの原理は、EUレベルでの付加価値をもたらし、中小企業にとって一貫した活躍分野を創出し、EU全体にわたる法的かつ行政上の環境を改善するうえで欠かせないものである。

Ⅰ．企業家および家族経営が繁栄し、企業家精神が報われるような環境を作り出す。
Ⅱ．正直に働いてきた企業家が破産にいたった場合、すぐに第二のチャンスが得られるようにする。
Ⅲ．「小企業を第一に考える」の原則にしたがってルールを考案する。
Ⅳ．中小企業のニーズに呼応した行政を求める。
Ⅴ．中小企業ニーズに合った公共政策ツールを採択し、中小企業の公共調達への参入を容易にし、中小企業にとっての政府補助のチャンスをよりよく活用する。
Ⅵ．中小企業の金融利用を推進し、商取引における適時支払を支援するような法的および事業上の環境を整える。
Ⅶ．統合市場によって提供される好機から中小企業がより多くの利益を得られるように援助する。
Ⅷ．中小企業でのスキルおよびあらゆるイノベーションの形の高度化を推進する。
Ⅸ．中小企業が環境上の課題をチャンスに変えられるようにする。
Ⅹ．各市場の成長から中小企業が利益を得られるように励まし、支援する。

　　　［中略］

4．原理を政策行動に変換する

　[それぞれの課題項目の説明、具体化、さらに欧州委員会や加盟諸国に求められる行動内容等は省略した]

Ⅰ．EUおよび加盟諸国は、企業家および家族経営が繁栄し、企業家精神が報われるような環境を創出すべきである。

Ⅱ．加盟諸国は、正直に働いてきた企業家が破産に直面した場合、ただちに第二のチャンスが与えられるように保証すべきである。

Ⅲ．EUおよび加盟諸国は法制を考案するにあたって中小企業の特徴を考慮に入れ、「小企業を第一に」原則にしたがって規則を設け、現存する規制環境を簡素化すべきである。

Ⅳ．EUおよび加盟諸国は、特に電子政府 (e-government) やワンストップショップという対策を推進することにより、公共行政に中小企業ニーズへの対応を委ね、中小企業にとって存立をできるだけシンプルにすべきである。

Ⅴ．EUおよび加盟諸国は、中小企業のニーズに合わせた公共政策ツールを採択すべきである。
　EUおよび加盟諸国は、中小企業の公共調達手順への参画を推進するような方法で、いかに欧州委員会公共調達枠組を適用することができるかという点について、契約期間に指針を与えるような「最良実施規範」を利用すべきである。
　中小企業がその生涯を通じて直面する市場不況に取り組むためには、中小企業の起業を支援しインセンティブを与える共同体加盟国ルールによって与えられる可能性を、より適切に活用すべきである。

Ⅵ．EUおよび加盟諸国は中小企業が金融、特にリスクキャピタルやマイクロクレジット、メザニン型資金調達を利用しやすくなるようにし、商取引における適時支払を支援するような法的および事業環境を作るべきである。

Ⅶ．EUおよび加盟諸国は、統合市場によってもたらされる機会から、特に統合市場のガバナンスや政策に関する情報の改善を通じて中小企業がより多くの恩恵を受けられ、それによって中小企業の利益が規格の開発により適切に反映され、中小企業が特許権や商標を利用しやすくなるように、支援するべきである。

Ⅷ．EUおよび加盟諸国は、中小企業における技能の向上およびあらゆる形態のイノベーションを推進すべきである。
　EUおよび加盟諸国は、中小企業による研究への投資やR&D支援計画への中小企業の関与、国境を超えた研究、クラスタリングおよび中小企業による活発な知的財産管理などを奨励する。

Ⅸ．EUおよび加盟諸国は、中小企業が環境上の課題をチャンスに変えられるようにするべきである。
　EUおよび加盟諸国は、中小企業における環境マネジメントシステム実践も通じて、新たな「グリーン」市場や改善されたエネルギー効率に向けたチャンスを最大限に活かせるように、より多くの情報や専門知識、融資奨励金などを提供するべきである。

Ⅹ．EUおよび加盟諸国は、特に市場毎での支援や事業訓練活動を通じて、中小企業がEU以外の市場の発展からも恩恵を受けられるようにサポートし、助力すべきである。

　　　［中略］

5．SBAの実践およびガバナンス

　　　［略］

＊　これは、「小企業議定書」コミュニケーションの全文訳（中小企業家同友会全国協

議会訳、同編『THINK SMALL FIRST 中小企業憲章ヨーロッパ視察報告』、2008年、に掲載）にもとづき、主要部分のみの抄訳としたものである。

資料4
中小企業憲章（平成22年6月18日　閣議決定）

　中小企業は、経済を牽引する力であり、社会の主役である。常に時代の先駆けとして積極果敢に挑戦を続け、多くの難局に遭っても、これを乗り越えてきた。戦後復興期には、生活必需品への旺盛な内需を捉えるとともに、輸出で新市場を開拓した。オイルショック時には、省エネを進め、国全体の石油依存度低下にも寄与した。急激な円高に翻弄されても、産地で連携して新分野に挑み、バブル崩壊後もインターネットの活用などで活路を見出した。

　我が国は、現在、世界的な不況、環境・エネルギー制約、少子高齢化などによる停滞に直面している。中小企業がその力と才能を発揮することが、疲弊する地方経済を活気づけ、同時にアジアなどの新興国の成長をも取り込み日本の新しい未来を切り拓く上で不可欠である。

　政府が中核となり、国の総力を挙げて、中小企業の持つ個性や可能性を存分に伸ばし、自立する中小企業を励まし、困っている中小企業を支え、そして、どんな問題も中小企業の立場で考えていく。これにより、中小企業が光り輝き、もって、安定的で活力ある経済と豊かな国民生活が実現されるよう、ここに中小企業憲章を定める。

１．基本理念

　中小企業は、経済やくらしを支え、牽引する。創意工夫を凝らし、技術を磨き、雇用の大部分を支え、くらしに潤いを与える。意思決定の素早さや行動力、個性豊かな得意分野や多種多様な可能性を持つ。経営者は、企業家精神に溢れ、自らの才覚で事業を営みながら、家族のみならず従業員を守る責任を果たす。中小企業は、経営者と従業員が一体感を発揮し、一人ひとりの努力が目に見える形で成果に結びつき易い場である。

　中小企業は、社会の主役として地域社会と住民生活に貢献し、伝統技能や文化の継承に重要な機能を果たす。小規模企業の多くは家族経営形態を採り、地域社会の安定をもたらす。

このように中小企業は、国家の財産ともいうべき存在である。一方で、中小企業の多くは、資金や人材などに制約があるため、外からの変化に弱く、不公平な取引を強いられるなど数多くの困難に晒されてきた。この中で、大企業に重きを置く風潮や価値観が形成されてきた。
　しかし、金融分野に端を発する国際的な市場経済の混乱は、却って大企業の弱さを露わにし、世界的にもこれまで以上に中小企業への期待が高まっている。国内では、少子高齢化、経済社会の停滞などにより、将来への不安が増している。不安解消の鍵となる医療、福祉、情報通信技術、地球温暖化問題を始めとする環境・エネルギーなどは、市場の成長が期待できる分野でもある。中小企業の力がこれらの分野で発揮され、豊かな経済、安心できる社会、そして人々の活力をもたらし、日本が世界に先駆けて未来を切り拓くモデルを示す。
　難局の克服への展開が求められるこのような時代にこそ、これまで以上に意欲を持って努力と創意工夫を重ねることに高い価値を置かなければならない。中小企業は、その大いなる担い手である。

2．基本原則

　中小企業政策に取り組むに当たっては、基本理念を踏まえ、以下の原則に依る。

一．経済活力の源泉である中小企業が、その力を思う存分に発揮できるよう支援する
　資金、人材、海外展開力などの経営資源の確保を支援し、中小企業の持てる力の発揮を促す。その際、経営資源の確保が特に困難であることの多い小規模企業に配意する。中小企業組合、業種間連携などの取組を支援し、力の発揮を増幅する。

二．起業を増やす
　起業は、人々が潜在力と意欲を、組織の枠にとらわれず発揮することを可能にし、雇用を増やす。起業促進策を抜本的に充実し、日本経済を一段と活性化する。

三．創意工夫で、新しい市場を切り拓く中小企業の挑戦を促す
　中小企業の持つ多様な力を発揮し、創意工夫で経営革新を行うなど多くの分野

で自由に挑戦できるよう、制約の少ない市場を整える。また、中小企業の海外への事業展開を促し、支える政策を充実する。

四．公正な市場環境を整える
　力の大きい企業との間で実質的に対等な取引や競争ができず、中小企業の自立性が損なわれることのないよう、市場を公正に保つ努力を不断に払う。

五．セーフティネットを整備し、中小企業の安心を確保する
　中小企業は、経済や社会の変化の影響を受け易いので、金融や共済制度などの面で、セーフティネットを整える。また、再生の途をより利用し易いものとし、再挑戦を容易にする。

　これらの原則に依り、政策を実施するに当たっては、
・中小企業が誇りを持って自立することや、地域への貢献を始め社会的課題に取り組むことを高く評価する
・家族経営の持つ意義への意識を強め、また、事業承継を円滑化する
・中小企業の声を聴き、どんな問題も中小企業の立場で考え、政策評価につなげる
・地域経済団体、取引先企業、民間金融機関、教育・研究機関や産業支援人材などの更なる理解と協力を促す
・地方自治体との連携を一層強める
・政府一体となって取り組む
　こととする。

3．行動指針

　政府は、以下の柱に沿って具体的な取組を進める。

一．中小企業の立場から経営支援を充実・徹底する
　中小企業の技術力向上のため、ものづくり分野を始めとする技術開発、教育・研究機関、他企業などとの共同研究を支援するとともに、競争力の鍵となる企業集積の維持・発展を図る。また、業種間での連携・共同化や知的財産の活用を進

め、中小企業の事業能力を強める。経営支援の効果を高めるため、支援人材を育成・増強し、地域経済団体との連携による支援体制を充実する。

二．人材の育成・確保を支援する

中小企業の要諦は人材にある。働く人々が積極的に自己研鑽に取り組めるよう能力開発の機会を確保する。魅力ある中小企業への就業や起業を促し、人材が大企業信仰にとらわれないよう、各学校段階を通じて健全な勤労観や職業観を形成する教育を充実する。また、女性、高齢者や障害者を含め働く人々にとって質の高い職場環境を目指す。

三．起業・新事業展開のしやすい環境を整える

資金調達を始めとする起業・新分野進出時の障壁を取り除く。また、医療、介護、一次産業関連分野や情報通信技術関連分野など今後の日本を支える成長分野において、中小企業が積極的な事業を展開できるよう制度改革に取り組む。国際的に開かれた先進的な起業環境を目指す。

四．海外展開を支援する

中小企業が海外市場の開拓に取り組めるよう、官民が連携した取組を強める。また、支援人材を活用しつつ、海外の市場動向、見本市関連などの情報の提供、販路拡大活動の支援、知的財産権トラブルの解決などの支援を行う。中小企業の国際人材の育成や外国人材の活用のための支援をも進め、中小企業の真の国際化につなげる。

五．公正な市場環境を整える

中小企業の正当な利益を守る法令を厳格に執行し、大企業による代金の支払遅延・減額を防止するとともに、中小企業に不合理な負担を招く過剰な品質の要求などの行為を駆逐する。また、国及び地方自治体が中小企業からの調達に配慮し、受注機会の確保や増大に努める。

六．中小企業向けの金融を円滑化する

不況、災害などから中小企業を守り、また、経営革新や技術開発などを促すための政策金融や、起業、転業、新事業展開などのための資金供給を充実する。金融供与に当たっては、中小企業の知的資産を始め事業力や経営者の資質を重視し、

不動産担保や保証人への依存を減らす。そのためにも、中小企業の実態に則した会計制度を整え、経営状況の明確化、経営者自身による事業の説明能力の向上、資金調達力の強化を促す。

七．地域及び社会に貢献できるよう体制を整備する
　中小企業が、商店街や地域経済団体と連携して行うものも含め、高齢化・過疎化、環境問題など地域や社会が抱える課題を解決しようとする活動を広く支援する。祭りや、まちおこしなど地域のつながりを強める活動への中小企業の参加を支援する。また、熟練技能や伝統技能の継承を後押しする。

八．中小企業への影響を考慮し政策を総合的に進め、政策評価に中小企業の声を生かす
　関係省庁の連携は、起業・転業・新事業展開への支援策の有効性を高める。中小企業庁を始め、関係省庁が、これまで以上に一体性を強めて、産業、雇用、社会保障、教育、金融、財政、税制など総合的に中小企業政策を進める。その際、地域経済団体の協力を得つつ、全国の中小企業の声を広く聴き、政策効果の検証に反映する。

（結び）
　世界経済は、成長の中心を欧米からアジアなどの新興国に移し、また、情報や金融が短時間のうちに動くという構造的な変化を激しくしている。一方で、我が国では少子高齢化が進む中、これからは、一人ひとりが、力を伸ばし発揮することが、かつてなく重要性を高め、国の死命を制することになる。したがって、起業、挑戦意欲、創意工夫の積み重ねが一層活発となるような社会への変革なくしては、この国の将来は危うい。変革の担い手としての中小企業への大いなる期待、そして、中小企業が果敢に挑戦できるような経済社会の実現に向けての決意を政府として宣言する。

資料5
Small and Medium Enterprise Charter
(Approved on June 18, 2010 Cabinet Meeting)

(「中小企業憲章」英訳──中小企業庁仮訳・三井修正版)
(Provisional Translation: Partly abridged and translated by Professor I. Mitsui)

The Government has formulated the Small and Medium Enterprise Charter as per the attached Exhibit.

Small and Medium Enterprise Charter

Small and medium enterprises (SMEs) are the driving force of the Japanese economy and central players in the society. As the forerunners of each elapsed age, SMEs have, at all times, positively and resolutely challenged as pioneers and overcome whatever hardships they have encountered. In the period just after the World War II, SMEs satisfied vigorous domestic demand for daily essentials and also cultivated overseas markets by exports. In the oil crisis of the 1970s, SMEs worked hard on energy saving and contributed to the nation's reducing its dependence on oil. When the Japanese economy suffered from sharp yen appreciations, SMEs in different local industrial areas collaborated with each other and worked to develop businesses in new fields. In the years following the collapse of bubble economy, SMEs have survived by making use of new technologies such as the Internet.

Now Japan is facing economic stagnation originating from the global recession, environmental and energy constraints, a falling birthrate and an aging population. It is essential that SMEs make full use of their power and ability, revitalize the declining local economies, and simultaneously open up a new future for Japan by capitalizing on the growth of Asian and other emerging economies.

The Government will become a key supporter of all activities undertaken by SMEs, make concerted efforts to assist SMEs to fully develop their individuality and potential, encourage the SMEs that are self-reliant, support SMEs that are in trouble, and consider all issues from the SME standpoint. The Government will make its best effort to see all SMEs working as glorious entities and contributing to the realization of a stable and vigorous economy and an affluent people's life. For all these purposes, the Government hereby formulates the Small and Medium Enterprise Charter.

1. Basic Philosophy

SMEs support and drive our economy and daily lives. SMEs exercise their originality and ingenuity, improve their technology and skills, provide the majority of employment, and make our everyday lives more pleasant and enjoyable. SMEs are quick to decide and act; they have their favorite areas where they can exert individuality and diverse potential; and their management are full of entrepreneurship and they perform their responsibilities for protecting not only their families but also employees while carrying out businesses relying on their own resources. SMEs are places where employers and employees work together in a sense of unity, permitting each member's effort to lead to visible achievements.

As central players of the society, SMEs make contributions to their communities and the life of inhabitants, and perform important functions in the succession of traditional skills and culture. Many of small enterprises are family-run and contribute to the stability of their local community.

SMEs are to be regarded as the nation's treasure. On the other hand, limited financial and human resources have kept many SMEs vulnerable to changes originating outside, subject to unfair trade practices, and exposed to many hardships. This has caused social tendencies and sense of value inclined

資 料

to place a priority on large enterprises. The current turmoil in the global economy triggered by the financial sector, however, has rather revealed the weakness of large enterprises, and then the entire world expects SMEs to play a greater role rather than before. On the domestic front, people feel increasingly anxious about the future because of a falling birthrate, an aging population and stagnant economic society. The examples of key industries capable of eradicating such worries are those of healthcare, welfare, information and communication technology, and environment and energy technology which can resolve the global warming problem. Those industries, at the same time, have potential of growing markets. The Government will ensure that SMEs fully exert their power in these sectors and then contribute to the realization of an affluent economy, society without anxiety and to vibrant lives of people. This is the new model which Japan is willing to present to the world.

This is the very era that requires us to make efforts to overcome hardships, and we must highly weight value on working with creativeness and ingenuity. SMEs are and will be major players in such works and efforts.

2. Fundamental Principles

In accordance with the above-stated basic philosophy, the Government will implement SME policies in accordance with the following principles.

(1) Supporting SMEs as a source of economic vitality, to make full use of their capabilities:
The Government will support SMEs to secure management resources including funds, human resources and the ability to expand/manage overseas business, and promote SMEs to make full use of their capabilities. In so doing, the Government will pay enough consideration to small enterprises which often have more serious difficulty in securing management resources. The Government will support the measure of cooperative associations and cross-industry alliances to make greater exertion of SMEs' capabilities.

(2) Encouraging SMEs to start up new businesses:
Business start-up enables people to exercise potential and willingness without being bound by the framework of the existing organizations, and creates new jobs. The Government will drastically upgrade the existing incentive programs for start-up to further revitalize the economy.

(3) Encouraging the challenges of SMEs to advance into and develop new markets with their creativity and ingenuity:
The Government will create less constrained markets in which SMEs can display their diverse capabilities and management innovation with creativity and ingenuity. The Government will also upgrade policies designed to encourage SMEs to expand overseas businesses.

(4) Enhancing fairness in markets:
The Government will constantly endeavor to keep markets fair to enable SMEs to do businesses with more powerful/dominant companies on substantially equal terms, and not to lose their independency.

(5) Providing the safety net for worry-free business operations of SMEs:
Given that some of SMEs are vulnerable to economic or social change, the Government will have in place the safety nets including financial one and mutual aid system. The Government will make business restart easier and then ensure that corporate revival system is more accessible and user-friendly to SMEs.

When the Government will implement policies based on the above principles, it will observe the following:
• highly evaluating SMEs that proudly perform businesses in an independent manner or try to tackle social problems such as contributions to the local community issues;
• paying greater attention to the significance of family business and smoothening business succession;

· listening to opinions of SMEs, considering all sorts of issues from the SMEs'standpoint, and utilizing those opinions when evaluating SME policies;
· promoting more understanding from and cooperation with local business associations, trade partners with SMEs, financial institutions, educational and research institutions, and SME support personnel;
· strengthening collaboration with local governments; and
· working concertedly across all the governmental organizations.

3. Action Guidelines
The Government will proceed with practical activities in line with the following pillars:

(1)　Upgrading and making thoroughly the management support corresponding to the SME standpoint:
In order to promote technological capability of SMEs, the Government will support their R&D in the manufacturing and other areas and joint research with educational or research institutes and other companies. The Government will maintain and further develop regional industrial clusters/ agglomerations that are key to the competitiveness of the economy. The Government will also promote cross-industry alliances and collaboration and use of intellectual property, in order for SMEs to strengthen their business capabilities. For more efficient business management support, the Government will train and reinforce SME support personnel, and upgrade SME support system in collaboration with local business associations.

(2)　Supporting SMEs' efforts to develop and secure human resources:
Human resources are keys of SME business management. The Government will provide SMEs with opportunities of human resource development for their employees to improve their capabilities proactively. The Government will encourage people to find work in attractive SMEs and promote business start-up, and will also improve education that serves to develop sound working and vocational values at each stage of school education and to help

people not to be bound by the value adherence to large enterprises. The Government will also aim to create a high-quality working environment for employees including women, elderly and disabled people.

(3) Creating an environment for easier start-up and business advance into new fields:
The Government will remove barriers like financial difficulties for start-up and entry into new businesses. The Government will also endeavor to reform the existing system so that SMEs can proactively expand businesses in growing sectors which are expected to shore up the future Japanese economy, such as healthcare, nursing care, agriculture/primary or information and communication technology industries. The Government will aim to create internationally open and the most advanced start-up environment.

(4) Supporting SMEs expanding overseas businesses:
The Government will work in strengthened collaboration with the private sector to assist SMEs to develop overseas markets. The Government will also provide information about the trends in overseas markets and international trade fairs, support SMEs activities intended to cultivate new markets, and solve troubles related to intellectual properties. The Government will push ahead with support for development of human resources workable in overseas activities, or use of foreign staff, and then achieve SMEs' real internationalization.

(5) Enhancing fairness in markets:
The Government will strictly enforce the laws designed to protect the legitimate interest of SMEs, prevent large enterprises from unfair delaying payment or reducing the amount of payment to SMEs, and remove all actions by large enterprises that demand for excessive quality rating which inflicts unreasonable costs on SMEs. Central and local governments will also consider more procurement from SMEs and endeavor to ensure that SMEs will be provided with greater opportunities for government contracts.

(6) Facilitating SME financing:
The Government will reinforce policy-based finance designed to protect SMEs against recessions or natural disasters, and to encourage management innovation and R&D. The Government will also facilitate the flow of funds to the SMEs which try to start up new businesses and to change or expand businesses. When providing funds to SMEs, the Government will promote financial institutions to place importance on SMEs' their business capabilities and the aptitude of managers, including intellectual assets, and then reduce SMEs' loans dependence on real estate collateral or guarantors. For this purpose, the Government will establish an accounting system that is in line with actual conditions and encourage SMEs to keep clearer management data and available information, to improve their manager's capability of explaining their own businesses and to strengthen their fundraising capabilities.

(7) Creating a system to boost SMEs' contributions to communities and society:
The Government will provide wide support to SMEs' activities aimed at tackling issues caused in local communities, such as aging population, rural depopulation, and environmental problems. Those activities can be performed jointly with shopping streets and local business associations. The Government will support SMEs' participation in activities that strengthen ties within local communities, such as seasonal festivals and the projects designed for local economic revival. The Government will also back up SMEs' activities for the succession of skilled expertise and traditional techniques.

(8) Implementing SME policies comprehensively taking into consideration their impacts on SMEs, and reflecting their voices in policy evaluation:
Inter-ministerial collaboration will enhance the effectiveness of measures to support SMEs' efforts for starting up or changing/expanding businesses. Small and Medium Enterprise Agency and all other ministries and agencies concerned will work together in strengthened unity to develop and implement SME policies in relation to industry, employment, social security, education, finance, public finance, and the taxation system. In so doing the

Government will listen to SME voices across the country in cooperation with local business associations and reflect them in reviewing the effects of the policies implemented.

Conclusive words

The world economy is seeing its growth center moving toward emerging countries in Asia and other developing regions from the developed, and also experiencing accelerated structural changes that cause information and financial activities spreading instantaneously. In Japan where we are facing a falling birthrate and an aging population, it should become more important and vital than ever to have each and every citizen develop and make full use of his/her abilities. Unless we change our society so that it may encourage people to redouble their efforts to start up businesses, to develop new businesses, and to make full use of creativeness and ingenuity, we will fall into a grave situation in the future. The Government hereby declares that it greatly expects leadership by SMEs in implementing change, and that it strengthens its determination to endeavor to the realization of an economic society that enables SMEs to resolutely take on a challenge.

付　注

第 I 部

第1章

＊1　本章は、三井逸友「中小企業研究の到達点と課題——研究史を振り返って」(『経済』第167号、2009年)、を加筆修正したものである。
＊2　『事業所・企業統計』によれば、我が国の中小企業数は約420万で企業総数の99.7％を占め、二次・三次産業民営事業の従業者総数の70％以上が働いている。
　　　現行の中小企業基本法（1963年制定、99年全面改定）では、「中小企業者」を、「資本の額又は出資の総額が3億円以下」の会社、並びに「常時使用する従業員数300人以下」の会社および個人と定義している。卸売業、小売業、サービス業については若干低い上限が設定されている。
＊3　このほか、中小企業診断士らを組織する日本経営診断学会は1968年に設立されている。
＊4　渡辺俊三「中小企業論研究の成果と方法」（日本中小企業学会編『日本中小企業学会論集　第27集』同友館、2008年、所収）。なお筆者は本務校で「比較中小企業政策」（横浜国立大学経済学部特殊講義）を開いており、このほか、いくつかの大学で「中小企業論」関係の科目を担当している。
＊5　後述のように、中村秀一郎氏が昭和40年代にかけて造語展開した概念が、中小企業一般とは異なり、大企業の進出・系列化に対抗する「中堅企業」であった。さらに1971年に清成忠男氏や平尾光司氏らが造語した和製語が「ベンチャービジネス」である。中村秀一郎『中堅企業論』（東洋経済新報社、1964年）、清成忠男・中村秀一郎・平尾光司『ベンチャー・ビジネス』（日本経済新聞社、1971年）。
＊6　中山金治氏は『経済』第93号（1972年）において、70年代に英国に留学した際には、「中小企業」という言葉を聞くことはほとんどなかったと述懐しておられる。私が同じ英国での在外研究を行った80年代半ばにおいては、まさに「中小企業ブーム」の様相であった。三井逸友「英国の中小企業と経済・社会」（『経済』第289号、1988年）、参照。
＊7　詳しくは、三井逸友『現代経済と中小企業』（青木書店、1991年）、第 I 章第1節。また、筆者自身の中小企業研究に対する従来の主張についてはこのほか、三井逸友「戦後日本の小零細経営研究」（『駒澤大学経済学部研究紀要』第41号、1983

年)、同「グローバルに見た中小企業の新パラダイム」(『三田商学研究』第38巻6号、1996年)、同「中小企業研究の『貿易収支』とグローバリゼーション考」(『駒沢大学経済学論集』第27巻4号、1996年)、同「中小企業研究の歴史的蓄積と次世代に寄せる期待」(『中小商工業研究』第94号、2008年)、同「中小企業研究の『方法論』継承をめざして」(『商工金融』第58巻3号、2008年)、同「『社会的分業』と中小企業の存立をめぐる研究序説」(『三田學會雜誌』第101巻4号、2009年)、等で示してきた。

*8 Marshall, A., *Principles of Economics,* Macmillan, 1890. [マーシャル『経済学原理』馬場啓之助訳、東洋経済新報社、1984年]

*9 Penrose, E.T., *The Theory of the Growth of the Firm,* Basil Blackwell, 1959. [ペンローズ『会社成長の理論』末松玄六訳、ダイヤモンド社、1980年]

*10 Robinson, E.A.G., *The Structure of Competitive Industry,* Cambridge University Press, 1931. [ロビンソン『産業の規模と能率』黒松巌訳、有斐閣、1969年]

*11 Steindl, J., *Small and Big Business,* Basil Blackwell, 1947. [スタインドル『小企業と大企業』米田・加藤訳、雄松堂出版、1974年]

*12 日本における研究の出発点は明治産業革命期にもさかのぼれるが、本格的な議論の場となった大正6年(1917年)の日本社会政策学会第11回大会の主題は「小工業問題」であった。その後、大正末から昭和初期にかけての危機的な状況下には、近代的な技術を備えた中規模経営も困難に直面したことから、「中小工業」問題という考え方が一般化したとされる。「中小」企業を一括してとらえる理解はこのようにして定着したのである。こうした研究史について詳しくは、尾城太郎丸『日本中小工業史論』(日本評論社、1970年)。

*13 山中篤太郎『中小工業の本質と展開』有斐閣、1948年。

*14 最近の発展途上国でも、「small scale industry」、さらには「small and medium industry」という表現が定着している。我が国に似て、工業化発展過程での問題認識の産物としての用語法と見ることができよう。その一方、藤田敬三・伊東岱吉編『中小工業の本質』(有斐閣、1954年)では、山中氏は「中小企業本質論の展開」との巻頭論文を著しており、中小「工業」と「企業」の語の混在状況を示している。

*15 山中、前掲『中小工業の本質と展開』、p.58-59。

*16 同上、p.62。

*17 山田盛太郎『日本資本主義分析』岩波書店、1934年。

*18 藤田敬三『下請制工業』有斐閣、1943年。

*19 小宮山琢二『日本中小工業研究』中央公論社、1941年。

*20 有澤廣巳『日本工業統制論』有斐閣、1937年。

*21 山中篤太郎「中小企業本質論の展開」、藤田・伊東編、前掲書、p.8。

*22 同上、p.6。

*23 戦前期においても野呂栄太郎氏は、日本における金融資本の蓄積が広範な中小産

業資本家ないし商工資本家を媒介とした搾取と収奪関係のうえにあると指摘し、単なる「前期性」論を超えている。野呂栄太郎『日本資本主義発達史』（鉄塔書院、1930年）。

＊24 伊東岱吉『中小企業論』日本評論社、1957年。
＊25 北原勇「資本蓄積運動における中小企業」（楫西ほか編『講座・中小企業 2』有斐閣、1960年）、同『独占資本主義の理論』（有斐閣、1977年）。
＊26 巽信晴『独占段階における中小企業の研究』（三一書房、1960年）、上林貞治郎『中小零細企業論』（森山書店、1976年）。
＊27 佐藤芳雄『寡占体制と中小企業』有斐閣、1976年。
＊28 中山金治「70年代の中小企業問題」（市川・岩尾編『70年代の日本中小企業』新評論、1972年）、同『中小企業近代化の理論と政策』（千倉書房、1983年）。
＊29 マルクス経済学の立場を含めた中小企業論をフォローするには、楫西・岩尾・小林・伊東編『講座・中小企業』（全4巻、有斐閣、1960年）、加藤・水野・小林編『現代中小企業基礎講座』（全5巻、同友館、1977年）が有益である。しかしそれ以降こうした理論面実態面政策面等を包含する体系的な著作は現れていない。中内清人『中小工業経済論』（東信堂、1984年）、有田辰男『中小企業問題の基礎理論』（日本評論社、1982年）、加藤誠一・渡辺俊三『中小企業総論』（有斐閣出版、1986年）なども参照。
＊30 日本生産性本部編『日本の経済構造と雇用問題』、1957年。
＊31 経済企画庁編『昭和32年度経済白書』、1957年。
＊32 たとえば、大内力『日本経済論 下』東大出版会、1963年など。
＊33 中村秀一郎、前掲書、清成ほか、前掲書。
＊34 中小企業庁編『中小企業政策の新たな展開』同友館、1999年。
＊35 「独立した」中小企業の語は、米占領下に米国の小企業政策の影響を受けて制定された1948年中小企業庁設置法に盛り込まれた。しかし新基本法でのこの表現が何を意味するのか、公式の説明はない。
＊36 詳しくは、本書第4章参照。
＊37 あとで見るように、それは99年の基本法全面改定・政策転換の中で「生き残った」、「中小企業の経営基盤強化」課題の不可欠性を立証し、またこれにもとづく諸政策の拡充実施が「現実」の中では不可避のものであることを示したのである。この柱もいっときは「競争条件整備」にくくられようとしたが、93年の中政審小委員会報告の見地たる「経営基盤強化」の表現に「戻る」ことで生き延びたわけである。
＊38 象徴的には、後述のように、雇用機会確保の役割に注目しての、80年代以降のEU欧州連合および欧州各国での中小企業政策の本格展開とその後の過程がある。
＊39 M. Piore & C. Sabel, *The Second Industrial Divide,* Basic Books, 1984.［ピオリ・セーブル『第二の産業分水嶺』山之内ほか訳、筑摩書房、1993年］
＊40 たとえば、Friedman, D., *The Misunderstood Miracle,* Cornell University Press,

1988［フリードマン『誤解された日本の奇跡』丸山惠也監訳、ミネルヴァ書房、1992 年］、Coriat, B., *Penser à l'envers: Travail et Organisation dans l'Entreprise japonaise*, Christian Bourgois, 1991［コリア『逆転の思考』花田・斉藤訳、藤原書店、1992 年］など。

＊41　Bagnasco, A. & C. Sabel, *Small and Medium-size Enterprises*, Pinter, 1995.
＊42　Drucker, P.F., *Innovation and Entrepreneurship*, Harper & Row, 1985.［ドラッカー『イノベーションと企業家精神』上田惇生訳、ダイヤモンド社、1985 年］
＊43　Acs, Z. & D. Audretsch（eds.）, *Small Firms and Entrepreneurship*, Cambridge University Press, 1993.
＊44　清成忠男『企業家革命の時代』（東洋経済新報社、1982 年）、同『中小企業ルネッサンス』（有斐閣、1993 年）、太田一郎『企業家精神の生成』（多賀出版、1996 年）、松田修・大江建編『企業家の輩出』（日本経済新聞社、1996 年）。なお、清成氏らの議論のよってたつところは、シュンペーターやドラッカーの「企業家とイノベーション」の議論とともに、ベルンシュタインやレプケの「中産階級」再評価にある。清成忠男『現代中小企業論』（日本経済新聞社、1976 年）。
＊45　Baumol, W.J. & et al., *Contestable Markets and the Theory of Industrial Structure*, Harcourt Brace Jovanovich, 1982.
＊46　今井賢一『情報ネットワーク社会』（岩波書店、1984 年）、同『資本主義のシステム間競争』（筑摩書房、1992 年）。
＊47　西口敏宏編『中小企業ネットワーク』有斐閣、2003 年。
＊48　Storey, D.J. *Understanding the Small Business Sector*, Thompson Business Press, 1994.［ストーリー『アントレプレナーシップ入門』忽那ほか訳、有斐閣、2004 年］また、Sengenberger, W., Loveman, G.W.& Piore, M.J.（eds.）, *The Re-emrgence of Small Enterprises*, IILS, 1990 も参照。
＊49　Doeringer, P.B.（ed.）*Turbulance in the American Workplace*, Oxford University Press, 1991, 等。
＊50　詳しくは、駒形哲哉『移行期中国の中小企業論』税務経理協会、2005 年。
＊51　2000 年 6 月、OECD 経済協力開発機構の呼びかけで、47 ヵ国の中小企業関係閣僚がイタリア・ボローニャに集まり、「ボローニャ中小企業政策憲章」（Bologna Charter on SME policies）に合意調印した（本書資料 2）。これは主題として、「女性と青年起業家・企業家精神、経済成長・雇用創出・地域発展、経済再構築と貧困との闘い」、「グローバリゼーション、急速な技術変化、イノベーションによる中小企業の機会と過渡期のコスト、グローバリゼーションの利益の万人への開放」、「各国、各部門の実情にあわせた中小企業政策、持続可能な成長と社会進歩への寄与の必要」、「OECD、その他国際機関が展開してきた中小企業への役割を歓迎し、加盟国非加盟国間の協力、経験と施策実践例の交換推進」を取り上げている。

　　　その後、「ボローニャプロセス」と呼ばれる連絡組織が 70 ヵ国以上の参加で設置

付　注

され、2004 年 6 月には 72 ヵ国の参加により、第 2 回の OECD 中小企業関係閣僚会議がトルコのイスタンブールで開かれている。ここでは、「イノベーティブな中小企業の創出と急成長を促す最良の公共政策セット」として、企業家精神を推進し、企業の参入・成長・所有移転とスムースな退出を可能にする事業環境に貢献する政策と制度的な枠組み、政策の合理性・目的性・利益という点で明確な、中小企業のための支援と成長プログラム、企業家精神を奨励するという意味で、人的資源を動員するのに貢献する政策という 3 課題が示されている。これ以降、OECD 会議はまだ開かれていないが、他方で ASEAN 東南アジア諸国連合や APEC アジア太平洋経済協力会議などは、中小企業政策をめぐって意見交換、認識共有化を図る閣僚級会議などをそのつど開催している。

＊52　渡辺睦編『80 年代の中小企業問題』(新評論、1982 年)、渡辺睦・中山金治・二場邦彦・福島久一編『90 年代の中小企業問題』(新評論、1991 年)、渡辺・前川編『現代中小企業研究　上下』(大月書店、1984 年)、中小商工業研究所編『現代日本の中小商工業』(新日本出版社、1999 年) など。

＊53　三井、前掲『現代経済と中小企業』。

＊54　こうした視点は、「構造」「社会」「地域」という枠組みを重視し、「市場の社会的構築」性と、大企業と中小企業との関係の多義性・変動可能性をあげるバニャスコらの主張にも通じうるものである。Bagnasco & Sabel, *op.cit.*

＊55　近年重視される雇用就業機会の確保という中小企業政策の目的は、「生産力的構成をめぐる政策」と位置づけられるか疑問の余地はある。これは福祉国家以降の政策課題であり、後者の「経済的諸関係」の「公正」をめざすもの、ないしはこうした二次元を超える、中小企業政策の今日的社会性を示すものと位置づけるべきものかも知れない。

＊56　「複眼的見方」により、中小企業の存在を「問題性と発展性の統一物」とする黒瀬氏は、中小企業が独占の弊害に対する対抗力、市場機能の推進、多様な価値観の担い手でありえる「経済民主主義の実現」をめざす中小企業政策を重視する。黒瀬直宏『中小企業政策』(日本経済評論社、2006 年)。

＊57　その一端は、発展途上国におけるマイクロクレジットやコミュニティ事業の展開に、あるいは EU における中小企業政策での、「社会性」観点にも見ることができよう。本書第 11 章参照。

＊58　中小企業事業団・中小企業研究所編『日本の中小企業研究』(全 3 巻、有斐閣、1985 年)、中小企業事業団・中小企業研究所編『日本の中小企業研究　1980-89 年』(全 3 巻、企業共済協会、同友館発売、1992 年)、中小企業総合研究機構編『日本の中小企業研究　1990-99 年』(全 2 巻、同友館、2003 年)。これらの刊行には、大阪経済大学中小企業・経営研究所『中小企業季報』誌による文献収録整理の蓄積が大いに貢献している。

＊59　欧米先進諸国では共通して、多様な人種・民族・文化構成のもとでの多元社会の

発展と、民族的な対立や差別の解消、就業機会の拡大、「社会的統合」の推進も意識し、移民などを含めた「エスニックビジネス」の機会確保と支援が重要な政策課題にもなっている。しかし、開業率の低下に悩む日本においては、こうした課題が議論にも政策にも反映されることがあまりに乏しい。貴重なものとして、韓載香『「在日企業」の産業経済史』(名古屋大学出版会、2010年)(著者は韓国出身の若手研究者)。

＊60 「歴史的研究」と理論面の結合の好例としては、植田浩史『現代日本の中小企業』(岩波書店、2004年)、同『戦時期日本の下請制工業』(ミネルヴァ書房、2004年)、またマルクス経済学の立場からの中小企業問題論の整理と到達点を示すものとして、福島久一『現代中小企業の存立構造と動態』(新評論、2006年)があげられる。黒瀬直宏『中小企業政策の総括と提言』(同友館、1997年)、同、前掲『中小企業政策』は、マルクス経済学の見地から経済民主主義を課題とし、中小企業を「問題性と発展性の統一物」とする著者の政策史と政策論の大系である。総論的なテキストとしては、渡辺幸男・小川正博・黒瀬直宏・向山雅夫『21世紀中小企業論[新版]』(有斐閣、2006年)、相田利雄・小川雅人・毒島龍一・川名和美『増補・現代の中小企業』(創風社、2007年)をあげられる。佐竹隆幸『中小企業存立論』(ミネルヴァ書房、2008年)は中小企業の存立をめぐる諸議論に取り組んだもので、いささか難渋だが豊富な手引きになる。政策と国際比較では、寺岡寛『中小企業政策の日本的構図』(有斐閣、2000年)、同『中小企業政策論』(信山社、2003年)に著者独自の主張がある。

「実態的研究」の代表として、渡辺幸男『日本機械工業の社会的分業構造』(有斐閣、1997年)は、中小工業の存立と変動、下請取引関係、地域集積を詳細に追ってきた著者の労作である。高田亮爾『現代中小企業の経済分析』(ミネルヴァ書房、2003年)は、中小企業の労働問題や格差問題を中心に追ってきた著者の丁寧な研究の成果である。

地域的研究としては数多くの文献があるが、下平尾勲『地場産業』(新評論、1996年)、同『構造改革下の地域振興』(藤原書店、2001年)は、長年地場産業研究を重ねた著者の議論の集大成である。大田康博『繊維産業の盛衰と産地中小企業』(日本経済評論社、2007年)は産地研究としての丁寧な資料検証にもとづく労作である。粂野博行編『産地の変貌と人的ネットワーク』(御茶の水書房、2010年)は産地の再生をソーシャルキャピタルの視点を含めて取り上げた新たな主張となっている。関満博・加藤秀雄『現代日本の中小機械工業』(新評論、1990年)は、東京大田区の中小機械金属工業の研究から関氏らの主張する「基盤的技術集積」の意義を示した先駆的著作である。

中小企業金融に関しては、齊藤正『戦後日本の中小企業金融』(ミネルヴァ書房、2003年)が、中小企業金融の歴史と今日的な状況を詳しく追い、協同組織金融の再生を求めている。また歴史的比較研究である、長谷川勉『協同組織金融の形成と動態』(日本経済評論社、2000年)や、由里宗之『米国のコミュニティ銀行』(ミネル

付 注

ヴァ書房、2000年)、藪下史郎・武士俣友生編『中小企業金融入門(第2版)』(東洋経済新報社、2006年)などは、中小企業金融をめぐる基本的な視点を提供する。

　中小工業と経営をめぐる文献は少なくないが、弘中史子『中小企業の技術マネジメント』(中央経済社、2007年)は、熟練技能と技術の分析から中小企業の技術力向上の条件を見るものである。中小商業問題をめぐっては近年文献も数多いが、坂本秀夫『日本中小商業問題の解析』(同友館、2004年)は、中小商業をめぐる実態と政策などを掘り下げたもの、小川雅人・毒島龍一・福田敦『現代の商店街活性化戦略』(創風社、2004年)は、豊富な事例分析と現状打開の方向を示す。

　地域産業政策と中小企業振興をめぐっては、植田浩史・本多哲夫編『公設試験研究機関と中小企業』(創風社、2006年)、植田『自治体の地域産業政策と中小企業振興基本条例』(自治体研究社、2007年)、岡田知弘ほか『国際化時代の地域経済学(第三版)』(有斐閣、2007年)、中村剛治郎編『基本ケースで学ぶ地域経済学』(有斐閣、2008年)、松岡憲司編『地域産業とイノベーション』(日本評論社、2007年)などが参考になろう。

　数量的アプローチからの近年の研究としては、三谷直紀・脇坂明編『マイクロビジネスの経済分析』(東大出版会、2002年)、橘木俊詔・安田武彦編『企業の一生の経済学』(ナカニシヤ出版、2006年)、樋口美雄ほか編『新規開業企業の成長と撤退』(勁草書房、2007年)、岡室博之『技術連携の経済分析』(同友館、2009年)などがあげられる。

　赤石義博『幸せの見える社会づくり』(中同協、2007年)は研究書ではないが、中小企業家同友会を築いてきた著者の豊富な経験と見識が示されている。同様に、三方良『なりわい繁盛帳』(新日本出版社、2009年)にも、中小・自営業者の運動と経営の多くの経験が生かされている。

　なお、研究書の多くは、商工総合研究所「中小企業研究奨励賞」を受賞している。

*61　中小企業研究の分野では、たとえば坂田博美『商人家族のエスノグラフィー』(関西学院大学出版会、2006年)など。
*62　佐和隆光『経済学とは何だろうか』(岩波書店、1982年)、同『虚構と真実』(新曜社、1984年)。
*63　Lawson, T., *Economics and Reality*, Routledge, 1997.[ローソン『経済学と実在』八木紀一郎監訳、日本評論社、2003年]
*64　Steindl, *op.cit.*
*65　代表的には、総務省「事業所・企業統計」(全数調査)や経済産業省「工業統計表」「商業統計表」、中小企業庁「商工業実態基本調査」、同「中小企業の財務指標」、日本政策金融公庫「小企業の経営指標」、総務省「個人事業経済調査」などがよく用いられる。また、中小企業庁作成「規模別産業連関表」、総務省「就業構造基本調査」、厚生労働省「賃金センサス」なども、産業面や労働面からの中小企業実体を示す分析に用いられることが多い。

＊66 たとえば、企業収益の規模別比較などにはよく「法人企業統計」が用いられるが、これはあくまで法人企業のみが対象であり、中小企業の大部分を占める個人事業は含まれていない。また、利益指標分析においては「赤字」法人は集計からのぞかれている。
＊67 森靖雄氏は整合的な形式論理構成を優先する「仮説主義」の横行にも警鐘を鳴らしている。森靖雄『やさしい調査のコツ』(大月書店、2005年)。
＊68 Iarossi, G., *The Power of Survey Design*, World Bank, 2006. [イアロッシ『まちがいだらけのサーベイ調査』三井久明訳、一灯舎、2006年]
＊69 Curran, J. & R. Blackburn, *Researching the Small Enterprise*, Sage, 2001 では、こうした事例中心の「質的研究」と「量的研究」それぞれの意義や問題点などを詳説しながら、調査研究における課題と方法を具体的に示している。
＊70 関満博『現場主義の知的生産法』(筑摩書房、2002年)、山口義行『経済再生は「現場」から始まる』(中央公論新社、2004年)。
＊71 Yin, R.K., *Case Study Research*, Sage, 1984. [イン『ケース・スタディの方法』近藤公彦訳、千倉書房、1996年]。インは事例の「比較」を重視している。
＊72 以下で見るようなEU欧州連合の中小企業政策展開に関する筆者の研究では、こうした原典資料的な整理と分析を相当に用いている。なお、渡辺俊三氏、寺岡寛氏らが取り組んできたように、本来の「政策(史)研究」には議会や審議会等の議事記録などを一次資料として依拠することが必要である。ただEU欧州連合においては、行政府たる欧州委員会や各総局等内での議論はもとより、実質上の立法府である理事会の議事も一切非公開という壁がある。欧州議会の議事録はもちろん公開されているが、これは諮問機関にとどまる。このほかには、当事者たちへの直接のインタビューや、発言、著作物などの活用も考えられてよいだろう。本書の研究は大部分、公開されている文書資料に依っている。

第2章

＊1 本章は、三井逸友「『中小企業研究の「貿易収支」とグローバリゼーション』考」(『駒沢大学経済学論集』第27巻4号、1996年)をもとにしたものである。これは元来、佐藤芳雄慶應義塾大学教授退任記念誌『中小企業研究の新しいパラダイム』に寄せる、拙稿「グローバルに見た中小企業の新パラダイム」(『三田商学研究』第38巻6号、1996年)(のちに、佐藤編『21世紀、中小企業はどうなるか』慶應義塾大学出版会、1996年、として刊行)を執筆するための研究ノートであった。佐藤教授の数々の学恩にいつも十分こたえられず、この記念すべき事業への寄稿の機会においてさえも、多々ご迷惑をおかけすることになったことを、この場を借りてお詫び申さねばならない。

その佐藤教授は、1998年の私の在外研究中に逝去された。哀悼と悔悟の思いに耐えない。

付　注

＊2　山中、前掲『中小工業の本質と展開』、序。
＊3　もちろんそれ以前からも、「中小企業研究」は「問題性論」に限定されるものではないとして、「問題でない中小企業の研究」も行うべきことを説く、末松玄六氏らの主張があり、戦後の研究の一つの潮流をなしていることも事実である。末松氏は、「国民経済学的研究」と「経営経済学的研究」を区別することを唱えていたのである。末松玄六『最適工業経営論』(同文館、1943年)、同「中小企業の経営的特質」(藤田・伊東編、前掲『中小工業の本質』、所収)。
＊4　Schmoller, G., 'Zur Geschichte der deutschen Kleingewerbe', im 19. Jahrhundert Statistsche unde nationalökonomische Untersuchungen, 1870; Ders ──, Über einige Grundfragen des Rechts und der Voksirtschaft, 2 te Aufl., 1875〔シュモラー『法及び國民経済の根本問題』戸田武雄訳、有斐閣、1939年〕; Ders ──, Grundriss der allgemeinen Volkswirtschaftslehre, 1908.〔シュモラー『企業論』増地庸治郎一部訳、同文館、1926年〕
＊5　桑田熊蔵『工業経済論』(有斐閣、1907年)、社会政策學會編『社會政策學會論叢第11冊　小工業問題』(同文館、1918年)、高野岩三郎「『社會政策学会』創立のころ」(1935年)(社会政策学会史料集成編纂委員会編『社会政策学会史料』御茶の水書房、1978年、所収)。
　　　もちろん、日本社会政策学会の主流的理念が、シュモラーやビュヒャー、ゾンバルトの思想にそのまま影響されていたわけではない。詳しくは、大河内一男『社会政策の基本問題　増訂版』(日本評論社、1944年)、同『独逸社会政策思想史　改訂版』上下、(日本評論社、1949年)、池田信『日本社会政策思想史論』(東洋経済新報社、1978年)、参照。
＊6　尾城、前掲『日本中小工業史論』、参照。
＊7　大正6年(1917年)の日本社会政策学会第11回大会の「小工業問題」の討議では、ドイツ新歴史学派流の「小工業保護論」に対し、上田貞次郎氏が批判の論陣を張り、一種の「経営合理性論」を説いた。この上田氏もまた、「中産階級」に代わる「新中産階級」の興隆の必然性を説いたという意味では、欧米社会学の別の影響を受けていたとも言える。上田氏がこのような「新中産階級」概念を用いた典拠は判然としない。同氏が英国に留学し、英国自由主義経済学の影響を強く受け、また俸給生活者の増大や「産業の管理」問題の説かれる西欧社会の実情をみて、のちに自らの「新自由主義」(ただしそれは、一種の修正資本主義という意味である)を説いたこと、そうした見地から、シュモラーのマネージャー(企業事務員)評価などを援用して、生産組織を運用できるものとしての企業者とその高級使用人を重視したことに、背景と含意があるものと思われる。これ以降、日本社会政策学会などの場(大正9年(1920年))の同学会第14回大会「中間階級問題」等)では、「新中産階級論」が論議の前提の一つとなっている。しかし皮肉にもこれは、米国流の「独立の機会」論や近年再浮上する「企業家評価」論とは対立的でもある。社會政策學會編、前掲書、上田貞次

353

郎『社会改造と企業』(同文館、1926 年)(『上田貞次郎全集　第四巻』上田貞次郎全集刊行会、1975 年、所収)、同『新自由主義』(同文館、1927 年)(『上田貞次郎全集　第七巻』同全集刊行会、1976 年、所収)、前掲『社会政策学会史料』。

＊8　大塚一朗『小工業経済論』(千倉書房、1939 年)、田杉競『下請制工業論』(有斐閣、1941 年)、山田文雄『中小工業経済論』(有斐閣、1943 年)、末松、前掲書。山田氏の著では、日本学術振興会第 23 小委員会での議論をもとに、E.A.G. ロビンソンらの「最適規模論」を前提とした詳しい議論を行っている。

＊9　詳しくは、佐藤芳雄「『適正規模』中小企業論小史」(慶應義塾経済学会編『日本における経済学の百年(下)』日本評論社、1959 年、所収)、尾城、前掲書、ならびに三井、前掲『現代経済と中小企業』、各参照。

＊10　もちろんこうした時期にあって、高橋亀吉氏のように、独特の日本中小工業存続論を唱える主張もあった。これと真っ向から対立した野呂栄太郎氏の主張にも、マルクス理論の応用展開に、すぐれて先駆的な見方を示している。「下請制」を位置づけ、「新問屋制」を述べた小宮山琢二氏の見解も見落とせない。野呂栄太郎、前掲『日本資本主義発達史』、高橋亀吉『現代中小商工業論』(東洋経済新報社、1936 年)、小宮山琢二『日本中小工業研究』(中央公論社、1941 年)。

＊11　山中、前掲書、p.62。

＊12　黒瀬直宏「戦後中小企業政策の展開と今後の展望」、日本中小企業学会編『企業間関係と中小企業』同友館、1992 年、所収。

＊13　いわゆる「二重構造」なる把握が、日本のマルクス経済学者が固執する固定的古典的な中小企業観だとの批判が繰り返し聞かれる。これはその源流からして明らかに誤解なのであるが、原因はどこにあるか気づいた。1960 年代を風靡した、大内力『日本経済論』なのである。ここで大内氏は、詳しい統計分析などを行いながらも、無批判無前提に「二重構造」という概念を用い、その「解消」という見方は誤りとも繰り返し書いている。爾来、「中小企業」＝「二重構造」という公式が、帝国大学教授の著作の権威によって、高校教科書などに定着し、今日まで守られてきたのではあるまいか。大内氏の概念には、有澤廣巳氏流の「過剰人口」視点の影響も伺える。大内、前掲『日本経済論　下』、第 3 章、参照。

「二重構造論」を「古典的なマルクス経済学の公式論」と切り、ついでに山中篤太郎氏の用いた「異質多元的存在」の表現も、その「逃げ口上」とくくった、八方破れ、支離滅裂だが世の俗論を代表する書として、渋谷修『中小企業の挑戦』(三一書房、1989 年)をあげておく。「二重構造」論の性格と源流、また批判としては、佐藤芳雄「中小企業『近代化』論批判」(市川広勝編『現代日本の中小企業』新評論、1968 年、第 10 章)、同「中小企業理論の再検討」(市川・岩尾編『七〇年代の日本中小企業』新評論、1972 年、第 2 章)、中山金治『中小企業近代化の理論と政策』(千倉書房、1983 年)、三井、前掲『現代経済と中小企業』、各参照。ちなみに、今日にあっても"公式的マルクス主義"(「科学的社会主義」とも称している)の政治運動を代

付　注

表する立場から書かれたと言って差し支えない、吉谷泉『日本の中小企業』(新日本出版社、1992年)に、「二重構造」の語は一切ない。なお、後に「ウルトラ近代化論」に転じた中村秀一郎氏の1961年の著では、「二重構造論批判」は行われているが、「二重構造」の語を頻繁に用い、大内氏同様、力点は主には「二重構造解消という見方は誤り」というところにあったことに留意したい。中村秀一郎『日本の中小企業問題』(合同出版社、1961年)。

* 14　経済企画庁、前掲『昭和32年度経済白書』、p.35-36。
* 15　伊東、前掲『中小企業論』、p.28。
* 16　同上書、p.29。
* 17　伊東、「中小工業問題の本質」(藤田・伊東、前掲『中小工業の本質』、所収)、p.39-43。
* 18　同上、p.29。
* 19　Dobb, M., *Studies in the Development of Capitalism*, RKP, 1946, p.341-48.[ドッブ『資本主義発展の研究　II』京大近代史研究会訳、岩波書店、1955年、p.188-196]
* 20　Dobb、邦訳前掲書、序。
* 21　山中篤太郎「中小企業本質論の展開」、藤田・伊東編、前掲書、所収、p.8。
* 22　山中氏は、これより6年ほど前の著においては、独占資本の発展と中小工業の広範な存在とを対立的にとらえていた。「端的に申せば、イギリスのような国は独占的なものもあることはあるが、均質的な産業資本が長い間の産業発展の段階を通じて各々が、平等に発達して来て、経営構造が出来上がっている国と言へる。これに対してアメリカの如きは、資本の集中といふ形をかなりはっきりもっている。集中とか独占とかいふ形をもっていなければ、資本をもちえないといふ形で、資本的な経営といふものが、具体的な形をもっている。さうしてそこには小さな経営といふものがあることはあるが日本ほどにはないのである。日本の場合を見るといふと、後進国である故に、資本の性格は逸早く独占的な性格をもって来た。それでなければ立行かない。ところが国民経済全体として見ると、独占的資本の法則の行はれる部分に対して、そこに然らざる比較的大きな部分がある。その部分に所謂中小工業といふ名前で呼ばれている部分があるわけである。」(山中篤太郎『日本経済と中小工業』平和書房、1948年、p.44)。
* 23　藤田敬三『日本産業構造と中小企業』岩波書店、1965年、p.329。
* 24　同上書、p.379、383。
* 25　こうした藤田氏以来の所論の矛盾と行きづまりについて詳しくは、本書第3章、三井逸友「今日の下請制をめぐる若干の論点にかんするノート」上下(『駒沢大学経済学論集』第16巻2・4号、1984/5年)、同『現代経済と中小企業』参照。
* 26　伊東岱吉・加藤誠一・北田芳治「中小企業の本質」(楫西光速他編『講座・中小企業　1』有斐閣、1960年、所収)、伊東岱吉「日本の中小企業構造と労働問題の特

355

質」(梶西他編『講座・中小企業 4』有斐閣、1960年、所収)。また、梶西編『現代日本資本主義体系 第2巻 中小企業』(弘文堂、1957年)。
* 27　北原、前掲「資本蓄積運動における中小企業」。
* 28　北原、前掲『独占資本主義の理論』。
* 29　昭和40年代前後は、独占資本主義論への注目が高く、「利潤率階層化」などの指摘を求めて、欧米の著作、スウィージー、アーロノヴィッチらのものが盛んに読まれていた。Aaronovitch, S., *Monopoly*, Lawrence & Wishart, 1955［アーロノヴィッチ『独占』佐藤金三郎・高木秀玄訳、理論社、1957年］; Sweezy, P.M., *The Theory of Capitalist Development*, 1942, 4th ed., Monthly Review, 1956［スウィージー『資本主義発展の理論』都留重人訳、新評論、1967年］; Baran, P.A.& Sweezy, P.M., *Monopoly Capital*, Monthly Review, 1966［バラン・スウィージー『独占資本』小原敬士訳、岩波書店、1967年］.
* 30　中山金治「零細企業の問題」(市川編、前掲書、第8章)、p.245。
* 31　中山、前掲『中小企業近代化の理論と政策』、p.82 (高梨昌・氏原正治郎氏の記述の引用)。
* 32　佐藤、前掲『寡占体制と中小企業』。
* 33　佐藤、前掲「中小企業理論の再検討」。
* 34　中村、前掲『日本の中小企業問題』、同『中堅企業論』(東洋経済新報社、1964年)、清成忠男『現代日本の小零細企業』(文雅堂銀行研究社、1967年)、同『日本中小企業の構造変動』(新評論、1970年)、同『現代中小企業の新展開』(日本経済新聞社、1972年)。両氏の持論が、独占理論と産業組織論に発し、またそれを軌道修正して成り立っていった経過については、三井逸友「中堅企業、ベンチャー・ビジネス」(中小企業事業団中小企業研究所編『日本の中小企業研究 第1巻 成果と課題』有斐閣、1985年、第22章)、並びに、三井、前掲『現代経済と中小企業』、第II章、参照。
* 35　中村秀一郎『新中堅企業論』東洋経済新報社、1990年、p.422-423。
* 36　こうした和製語は残念ながらそのままでは英語的コンセプトにはならず、従ってそのままの造語では「輸出」もかなわないはずである。にもかかわらず、自由国民社刊の『現代用語の基礎知識』には、「venture business」の語が「外来語辞典」項目に堂々と掲載されている！「ナイター」や「カルチャーセンター」、「ツーショット」も「外来語」か？　ここまでいくと「知的財産権の侵害」ないしは「原産地表示の偽り」ではあるまいか。さらに驚いたことには、研究社刊『新英和大辞典　第5版』(小稲義男編集代表、1980年初版)にまで、「venture business」の語が載っている (同書、p.2347)。ネイティヴ (母国語) として英語を用いている文献中に、英語的コンテクストのもとでそのような語が現れたというものを、筆者は寡聞にして知らない。この辞典の前書き説明に「(英語にとっての) 外来語」の項目はあるが、「和製語」という項目は設けられてはいない。こうした辞典を編纂する日本の「英語学者」

付　注

は一体どのような勉強をしているのだろうか。この事実は、内藤英憲・池田光男『現代の中小企業』(中小企業リサーチセンター、1995 年、p.155) に教えられた。
　なお、「venture business」では英語的コンテクストと意味用法のうえでは、下記のように「ヤバイ仕事」ぐらいにしかならないだろう。ここでの問題は、「business」という語の概念である。*Oxford English Dictionary*, 1933 によると、the state of being busily engaged in anything; activity; mischievous or impertinent activity, officiousness などととまず載っている。small business =「小企業」という意味での概念は、この語の諸用法の第三番目、that about which one is busy といううちで、a commercial enterprise regarded as a 'going concern'; a commercial establishment with all its 'trade', liabilities, etc. と記されるものである。これだけ取り上げると、日本語的に「企業」一般で利用・合成可能のように見えるが、元来「忙しく何かに従事している状態」なのだから、venture business では「ベンチャー企業」とはいかないのである。一方「capital」に対しては、そのありようや程度という意味で、「risk capital」「venture capital」といった語が存在できる。しかし、清成氏らが「small business」と「venture capital」をあわせて、「venture business」と造語したのはあくまで、切った貼った自由、順不同な日本語的発想方法である。強いて考えれば、清成、中村氏も記すように、「business venture」という表現は可能であろう。なお、本稿でものちに取りあげる Koshiro K. (神代和欣), 'Japan', (Sengenberger, W., Loveman, G.W.& Piore, M.J. (eds.) *The Re-emrgence of Small Enterprises*, IILS, 1990) では、'venture business' の語をそのまま記しているが、神代氏は賢明にも、"venture business" firms と自らは表現している。*ibid.*, p.184.

＊37　言葉としての「ベンチャー」の氾濫が他国にも影響した可能性はある。
＊38　「ベンチャー・ビジネス論」の性格については、拙稿、前掲「中堅企業、ベンチャー・ビジネス」、参照。ここで筆者は、類語として new growth venture といった英語表現がありうるものの、venturer とは venture capital をさしていると指摘した。
　なお、英語的には「business venturing」という表現は頻繁にあり、「JV」というのも本来は「joint business venturing」の意である。「venture」というのは、冒険的あるいは高リスク、ひいては単独では困難の多い事業や活動を指すものと言える。そしてニュアンスとしては「バクチ」や「一攫千金」にも近い。近年はまた、日本のカルチャーの影響もあり、business ventures、new venture creation、university spin-out venture といった表現を目にすることも少なくない。ただ、もちろんそれらは「創業」一般ではないし、「ハイテク」企業 (それに近いのは NTBF である) というような限定もない。
　ややこしいのは、韓国は 1997 年に金大中政権が「ベンチャー企業育成法」を制定、これらへの国家的な支援に乗り出したことである。原語は韓国語でそのまま「ベンチャー」である。しかし、それを客観的に定義するより、主には KAIST 韓国科学技

術院や技術信用保証基金の認定対象となった企業を指す。

＊39　中村秀一郎「現代における中小企業の存在理由」（『国民金融公庫調査月報』第183・184号、1976年）、清成忠男『現代中小企業論』（日本経済新聞社、1976年）、参照。

＊40　清成、前掲『企業家革命の時代』、同、前掲『中小企業ルネッサンス』。

＊41　三井逸友「世界的な中小企業新時代」（巽・佐藤編『新中小企業論を学ぶ』有斐閣、1987年、第1章）。

＊42　Prestowitz Jr., C.V., *Trading Places*, Basic Books, 1988［プレストウィッツ『日米逆転』國弘正雄訳、ダイヤモンド社、1988年］; do ――, *Japanese Power Today*, Basic Books, 1989［プレストウィッツ『日本の実力』國弘正雄訳、ダイヤモンド社、1990年］; Johnson, C., *MITI and the Japanese Miracle*, Stanford University Press, 1982［ジョンソン『通産省と日本の奇跡』矢野俊比古監訳、ＴＢＳブリタニカ、1982年］。

＊43　Prestowitz、前掲『日米逆転』、p.216。

＊44　同上、p.234-237。

＊45　企業間の効果的な協力関係として、日本の「下請システム」を学び、利用しようというＥＣ委員会の意図による会合で、これを批判する主張を浴びせかけたのがプレストウィッツであった。三井、『EU欧州連合と中小企業政策』、p.215、参照。

＊46　Wolferen, K.v., *The Enigma of Japanese Power: People and Politics in a Stateless Nation*, Macmillan, 1989.［ウォルフレン『日本／権力構造の謎　上下』篠原勝訳、早川書房、1990年］

＊47　同上書邦訳下巻、p.250-252。彼はこれを主に樋口兼次氏の記述に依っている。

＊48　同上書邦訳上巻、第6章。

＊49　代表的には、村上泰亮・公文俊平・佐藤誠三郎『文明としてのイエ社会』（中央公論社、1979年）、三戸公『日本人と会社』（中央経済社、1981年）、岩田龍子『現代日本の経営風土』（日本経済新聞社、1978年）。村上氏らの説に依拠して、「準垂直的統合」としての日本的下請制を説明しようとしたものに、中村精『中小企業と大企業』（東洋経済新報社、1983年）。別個の見地から、日本資本主義の発展の背後にある「儒教精神」を強調し、「二重構造」下の中小企業を、生産調整と終身雇用維持へのクッションであり、大企業の「忠誠心の市場」に対する「傭兵の市場」であると位置づけたのが、森嶋通夫『なぜ日本は「成功」したか？』（ＴＢＳブリタニカ、1984年）である。

＊50　その中では、O.ウィリアムソンらの市場と組織論、取引費用論、コミュニケーション論などを応用し、日本の階層的「下請システム」の合理性を説いた、浅沼萬里氏、港徹雄氏らの見解があることを当然見落とせない。こうした研究は、ある意味では中小企業研究の「普遍化」に貢献しているものである。しかし、港氏などは「日本的システム」の普遍妥当性にはむしろ否定的であり、その「行きづまり」の問題に傾斜している。三井、前掲「今日の下請制をめぐる若干の論点にかんするノート」、港

徹雄「日系企業の企業間関係と収益性」(『商工金融』第44巻2号、1994年)、参照。
* 51　Schonberger, R.J., *Japanese Manufacturing Techniques: Nine Hidden Lessons in Simplicity*, Free Press, 1982.
* 52　詳しくは、Mitsui, I, 'Japanese Management under the globalization of Japanese economy', Economics Faculty, Komazawa University: *The Globalization of Japanese Economy,* 1990、三井逸友『EU 欧州連合と中小企業政策』(白桃書房、1995年)、第11章、各参照。
* 53　この系統の欧米での出版物としては、Voss, C.A. (ed.), *Just-In-Time Manufacture*, IFS, 1987; Holl, U. & Trevor, M. (eds.), *Just-In-Time Systems and Euro-Japanese Industrial Collaboration,* Campus/ Westview, 1988; Trevor, M. & Christie, I., *Manufacturers and Suppliers in Britain & Japan: Competitiveness & the Growth of Small Firms,* PSI, 1988; Sako M., *Prices, Quality and Trust, Inter-firm Relations in Britain & Japan,* Cambridge University Press, 1992; Hines, P., *Creating World Class Suppliers, Unlocking Mutual Competitive Advantage,* Pitman/ Financial Times, 1994.
* 54　Friedman, D., *The Misunderstood Miracle: Industrial Development and Political Change in Japan,* Cornell University Press, 1988.〔フリードマン『誤解された日本の奇跡』丸山惠也監訳、ミネルヴァ書房、1992年〕
* 55　Johnson, *op.cit.*
* 56　しかしフリードマンは、「日本におけるマルクス主義分析の隆盛は、二重構造分析の広範な採用へと導くことに役立った」とも述べ、相変わらず欧米学者らしい半可通ぶりも示している。フリードマン、前掲邦訳書、p.271。困ったことに、もしくは当然のことに、欧米学者たちには、日本の(帝国大学の)権威である、大内力、中村隆英といった諸氏の主張が、日本の「マルクス経済学者」を代表していることになるのだろう。
* 57　同上、p.145。
* 58　その意味ではフリードマン論は、従来の中村(秀)=清成、小池各氏らの説の欧米への本格的な紹介であるとも言える。小池和男氏を別とすれば、清成氏、中村秀一郎氏らの所説は、そのユニークさを以てしても、「中堅企業論」「ベンチャー・ビジネス論」以来、欧米で十分理解されることはなかった。先に述べたように、それは元来「普遍的仮説」という役割を持ちえずにきたからであり、フリードマンの紹介によって判明するごとく、むしろ「通説的日本(中小企業)理解」を覆すものとして有効性を持っていたからである。しかもそれに加えて、欧米「社会科学」においては、文字通りの言語の壁(通常、英語等に翻訳されていない日本の文献には、一慮も払われることはない)があるのみならず、欧米社会科学の「言語系」のコンテクストで書かれていないものは、言及に値しない代物としての扱いしか受けないのである。これが、小池氏、浅沼萬里氏や青木昌彦氏らの著作が、日本の企業構造と中小企業にかんする古典的代表的研究としての扱いを受ける原因である。欧米社会科学系の大学等では、

既存研究のあまねくサーベィの指示が論文作成指導の基本であり、したがってまた、この普遍的リストに「登録」されたものは必読の基本文献となるが、そこから外れたものは、永遠に日の目を見ることはない。日本の大学等ではこれとは正反対に、サーベィもへったくれもなし、唯我独尊や我田引水、牽強附会が一般に横行し、「先発明主義」どころか「先願主義」さえも無視され、唯一の物差しとして、主には帝国大学等の権威のみがものを言う傾向にあった。いずれがよいのかには幾分疑念を残すが。

＊59　ILOとして、中小企業ネットワークによる産業発展の有効性に注目した研究書でも、フリードマンの記述にもとづき、坂城町の事例が詳しく紹介されている。Pyke, F., *Industrial development through Small-Firm Cooperation: Theory and Practice*, ILO, 1992, p.7.

＊60　フリードマン、前掲邦訳書の「監訳者あとがき」、丸山惠也『日本的生産システムとフレキシビリティ』(日本評論社、1995年)、植田浩史「書評　D. Friedman: The Misunderstood Miracle: Industrial Development and Political Change in Japan」(『社会経済史学』第56巻5号、1990年)、十名直喜『日本型フレキシビリティの構造』(法律文化社、1993年) 等、参照。

＊61　大西勝明「日本的生産システムの再検討――D．フリードマン著『誤解された日本の奇跡』によせて」(『専修商学論集』第55号、1993年)。大西氏は、フリードマンの概念が非現実的な定義にとどまっていると批判し、また、坂城町の事例はごく一部であり、自動車工業を取り上げないのも不可解であるとし、加えて戦後日本の工作機械工業の展開も政府の政策とのかかわりを切り離せないとしている。

＊62　三井、前掲『現代経済と中小企業』、p.76。また、同「戦後日本の小零細経営研究」(『駒澤大学経済学部研究紀要』第41号、1983年)、も参照。

＊63　「下請」概念自体の根本的再検討として、三井、前掲「今日の「下請制」をめぐる若干の論点にかんするノート」上下、同、前掲『現代経済と中小企業』(第Ⅲ章)を参照されたい。

＊64　渡辺幸男「下請・系列企業」(中小企業事業団中小企業研究所編、前掲書、第20章)、等。

＊65　フリードマンらがほとんど見過ごしている、日本の大企業の緻密な下請外注管理の発展の意味について、三井逸友「今日の大企業の生産体制再編と『下請外注管理』の展開」(日本労働社会学会編『日本労働社会学会年報　第5号』、1994年) 参照。

＊66　Hines, *op.cit.*

＊67　フリードマン、前掲邦訳書、p.250。

＊68　Piore & Sabel, *op.cit.*

＊69　当時、欧米の産業経済や産業政策、経営管理等についての学界でのベストセラーは、ショーンバーガーとピオリ＝セーブルだった。従来の「日本社会科学」業界の「輸入」過程にあるタイムラグ関係の経験から、筆者はこれは数年後に「はやるぞ」との予感を抱いたが、見事に的中した。

＊70　植田、前掲書評。
＊71　Coriat, *op.cit.*［コリア、前掲邦訳書］
＊72　同上邦訳書、p.23。
＊73　同上、p.119。
＊74　このほか多数の日本人著作者による欧米言語翻訳済み文献を含む膨大な文献リストが例によって並んでいるが、その多くは読んでいるかも怪しい。周知のように、また前記のように、欧米アカデミズムでは、綿密詳細なレビューを前提としない「研究論文」は相手にされない。しかしまた、それを実際読もうが読むまいが、ましてや「下らん理解不能な駄文」と切り捨てたことにしようが、どうでもよいことのようである。もちろん「日本語文献」はここには登場しない。
＊75　清晌一郎「転倒した思考による妥協・調整」（『中央大学経済研究所年報』第22号（Ⅱ）、1991年）。
＊76　「フォード主義」対「トヨタ主義」という概念を用いながらも、レギュラシオン学派の先験的な「解釈」とはかなり対照的であるのが、日本の池田正孝氏らとの協力により、フランスの社会学者や経営学者らがまとめた自動車工業の日仏比較研究書である。ここでは、大企業による企業集団の形成と組織管理、大企業と中小企業との雇用格差などにも詳しく言及されている。また、いずれの国の経験についても、相対化の視角がある。Jacot, J.H.（di.）*Du Fordisme au Toyotisme?*, La Documentation Francaise, 1990.［フランス計画庁編『フォード主義対トヨタ主義』金田重喜監訳、創風社、1994年］
＊77　Sengenberger, et al., *op.cit.*
＊78　*op cit.*, p.58.
＊79　この書においては、前記のように神代和欣氏が「日本」の章を担当している。しかしここでは、「前近代性」に固執する「古典的マルクス主義者」への非難が繰り返されている一方、大多数の就業機会という実態と、賃金・福利厚生などの大きな統計的格差、大企業との関係の重要性などを言いながら、「結論」は読者の判断に任せられている。「ベンチャー・ビジネス」の雇用貢献が大であるという著者の「実態調査」結果には疑問もある。日本の研究史における山中氏、伊東氏、佐藤氏らの存在への言及は全くなく、日本の「中小企業問題」を「近代的矛盾」とした中山金治氏への言及もむろんない。光栄なことに、筆者の名もステレオタイプな「古典的マルクス主義者」の代表の一人として引用されているが、この引用自体が誤記である（この事実は、著者の神代氏にのちに認めていただいた）。*op cit.*, Section 5.
＊80　上野紘『現代日本の中小企業』（時潮社、1992年）、奥村宏『解体する「系列」と法人資本主義』（社会思想社、1992年）、重森暁『分権社会の政治経済学』（青木書店、1992年）、野原光「Reconsidering the Japanese Production System Management」（『広島大学広島法学』第16巻3号、1993年）、伊賀光屋「産地における生存戦略とインフォーマルな労働」（日本労働社会学会編『日本労働社会学会

年報　第5号』）等。奥村氏は、浅沼氏、今井賢一氏のような「経済合理性」による「系列擁護論」を是とはしない。奥村氏の強調点は、一種の「大企業体制の崩壊論」である。奥村宏『会社本位主義は崩れるか』（岩波書店、1992年）参照。

＊81　中小企業政策審議会企画小委員会中間報告「90年代の中小企業政策のあり方」（中小企業庁編『90年代の中小企業ビジョン』通商産業調査会、1990年、p.5）。この委員会の主査は、「ネットワーク社会論」をリードしてきた産業組織論学者今井氏であり、また清成氏、唐津一氏らが加わっている。

＊82　「中小企業政策の新たな展開」（中政審企画小委員会参考資料）、同上書所収、p.120-121。

＊83　経済企画庁編『平成4年版　経済白書』大蔵省印刷局、1992年、p.277-288。

＊84　榊原英資『資本主義を超えた日本』東洋経済新報社、1990年。

＊85　榊原氏は、大企業と中小企業との間の関係を、「日本型市場経済システム」の構成要素として重視するものの、その中小企業観としては、政治・行政から基本的に独立して事業展開をすすめる大企業が、「親・下請という形できわめて多数の中小企業と取引を行っているが、その関係は直接的支配・被支配の関係ではなく、具体的取引関係あるいは金融支援等を通ずる間接的なものであり、中小企業の相対的独立性はかなり高く」、「中小企業はより資本主義的であり、業務におけるトップダウンの傾向が強く、より機動的かつダイナミックである」「大企業と中小企業の対照的な組織・経営のあり方、あるいは競争補完とでも呼べる関係は日本型市場経済システムの一つの際だった特色であり、この補完的対抗関係が、公的セクターと民間セクターの相互関係とともにシステムのダイナミズムを支えてきた」というものであり、中小企業の独立性を強調するほかには特に目新しいものでもない。同上書、p.38-39。

＊86　『平成4年版経済白書』を執筆した経済企画庁の若手エコノミスト鶴光太郎氏は、「長期的・継続的・相対的取引」にもとづく、「生産系列」を含む「日本的市場経済システム」の合理性効率性を強調しつつ、情報の交換・調整に要するコミュニケーションコストが大で、長時間労働や交際費浪費などの問題を招いていること、下請メーカーへの「しわよせ」の可能性の要素をもつこと（高度成長が従来その問題を緩和してきた）、第三者への不利益・不透明性を有することを、「生産系列」の問題としている。そして今日、システムの変化の必要を認めながらも、歴史的に見て、システム一般にはサブシステム相互間の補完性が強く、「大きなショック」がない限り、一つの方向への再編が容易にはすすまないものとし、日本の今後としては、アメリカ的な市場経済システムとの「相互乗り入れ」、ハイブリッド型をめざすのが妥当だし、可能でもあるだろうと結論づけている。鶴光太郎『日本型市場経済システム』（講談社、1994年）。

＊87　日本型生産システムと労働現場は、「ポストフォーディズム」のモデルではなく、むしろ「ハイパー・ウルトラフォーディズム」ではないかとの批判も少なくない。加藤哲郎・R．スティーヴン「日本資本主義は、ポスト・フォード主義か？」（『窓』第

4 号、1990 年)、成瀬龍夫「フォーディズムと日本的生産システム」(『経済科学通信』第 68 号、1991 年)。こうした議論の経過と評価については、とりあえず、丸山恵也『日本的生産システムとフレキシビリティ』(日本評論社、1995 年、第 8・9 章)参照。

＊88 「日本モデル」を普遍的なコンテクストのなかで見るのに、いち早く成功を収めていたのは、決して「ポストフォーディスト」たちではなく、ドイツの U. ユルゲンスらであるというべきであろう。Dohse, K., Jürgens, U. & Malsh, T., 'From "Fordism" to "Toyotism"?', *Politics and Society*, Vol.14, No.2, 1985.

＊89 篠田武司「『サード・イタリア』にみる小規模企業の発展」(『中小商工業研究』第 27 号、1991 年)、杉岡碩夫「" 第三イタリア " と日本」(『国民金融公庫調査季報』第 20 号、1992 年)、清成、前掲『中小企業ルネッサンス』、二場邦彦「イタリアの中小企業事情」上下 (『中小商工業研究』第 40・42 号、1994 年)、間苧谷努「『第 3 のイタリア』の自立的経済発展と中小企業システム」(『奈良産業大学　産業と経済』第 9 巻 2/3 号、1995 年)、重森、「第 3 のイタリアと産業地区」(『大阪経済大論集』第 46 巻 1 号、1995 年)。

＊90 Wood, C., *The New Japan: The End of Consensus*, 1994.［ウッド『合意の崩壊』三上義一訳、ダイヤモンド社、1994 年］

＊91 90 年代にもなお、「日本型資本主義」の優位性を述べる R. ドーアのような見解もある。深田祐介・ドーア (Dore, R.)『日本型資本主義なくしてなんの日本か』(光文社、1993 年)。

＊92 青木昌彦「『日米再逆転』考」『朝日新聞』1993 年 12 月 19 日号。

＊93 中谷巌『ジャパン・プロブレムの原点』(講談社、1990 年)、同『日本企業復活の条件』(東洋経済新報社、1993 年)、中谷・大田『経済改革のビジョン』(東洋経済新報社、1994 年)。

＊94 その中谷氏が、のちには 2000 年代後半の経済停滞と失業問題深刻化、さらには 2008 年の世界金融危機の拡大を前にして、「懺悔」をしたという事実は誠に皮肉なものであった。

＊95 「中小企業問題」どころか、「中小企業」という存在認識そのものを疑問とし、「中小企業政策」への否定論を展開してきた東大教授三輪芳朗氏は、政府の行政改革委員会の一員となり、「あらゆる規制の否定」を唱え、「飲酒の弊害への歯止めとしての社会的規制」という主張から、酒類小売免許制度の存続を求める小売業者団体の声に対し、「結局自分の商売が大事なんだろう」と応じたという。「建前の是非」を別としても、三輪氏の認識する「経済世界」にあっては、「生活」をタテとする中小業者などというものは存在すべき筈もないものなのである。三輪芳朗「日本の中小企業の『イメージ』、『実態』と『政策』」(土屋・三輪編『日本の中小企業』東京大学出版会、1989 年、所収) も参照。なお、政府経済審議会の「構造改革のための経済社会計画」(95 年) では、付属文書「高コスト構造是正・活性化のための行動計画」のな

かで、小売業の「零細性」を、流通の高コスト構造の第一要因にあげている。しかし、「規制緩和で市場の競争を」と主張しながら、競争的中小小売商業ではなく、大手商業寡占の力が強まると、ものが安くなるというのでは、理論的にも支離滅裂の批判を免れまい。

* 96　「グローバリゼーション」「世界経済の一体化」のもとで、「国民経済の黄昏」を説く宮崎義一氏は、「価格破壊」もリストラも、失業も不況地域も当然、それに耐えられないような企業は消えるべきであり、これからの中小企業は「一企業一品」になればいいのだという、まさしく「理論」経済学者ならではの机上の「論」をもって、中谷氏流の主張に合流している。「日本経済迷路脱出のカルテ　1」(『朝日新聞』1996年1月1日号)。

　なお、筆者の「空洞化」問題への視角として、とりあえず、三井逸友「日本経済のリストラクチャリングと中小企業問題のゆくえ」(『東信協研究センター調査四季報』第16号、1994年)、同「『空洞化』問題と中小企業の『円高』対応策」(『中小企業と組合』第49巻11号、1994年)、を参照。

* 97　Bagnasco, A.& Sabel, C., *op.cit.*
* 98　Brusco, S.& Sabel, C., 'Artisan production and economic growth', Wilkinson, F. (ed.) *The Dynamics of Labour Market Segmentation*, Academic Press, 1981; do —, 'A policy for industrial districts', Goodman, E., Bamford, J. (eds.) *Small Firms in Industrial Districts in Italy,* Routledge, 1989.
* 99　Sabel: 'Turning the page in industrial districts', in Bagnasco & Sabel, *op.cit.*, p.139-145. ここでセーブルは、大企業の方が研究開発・イノベーションや組織革新に対応可能であるとする「シュムペーター派」的批判論も、リストに加えている。
* 100　言うまでもなく、これは H. ブレーバーマンが提起した、テイラー主義を基礎とした資本主義の発展と労働支配の進展についてのテーゼのキーコンセプトであり、その後の労働過程論、管理論の基本的な論点となっているものである。Braverman, H., *Labor and Monopoly Capital*, Monthly Review, 1974.［ブレイヴァマン『労働と独占資本』富沢賢治訳、岩波書店、1978年］
* 101　Sabel, *op.cit.*, p.153-158. そうした意味で彼は今日、ドイツのバーデン・ビュルテンベルク州での動きに注目している。
* 102　Naisbitt, J., *Global Paradox*, 1994［ネイスヴィッツ『大逆転』佐和隆光訳、三笠書房、1994年］、邦訳、p.27。
* 103　Birley, S.& MacMillan, I.C. (eds.) *International Entrepreneurship*, Routledge, 1995.
* 104　それはのちに、Global Entrepreneurship Monitor 国際企業家精神調査ネットワークに発展している。
* 105　Drucker, P.F., *Innovation and Entrepreneurship*, Harper & Row, 1985［ドラッカー『イノベーションと企業家精神』小林宏治監訳、ダイヤモンド社、1985年］。

しかし彼は、「知識社会」としての未来社会において、非営利的な「社会セクター」による市民社会の回復をはかるべきものとも説いている。do ——, *Post-Capitalist Society*, Harper Business, 1993.［ドラッカー『ポスト資本主義社会』上田・佐々木・田代訳、ダイヤモンド社、1993年］

* 106　Acs, Z.J.& Audretsch, D.B. (eds.) *Small Firms and Entrepreneurship: An East-West Perspective*, Cambridge University Press, 1993, p.1-2.
* 107　Goff, R.& Scase, R. (eds.) *Entrepreneurship in Europe*, Croom Helm, 1987; Davies, L.G.& Gibb, A.A. (eds.) *Recent Research in Entrepreneurship*, Avebury, 1991.
* 108　Acs & Audretsch, *op.cit.*; Dallago, B., Ajani, G.& Grancelli, B., *Privatization and Entrepreneurship in Post-Socialist Countries*, St. Martin's Press, 1992; Piasecki, B. (ed.) *Policy on Small and Medium-sized Enterprises in Central and Eastern European Countries*, Organizing Committee, 19th ISBC, 1992.
* 109　三井逸友「第一九回国際中小企業会議に参加して」(『中小企業と組合』第48巻1号、1993年) 参照。
* 110　清成、前掲『中小企業ルネッサンス』、p.130-132。同『スモールサイジングの時代』(日本経済評論社、1993年)。
* 111　国民金融公庫総合研究所編『新規開業白書』(各年版、中小企業リサーチセンター)、(財) 中小企業総合研究機構編『中小企業家精神』中央経済社、1995年、等。
* 112　Wilkinson, *op.cit.*; Craig, C. et al., *Labour Market Structure, Industrial Organisation and Low Pay*, Cambridge University Press, 1982.
* 113　Rainnie, A., *Industrial Relations in Small Firms*, Routledge, 1989.［レイニー『中小企業の労使関係』有田辰男訳、税務経理協会、1993年］
* 114　Doeringer, P.B.& Piore, M.J., *Internal Labor Markets and Manpower Analysis*, Heath, 1971; Piore, 'Notes for a Theory of Labor Market', in Edwards, R.C., Reich, M.& Gordon, D.M., *Labor Market Segmentation*, D.C. Heath, 1975.
* 115　Doeringer, P.B. (eds.) *Turbulance in the American Workplace*, Oxford University Press, 1991.
* 116　Edwards, R., Gordon, D.M.& Reich, M., *Segmented Work, Divided Workers*, Cambridge University Press, 1982［エドワーズ・ゴードン・ライク『アメリカ資本主義と労働』河村・伊藤訳、東洋経済新報社、1990年］; Bowles, S., Gordon, D.M.& Weisskopf, T.E., *Beyond the Waste Land*, Anchor Press, 1983［ボウルズ・ゴードン・ワイスコフ『アメリカ衰退の経済学』都留・磯谷訳、東洋経済新報社、1986年］。SSA派の主張について詳しくは、都留康「SSA理論とレギュラシオン論」(『経済セミナー』第443号、1991年)、植村博恭「現代資本蓄積論と所得分配」(『経済評論』第39巻3号、1990年)、同「脱工業化と資本蓄積の構造変化」(『経済評論』第40巻11号、1991年)、等参照。

* 117 Friedman, A., *Industry and Labour*, Macmillan, 1977. A．フリードマンの所説の詳しい検討としては、井上千一「技術変化と管理者戦略」（長谷川・渡辺・安井編『ニューテクノロジーと企業労働』大月書店、1991年、所収）がある。
* 118 Brown, P. & Scase, R. (eds.) *Poor Work: Disadvantage and the Division of Labour,* Open University Press, 1991.
* 119 Meulders, D., Plasman, O.& Plasman, R., *Atypical Employment in the EC,* Darmouth, 1994 では、拡大する不定就業（atypical employment）形態の分析として、パートタイム、家内労働などともに、自営業者、下請事業者が取りあげられている。
* 120 Atkinson, J., *Flexibility, Uncertainty and Manpower Management* (IMS Report No.89), 1984.
* 121 Bannock, G., *The Economics of Small Firms,* Basil Blackwell, 1981, p.104.［バノック『中小企業の経済学』末岡・藤田訳、文眞堂、1983年、p.132］
* 122 それから約10年を経て、英国や欧州諸国で中小企業論と中小企業政策の花盛りとなるなか、バノックは「エンタープライズカルチャー」への再評価の高まりと中小企業増加の趨勢に幾分自信を回復し、中小企業の税負担の軽減と企業活動を制約している社会・労働規制の緩和を行うよう、政府には求めている。Bannock & Peacock, A., *Governments and Small Business,* PCP, 1989.
* 123 Curran, J.& Blackburn, R.A., *Small Business* 2000, SBRT, 1990.
* 124 Storey, D.J., *op.cit.*, p.42-48, 307-309．ストレィはまた、80年代の英国で、「企業家の利益」のもとにすすめられた規制緩和と手続簡素化の効果を全般的は認めながらも、それぞれについて、公共の利益と企業家の自由とのバランスを慎重に検討し、ケースバイケースで判断すべき時期に来ているとも指摘している。Storey, *op.cit.*, p.317-318.
* 125 これはのちに、三井逸友監訳『ボルトン委員会報告から20年』（中小企業総合研究機構刊、2000年）、および、前出D.ストーリー・忽那ほか訳『アントレプレナーシップ入門』として翻訳刊行されている。
* 126 英国の中小企業研究者たちの学会である「全国中小企業政策・研究会議」（NSFPRC）の第15回会議（1992年）では、「中小企業・不況と回復過程」と題し、ブームののちの中小企業の困難と打開策に関する報告が数々行われている。創業支援と政策、創業者の資金確保、不況と中小企業の成長、中小企業と「地域経済圏」への疑念、サービス産業における技術革新と競争、代金支払期間問題、既存企業への政策支援などのテーマが見られる。こうした問題関心は、もはや従来の我が国の場合と大きな差異はない。NSFPRCはのちに、ISBA、ISBEと名称変更されている。Chittenden, F., Robertson, M.& Watkins, D. (eds.) *Small Firms: Recession and Recovery,* PCP, 1993.
* 127 CES 1256/89ht. これについて詳しくは、三井、前掲『EU欧州連合と中小企

業政策』、を参照のこと。
* 128 詳しくは、同上書、三井逸友「EU (EC) の中小企業政策を考える」(『中小企業と組合』第50巻10号、1995年) 参照。ただし欧米で従来ほとんど見られなかった政策は、日本の業種別「組織化」という対処であった。
* 129 EUや欧州各国が、中小企業者団体などの要求にこたえる形で取りあげている「代金支払遅延問題」(late payment) は、日本の「下請代金支払遅延等防止法」の対象事項と同義ではないが、問題の性格は類似している。しかも市中金利が高く、資金繰りが楽ではない欧州中小企業には問題はより厳しい。EUなどが従来から日本の下請取引を大企業と中小企業の間の協力関係として積極評価し、その活用を推進してきたとはいえ、これが中小企業の側への不利となる危険には常に警戒感が示されてきた。それゆえ、いわば「望ましい下請取引」関係の奨励という方向性も重視されていることを見落とせない。さらに、国境を超えた下請取引の広がりや、外注化の拡大が引き起こす、労働者の地位や労働条件をめぐる問題に対しても、新たな課題としての関心がある。具体的な政策については、本書第Ⅳ部9章、参照。DGXXIII, Commission of the European Communities, *Partnership between Small and Large Firms,* Graham & Trotman, 1989; Commission of the European Communities, *Development of Subcontracting in the Community,* 1989; do ──, *Towards a European Market in Subcontracting,* 1992.
* 130 詳しくは、本書第Ⅲ部・第Ⅳ部参照。
* 131 Bagnasco, 'Introduction: An unexpected and controversial return', Bagnasco & Sabel, *op.cit.*
* 132 その意味では、こうした「市場の社会的構築論」は、のちのR. パットナムらの「ソーシャルキャピタル論」と関心や視点を相当共有していると見ることもできる。
* 133 Wallerstein, I., *The Modern World-System I,* Academic Press, 1974 [ウォーラーステイン『近代世界システム』川北稔訳、岩波書店、1981年] ; do ──, *Historical Capitalism,* Verso, 1984 [ウォーラーステイン『史的システムとしての資本主義』川北訳、岩波書店、1985年] ; do ──, *The Politics of the World Economy,* Cambridge Univesity Press, 1984 [ウォーラーステイン『世界経済の政治学』田中・伊豫谷・内藤訳、同文舘、1991年] 等。
* 134 その意味では、ピオリ=セーブルなどを含めた安易な「段階論」を逃げ道とするよりもむしろSSA派にもつながる、いわゆる「後期資本主義」(late capitalism) 論の方が、はるかに現実的とも評価すべきであろう。いわゆる資本主義の「危機」という言葉は過去の遺物になってしまったが、Glyn, A. & Harrison, J., *British Capitalism, Workers and the Profit Squeeze,* Penguin, 1972 [グリン・ハリソン『賃上げと資本主義の危機』平井規之訳、ダイヤモンド社、1976年] ; do ──, *The British Economic Disaster,* Pluto Press, 1980 [グリン・ハリソン『イギリス病』平井訳、新評論、1982年] ; Cutler, A., Hindess, B., Hirst, P.& Hussain, A., *Marx's 'Capital'*

and Capitalism Today, Routledge & Kegan Paul, 1978［カトラーほか『資本論と現代資本主義　I・II』岡崎・塩谷・時永訳、法政大学出版局、1988 年］;Thompson, G. (ed.) *Economic Calculation and Policy Formation*, Routledge Kegan & Paul, 1986; Hirst, P., 'Economic classes and politics', Hunt, A. (ed.) *Class and Class Srrructure*, Lawrence & Wishart, 1977 ［ハント『階級と階級構造』大橋・小山訳、法律文化社、1979 年］; do ──, *On Law and Ideology*, Macmillan Press, 1979 ; O'Connor, J., *The Fiscal Crisis of the State*, St. Martin's Press, 1983 ［オコンナー『現代国家の財政危機』池上惇・横尾邦夫監訳、御茶の水書房、1981 年］; do ──, *Accumulation Crisis*, Basil Blackwell, 1984 ［オコンナー『経済危機とアメリカ社会』佐々木・青木他訳、御茶の水書房、1988 年］; Castells, M., *City, Class and Power*, Macmillan, 1978 ［カステル『都市・階級・権力』石川淳志監訳、法政大学出版局、1989 年］。
* 135　たとえば、Henzler, H.A., *Europreneurs*, Bantam Press, 1994.［ヘンツラー『ユーロプルナー』大前研一監訳、ダイヤモンド社、1995 年］
* 136　こうした視点については、日本の「企業社会」を批判してくるなかで、なかば経験的に、内橋克人氏や佐高信氏らが強調していたところでもある。内橋克人『共生の大地』（岩波書店、1995 年）、佐高信『日本会社白書』（社会思想社、1992 年）、内橋・奥村・佐高『「会社本位主義」をどう超える』（東洋経済新報社、1992 年）。この最後の共著で奥村氏は、「第三のイタリア」を礼賛し、「大企業病」を批判している。
* 137　これについて詳しくは、三井、前掲『現代経済と中小企業』、第 II 章、参照。
* 138　中小企業論の「政治経済学」性に言及した研究は意外に乏しい。前記のウォルフレンの「政治（力）学」記述に似た問題関心から、日本の独自の「組織された市場」の成立と戦後政治過程を分析した、樋渡展洋『戦後日本の市場と政治』（東京大学出版会、1991 年）では、やはり樋口兼次氏の研究を借りて、戦後政治体制の確立と中小企業団体の政治運動、中小企業政策の展開に言及している。
* 139　こうした視点から、「規制緩和」万能論を実態の面から批判したものとして、内橋克人・グループ 2001『「規制緩和」という悪夢』（文藝春秋、1995 年）をあげられる。

第3章
* 1　本章は、三井逸友「『社会的分業』と中小企業の存立をめぐる研究序説」（『三田學會雑誌』第 101 巻 4 号、2009 年）（植田ほか編『日本中小企業研究の到達点』同友館、2010 年に修正再録）をもとに、加筆修正したものである。
* 2　Smith, A., *An Inquiry into the Nature and Causes of the Wealth of Nations*, 1776.［スミス『諸国民の富』大内・松川訳、岩波書店、1959 年］
* 3　Marx, K., *Das Kapital, Erster Band*, Dietz Verlag, (1867) 1962.［マルクス『資本論 第一部』岡崎次郎訳、大月書店、1972 年］

付　注

＊4　Marx, K., *Das Kapital, Dritter Band,* Dietz Verlag, (1867) 1964.［マルクス『資本論 第三部』岡崎次郎訳、大月書店、1972年］
＊5　Durkheim, E., *De la divison du travail social*, Alcan, 1893.［デュルケーム『社会分業論』田原音和訳、青木書店、1971年、p.62］
＊6　同上書邦訳、p.277。
＊7　Robinson, J. & Eatwell, J., *An Introduction to Modern Economics,* McGrow-Hill, 1973.［ロビンソン・イートウェル『現代経済学』宇沢弘文訳、岩波書店、1976年］
＊8　名和氏も、新制度学派経済学などには分業論のないことを指摘する。名和隆央「比較制度論による下請系列分析」(『立教経済学研究』第63巻1号、2009年)。
＊9　日本にあって「産業の経済学」を体系的に展開した宮沢氏は、「分業化と専門化」に言及している。宮沢健一『産業の経済学　第二版』(東洋経済新報社、1987年)、p.71。
＊10　Robinson, E. A. G., *op.cit.*, 1958.［ロビンソン『産業の規模と能率』黒松訳］
＊11　Steindl, J., *op.cit..*［スタインドル『小企業と大企業』米田・加藤訳、p.129］
＊12　Phillips, J. D., *Little Businesses in American Economy,* Greenwood Press, 1958, p.35,60。
＊13　Stanworth, J. & Gray, C., *op.cit.*［前掲『ボルトン委員会報告から20年』三井監訳］, p.232-237。
＊14　Storey, D. J., *op.cit.*［前掲『アントレプレナーシップ入門』忽那ほか訳］, p.44。
＊15　Sengenberger, W., Loveman G. W. &Piore, M. *op.cit.*, p.1-61。
＊16　マーシャル自身は分業と経済の進化とを結びつけ、また個別経営内での分業が機械化などとともに、内部経済を生むことを確認している。Marshall, A., *op.cit.*
＊17　Perry, M., *Small Firms and Network Economies,* Routledge, 1999, p.82。
＊18　美濃口時次郎「中小工業の重要性と存立条件」(藤田・伊東、前掲『中小工業の本質』所収)、p.292-293。
＊19　山崎充『日本の地場産業』ダイヤモンド社、1977年。
＊20　下平尾勲『経済成長と地場産業』(新評論、1973年)、同『地場産業』(新評論、1996年)、板倉勝高・北村嘉行編『地場産業の地域』(大明堂、1980年)。
＊21　伊藤正昭『産業と地域の経済政策』学文社、1989年、p.286-288。
＊22　竹内淳彦『工業地域構造論』大明堂、1988年。
＊23　関満博氏は、やはり地域の生産体系に注目しながら、むしろ「社会的分業の発展をはかり得ない」産地や工業地域の問題を挙げるのである。しかし、それは「市場経済」下には誰によってはかられるのであろうか。関満博『地域経済と地場産業』(新評論、1984年)、同『地域中小企業の構造調整』(新評論、1991年)。
＊24　たとえば、戦後日本の中小企業問題研究の方向性を示した山中篤太郎氏も、「適度規模論」を批判的に評価するなかで、「技術的規模に対し、経営的規模は歴史的、社会的要因の支配下にあるから、特に社会的分業の形成、経営的能力の限度　……

369

即ち一般的組織性能力とも関連して、大規模利益の追求が全経営を合した産業の規模に於いて実現され、個々の経営は必ずしも大きくならない場合があることをも想起せねばならない」と説明している。山中、前掲『中小工業の本質と展開』、p.48-49。
* 25　藤田、前掲『下請制工業』、p.167。
* 26　小宮山、前掲『日本中小工業研究』、p.30。
* 27　三井、前掲「今日の下請制をめぐる若干の論点にかんするノート」。
* 28　藤田、前掲『日本産業構造と中小企業』、p.379。
* 29　巽信晴「中小企業の存立形態としての下請制」、加藤・水野・小林編『現代中小企業基礎講座　1』同友館、第4章、1976年。
* 30　藤田氏らが「独立」にこだわり、マルクスが本来明確に示している「商品の生産か否か」という「社会的分業」の位置づけを見過ごした直接の理由は明らかではないが、先の「資本論」第一巻第12章の記述にも、「社会的分業は、互いに独立した多数の商品生産者のあいだへの生産手段の分散を前提している」との記述があり、そこを拡大解釈する余地があったことも否定できない。Marx, *op. cit.* Erster Bd., S376.
* 31　伊東岱吉『中小企業論』(第二版) 日本評論新社、1959年、p.53-54、271。
* 32　北原、前掲「資本蓄積運動における中小企業」、p.84-85。
* 33　中内清人氏は北原氏の説明の意義を認めながらも、「社会的分業の深化のみから中小企業の存立は説明できない」として、相対的過剰人口および過剰資本の存在や各部門のあり方、「特殊な技術的諸条件を伴う」生産部門の形成、ひいては生産手段の集中、労働の社会化との関連で、中小企業の創出を説こうとしている。資本主義経済の原理論としては、まっとうな主張である。中内、前掲『中小工業経済論』、p.48.
* 34　中村秀一郎「独占資本主義の構造と中小企業問題」(楫西・岩尾他、前掲『講座中小企業2　独占資本と中小企業』、所収、p.25、54)。
* 35　太田進一「機械工業における下請制の発展」(竹林編著『現代中小企業論』ミネルヴァ書房、1977年、所収、p.228-234)。
* 36　佐藤芳雄編『ワークブック　中小企業論』有斐閣、1976年、p.6。
* 37　中村秀一郎、前掲『中堅企業論』。
* 38　清成忠男『日本中小企業の構造変動』新評論、1970年、p.21-22。
* 39　同上、p.164-165。
* 40　清成忠男『現代中小企業の新展開』日本経済新聞社、1972年。
* 41　中村秀一郎『中小企業——革新的企業家精神の担い手』日本経済新聞社、1977年。
* 42　清成・中村・平尾、前掲『ベンチャー・ビジネス』、清成忠男『ベンチャーキャピタル』新時代社、1972年。
* 43　ベンチャー・マネジメント研究所(稲上・清成・秋谷・玉城・小池・中村秀)「社会的分業の現代的意義」(『国民公庫調査月報』第198号、所収、1977年)。
* 44　たとえば、吉田敬一氏は「日本型生産分業・下請システム」という表現を用いている。吉田敬一『転機に立つ中小企業』(新評論、1996年)。

＊45　三井、前掲稿。
＊46　「効率性論」を論理化した港徹雄氏は、生産技術体系の二重性、生産工程の細分化にもとづく生産の専門化と集約化による社会的な資本設備利用効率の向上のもとでの、大企業が中小企業技術に依存するといった「技術の社会的分業の深化」現象が顕著であるとしている。港徹雄「日本型下請システムとコミュニケーション」(武部・谷山編『産業経済分析』大明堂、1984年、所収)。
＊47　佐藤、前掲『寡占体制と中小企業』、p.46。
＊48　その意味では、中小企業の「過度競争」を回避するために、チェンバレン的に、分業の深化をテコとして、「ミニ独占」的立場を確保する可能性もありうる。しかしそれには、後述するようなリスクもある。
＊49　渡辺幸男「下請企業の競争と存立形態」上中下(『三田學會雑誌』第76巻2/5号、第77巻3号、1983年、p.64)。
＊50　渡辺幸男「下請問題・流通系列化と中小企業」(佐藤編、前掲『ワークブック中小企業論』所収、第4章、p.52-53)、同「日本機械工業の下請生産システム」(『商工金融』第35巻2号、1985年)。
＊51　中村精氏は、日本の下請制が、「垂直的統合と社会的分業の中間に位置」すると理解し、「社会的分業の制約を克服して品質コストの改善をはかることができる」ことに注目している。中村精『中小企業と大企業』(東洋経済新報社、1983年)、p.26、52。
＊52　渡辺幸男『日本機械工業の社会的分業構造』有斐閣、1997年。
＊53　渡辺幸男ほか『21世紀中小企業論　新版』有斐閣、2006年、p.78-79。
＊54　渡辺、前掲『日本機械工業の社会的分業構造』、p.41。
＊55　港氏は、「市場規模、取引コストおよび関連産業における技術水準の3つが企業間分業を決定する基本要素であると言える」、また取引の安定化のもとで、「高い企業間分業の利益を獲得することができ、日本産業、とりわけ下請生産システムへの依存度合いの高い機械工業の国際競争力を飛躍的に高めた」(清成・田中・港『中小企業論』有斐閣、1996年、p.47、64) と指摘している。こうした分業の「利益」への言及は意外に他に乏しい。
＊56　渡辺氏の「集積」の概念自体も、専門化と大規模化経済、多様な生産能力と範囲の経済という意味での「集積の経済性」、ならびに環境変化対応、多様な受注と取引安定化、コミュニティと信頼形成という側面を持つ「中小企業集積の経済」ないし「動態的集積利益」と位置づけられるのである。渡辺ほか『21世紀中小企業論』(有斐閣、2001年)。
＊57　こうした視点は、本書第2章参照。
＊58　筆者としてのそのスケッチは、三井、前掲『現代経済と中小企業』(p.106-113)で既に示した。
＊59　詳論を避けるが、社会的分業の論理をもってすれば、単純な「生産性格差論」は

無意味であることも自明だろう。分業はそれぞれの、また社会全体の生産性を高めるが、産業部門毎、個別の分業関係毎に、技術的構成は異なり、従って個々の経済単位での労働生産性は異なるのである。「生産性格差の是正」を言おうが、「低生産性産業や企業の淘汰」を言おうが、それらの単純比較は意味を持たない。資本主義的には「利潤率均等化の法則」はあっても、「生産性均等化の法則」はあり得ない。

*60　マーシャルの指摘のように、分業と地域的外部経済性の発揮、産業の特化はすすみ、「国際分業」の進展にもつながる。しかし、交通・通信手段の発達はこれを大きく変える。

*61　中村秀一郎氏がかつてあげたように、社会的分業は「つくられる」性格を持ち、経営的に利用されるものでもあると考えられる。また、中村精、前掲書も参照。

*62　R.フロリダの「クリエイティブクラス」論なども念頭に置くことができる。Florida, R., *The Rise of the Creative Class*, Basic Books 2002 ［フロリダ『クリエイティブ資本論』井口典夫訳、ダイヤモンド社、2008年］; do ——, *The Flight of the Creative Class*, Harper Collins 2007 ［フロリダ『クリエイティブ・クラスの世紀』井口訳、ダイヤモンド社、2007年］。

*63　ラングロワらは、企業のケイパビリティ・動学的取引費用・企業間システムの効率性などの見地からすれば、リジッドな組織や細分化された分業編成、あるいはマーシャル的な産業地域より、ネットワーク型のかたちの方がイノベーションに適しているとする。Langlois, R. & Robertson, P., *Firms, Markets and Economic Change,* Routledge, 1995.［ラングロワ・ロバートソン『企業制度の理論』谷口和弘訳、NTT出版、2004年］

*64　本書で示したように、EU欧州連合の成立と統合の制度的実践的進展、地域圏としての枠組み条件の実質化は、矛盾をはらみながらも、典型的なものと見る必要がある。

*65　宮沢氏は、情報化・ネットワーク化のもとでの「業際化」、ひいては「分業」から「統合」による効率化へのシフト、伝統的な分立型分業から「連鎖型分業」へというかたちで、宮沢氏の「連結の経済性」の原理主張を含め、分業のあり方自体が大きく変わるものと指摘している。その一方では、細分化された分業を基盤とする小規模経営においてはそれが桎梏となって、産業構造や技術体系の重大な変化にたいし、「袋小路に取り残される」危機に瀕する恐れもある。あるいは、細分化された社会的分業の効率性原理だけでは、積み上げられた個別の部品や生産要素の改良は可能でも、全体集合としての製品自体のドラスチックな技術変革が困難になる事態もあり得る。近年の「日本的生産システム・トヨタシステム限界論」にも関わるところである。分業の「労働疎外性」とともに、技術的な壁としての理解も求められていると言えよう。宮沢、前掲書、p.254–255。

　他方また、近年の「製品アーキテクチャ論」は、まさしく分業構造と分業・協業体制の変化の議論でもあることを見落とせない。Henderson, R. & Clark, K., "Architectural

Innovation: The Reconfiguration of existing product technologies and the failure of established firms," *Administrative Science Quarterly*, Vol.35-I, 1990.
* 66　Williamson は「分業」を基礎概念とはしていないが、市場と企業組織を論じるに当たり、「技術的に分離可能な生産単位」と、内部取引、中間生産物市場それぞれの有り様を、「取引費用論」から論理化し、「内部請負制」の歴史的な意義も含め、垂直的統合の進展する場合、そうでない場合を検討している。Williamson, O., *Markets and Hierarchies,* Free Press, 1975.［ウィリアムソン『市場と企業組織』浅沼萬里訳、日本評論社、1980 年、第五章］
* 67　Braverman, H., *op.cit.*［前掲『労働と独占資本』富沢訳］．
* 68　Wilkinson, F., *op.cit.*
* 69　前記のように、「柔軟な専門化」を唱えたセーブルは、これに批判的な隆盛する最近の潮流の一つとして、「デュルケーム派」をあげる。
* 70　SPL については、山口隆之『中小企業の理論と政策——フランスにみる潮流と課題』森山書店，2009 年。

第II部

第4章

* 1　本章は、三井逸友「中小企業政策の『大転換』？——中小企業の不利の是正の問題を中心に」(『政経研究』第 75 号、2000 年)、および三井、前掲『現代経済と中小企業』(第 4 章第 2 節) を中心に加筆修正したものである。
* 2　そのためにはまた、単純な実証主義還元主義の枠内で、しかも数量化できるような指標だけにもとづく「コストパフォーマンス論」「効率性論」からの「検証」を絶対のものとするような「政策評価論」に対しても、批判的な見地が求められる。
* 3　こうした視点については、三井、前掲「中小企業研究の『貿易収支』と『グローバリゼーション』」、本書第 2 章参照。
* 4　こうしたイデオロギーについて、とりあえずは、二宮厚美『現代資本主義と新自由主義の暴走』(新日本出版社、1999 年)。ただし筆者としては、「市場化」「企業化」をはじめから否定するような議論には同調できない。
* 5　このような、「市場原理主義者」の混乱の理論的背景については、金子勝『反経済学』(新書館、1999 年)、参照。
* 6　そしてこれを支えるに多大の貢献をなしたのが、遅れてきた「ポストフォーディズム」信奉者の「マルクス経済学者」橋本寿朗氏であった。橋本氏の論の支離滅裂ぶりとその役割については、別途論じたいと願っていたが、不幸にも同氏は 2002 年に急逝された。
* 7　安田央『戦後中小企業政策の展開』中小企業研究センター、1976 年、p.3.

* 8　佐藤芳雄「中小企業政策への視差」(『中小企業季報』1975 年 4 号)、有田辰男『戦後日本の中小企業政策』(日本評論社、1990 年)。

* 9　これにより中小企業への官僚統制化の危険が増すとともに、保護法制としては大幅な後退・変質であったとも評価されている。丸山稔『経済法講義』(中央経済社、1975 年)、p.26-27。

* 10　同法の成立を求めてきた日本中小企業連盟(戦前の商工組合中央会の後継)及び全中協を母胎に 56 年に結成された政治結社中小企業政治連盟の運動に対し、中政連結成に反対した全中協会員が結成した中小企業家同友会は官僚統制法案反対の運動を展開した。結果として全中協が消滅したのみならず、中政連も選挙違反問題がからんで後に事実上消えた。中小企業家同友会はその後全国組織を確立し、「いい企業」をめざす経営改善や健全な労使関係づくり、集団求人活動などで実績を積み、近年は金融アセス法や中小企業憲章を求める政策要求運動などを通じ、次第に影響力を持つようになった。

* 11　大林弘道「中小企業政策」北田芳治・相田利雄編『現代日本の経済政策 下』大月書店、1979 年、第 2 章、p.66。

* 12　小倉信次「中小企業の近代化」、車戸實編『中小企業論』八千代出版、1986 年、第 6 章、参照。

* 13　安田、前掲書、p.15。

* 14　経済企画庁編『昭和 35 年版経済白書』1960 年。

* 15　経済企画庁編、前掲『昭和 32 年度経済白書』、p.36-42。

* 16　遠藤政夫『完全雇用政策の理論と実践』(労務行政研究所、1976 年)、による。

* 17　大来佐武郎『所得倍増計画の解説』日本経済新聞社、1960 年。

* 18　雇用審議会「雇用審議会答申第 2 号」(住栄作『雇用政策の理論と展開』労務行政研究所、1967 年、所収)。この「答申」では「中小工業対策」のうえで、第一には「大企業との間の関係の調整」を挙げ、価格形成の不利の是正、金融制度や租税制度の改善、中小企業の専門化や独立化、中小工業分野への大企業の行過ぎた進出の防止等を述べていることも注目できる。

* 19　昭和同人会『我国完全雇用の意義と対策』1957 年、p.136-148。

* 20　昭和同人会の「完全雇用」提言報告書に掲載された、当時経済企画庁調査局調査課の石崎唯雄氏による論文「産業構造と就業構造」が、有澤氏の「二重構造」論の主張(1957 年 3 月の日本生産性本部創立二周年記念講演で発表)の手がかりになったという。『復刻経済白書　月報 No.8』(日本経済評論社、1976 年)、による。

* 21　前掲『昭和 32 年版経済白書』、p.42。

* 22　中小企業研究所、前掲『中小企業施策の国際比較研究(EC 加盟国・西ドイツ編)』。

* 23　有田、前掲書、p.85。

* 24　中小企業振興事業団は「行革」の一環として 1980 年に中小企業共済事業団(元小規模企業共済事業団)と合併、「中小企業事業団」に、さらには 1999 年に中小企

付 注

業信用保険事業を吸収し「中小企業総合事業団」となった。そしてこんにちは地域振興整備公団などと統合され、2004年からは独立行政法人化されて「中小企業基盤整備機構」（SBRJ）になっている。

＊25　中小企業政策審議会企画小委員会「今後の中小企業政策のあり方」、『月刊中小企業』第20巻9号、1968年、所収。

＊26　篠原、「70年代の中小企業」『中小企業金融公庫月報』第17巻1号、1970年。

＊27　中小企業政策審議会『70年代の中小企業のあり方と中小企業政策の方向について』、1972年。

＊28　皮肉にも、日本ではあまり注目されなかった「知識集約化」の理念は、21世紀を前にして、「knowledge-driven (-based) economy」などの言葉で世界によみがえった。

＊29　大林、前掲論文、p.78-79。

＊30　「ベンチャー・ビジネス」とは前記のように1971年頃清成忠男氏らが造語したもので、当時一つのブームになり、中政審「70年代のあり方」にも取り入れられ、75年には財団法人研究開発型企業育成センターが設置された。石油危機以降ブームは下火になったが、80年代に入って再び第二次ブームが到来した。そしてこれらを相手とする投資機関ベンチャーキャピタルも多数登場した。99年の基本法全面改定に前後して「第三次ブーム」も見られたが、創業支援一般との混乱も見られ、さらに90年代末のITミニバブルとその早期の崩壊により、2000年代には取り上げられることも少なくなった。

＊31　中小企業庁編『中小企業の再発見　80年代中小企業ビジョン』通商産業調査会、1980年。

＊32　中小企業庁編『90年代の中小企業ビジョン』通商産業調査会、1990年。

＊33　同上、p.95-97。

＊34　代表的には、三輪、前掲「日本の中小企業の『イメージ』、『実態』と『政策』」。また村上敦氏は「産業調整」下の政策は事業転換に限定すべきで、「近代化」のような策は比較劣位産業の保護でしかないと規定する。村上敦「産業構造調整と中小企業」（日本中小企業学会編『産業構造調整と中小企業』同友館、1985年、所収）。

＊35　この過程については、中小企業庁長官の私的場である中小企業政策研究会の99年5月最終報告書が、中小企業庁編『中小企業政策の新たな展開』（同友館、1999年）に、公式審議機関である中小企業政策審議会の99年8月中間答申が、中小企業庁編『新中小企業基本法――改正の概要と逐条解説』（同友館、2000年）に、それぞれ採録されている。

＊36　通産省中小企業庁／中小企業総合事業団『新時代の中小企業政策』、2000年。

＊37　中小企業庁編の「新中小企業基本法」解説書においては、改定基本法第2条での「創造的な事業活動」、すなわち著しい新規性を有する技術又は著しく創造的な経営管理方法という記述が、いわゆる「ベンチャー企業」の事業活動を指すものと解釈され

ている。中小企業庁、前掲『新中小企業基本法』、p.42。
* 38 　中小企業政策研究会最終報告。中小企業庁編、前掲『中小企業政策の新たな展開』、p.36。もっとも中政審答申では、この表題は「独創的技術等を利用した事業活動の促進」に変えられ、表現が和らげられている。
* 39 　「ベンチャー支援」は改定基本法第14条、「創業促進」は第13条に示されていると解釈されている。
* 40 　三井、前掲「中小企業研究の『貿易収支』と『グローバリゼーション』」、同「ベンチャービジネスと新しい社会経済システム」(『経済セミナー』第548号、2000年)。
* 41 　三井、前掲『現代経済と中小企業』、参照。
* 42 　中政審答申では、このようなベンチャー的企業は「市場メカニズムの下では必ずしも十分に解決できない問題に、より強く直面する」という。誠にひ弱なものである。中政審答申、p.9。
* 43 　三井、前掲「ベンチャービジネスと新しい社会経済システム」。
* 44 　三井逸友「中小企業の新製品開発と協力関係」『商工金融』第49巻12号、1999年、参照。
* 45 　詳しくは、三井、前掲『現代経済と中小企業』、参照。また、丸山稔『経済法講義』(中央経済社、1975年)、中山、前掲『中小企業近代化の理論と政策』、巽信晴・山本順一編『中小企業政策を見直す』(有斐閣、1983年)、小倉信次、前掲「中小企業の近代化」、有田辰男『戦後日本の中小企業政策』(日本評論社、1990年)、寺岡寛『日本の中小企業政策』(中京大学中小企業研究所、1997年)、等。
* 46 　中小企業庁計画部計画課編『中小企業経営革新支援法の解説』通商産業調査会、2000年、参照。
* 47 　中小企業政策審議会、前掲『70年代の中小企業のあり方と中小企業政策の方向について』。
* 48 　中小企業庁、前掲『中小企業の再発見　1980年代中小企業ビジョン』。
* 49 　中小企業庁、前掲『90年代の中小企業ビジョン』、p.21-22。
* 50 　言うまでもなく、99年答申で言う「多様性」とは、統計的な多数のうちでの分散が大きいという意味であって、個々の企業の取引関係や経営資源調達上の問題とはなんの関係もない。「多様性の大きさ」ゆえに資金調達等で困難に直面するというのは、いかなる「経済学」にも理解不能の議論である。
* 51 　中小企業政策審議会『中小企業政策審議会中間答申』、1999年、p.8-9。
* 52 　同、p.17-29。
* 53 　同、p.28-29。
* 54 　中小企業庁編『中小企業政策審議会基本施策検討小委員会中間報告　中小企業政策の課題と今後の方向——構造変化に挑戦する創造的中小企業の育成』(通産資料調査会、1993年)。なおこの検討小委員会の委員には、清成忠男氏も名を連ねている。
* 55 　同上、p.39。

* 56　同上、p.36。
* 57　同上、p.40-41。
* 58　有田辰男、前掲『戦後日本の中小企業政策』、p.166-173、渡辺睦『日本中小企業理論と運動』（新日本出版社、1991年）、p.152-157。
* 59　福島久一「中小企業政策の大転換」『日本大学経済集志』第69巻4号、2000年。
* 60　筆者もこの研究会の末席に連なっていた。他のメンバーは、伊藤公一、港徹雄、渡辺幸男の各氏であった。
* 61　黒瀬、前掲『中小企業政策の総括と提言』、p.243。
* 62　黒瀬直宏「80年代中小企業政策の特徴と中小企業政策への提言」（『東京都立大学経済と経済学』第65号、1990年)、同「中小企業問題と中小企業政策の今後の方向」（『中小商工業研究』第31号、1992年）、「中小企業基本法30年と中小企業政策の変革」（『中小商工業研究』第35号、1993年）。
* 63　宮沢、前掲『産業の経済学　第二版』。
* 64　中小企業庁、前掲『今後の方向』、p.40、50-52。
* 65　同上、p.42-43。
* 66　中小企業庁編『平成8年度版　中小企業施策総覧』中小企業総合研究機構、1996年。
* 67　中小企業庁、前掲『90年代の中小企業ビジョン』、p.35-36。
* 68　前掲『中小企業政策審議会中間答申』、p.10-11。
* 69　小規模企業層の「生業性」に注目した記述は、すでに「80年代ビジョン」から現れている。詳しくは、三井、前掲『戦後日本の小零細経営研究』、参照。
* 70　一つの事実としては、93年の議論と中間報告立案をリードした、当時の中小企業庁次長土居征夫氏がその後、通産省内部の諸問題にからんで「外され」、ついには退職したという事態の経過がある。土居氏が「93年報告」をまとめたので「にらまれた」、というわけではないようだが、研究会の場でかかわった佐藤氏は亡くなり、黒瀬氏は中小企業事業団を去ったという経過ののちに、98年から99年の政策論議と答申立案は到来したのである。
* 71　答申や法案の審議には審議会でも国会でも相当に時間をかけた、中小企業庁は情報を公開し、パブリックコメントを広く募集したことで、この経過はフェアなものであったとする主張もあるが、それは一つの進歩ではあれ、問題は手続きではなく、中身のフェアネスである。ものごとの論拠や論理をきちんと示すことこそがアカウンタビリティである。
* 72　実は奇妙なことに、中政審「99年答申」は「近代化」理念と政策への総括もやっておらず、もっぱら「二重構造論」や「格差是正論」をやり玉にあげるのみなのである。
* 73　中小企業庁、前掲『新中小企業基本法』、p.9-11。
* 74　三輪芳朗、前掲「日本の中小企業の『イメージ』、『実態』と『政策』」、同『日本

の企業と産業組織』(東京大学出版会、1990年)。
* 75　中小企業庁、前掲『新中小企業基本法』、p.183-184。
* 76　黒瀬、前掲『中小企業政策の総括と提言』、p.20-22。黒瀬氏は93年の中小企業政策研究会において、経済民主主義の担い手と産業活力の源泉として、「独立中小企業の育成」を政策目標とすることを主張している。
* 77　大企業と中小企業の間の「格差」は是認する、と宣言をしてしまったので、これはそれ以上問題になりようもない点である。中小企業庁、前掲『新中小企業基本法』、p.22。
* 78　米国小企業法に見られるような、「個人が独立して能力を発揮する権利」を、法をもって保証したとまで見ることも、やはり無理だろう。
* 79　中小企業庁、前掲『新中小企業基本法』、p.70-71。

第5章
* 1　本章は、中小企業総合研究機構編『日本の中小企業研究　1990-99年　第1巻　成果と課題』(同友館、2003年)に収録された、三井逸友「政策的研究」(レビューアーティクル)を加筆修正したものである。
* 2　野口悠紀雄『1940年体制——さらば「戦時経済」』東洋経済新報社、1995年。
* 3　寺岡寛「わが国中小企業政策の論理と展開方向」(『中京大学中小企業研究』、第17号、1995年)、同、前掲『日本の中小企業政策』。
* 4　植田浩史「1930年代後半の下請政策の展開」(『大阪市立大学経済研究』、第16巻3号、1993年)。植田氏はのちに、これらの研究の集大成を、植田、前掲『戦時期日本の下請制工業』、にまとめている。
* 5　小倉信次『機械工業と下請制』泉文堂、1996年。
* 6　有田、前掲『戦後日本の中小企業政策』。
* 7　黒瀬、前掲『中小企業政策の総括と提言』。
* 8　渡辺俊三『中小企業政策の形成過程の研究』(広島修道大学総合研究所、1992年)、同「戦後復興期の中小企業政策の構想と展開」(『中小企業季報』第92号、1994年)。
* 9　中小企業庁編、前掲『中小企業政策の新たな展開』、p.4-5。
* 10　橋本寿朗「中小企業『自立化』の戦後史」(社会経済生産性本部編『なぜ、今、企業家の時代か？』社会経済生産性本部、1996年、第2章)、同「経済の〈55年体制〉を打破せよ」(『エコノミスト』、1996年10月22日号)。
* 11　米倉誠一郎「政府と企業のダイナミックス——産業政策のソフトな側面」『一橋大学商学研究』、第33号、1993年。
* 12　中小企業政策審議会企画小委員会報告『90年代の中小企業ビジョン』中小企業庁編、1990年。
* 13　瀧澤菊太郎『現代中小企業論』放送大学教育振興会、1992年。
* 14　中小企業庁、前掲『中小企業政策の課題と今後の方向』。

*15　黒瀬、前掲「80年代中小企業政策の特徴と中小企業政策への提言」。
*16　大林弘道「中小企業政策の新しいパラダイム」『三田商学研究』、第38巻6号、1996年。
*17　大野正道「中小企業法制の理論的基礎」『商工金融』第44巻5号、1994年。
*18　百瀬恵夫「規制緩和と中小企業」『明治大学政経論叢』第63巻1号、1995年。
*19　永山利和「規制緩和政策の現段階――日本的特徴と問題」『企業環境研究年報』第1号、1996年。
*20　上野紘「転換期にある日本の中小企業政策」『奈良県立商科大学研究季報』第8巻3号、1998年。
*21　福島久一「グローバル時代における中小企業の構造問題と新展開」(『日本大学経済集志』第68巻3号、1998年)、同「東アジアの産業政策と日本中小企業」(『日本大学紀要』第27号、1999年)。
*22　関満博・西澤正樹編『地域産業時代の政策』新評論、1995年。
*23　橋本寿朗「『日本型産業集積』再生の方向性」、清成・橋本編『日本型産業集積の未来像』日本経済新聞社、1997年、第5章。
*24　高橋美樹「反独占政策としての中小企業政策」(『中小企業季報』第105号、1998年)、同「イノベーション、創業支援策と中小企業政策」(『三田商学研究』第41巻6号、1999年)。
*25　太田弘子「転換期の日本経済と中小企業政策」『国民金融公庫調査季報』第39号、1996年。
*26　吉田敬一「産業構造転換と中小企業の存立課題」(日本経営学会編『論集第67集　現代経営学の課題』千倉書房、1998年)、同「中小企業基本法改定のねらいと21世紀の中小企業政策の方向」(『中小企業問題』第93号、2000年)。

第Ⅲ部

第6章

*1　本章は、三井逸友『EU欧州連合と中小企業政策』第1章、同「21世紀を迎えるEU中小企業政策の新段階」(『国民生活金融公庫調査季報』第55号、2000年)、「EU中小企業政策の展開と意義――『欧州小企業憲章』と『SBA小企業議定書』」(『商工金融』第60巻8号、2010年) をもとに加筆修正したものである。
*2　筆者もこの書の中に一章を寄稿している。しかし、全体の構成検討はもとより、編集方針の打ち合わせや執筆者による内容発表の場なども無いままにこの書は刊行されたことを、事実として記しておかざるを得ない。
*3　以下の記述は主に、金丸輝男編著『ＥＣ欧州統合の現在』(創元社、1987年)、岸上慎太郎・田中友義編著『[EC1992年] ハンドブック』(ジャパンタイムズ、1989年) に依った。

＊4　欧州議会は次第にその権限を強め、現在は新たな立法や予算決定は欧州議会の同意を必要とするようになっている。
＊5　EC・EUとしての政策決定の手続き・方法は幾分複雑である。基本的には欧州委員会からの提案→理事会から欧州議会・経済社会審議会などへの諮問→理事会の審議・決定という形になっているが、立案に至るまでに各担当総局と担当委員を中心に情報収集や調査、調整の作業が重ねられ、この間に各層の「圧力団体」が相当の役割をはたしている。欧州委員会としてはこうした諸団体の意見をいれ、協力を得ていくことを重視してきた。委員会からの提案には「コミュニケーション」(communication)、「報告」(report)、「覚書」(memorandum)、「決議草案」(draft resolution) などの形があって一定はしていない。また決定採択に至るには各国間の意見調整が重要な作業となる。EC・EU法に関わる効力をもつ機関の決定行為は「規則」(regulation)、「命令（指令）」(directive)、「決定」(decision) の3つの段階がある。法制定とは異なる「非公式な行為」、実際には機関の活動方針を定めるものとしての理事会の決定には、「決議」(resolution) のほか、「決定」(decision)、「宣言」(declaration)、「結論」(conclusion) もある。
＊6　このほか中小企業に対し直接間接にかかわると言えるのは、第3総局（産業担当）、第4総局（競争政策担当）、第5総局（雇用・労使関係・社会政策担当）、第12総局（科学・研究開発担当）、第15総局（域内市場と金融サービス担当）、第16総局（地域政策担当）、第21総局（関税・間接税担当）であった。
＊7　ECの1973年度の一般予算単年度歳出分は約45億ECU、86年度には約350億ECU、90年度は約467億ECUで、その財源は農業課徴金等、関税収入、各国付加価値税からの収入、加盟国GNPに比例した負担金等で構成されていた（ECUはユーロスタート以前に用いられていた、加盟各国通貨を一定比率で含んだバスケットにより計算される仮想通貨単位であった。ユーロスタート時には1ECU＝€1で交換された）。また欧州投資銀行や欧州開発基金（EDF）などは別建ての予算方式になっている。加盟国も倍増した今日のEUでは、2009年度一般予算は€1160億に達した。
＊8　のちにスロベニア、マルタ、キプロス、スロバキア、エストニアが加わり、ユーロ参加は17ヵ国になった。
＊9　新加盟国はチェコ Česká、エストニア Eesti、キプロス Kypros、ラトビア Latvija、リトアニア Lietuva、ハンガリー Magyarország、マルタ Malta、ポーランド Polska、スロベニア Slovenija、スロバキア Slovensko である。2007年にはブルガリア Bulgaria、ルーマニア Romania がさらに加わった。
＊10　2000年初め、オーストリアでの排外的な右派政党の政権参加をめぐる、他の加盟国からの拒絶反応的な強い批判と制裁措置、EU内の対立と、オーストリア側の反発といった事態は、統合の困難さ、経済統合の進展から生じる矛盾と利害対立の複雑さ、そして経済統合によっても容易に解消できない、欧州での抗争の長い歴史がもたらした民族間地域間の入り組んだ関係、文化面、生活面、政治面での多様性と相互不

付　注

信の根の深さをいまさらのように浮かび上がらせた。そしてこうした対立は 2000 年代後半にかけては各国で一挙に噴出し、2008 年世界金融危機以降は、EU の存在自体を揺るがしかねない事態を招いたのであった。

* 11　「欧州憲法」案に代わって用意された基本条約の全面改定をはかる新リスボン条約は 2007 年 12 月サミットで合意を得たが、2008 年の批准手続き中にアイルランドの国民投票で「否決」され、一時宙に浮いた。翌年、経済危機下で行われた再投票では多数の賛成を得られ、同年 12 月をもってリスボン条約は発効し、EU「大統領」（欧州理事会議長）や外相（外務・安全保障政策上級代表）・外務省（欧州対外活動庁）の設置、共通安全保障原則、意思決定原則の柔軟化、議会の権限強化などが実施されるようになった。
* 12　三井、前掲『EU 欧州連合と中小企業政策』、第 3 章。
* 13　Monti, M., *The Single Market and Tomorrow's Europe A Progress Report from the European Commission,* Eur-OP, 1996.［モンティ『モンティ報告　EU 単一市場とヨーロッパの将来』田中素香訳、東洋経済新報社、1998 年］
* 14　同上、邦訳書、p.4、および p.131-132。なお、この「小・中規模企業」の語は、英語版原書では「small and medium-sized companies」と記されているので、「中小企業」と訳すのが妥当だろう。*op.cit,* p.3。
* 15　同上、邦訳書、p.193。
* 16　そうした意味で、欧州委員会は中小企業が、共通通貨ユーロスタートとそれに伴う事態に適応し、ユーロ建て取引などを円滑に実施できるよう、98 年あたりから活発な情報提供や啓蒙活動などを行っている。
* 17　Commission of the European Communities, *Growth, Competitiveness, Employment The European Challenges and Ways Forward into the 21st Century,* Eur-OP, 1993.
* 18　Commission of the European Communities, *The Enterprise Dimension Essential to Community Growth,* 1992（COM（92）470 final）.
* 19　Commission of the European Communities, *Integrated Programme in favour of SMEs and the Craft Sector,* 1994（COM（94）207）.
* 20　ここでの「短期的」目標とは、「税制、社会規制、行政、金融各側面での障害を明らかにし、削減すること」、「中期的」目標とは、「企業の発展と雇用創出を支援すること」であるとされる。Press Release, P/94/34, 1994.
* 21　「統合計画」発表時の、欧州委員会 R. V. ダルキラフィ（d'Archirafi）企業政策担当委員（イタリア出身）の言葉。前掲、COM（94）207 final.
* 22　Commission of the European Communities, *Small and Medium-sized Enterprises A Dynamic Source of Employment, Growth and Competitiveness in the European Union,* 1995（CSE（95）2087）.
* 23　この新「統合計画」の、「B. 共同体の貢献　1. 中小企業の「欧州化」——市場統

381

合のポテンシャルを最大限生かすために」の項では、「競争を促進し、各国政策による歪みを削減する」という見地から、以下のようなことが述べられている。

マドリード・サミットでの、欧州委員会雇用委員会と理事会提出の『中小企業政策文書』では、市場統合は、製品・サービス市場での過度の厳密さ（規制）を取り除くべく、積極的な競争政策に基づく必要があるとしている（たとえば、電気通信やエネルギー市場）。特に、サービス業におけるような、企業創業と雇用創出の可能性を最大限発揮するためには、一連の構造的制約は取り除かねばならない。したがって、委員会は以下のような努力を行う。

エネルギー市場のように、依然独占的な慣行がある分野での競争を促進する。

各国レベルの援助施策について、各地域間の条件の差異や、他の共同体施策などを考慮しつつも、（理事会が勧告したような）より強い規制（tighter control）のもとにこれをおくことで、その削減を進める。

中小企業間の協力関係、たとえば共同購入や共同販売のためのネットワークでの協力関係のようなものに対し適用される共同体の競争規則を明確に（clarifying）すべき必要性を検討する。それとともに、欧州委員会が出す予定の『垂直的制限（vertical restrictions)』に関するグリーンペーパーが、特に生産者、卸売者、小売者の間の関係に言及することになっている。過去20年のうちに、商業企業のなかでの集中化が進行し、さまざまな新しい形での企業間協力が展開したため、市場機会が等しくあるように保証するとともに、一方で経済的各主体間の公正な競争のための諸条件が存在するべく、保証していくことが極めて重要（vital）になってきた。(Commission of the European Communities, *The Integrated Programme for SMEs and the Craft Sector*, 1996) (COM (96) 329).

このような、競争政策の一面での独占規制、他面での中小企業間協力の積極的位置づけの見地は注目できる。

＊24　OJ No L006, 10.01.1997、による。

＊25　「急成長型中小企業」(fast growing SMEs) というのは、欧州で多く使われている概念である。わが国で使われている「和製語」である「ベンチャー・ビジネス」という語は世界で通用しないが、それに近い言葉として、「innovative enterprise（開発型／革新的企業）」や「NTBF new technology-based firms（新技術応用型企業）」、そして「急成長型企業」という語が目立つ。NTBF の語はドイツで多く用いられており、「第三次多年度計画」でもイノベーション推進の対象として取り上げられている。三井、前掲「ベンチャービジネスと新しい社会経済システム」、参照。

＊26　ユーロパートナーシップ（Europartenariat）とは、「経済社会結束」の観点から、地域間格差是正と企業間協力推進とを結んだプロジェクトで、構造基金を財源に、88年からスタートしている。その中身は、各地域でのアクションプログラム実施と展示会開催であり、ここに多くの地元企業の参加を得て、取引先や事業パートナー獲得を図ろうというものである。また、インタープライズ（Interprise）とは、相互補

付　注

完的な役割を期待される複数地域間で、テーマごとの会議などを開き、企業間協力の推進を図るものであり、92 年から始まっている。いずれも政策の実効が高いと評価されており、以後拡大強化されてきた。

* 27　第 23 総局が実施してきた中小企業政策に対し、Deloitte & Touche に委託して、99 年に政策評価報告書が出された。European Commission, *Report on the evaluation of the 3rd Multiannual Programme for SMEs in the European Union (1997-2000)*, 1999 (COM (99) 319).
* 28　詳しくは、本書第 12 章。
* 29　邦訳、金丸輝男編著『EU とは何か　欧州同盟の解説と条約』JETRO、1994 年、p.151。
* 30　金丸、前掲『EU アムステルダム条約』(p.137)。この表現は、EU 中小企業政策で通常用いられている「行政上、財政上、法制上」の制約（ここでの「財政」とは具体的には主に税制をさす）といったものと若干異なるが、原文（英文）でも、「financial」と記されている。
* 31　前記のように、99 年の欧州共通通貨ユーロ（€）のスタートで、ECU という従来の仮想上の通貨単位は消滅したが、その際 1ECU ＝ € 1 と換算することが定められている。ECU は加盟各国すべての通貨を合わせたスケットでレートが決められていたので、英国など参加しない EU 諸国も出た共通通貨ユーロとは、本来は同じ価値とはいえないわけであるが、取り扱いはこのようになっている。
* 32　OJ No L107, 30.4.1996.
* 33　詳しくは、本書第 7 章。
* 34　詳しくは、本書第 9 章、参照。
* 35　*Report of the Business Environment Simplification Task Force*, Vol.1/2, EurOP, 1998. この BEST Task Force（委員長は C. エバンス（Evans）英国 Merlin Ventures 会長）は、EU 中小企業政策の大幅な「軌道修正」の理念上・方法上のブレーン役を務めたものといえよう。
* 36　詳しくは、本書第 12 章。
* 37　European Commission, *Commission Communication to the Council "Promoting Entrepreneurship and Competitiveness"*, 1988 (COM (1988) 550 final).
* 38　前掲、COM (99) 319。
* 39　*Presidency Conclusions Lisbon European Council 23 and 24 March 2000*, SN 100/00.
* 40　IP 00/414, 2000-04-27.
* 41　Commission of the European Communities, *Communication from the Commission: Challenges for the enterprise policy in the knowledge-driven economy, Proposal for a Council Decision on a Multiannual Programme for Enterprise and Entreprenuership (2001-2005)*, COM (2000) 256 final/2, 2000.

* 42　*op.cit*, p.3-6。

* 43　このような、諸立法や諸施策が欧州中小企業に及ぼす影響に十分配慮をすべきであるという見解は、80年代から繰り返し主張され、事前チェックやアセスメント体制の構築が図られてきた。しかし、その実効が上がっていないというのが実態なのである。この考え方は、のちに「中小企業テスト」として制度化される。本書、第8章、参照。

* 44　この BEST Procedure は、上記の BEST 事業環境簡素化タスクフォースと同じものではない。今度は BEST は、政策立案と実施、その評価、諸勧告、再検討のサイクルをなす方法を示すものとなっている。

* 45　こういったスローガンは新しいものではない。88年の「企業政策」文書の前書きで、当時の A. マトゥテス（Matutes）担当委員は、「Europe of enteprise 企業の欧州」という表現を用いている。

* 46　ANNEX 1 Actions forseen under the Multiannual Programme for Enterprise and Entrepreneurship (2001-2005), *Proposal for a Council decision,* in *op. cit.*

* 47　ユーロインフォセンターは EC・EU の仕組み、活動や法制、援助施策、各国市場などの情報を地域の企業に提供する役割で、86年「行動計画」に基づき各地に設けられたものである。99年の中小企業政策についての監査評価でも、これは概して成果をあげているとされたが、重複を避けて効率化を図るために、センター数の削減が行われた。現在、200余りがあるものとされる。三井、前掲『EU 欧州連合と中小企業政策』、p.100–101、参照。

* 48　前出の European Observatory for SMEs、邦訳『ヨーロッパ中小企業白書』。

* 49　小企業やクラフト産業に対する政策、また新しい政策展開下で強調される企業家精神との関係などは、ここで検討すべき論点の一つだが、紙幅の都合などから割愛せざるを得なかった。

* 50　長部重康「EU 産業政策の新展開と情報化社会」、長部・田中編著『統合ヨーロッパの焦点　ユーロ誕生をにらむ産業再編』JETRO、1988年、第1章。

* 51　Commission of the European Communities, *Towards Enterprise Europe Work programme for enterprise policy 2000-2005,* 2000（SEC（2000）771）, p.14.

* 52　本書第9章、参照。

* 53　さらに付け加えては、「社会的経済」（economie sociale）も企業政策の一分野であった。ただし、これは実際には、協同組合を指すものである。

* 54　前掲　SEC（2000）771, p.4.

* 55　その唯一最大の根拠は依然、「中小企業こそが雇用機会拡大の源である」というコンセンサスにあるのかもしれない。

* 56　詳しくは、三井、前掲『EU 欧州連合と中小企業政策』などを参照。

付 注

第7章

* 1 本章は、三井逸友「21世紀最初の5年におけるEU中小企業政策の新展開」(『中小企業総合研究』第1号、2005年) をもとに加筆再構成したものである。
* 2 Enterprise Directorate-General, European Commission, *Steps Towards Enterprise Europe Enterprise DG Work Programme 2001*, 2001 (COM (2001) 28 final).
* 3 Commission of the European Communities, *Thinking small in an Enlarging Europe*, 2003 (COM (2003) 26 final).
* 4 たとえば、DGXXIII (当時) の支援で1998年にオーストリア・バーデンで開かれた「成長段階における中小企業 競争力強化のカギとは」(Small and Medium-Sized Enterprises in the Growth Phase Key Factors in Improving Competitiveness) と題する全欧規模のフォーラムでは、「諸規制に関し、think small firstの原則に配慮しているか」という問いかけもなされている。
* 5 Commission of the European Communities, *Towards Enterprise Europe Work programme for enterprise policy 2000-2005*, 2000 (SEC (2000) 771) ; do――, *Creating an Entrepreneurial Europe The Activities of the European Union for Small and Medium-sized Enterprises*, 2001 (COM (2001) 98 final).
* 6 英国のブレア政権のもとで2000年に設置された小企業庁 (Small Business Service) はそのミッションを示すにあたり、「Think small first」の語を題名に掲げた。詳しくは、三井「英国における中小企業政策と自営業、新規開業」(国民生活金融公庫総合研究所編『自営業再考――自ら働く場を創出する「自己雇用者」』、中小企業リサーチセンター、2004年、所収)、渡辺俊三『イギリスの中小企業政策』(同友館、2010年)。
* 7 Commission of the European Communities,(COM (2003) 26 final).
* 8 DN: MEMO/020/35 22/02/2002.
* 9 Commission of the European Communities, *Green Paper Entrepreneurship in Europe* , 2003 (COM (2003) 27 final).
* 10 たとえばUEAPMEの長文のコメントでは、全体として「グリーンペーパー」の意図を歓迎しながらも、新企業に傾きすぎで既存企業を軽視していること、「Think small first」の理念や「小企業憲章」の内容とのかかわりが不明であることなどを指摘している。UEAPME, *UEAPME Position Paper on the Green Paper on Entrepreneurship*, 2003.
* 11 Commission of the European Communities, *Action Plan: The European Agenda for Entrepreneurship*, 2004 (COM (2004) 70 final).
* 12 これら「企業家精神グリーンペーパー」および「企業家精神行動計画」について詳しくは、中小企業金融公庫総合研究所 (大沢昭)『EU中小企業政策の新たな展開と欧州投資基金の役割 調査レポートNo.16-11』(2005年、p.15-16) 参照。

* 13　本書、第 6 章、12 章。
* 14　正確には、またこの間、ESC 経済社会審議会は「憲章」制定の動きを歓迎し、さらに小企業の置かれた状況とニーズにこたえるべきこと、教育や訓練課題のうちで、小企業の果たしている仕事の社会的経済的価値を重視すること、金融機会へのアクセスの改善、税制簡素化などで、小企業に望ましい環境をつくること、不要なコスト削減、事業者団体形成支援、全国ないし国際的ネットワークづくりなどによって、とりわけ不利を抱えた地域の小企業に市場機会を開くことなどを、勧告意見書として求めている。Council of the European Union, *Presidency Conclusions Lisbon European Council 23 and 24 March 2000*, 2000　SN 100/00、『Europe』第 222 号、2000 年、CES/00/55。
* 15　前記のように、EU は公式概念として「Small and Medium-sized Enterprise」の語をすでに用いているので、「small enterprise」の語は「小企業」と訳すべきであろう。ただし「憲章」の内容面では、これが特に「中小」企業とは異なる「小」企業に注目しているものとは言えない。詳しくは、本書第 8 章。
* 16　*European Charter for Small Enterprises*, 2000 (Presidency Conclusions Santa Maria da Feira European Council 19 and 20 June 2000, Annex III)。
* 17　Enterprise Directorate-General, Europan Commission, *Steps Towards Enterprise Europe Enterprise DG Work Programme 2001*, 2001.
* 18　「小企業憲章」は国家連合としての EU ゆえに、その共同規範への各国合意という性格もあるにせよ、これにとどまるものではない。詳しくは、本書第 13 章。
* 19　SPEECH/02/59 12/02/2002
* 20　Commission of the European Communities, *Report on the Implementation of the European Charter for Small Enterprises,* 2002 (COM (2002) 68 final).
* 21　Commission of the European Communities, *Report from the Commission to the Council and the European Parliament on the Implementation of the European Charter for Small Enterprises*, 2003 (COM (2003) 21 final/2l)。
* 22　SME Envoy は、2001 年に当時の担当欧州委員リーカーネン氏の発案で企業総局内におかれた。詳しくは、本書第 8 章。
* 23　Commission of the European Communities, *Report from the Commission to the Council and the European Parliament on the Implementation of the European Charter for Small Enterprises,* 2004 (COM (2004) 64 finall).
* 24　SD シャノン開発庁の存在およびこのローカルネットワークについては、中小企業総合事業団調査・国際部編『EU における地域振興と中小企業』(中小企業総合事業団、2003 年)、三井逸友「グローバル化時代における産業クラスター政策と地域発展──東西の経験比較とその相違」(『商工金融』第 53 巻 12 号、2003 年)、同『地域インキュベーションと産業集積・企業間連携』、本書第 10 章、参照。
* 25　Enterprise DG European Commission, *Conference on the European Charter for*

付 注

  Small Enterprises, Dublin 29-30 June 2004 Summary of Discussions, 2002.
* 26 *Enterprise Europe*, July-September 2002.
* 27 このほか、EUとの「地中海パートナーシップ」(バルセロナ・プロセス) に参加している地中海諸国 (モロッコ、アルジェリア、チュニジア、エジプト、ヨルダン、イスラエル、パレスチナ、レバノン、シリア) も「欧州小企業憲章」を基礎とした「欧州・地中海企業憲章」についての「カセルタ宣言」に2004年10月に署名をしている。Commission of the European Communities, *Report on the Implementation of the European Charter for Small Enterprises*, 2005 (COM (2005) 30 final)、による。
* 28 Commission of the European Communities, *op.cit.*
* 29 英国での企業家教育については、このEUの「憲章」報告2005年版・スタッフワーキングペーパーでも言及されている、デービスレポート以降の進展、「企業経験」プログラムに関し、三井、前掲「英国における中小企業政策と自営業、新規開業」で解説した。Commission of the European Communities, *Commission Staff Working Paper Report on the Implementation of the European Charter for Small Enterprises*, 2005 (SEC (2005) 167).
* 30 このオランダの「企業家反響版」は引退企業家や経営幹部、専門家らがボランティアとして担うカウンセリングサービスである。その存在が知れ渡り、成果が上がっている。COM (2005) 30 final.
* 31 Enterprise and Industry DG, European Commission, *European Charter for Small Enterprises 2006 Good Practice Seletion*, 2006.
* 32 Commission of the European Communities, *Growth and Employment: Annual Progress Report of the Lisbon Strategy.*
* 33 中小企業金融公庫総合研究所、前掲論文。
* 34 これらは基本的に新ニーズ条約にも継承表記された。本書、第8章。
* 35 一つの批判は「戦略」がITなどに傾きすぎである、あるいはIT投資を積極的に推進しても市場や制度の現状にそぐわず、新しいビジネスモデルを導入しにくい、生産性の向上がすすまないという点に向けられている。小企業の増加も補助金依存的であるという批判もある。三菱証券経済調査部「違和感を禁じえない足元のユーロ高」(『海外経済・金融Weekly』第72号、2004年)、参照。
* 36 2003年3月の欧州理事会には欧州委員会が「成長への選択——結束ある社会での知識とイノベーションと雇用」とのリスボン戦略に対する報告を提出している。これは依然生産性の伸びなどが低いことを認めながらも、全体として戦略は軌道に乗っているとし、改革と実践を加速することを求めていた。Commission of the European Communities, *Choosing to grow: Knowledge, innovation and jobs in a cohesive society*, 2003 (COM (2003)5).
* 37 High Lebel Group, *Facing the Challenge The Lisbon Strategy for growth and employment* (2004 OOPEC).

387

* 38　この報告書は特に金融機関とクラスター発展の関係にも言及している。「ヘルシンキやケンブリッジ、ミュンヘンのような『理想研究都市（ideopolis）』においては高度な通信や交通インフラが整備され、金融機関は企業家や技術移転にかかわる専門家に積極的にリスクキャピタルを供給し、公的支援機関が創造的なインターアクションを推進するネットワーク構造をはかっており、それぞれの都市をダイナミックで高成長の知識基盤地域としてきている。」「クラスターや『理想研究都市』のようなネットワークの展開に対しては、リスクキャピタルの供給が決定的であり、政策当局もこれに十分配慮する必要がある。」(High Lebel Group, *op.cit.*, p.20-21,30)
* 39　Council of the European Union, *European Council Brussels 22 and 23 March 2005 Presidency Conclusions,* 2005 (7619/105 REV1 CONCL1).
* 40　欧州委員会は2004年11月から新委員会（ジョゼ・バローゾ委員長）に交代し、2010年まで同氏が続投している。
* 41　Commission of the European Communities, *Working together for growth and jobs A new start for the Lisbon Strategy,* 2005 (COM (2005) 24).
* 42　企業・産業総局の2005年時点での局長はドイツ出身のホルスト・ライヘンバッハ（Horst Reichenbach）氏であり、また欧州委員会の担当委員もドイツ出身のギュンター・フェルホイゲン（Günter Verheugen）氏（欧州委員会副委員長）であった。
* 43　Commission of the European Communities, *Integrated Guidelines for Growth and Jobs (2005-2008) including a Commission Recommendation on the broad guidelines for the economic policies of the Member States and the Community and a proposal for a Council Decision on guidelines for the employment policies of the Member States,* 2005 (COM (2005) 141 final).
* 44　Commission of the European Communities, *Proposal for a Decision of the European Parliament and of the Council establishing a Competitiveness and Innovation Framework Programme (2007-2013),* 2005 (COM (2005) 121 final).
* 45　Council of the European Union, *European Council Brussels 22 and 23 March 2005 Presidency Conclusions,* 2005 (7619/105 REV1 CONCL1).
* 46　中小企業信用保証制度に関するルクセンブルク会議（2005年4月28日）での、産業企業総局のJ-N. Durvy氏の発表。

第8章
* 1　本章は、三井逸友「『中小企業憲章』の意義とこれからの課題」（『都中央会　中小企業だより』第1718号、2011年）、同、前掲「EU中小企業政策の展開と意義――『欧州小企業憲章』と『SBA小企業議定書』」、同「今日のEU中小企業政策とSBA小企業議定書」（『中小商工業研究』第100号、2009年）をもとに構成したものである。
* 2　新リスボン条約中での「中小企業」への言及は以下のようである。第10部 社会政

策 での、「中小企業の設立と発展に障害となるような行政上、財政上、法制上の制約を避けること」、第17部 産業 での、欧州産業の競争力の維持のために、「企業、とりわけ中小企業の欧州全域での発展に望ましい環境の推進」、第19部 研究・技術開発と宇宙 での、「中小企業を含む企業、研究センター、大学の、高度な研究と技術開発の活動の奨励」。OJ 2007/C 306/01; 2010/C 83/01.［小林勝訳『リスボン条約』御茶の水書房、2009年］

＊3 Small Business Act では1953年制定の米国小企業法も同語であるが、EU での SBA はそういった「法」ではなく、あくまで「議定書」の性格であると理解されている。85年に当時の加盟国が92年市場統合を合意し、そのための諸課題と原則を示した、Single European Act がやはり「欧州単一議定書」と公式に訳されている。
既述のように、EU の存在を規定する「基本条約」（Treaty）以下、「派生法」として「規則」（Regulation）、「指令」（Directive）、「決定」（Decision）、「意見」（Opinion）、「勧告」（Recommendation）という、それぞれの強制力拘束力や普遍的規範性に応じた段階の公的規程を制度化しているが、憲章」や「議定書」（Act）はこれには含まれない。Single European Act はその意味で「単一欧州議定書」であり、「法」ではない。2008年 Small Business Act for Europe を「欧州小企業法」と訳している書があるが、間違いである。法的条文構成にもなっていない。ただ、EU の23の公式語での SBA 各版はいずれも、「"Small Business Act"」と英語表現をそのまま、引用記載しているので、米国小企業法を意識した比喩的表現が込められていると理解することもできる。山根裕子『ＥＣ法』（有信堂、1993年）、広岡隆『欧州統合の法秩序と司法統制』（ミネルヴァ書房、1998年）、佐藤幸男監修『拡大ＥＵ辞典』（小学館、2006年）、参照。

＊4 Commission of the European Communities, *Communication from the Commission: "Think Small First" A "Small Business Act" for Europe*, 2008（COM（2008）394l）.

＊5 SBA の全文は、中小企業家同友会全国協議会編『THINK SMALL FIRST 中小企業憲章ヨーロッパ視察報告』（同会刊、2008年）に翻訳掲載されている（本書資料3に抄訳を掲載）。

＊6 96年定義（2005年改訂）では「SME 中小企業」のうちでも、従業員数50人までの「中企業」、10人までの「小企業」、9人以下の「マイクロ企業」がさらに区分される。本書第7章、参照。

＊7 UEAPME の L. ヘンドリックス（Hendricx）政策局長は、2008年5月の中同協視察団への説明において、「憲章」にはあえて「小企業」と明記するよう、当時求めたと語っている。

＊8 Commission of the European Communities, *Proposal for a Decision of the European Parliament and of the Council establishing a Competitiveness and Innovation Framework Programme (2007-2013)*, 2005（COM（2005）121 final）.

＊9 EIP のもとでは、中小企業金融問題への対応が再び重視されており、これが世界

金融危機のもとでいっそう拡大強化されている。三井逸友「EU 中小企業政策の今日と『小企業憲章』、『SBA 小企業議定書』」(『信用金庫』第 62 巻 11 号、2008 年)、同「EU 欧州連合での中小企業政策展開から得られるもの」(『協同金融』第 83 号、2009 年)。

* 10　Commission of the European Communities, *Communication from the Commission: Small and Medium-sized Enterprises — a mid-term review of Modern SME Policy,* 2007 (COM (2007) 592).
* 11　de minimis 最小化基準とは、規制さるべき対象もきわめて規模が小さく、影響が極小である場合には、これを対象外とする考え方で、EU 競争法での協調行為に関して、これが適用される。滝川敏明『日米 EU の独禁法と競争政策』(青林書院、1996 年)、p.41。
* 12　Commission of the European Communities, *EUROPE 2020 A strategy for smart, sustainable and inclusive growth,* 2010 (COM (2010) 2020 final).
* 13　*SBA follow-up table — policy actions,* 2008.
* 14　ERASMUS は、欧州規模での学生や研究者の国際交流を推進するための総合的な援助プログラムで、80 年代から実施されている。現在は対象が世界規模に広げられている。
* 15　EEN (Enterprise Europe Network) は、後述のように CIP によって設けられた、全欧州規模での中小企業支援機関などのネットワークである。
* 16　欧州委員会企業産業総局の web サイトによる。
* 17　Report of the Expert Group, *Think Small First. Considering SME interests in policy-making including the application of an 'SME Test',* 2009.
* 18　European Commission Enterprise and Industry DG, *Conference "From the European Charter for Small Enterprises to the Small Business Act" Programme,* 2009.
* 19　Commission of the European Communities, *Commission Working Document Report on the implementation of the SBA,* 2009 (COM (2009) 680).
* 20　Council of the European Union, *Press Release 2945th Council Meeting Competitiveness (Internal Market, Industry and Research)* 10306/09, 2009 (Presse 155).
* 21　12 月欧州理事会に先立つ、欧州委員会コンサルテーション・ドキュメント (2009 年 11 月)、12 月欧州競争力理事会の採択「結論」が 2020 戦略の基調をかたちづくっている。Commission of the European Communities, *Consultation on the Future "EU 2020" Strategy,* 2009 (COM (2009) 647).
* 22　Council of the European Union, *Conclusions: towards a competitive, innovative and eco-efficient Europe — a contribution by the Competitiveness Council to the post-2010 Lisbon agenda,* 2009.
* 23　Commission of the European Communities, *EUROPE 2020 A strategy for smart,*

付 注

　sustainable and inclusive growth, 2010（COM（2010）2020 final）．
＊24　欧州のエコ産業の現状と課題については、2009年10月に委託調査『EU エコ産業の競争力』（*Study on the Competitiveness of the EU eco-industry Within the Framework Contract of Sectoral Competitiveness Studies ?* ENTR/06/054）が出され、特に中小企業のエコイノベーション推進には金融面の支援が不可欠であると指摘されている。
＊25　European Commission, *Impact Assessment Guidelines*, 2009（SEC（2009）92）．
＊26　European Commission, *Impact Assessment Guidelines Part III Annexes to Impact Assessment Guidelines,* 2009, p.31-33.
＊27　もちろんその意味では、「通貨統合」という正真正銘マクロレベルでのかつてない挑戦と実験は果たして各国経済の再生に寄与できるのか、むしろ各国のマクロ政策発動を不可能にし、アイルランドの例に顕著に見られるように、危機を深めているのではないかという疑念には十分な根拠があるだろう。現在のしくみを前提としながら、これを打開するための欧州レベルからの支援と介入が中期的な成功を収められるかどうかは予断できない。
＊28　三井、前掲『EU 欧州連合と中小企業政策』、第2部、第5部、参照。
＊29　本書、第9章参照。
＊30　欧州ではユーロチェンバース欧州商工会議所連盟など財政基盤も強力で、1999年に「欧州商工会議所憲章」に調印しているが、中小企業者の政策要求を反映する組織とは若干性格を異にする。EU に対する欧州中小企業者の有力な政策要求運動団体としては、1979年設立の UEAPME（Union Europeenne de l'Artisanat et des Petites et Moyennes /Entreprises, European Association of Craft, Small and Medium-Sized Enterprises）欧州クラフト・中小企業同盟が存在している。現在 UEAPME は CGPME フランス中小企業総連盟や ZDH ドイツ手工業中央同盟、CNA イタリア手工業中小企業全国連盟、UCM ベルギー中産階級同盟など36ヵ国の83組織から構成され、1200万企業が傘下にあるとしている。これに対し、かつて活発な運動を展開した EUROPMI 欧州独立中小企業委員会は UEAPME 合流派と反対派に分かれ、後者が ESBA（European Small Business Alliance）欧州小企業連合を1998年に結成した。ESBA は35ヵ国に組織を持ち、FSB 英国小企業連盟、SNI ベルギー独立企業連合や NPI フランス独立使用者連合、SUD ドイツ独立企業家連盟など公称100万人が傘下会員であるとしている。1958年設立の UNICE（Union des Industries de la Communauté européenne）欧州産業連盟も中小企業の声を代表する機関として活動している。
＊31　寺岡寛『アメリカの中小企業政策』信山社、1990年。
＊32　三井、前掲「英国における中小企業政策と自営業、新規開業」。
＊33　ただし、英国 SBS の役割に対しては否定的評価もあり、政府機構改革により SBS は2007年に BERR 事業・企業・規制改革省に吸収された（BERR はさらに、BIS 事業・イノベーション・スキル省に2009年に改編されている）。SBS の問題と

されたのは、肥大化した組織、大きな費用とそれに見合わぬ成果、政府からの「独立」の示すプラスマイナス、各地域・現場に密着した活動重視の必要等の問題であった。渡辺俊三、前掲『イギリスの中小企業政策』、参照。
* 34 RDA 地方開発庁は地域の活性化に向けた機関で、背景や性格、形態、規模などはさまざまであるが、アイルランドの SD シャノン開発公社はじめ、欧州各地に 150以上の RDA があり、EURADA 協会を組織している。諸方面と連携・戦略立案を行い、官民連携で総合的な活動を展開してきた。英国ブレア政権は 1998 年法で RDA をイングランド各地に設置、中小企業政策の地方版責任主体にもなっている。三井、前掲「英国における中小企業政策と自営業、新規開業」、同編『地域インキュベーションと産業集積・企業間連携』(御茶の水書房、2005 年)。
* 35 European Commission, *Informal Guidelines for Supporting the Implementation of the Charter at Regional Level*.
* 36 三井、前掲書、同「地域の産業・金融と地域の再生」『地域政策研究』第 34 号、2006 年。
* 37 4th MAP は「企業家精神」の推進において、女性や青年、失業者の創業を支援する意義を特記している。また、『企業家精神グリーンペーパー』は、企業家精神が社会的利益とも合致していることを指摘している。Commission of the European Communities, *Green Paper Entrepreneurship in Europe*, 2003 (COM (2003) 27 final).
* 38 前出の『企業家精神グリーンペーパー』は「責任ある企業家精神(responsible entrepreneurship)」という表現も用いた。詳しくは、本書第 11 章。
* 39 三井、「EU(欧州連合)の中小企業政策を学ぶ」『中小商工業研究』第 71 号、2002 年。

第IV部

第9章

* 1 本章は、三井逸友「下請取引規制をめぐる新しい視角——EU における代金支払遅延問題との比較から」(『公正取引』第 549 号、1996 年)、同「EU の中小企業政策——90 年代の展開とその意義」(『公正取引』第 592 号、2000 年)をもとに、加筆修正したものである。
* 2 詳しくは、三井、前掲『EU 欧州連合と中小企業政策』、第 10 章。
* 3 詳しくは、同上、第 11 章。
* 4 NFSE, *A Climite for Change: A Manifesto for the Next Government*, 1987. 詳しくは、三井、前掲「英国における『中小企業政策』と『新規開業促進政策』」、同「今日の英国中小企業政策」(『駒沢大学経済学論集』第 30 巻 2・3 合併号、1999 年)。
* 5 FSB, *A Charter for Enterprise*, 1992. [邦訳「イギリスの『小企業憲章』」『全国商工団体連合会 運動資料集』第 17 号、1992 年]

付　注

* 6　この経過については、Preston, J., *Spicers European Union Policy Briefings; Policy for Small and Medium Sized Enterprises,* Cartermill International, 1995 によっている。
* 7　FSB, *Late Payment of Bills & Bad Debt; A Solution.*
* 8　前述のように、EUROPMI は UEAPME 欧州・クラフト中小企業同盟への参加をめぐって分裂、FSB などのグループは ESBA 欧州小企業連合を新たに結成した。ただ、UEAPME に比べての影響力低下は否定できない。
* 9　ENSR, *European Observatory for SMEs The Second Annual Report,* 1994.
* 10　ダン＆ブラッドストリート社の 90 年・92 年調査による。Preston, *op. cit.*
* 11　Commission of the European Communities, *An Enterprise Policy for the Community,* 1988. なおこの全文は、三井逸友訳「ＥＣ中小企業政策と『行動計画』『企業政策』」(『駒沢大学経済学論集』第 22 巻 1 号、1990 年) に訳出している。
* 12　Commission of the European Communities, *Development of Subcontracting in the Community,* 1989 (COM (89) 402).
* 13　Commission of the European Communities, *Working Document for the Commission Services on Time Taken to Pay Bills in Commercial Transactions,* 1992 (SEC (92) 2214).
* 14　*Euro-info,* 70/94EN, June 1994.
* 15　Commission of the European Communities, *Integrated Programme in Favour of SMEs and the Craft Sector,* 1994 (COM (94) 207).
* 16　*Euro-info,* 75/94/EN, December 1994、による。
* 17　Commission of the European Communities: *Maximising European SME's Full Potential for Employment, Growth and Competitiveness,* 1996 (COM (96) 98).
* 18　Commission of the European Communities: *Communication from the Commission Evaluation of the Second Multiannual Programme for Enterprise and SMEs, Observations from the Report Submitted by Arthur Andersen & Co. Business Consulting Services,* 1996 (COM (96) 99).
* 19　OJ No L 127, 10. 6. 1995.
* 20　詳しくは、'Communications on the Commission recommendation of 12 May 1995 on payment peroids in commercial transactions', OJ No C 144, 10. 6. 1995.
* 21　ここで言う「subcontractor」とは本来の字義通りの意味であって、直接受注する入札ないし請負業者の下で働く、日本でいえば「再下請業者」にあたる。
* 22　Commission of the European Communities, *Report on late payments in commercial transactions,* 1997 (COM (97) XXX).
* 23　Commission of the European Communities, *Proposal for a European Parliament and Council Directive combating late payment in commercial transactions,* 1998 (COM (1998) 126).
* 24　Commission of the European Communities, *Amended proposal for a European*

Parliament and Council Directive combating late payment in commercial transactions, 1998 (COM (1998) 615).
* 25　OJ C284, 06.10.1999.
* 26　Commission of the European Communities, *Communication from the Commission to the European Parliament pursuant to the second subparagraph of Article 251 (2) of the EC-Treaty concerning the Common position of the Council on the proposal for a European Parliament and Council Directive combating late payment in commercial transactions*, 1999 (SEC (1999) 1398).
* 27　この法の全文訳並びに解説を、三井、前掲「今日の英国中小企業政策」に掲載した。ただし、既刊行版には重大な誤植がある。
* 28　Directive 2000/35/EC: Combating Late Payment in Commercial Transactions (OJ L200/35 8.8.2000).
* 29　*Directive 2000/35/EC Implementation News* 06.02.2003.
* 30　SBA 第 6 項金融アクセス改善・商取引での適切な（timely）支払のための法的事業的環境づくりの展開。
* 31　2009 年の SBA 実施状況レポートでは、「代金支払遅延問題」に対するブルガリア、フランス、ドイツなどでの新たな対応改善措置がすすんでいることを記載している。Commission of the European Communities, *Commission working document Report on the implementation of the SBA,* 2009 (COM (2009) 680).
* 32　Commission of the European Communities, *Proposal for a Directive of the European Parliament and the Council on combating late payment in commercial transactions*, 2009 (COM (2009) 126 final).
* 33　これは支払遅延債権への利息以外に、債権者の請求にかかる回収費用に相当する補償額と理解される。
* 34　*Amendments by Parliament to the Commission Proposal for a Directive 2010/ on Combating late payment in commercial transaactions,* 2010 (A7-0136/2010).
* 35　日本の法制では、むしろ「理由なき受領拒否」が問題とされるのであり、この違いは大きい。これは EU での展開を筆者が説明したところ、公取委関係者がこだわった点でもある。
* 36　2004 年 4 月施行の「下請代金支払遅延防止法」では、情報サービス関係、運輸、メンテナンス等を対象業種に加える、またとりわけ「情報成果物作成委託」「役務提供委託」「金型製造委託」を対象に加える、情報サービスなどの下請事業者に規模の規定を加える、親事業者の遵守条項を拡大する、再発防止等の勧告、違反者名の公表、罰金額など違反への罰則を強化するといった拡充強化が図られた。政府・公取委は長年、サービス業などへの対象拡大に消極的であったことは見落とせない事実である。
* 37　Commission of the European Communities, *On the problem of the time taken to make payments in commercial transactions,* 1992 (SEC (92) 2214).

＊38 新リスボン条約によって修正された欧州連合の運営方法に関する条約では、域内市場の取引における競争の規則として、「取引相手に異なる条件を課することによる競争上の不利」惹起の禁止（第101条）、また単独または複数の企業による「優越的地位の濫用」禁止（第102条）を明記している。これは、もとはローマ条約第82条であり、2005年の欧州憲法案・第3部Ⅲ・第Ⅰ章第五項　競争の規則・第Ⅲ-50条に記されたものを継承している。前掲、『リスボン条約』、p.111-113。
＊39 Commission of the European Communities, *Integrated programme for Small and medium-sized enterprises (SMEs) and the Craft sector,* 1996（COM（96）329）.

第10章

＊1 本章は、三井逸友「地域イノベーションシステムと地域経済復活の道」（『信金中金月報』第3巻13号、2004年）、同「地域イノベーションと地域の再生」（『ECPR』第21号、2007年）、同「地域産業集積論から地域イノベーションシステム論へ」（渡辺幸男編『日本と東アジアの産業集積研究』、同友館、2007年、所収）、同「EU中小企業政策の展開と意義――『欧州小企業憲章』と『SBA小企業議定書』」（『商工金融』第60巻8号、2010年）をもとに加筆修正・再構成している。部分的には、三井編『地域インキュベーションと産業集積・企業間連携』（御茶の水書房、2005年、第9章）の記載と重なるところがある。
＊2 Weber, A., *Über den Standort der Industrien,* Verlag von J. C. B. Mohr, 1922.［ウェーバー『工業立地論』篠原泰三訳、大明堂、1989年］
＊3 Marshall, A., *op.cit.*
＊4 Lösch, A*., Die räumliche Ordunung der Wirtschaft,* 1962［レッシュ『レッシュ経済立地論』篠原泰三訳、農政調査委員会、1968年］; Hoover, E.M., *Location Theory and the Shoe and Leather Industries,* 1937［フーバー『経済立地論』西岡久雄訳、大明堂、1968年］.
＊5 渡辺幸男・小川正博・黒瀬直宏・向山雅夫『21世紀中小企業論』有斐閣、2001年。
＊6 関満博氏らが強調してきた「基盤的技術」の集積の意義と技術的機能連関強化志向の地域工業集積活性化の産業政策提言は、もちろん一面では日本各地に「生き残ってきた」機械金属工業などの集積地のそれぞれの競争力の源を示すものではあるが、これをすべての産業地域に求めても、「市場経済」下には解決の道は見いだしがたいだろう。関満博『フルセット型産業構造を超えて』（中央公論社、1993年）、同『空洞化を超えて』（日本経済新聞社、1996年）。
＊7 三菱総合研究所『平成16年度地域産業集積活性化施策に関する調査報告書（中小企業庁委託調査事業）』、2005年。平成15年度までに施策事業の終了した97地域中、工業出荷額の実績値が目標を上回ったのは8％しかない。
＊8 Porter, M., *On Competition,* Harvard University Press, 1998.［ポーター『競争戦略論　Ⅰ・Ⅱ』竹内弘高訳、ダイヤモンド社、1999年］

＊9　M. ストーパーらは、ポーター流のクラスター論に対し、欧州で活発な地域と産業メカニズムをめぐる諸論を整理し、相互信頼と産業的気風を重視する「産地」派（アシュハイムら）、企業間取引費用や柔軟な専門労働市場を重視する「カリフォルニア学派」（スコットら）、知識習得過程の地域固着性を重視する「北欧学派」（ルンドボールやジョンソンら）を対置分類している。European Commission, *European Observatory for SMEs 7th Report, No.3*, 2002.［中小企業総合研究機構編訳『ヨーロッパ中小企業白書　2002年版』同友館、2003年］

＊10　ここで注意すべきは、世界的に用語の混乱が見られるという事実である。我が国では本来経済地理学等の用語である「集積」の語が広く知られるところとなり、「地域産業集積活性化法」のように、法律や行政の用語にもなっている。「商業集積」といった、欧米にはない概念さえ普及している。この「産業集積」の語は英語では「industrial agglomeration」に該当するはずである。しかし多くの国々ではこの言葉は一般的ではなく、マーシャル的な「industrial district」のように用いられることはなかった。そもそも地域「産業集積」という存在自体への関心が薄かったとも言えよう。しかし、ポーターの「クラスター」の概念が一挙に広がるにつれ、むしろ「集積」自体を指すようなかたちで、「industrial cluster」という表現が普及するようになり、そうした用語法が欧米のみならず東アジア諸国などでも広く見られるのが現状である。そして皮肉にも、「cluster」という語は語源的に「agglomeration」にほぼ同義なのである。*Oxford English Dictionary* で見ると、agglomerationとは「一つの塊（ball）にすること、大きな塊（round mass）になるように、機械的に一つにすること（cluster/ heap together）、塊に集めること」という意味を持つと位置づけられる。clusterには葡萄のような「房」のニュアンスがつよくあるし、また自然科学や電子工学などでの重要概念の一つとして定着もしているが、これとagglomerationの意味とは、産業と地域との関係を示す限りではそう遠くはない。表10-2。

＊11　Piore & Sabel, *op.cit.*

＊12　「産業地域」は産業の地域的集中にもとづく外部経済原理によってマーシャルの示した概念であるが、以来これに対する欧米の研究での関心が高かったとは言えない。富沢木実「産業集積論に欠けている十分条件」（『道都大学紀要』第1号、2002年）、参照。

＊13　Polanyi, M., *The Tacit Dimension, Routledge,* Kegan and Paul, 1966.［ポランニー『暗黙知の次元』佐藤敬三訳、紀伊国屋書店、1980年］

＊14　野中郁次郎・竹内弘高『知識創造企業』東洋経済新報社、1996年。

＊15　Audretsch, D. & Feldman, M., 'Knowledge spillovers and the geography of innovation and production', *American Economic Review*, Vol. 86 No.3, 1996.

＊16　Lundvall, B., 'Innovation as an interactive process' in Dosi, G., et al. (eds.) *Technical Change and Economic Theory*, Pinter, 1998; Malmberg, A. & Maskell, P., 'Towards an explanation of regional specialization and industry agglomeration',

European Planning Studies, No.5, 1997.
* 17 Markusen, A., 'Sticky places in slippery space', *Economic Geography*, Vol.72 No.3, 1996.
* 18 「暗黙知」や知の創造の考え方と技術、技能、熟練の論理とは、戸坂潤の「技術の主観的契機」における物質的技術と観念的技術の区別と共通するものがあるとする主張もある。北村洋基『情報資本主義論』(大月書店、2003年)、久野国夫「第二の技術革命」(久野編『産業と労働のニューストーリー』法律文化社、2004年)。
* 19 Saxenian, A., *Regional Advantage*, Harvard University Press, 1994. [サクセニアン『現代の二都物語』大前研一訳、講談社、1995年]
* 20 Florida, R., 'Towards the learning region', (*Future*, Vol.27, No.5, 1995).
* 21 Saxenian, A., *Silicon Valley's new emigrant entrepreneurs*, Public Policy Institute of California, 1999; Florida, R., *The Rise of the Creative Class*. [邦訳『クリエイティブ資本論』井口典夫訳、ダイヤモンド社、2008年]
* 22 Camagni, R. (ed.) *Innovation Networks*, Belhaven Press, 1991.
* 23 これはP. Aydalotをリーダーとする「欧州イノベーティブミリュウ研究グループ(GREMI)」による研究に発する。
* 24 こうした議論と、フランスにおいては政策的対象でもあるSPL地域生産システム概念との接点はあり得るだろう。山口隆之、前掲書、第8章。
* 25 Keeble, D. & Wilkinson, F., 'Collective learning and knowledge development in the evolution of high technology SMEs in Europe', *Regional Studies* Vol.33 No.4, 1999 ; Keeble & Wilkinson (eds.) *High-technology Clusters, Networking and Collective Learning in Europe*, Ashgate, 2000.
* 26 Asheim, B.T. & et. al. (eds.) *Regional Innovation Policy for Small-Medium Enterprises*, Edward Elgar, 2003.
* 27 Storper, M., 'The resurgence of regional economies', *European Urban and Regional Studies,* No.2, 1995.
* 28 Granovetter, M., 'The strength of the weak ties', *American Journal of Sociology*, No.78, 1973.
* 29 Putnam, R. *Making Democracy Work*, Princeton University Press, 1993. [パットナム『哲学する民主主義』河田潤一訳、NTT出版、2001年]
* 30 Taylor, M. & Leonard, S. (eds.) *Embedded Enterprise and Social Capital*, Ashgate, 2002. なお、「ソーシャル・キャピタル」の語は「資本」一般や「社会資本」という従来の用語と混同されやすいということで、「社会関係資本」などと訳すひとも少なくない。
* 31 Langlois, R. & Robertson, P., *op.cit.* [邦訳『企業制度の理論』]
* 32 Camagni, 'The Concept of Innovative Milieu and its Relevance for Public Policies in European Lagging Regions' *Papers of Regional Science,* Vol. 74 No.4,

1995. また OECD のレポートでは、市場取引関係に対するネットワークの効率性は相対的に確認されるものであり、また付加価値生産的なシステムでは取引費用ゆえにハイエラーキな組織が適合するとしても、イノベーションにおいてはその必要な資源や知識が確定していないことゆえにネットワーク的システムの方が適合的である、そして調整費用（coordination cost）や不確実性を高める経済社会を前提とすれば、ネットワークのイノベーション性が広く確認されるとしている。Hämäläinen, T. & Schienstock, G., 'The competitive advantage of networks in economic organization', in OECD (ed.) *Innovative Networks Co-operation in National Innovation Systems,* OECD, 2001.

＊33　プロダクトイノベーションとプロセスイノベーションを区別するアッターバックの説、漸進的イノベーションと破壊的イノベーションをあげ、大企業が後者を回避しようとして変化に対応できなくなるとするクリステンセンの「イノベーションのジレンマ」説、イノベーションの過程は単線的なリニアな過程ではないとするクラインとローゼンベルグの知識ストックと「鎖状連結」モデルなどが想起できる。Utterback, J., *Mastering the Dynamics of Innovation,* HBS Press, 1996［アッターバック『イノベーション・ダイナミックス』大津・小川監訳、有斐閣、1998 年］; Christensen, C., *The Innovators' Dilemma,* 2nd. ed., HBS Press, 2000［クリステンセン『イノベーションのジレンマ　改訂版』玉田・伊豆原訳、翔泳社、2001 年］; Kline, S. & Rosenberg, N., 'An overview of innovation', in Landau, L. & Rosenberg (eds.) *The Positive Sum Strategy,* National Academic Press, 1986.

＊34　Malmberg, A. & Maskell, P., 'Towards an explanation of regional specialization and industry agglomeration', *European Planning Studies,* No.5, 1997; Maskell, 'Regional Policies: Promoting competitiveness in the wake of globalisation', in Felsenstein, D. & Taylor, M. (eds.), *Promoting Local Growth,* Ashgate, 2001.

＊35　Enright, M., 'Regional clusters', in Bröcker, J., Dohse, D. & Soltwedel, R. (eds.) *Innovation Clusters and Interregional Competition,* Springer, 2003; 高橋美樹「イノベーションと創業支援策」（『国民生活金融公庫調査季報』第 52 号、2000 年）。

＊36　Storper, 'The limits to globalization', *Economic Geography,* Vol.68 No.1, 1992; Braczyk, H.I., Cooke, P. & Heindenreich, M. (eds.) *Regional Innovation Systems,* UCL Press, 1998.

＊37　Braczyk, Cooke & Heindenreich (eds.) *Regional Innovation Systems second edition,* Routledge, 2004.

＊38　Acs, Z. J. (ed.) *Regional Innovation, Knowledge and Global Change,* Thompson, 2000.

＊39　OECD での議論にあっては、国家的イノベーションシステムを補完するものとしての位置づけで、地域イノベーションを見る傾向がつよい。「国家イノベーションシステムのドライバーとしてのイノベーティブクラスター」なのである。OECD (ed.)

付 注

Innovative Clusters Drivers of National Innovation Systems, OECD, 2001.
* 40　コークはさらに、理念としての RIS 地域イノベーションシステムと現実との乖離を指摘し、ガバナンスとしてのグラスルーツ RIS、ネットワーク RIS、「管理された」(dirigiste) RIS、という三区分を挙げ、またビジネスイノベーションとしての「地域主義的」(localist) RIS、「双方向的」RIS、「グローバル化された」RIS という三区分をあげる（Braczyk, Cooke & Heindenreich *op.cit*. 2004; p.3-5）。言いかえれば、実は地域イノベーションシステムというものを一義的に性格づけることが困難であるということになろう。
* 41　長山宗広「地域産業活性化に関する諸理論の整理と再構築」『信金中金月報』第 4 巻 10 号、2005 年。
* 42　Audretsch, 'Globarization, innovation and the strategic management of places', in Bröcker, J. et al. (eds.) *Innovation Clusters and Interregional Competition*, Springer, 2003.
* 43　こうした議論の系譜と位置づけについては、三井逸友「『都市型産業論』と大都市小零細工業」(佐藤芳雄編『巨大都市の零細工業』日本経済評論社、所収、1981 年)、参照。
* 44　社団法人中小企業研究センター編『中小企業の産学連携とその課題』、2006 年。
* 45　Acs, *op.cit*.; Audretsch, *SMEs and the Emergence of the Entrepreneurial Society*, 2006（日本中小企業学会第 26 回大会基調講演）.
* 46　アームストロングの指摘では、EU 地域政策の根拠として「利害関係」論（他の加盟国の地域問題緩和から利益を得られる）、「財政トランスファー」論（地域間格差に対する）、「政策調整」論、「経済統合の地域的影響是正」論、「EU の他の諸施策の影響緩和」論、「経済統合推進」論など、微妙に異なる見解があるという。辻悟一『EU の地域政策』(世界思想社、2003 年)、による。
* 47　ERDF 地域開発基金は 1972 年パリ首脳会議での提案（アイルランド、イタリアなどの要求）に発し、1973 年に EC 委員会案が出され、1975 年から実施されるようになった。第一段階の ERDF としては、1975～77 年の間に 8 億 5600 万 EUA が拠出され、主な対象事業として工業・手工業・サービスのプロジェクトへの投資、工業・手工業・サービスの開発につながるインフラプロジェクト、山地高地の農業地域、条件の劣る農業地域でのインフラプロジェクトなどに向けられた（EUA は ECU 使用以前の通貨単位・フランス語では UC）。辻、前掲書による。
* 48　2000 年からは構造政策の対象地域は、Objective 1 低開発地域（一人あたり GDP が、EU 平均の 75% 以下の regions) の開発および構造調整、Objective 2 構造的諸問題に直面する地域（areas) の経済的社会的転換、Objective 3 教育・訓練、雇用に関する国の政策および制度の改造並びに近代化、の 3 課題に統合された。
* 49　2007-2013 Regulation (EC) No 1080/2006 .
* 50　EU 政策における地域政策・産業政策・（中小）企業政策の関連の深まりについて

は、本書第Ⅲ部。EU の地域政策と中小企業の関係の深さについて詳しくは、三浦敏「EU の地域開発と中小企業」(1)(2)(『商工金融』第51巻10号・11号、2001年)。
* 51 もちろん地域イノベーション戦略と地域イノベーションシステムは同義ではない。しかし後述のように、前者は後者の形成と効果の発揮のための戦略的・政策的アプローチと見なされているのである。
* 52 93年の改革に関して詳しくは、辻、前掲書。
* 53 RIS に先行して、ウェールズ、リンブルフ、ロレーヌなど8ヵ所での RTP 地域技術計画が1994年に実施されている。*Newsletter*, 09-97, 1997.
* 54 DG Regional Policy European Commission, *Regional Innovation Strategies under the European Regional Development Fund Innovative Actions 2000-2002*, 2002. RIS+ は正確には Regional Innovation Strategy implementation phase のことで、RIS の立案をさらに進め、実施段階を支援する施策となるが、すべての RIS が RIS+ に移行したわけではない。現在は RIS 立案への EU 構造基金からの支援は基本的に終了している。
* 55 European Commission, *Pilot Projects in the Area of Innovation Promotion*, 2000.
* 56 DG Regional Policy European Commission, *op.cit.*
* 57 European Commission, *The regions and the new economy — Guidelines for innovative actions under the ERDF in 2000-2006*, 2001 (COM/2001/0060 final).
* 58 European Commission, *European Observatory for SMEs 7th Report*, 2002 [中小企業総合研究機構訳編『ヨーロッパ中小企業白書 2002』同友館、2003年、p.178-179]。
* 59 前記のように、「クラスター」の語が多くの国々でいまや「集積」自体を示すように用いられるのに対し、我が国では「産業クラスター戦略」のようなかたちで、クラスターは「政策的に推進すべき」目標と位置づけられた。しかし、「クラスター」概念を世界的に普及させたポーター自身がいわゆる「産業政策」には否定的であるのに加え、欧州などでは、地域クラスターと地域イノベーションネットワークと地域イノベーションシステムの3種を区別し、クラスターは「相互に関連した企業の地理的集中の状態」と位置づけ、これに対し大学、研究機関や諸団体、仲介機関、行政等が参加して新事業の展開や新産業創造を図ろうとする戦略的政策的なとりくみを、「地域イノベーション戦略」と位置づけた。European Commission, *European Observatory for SMEs 7th Report, No.3*, p.50 [邦訳『ヨーロッパ中小企業白書 2002』、p.109, 177-179)。したがって、わが国ですすめられている「産業クラスター戦略」や「新連携」の概念・すすめ方は従来むしろこれに近いとも見ることができる。そのため、いささかの混乱が生じていることも否定できない。

もちろん、欧州はじめ各国や各地域で「クラスターに対する政策」が広く行われているのも事実であるが、従来からこれらはかなり我が国の「集積活性化」の発想に近かった（同上、邦訳、p.172-176)。たとえば英国ウエストミッドランズでの地域

「経済戦略」では、「クラスター」と「ハイテク」は戦略目標・対象としても区別され、前者には自動車産業、建設業、食料品業、レジャー産業などまでが含まれている。
　そののち、後述のようにEU「クラスター政策」が浮上してきたので、ことはますます複雑になった。
＊60　寺岡寛「フィンランドの地域経済とイノベーション」『中京大学中小企業研究』第24号、2002年。
＊61　中小企業総合事業団調査・国際部編、前掲書、同、『創業支援におけるNPOの役割と活動の実態について ── EUと日本の事例調査を中心として』(中小企業総合事業団、2004年)。
＊62　三井、前掲『地域インキュベーションと産業集積・企業間連携』。
＊63　Hall, S., *SMEs and local revival: A case study of the jewellery and automotive sectors in the English West Midlands,* 2008（日本中小企業学会第28回大会国際交流セッション発表)。
＊64　以下の記述は、筆者のアイルランド現地への訪問調査(1999年1月、2006年9月、2009年9月)および、筆者の参加した2002年11月の中小企業事業団「EUにおける地域振興と中小企業」現地調査にもとづくものである。最後のものは、中小企業事業団、前掲『EUにおける地域振興と中小企業』、として公表されている。これらの調査に際しては、関東学院大学社会連携プロジェクトの援助(2006年／09年)、またリムリック大学大学院博士課程(当時)の及川知子氏の多大の協力も得た。記して感謝の意を示したい。
＊65　1916年のダブリン・イースター蜂起を契機とした独立戦争を経て、1922年条約により自治領としてのアイルランド国が成立したが、これには多くの制約があった上に、北部アルスター6県は英国残留を望む住民が多数であるとして南部から切り離され、連合王国北アイルランド地方に留め置かれた。以来、アイルランドは共和国として完全独立の地位を獲得していく(1949年)一方、北アイルランドをめぐっては今日まで多くの犠牲を出した抗争の歴史が刻まれている。北アイルランド議会および自治政府の再開を含む98年のグッドフライデイ協定で、英国、アイルランド両政府および北アイルランドの各政治勢力間での妥協がなされ、和平機運が開かれたものの、その後も多くの曲折を経ており、未だ将来のあり方は確定していない。英国もアイルランド共和国もEUの一員である今日、こうした未解決の領土・政体問題を抱えているのは欧州の複雑な歴史を示す典型例でもある。しかし、経済面においては英国、アイルランドの一体性はむしろ顕著であり、我が国などでしばしば聞かれる誤解とは異なり、政治対立や武力抗争の不安がアイルランド島での経済活動に影響を及ぼすところはない。むしろ北アイルランドは英国政府の政策で、多くの補助金や投資誘致・事業支援を受けており、南北間の経済的人的関係は非常に深いものになっている。他方また、アイルランド共和国政府は経済的グローバル化・欧州化を最大限生かすかたわら、近年はゲール語の公用語化・義務化を進める(EUの第23番目の公用語に指定

など、文化的ナショナリズムを強めていることは興味深い。
* 66 アメリカ合衆国民のうちのアイルランド系は 3000 万人以上に及ぶとされている。
* 67 アイルランドの行政自治単位としては、29 の県（county）と 5 つの特別市（city）がある。その下には 80 の町（town）がある。またこれらの県や特別市をまとめて、1991 年地方自治法により 8 つの「地方」（region）が 1994 年に置かれており、行政機構をもっている。さらに 1999 年には、EU 援助地域指定の変更を見越して、全土を二つに分け、「ボーダー・中部・西部地方」と「南東地方」の二つの集合地方（regional assembles）を置いた。これと下記の「シャノン地域」という設定は、必ずしも一致していない。
* 68 シャノンデベロップメントは欧州における RDA 地方開発庁の先駆的な存在とされている。
* 69 Shannon Development 資料による。
* 70 IDA 資料による。
* 71 Shannon Development 資料による。
* 72 1991 年地方自治法による 8 つの地方の一つが中西部地方である。上記のように、これとシャノン地域は一致していない。南オファリーと北ケリーは中西部地方に含まれない。
* 73 Middle West Regional Authority 資料によると、2000 年現在で政府援助を得ている企業のうち、アイルランド系企業の従業者数は 11,428 人、外資系企業の従業者数は 21,699 人となり、外資系の占める役割は大きく、後者は 1993 年からの 7 年間で 56.9％増加している。
* 74 EU 構造基金における Objective 1 対象地域の地位については、「ボーダー・中部・西部地方」に対しては 2006 年一杯まで継続、ダブリンを含む「南東地方」に対しては 2005 年末までで打ちきりと位置づけられた。シャノン地域は後者に属する。
* 75 ダブリンの国際金融センター化は、世界からの投機的資金の流入を含め、不動産投資などを広げ、バブル状況を招く一つの契機であったことも否定はできない。
* 76 *Regional Innovation Strategy for Shannon Region*, 1998.
* 77 Shannon Development, *Annual Report 2001*, 2001、による。
* 78 同センターはのちにイノベーションセンターリムリックに改称した。
* 79 2006 年 9 月、2009 年 9 月の訪問調査による。
* 80 詳しくは、本書第Ⅲ部。
* 81 European Commission, *The Guide of the European Business and Innovation Centres*, 2001.
* 82 イェーテボリ会議での Elzbieta Ksiazek 氏（IRE 書記）、Alberto Licciardello 氏（企業産業総局）らの資料による。
* 83 Commission of the European Communities, *Communication from the Commission: The concept of clusters and cluster policies and their role for competitiveness*

付　注

　　　and innovation: Main statistical results and lessons learned, 2008（SEC（2008）2637）.
* 84　do ──, *Communication from the Commission: Towards World-class Clusters in the European Union*, 2008（COM（2008）652）.
* 85　COM（2008）652, p.2.
* 86　*op cit.*, p.4.
* 87　欧州 INNOVA は、FP6 のもとで 2006 年に欧州委員会により設置されたイノベーション専門機関のイニシアチブであり、企業・産業総局の所轄下、特定部門のイノベーション促進を意図している。具体的には、産業別のイノベーション状況把握、クラスターマッピング作成、クラスターネットワーク、金融ネットワーク、規格ネットワークの推進、イノベーションパネル、イノベーションマネジメントなどの普及を図っている。2009 年からは CIP のもとで、クラスターの国際連携、知識集約サービス、エコイノベーションという 3 つの目標を重点化した。他方では EEN とともに、公民連携を用いながらの中小企業支援の役割もある。このように INNOVA の存在が前面に出るとともに、あらためて中小企業政策とのかかわりが深まっているとも言える。
* 88　厳密に言えば、OECD や EU の諸施策にあってはポーターの直接の影響よりも、M.J. エンライトや P. コークの記述の方が影響を示していた。クラスターの範囲や個別性確認の困難、一方でのクラスター政策のありようの多義性があるため、リンク性・相互依存性や生産的ネットワークの性格に重きを置いた位置づけをしている。OECD, *Boosting Innovation: The Cluster Approach*, 1999, European Commission, *European Observatory for SMEs 7th Report*［前掲『ヨーロッパ中小企業白書　2002』］等。

　　　また、SEC（2008）2637 では「クラスター政策」の論拠として、Marshall、Becattini の「産地」論、Porter「クラスター」論、また Audretsch & Feldman や Florida「研究成果の地域スピルオーバー」論、Krugman「空間経済学」、Chesbrough「オープンイノベーション」論などをあげるが、元来の「地域イノベーションシステム」論への言及はみられない。その意味、地理的近接の視点を別として、OECD のスタンスに近く、またコークらの議論への距離も感じさせる。さらには RIS の展開、ERDF および「経済変革の地域」イニシアチブ（2006）などによる積極支援の成果に言及しながら、「結束政策」下では、先進地域の経験を他の地域に広めていく「欧州地域間協力」（European Territorial Cooperation 2007-2013）に展開してきていると記述している。
* 89　European Commission, *European Observatory for SMEs 7th Report*.［前掲『ヨーロッパ中小企業白書　2002』、p.108–109］
* 90　DG Regional Policy / DG Enterprise, *The Guide for RIS/RITTS, Practical Guide to Regional Innovation Actions*.
* 91　European Commission, *European Observatory for SMEs 7th Report*.［前掲『ヨー

403

ロッパ中小企業白書　2002』、p.139］

第11章
＊1　本章は、三井逸友「環境問題と中小企業——その今日的課題と実践の意義」(『商工金融』第53巻1号、2003年)、および三井逸友・堀潔「中小企業の社会的責任と社会的企業の課題——企業の社会的責任と中小企業経営(3)」(『商工金融』第58巻8号、2008年)のうち、三井担当執筆部分を中心に加筆修正したものである。
＊2　以下、邦訳・金丸輝男編『EUアムステルダム条約』(ジェトロ、2000年)、による。
＊3　この記載は、1993年のマーストリヒト条約による欧州共同体設立条約第XVI編第130r条のものと同じである。金丸輝男編『EUとは何か　欧州同盟の解説と条約』(ジェトロ、1994年)。マーストリヒト条約以前にあっては、欧州共同体自身の主な目的は経済的課題に限定されており、設立条約の同じ第130r条では、「地域的、世界的な環境問題対処」の項目は入っていなかった。
＊4　この戦略にあっては、「持続可能な発展」はブルントラント報告をもとに、「未来の世代のニーズを犠牲にすることなく、今日のニーズを満たすこと」と位置づけられ、気候変化、公衆衛生への潜在的脅威、一連の重要な天然資源への圧力、貧困と社会的排除(social exclusion)、高齢化社会、密集化と汚染といった今日の各課題に対処することを求めている。European Commission, *Consultation Paper for the Presentation of a European Union Strategy for Sustainable Development,* 2001 ; *Presidency Conclusions Goeteborg European Council,* 2001.
＊5　European Commission, *On the Sixth Environment Action Programme of the European Community 'Environment 2010: Our Future, Our Choice',* 2001 (COM (2001) 31 final).
＊6　東京商工会議所『「企業の社会的責任(CSR)」についてのアンケート調査結果概要』(2005年)、内田勝敏・清水貞俊編著『EU経済論』(ミネルヴァ書房、2001年)、並びに欧州委員会webサイト(http://europa.eu.int/comm/environment/emas/)による。
＊7　ENSR, *European Observatory for SMEs 3rd Anuunal Report,* 1995, p.182-184.この「第三次白書」の邦訳は刊行されていないが、抄訳が中小企業国際連盟日本協議会『中小企業国際連盟1995年春季会議　IACME』(1995年)として出されている。
＊8　同白書の邦訳版は、三井逸友編・監訳『欧州中小企業白書　1996年版』(ジェトロ、1997年)。
＊9　ENSR, *European Observatory for SMEs 5th Anuunal Report,* 1997.［邦訳　中小企業総合研究機構訳編『ヨーロッパ中小企業白書　1997』同友館、1998年、第11章、14章］
＊10　European Commission, *European Observatory for SMEs 6th Anuunal Report,* 2000.［邦訳　中小企業総合研究機構訳編『ヨーロッパ中小企業白書　2000』同友館、

2001 年］
* 11　European Commission, *Observatory of European SMEs 2002/No 4 European SMEs and social and environmental responsibility,* 2002.
* 12　三井、前掲「21 世紀を迎える EU 中小企業政策の新段階」、p.66。
* 13　DG Enterprise/E.1, *Mission Statement,* 2001; DG Enterprise, *Sustainable Development and Enterprise Policy,* 2002.
* 14　この BAT の適用実施状況を業種別に研究した報告によると、紙パルプ産業などでは中小企業が COD、BOD 改善などに要する投資の負担が過大であると不満を述べている。また中小企業は産業団体での発言力が乏しい。ただし非鉄金属産業などでは、環境対応技術の応用状況に規模上の違いはなく、その柔軟性を生かして改善を実施しやすいという。もっともこの場合も必要な投資の問題は残る。European Commission, *The Impact of Best Available Techniques（BAT）on the Competitiveness of European Industry,* 2001（Report EUR 20133 EN）．
* 15　「responsible entrepreneurship」の考え方は国連によってすすめられているもので、持続可能な発展追求への企業の役割を認め、環境保護や社会的責任推進とともに経済成長と競争力強化を図る概念であるという。Commission of the European Communities, *Promoting core Labour Standards and Improving Social governance in the context of globalisation,* 2001（COM（2001）416）．
* 16　東京商工会議所、前掲書。筆者はこの検討委員会の一員であった。
* 17　「トリプルボトムライン」の考え方は、英国 SustainAbility 社の A.Henrique 氏から唱えられたとされる。
* 18　GRI は米国の NPO である CERES と国連環境計画の合同事業として、「持続可能な発展」とグローバルガバナンスの発揮のために 1997 年に発足した NPO である。GRI の求める CSR 報告書の内容については、GRI 日本フォーラム事務局『GRI サステイナビリティリポーティングガイドライン　2002』（GRI 日本フォーラム事務局、2002 年）、参照。
* 19　以下は、東京商工会議所の資料ならびに、財団法人日本規格協会資料、ISO, *ISO and Social Responsibility,* 2006、さらに ISO の web サイトに依る。
* 20　Commission of the European Communities, *Corporate social responsibility: a corporate contribution to sustainable development,* 2002（COM（2002）347）．
* 21　Commission of the European Communities, *Communication on Promoting Core Labour Standards and Improving Social Governance in the Context of Globalisation,* 2001（COM（2001）416），p.6.
* 22　関連して、2002 年版の『ヨーロッパ中小企業白書』（*Observatory of European SMEs 2002*）も「欧州中小企業と社会的・環境的責任」に一章をあて、中小企業の経営面・環境寄与面・社会貢献面という各側面から検討を加え、中小企業の経営倫理の意識的追求を求めている。

＊23 Enterprise DG European Commission, *Responsible Entrepreneurship*, 2003.
＊24 EUROCHAMBRES (Association of European Chambers of Commerce and Industry) 欧州商工会議所協会は、欧州各国で歴史の古い商工会議所の連合体で、44ヵ国、約2000会議所から構成され、公称会員約1800万社である。欧州の国によっては、企業は地域の商工会議所に加入することが義務づけられているので、その発言力や財政力は強い。
＊25 Eurochambres, *Eurochambres' Position at the European Multistakeholder Forum on CSR*, 2003. ユーロチェンバースの基本的スタンスは、以下のようである。1. 企業の社会的責任（CSR）は自発的かつ企業によって推進されるように維持されなければならない。2. 報告は個別（の企業）ベースでなされるべきであり、（企業を特定の報告ルールを遵守するように制約しない）自発的な取り組みが維持されなければならない。3. 中小企業（SMEs）が大企業から学ぶことができることがあるものの、中小企業はCSRを行う独自の方法を探究するべきである。4. CSRについての経験と好事例の交換は続けられるべきである。5. 持続的成長の取り組みと競争力（強化）政策の間の適正なバランスが保証されなければならない。
＊26 European Multistakeholder Forum on CSR, *Report of the Round Table on 'Fostering CSR among SMEs'*, 2004.
＊27 21世紀を迎えてのEU中小企業政策の動向については、本書、第Ⅱ部参照。
＊28 1980年代、90年代を通じて示されてきた、EUにおける中小企業と中小企業政策の「社会性」は、a.「雇用機会確保」、b. 協同組合・非営利組織までを含む政策の幅、c.「社会的結束」との深い関わり、d.「創業」および「企業家精神」自体の持つ社会性・文化性、e. 事業の果たす地域的文化的社会的使命と貢献、f. 企業の社会的責任と環境問題への対応、g. 国際協力という7点に整理することができる。本書、第8章。
＊29 2003年の「企業家精神グリーンペーパー」では、企業家精神が社会的利益とも合致していると位置づけている。*Green Paper — "Entrepreneurship in Europe"*, (COM (2003) 27).
＊30 「リスボン戦略」の見直し作業が2005年に行われ、2005年から2008年にかけてはリスボン戦略の「サイクル」、さらに2008年からは「改訂リスボン戦略の新サイクル」が実施されるという事態になった。「改訂リスボン戦略」には、人材と教育・雇用問題（柔軟性と安定性を両立させる'flexicurity'の考え方を含む）、各国間・各政策間の連携問題、「知識移動の自由」問題、イノベーションのいっそうの促進、中小企業のための政策強化、エネルギー消費削減、教育・研究・イノベーション間の関係強化が取り入れられている。また企業政策に関しては、この見直しに即するかたちで設定された「競争力とイノベーションのための枠組み計画（CIP）」の主要構成部分としてのEIPという位置づけになった。Commission of the European Communities, *Strategic report on the renewed Lisbon strategy for growth and jobs:*

付 注

　　　launching the new cycle (2008-2010), 2007 (COM（2007）803).
* 31　EIP に即しながら 2007 年から実施されている EU「『包括的』・今日的中小企業政策」では、行政負担軽減、市場アクセス改善、企業家精神推進、持続可能なかたちでの中小企業の成長ポテンシャルの改善、中小企業関係ステークホルダーとのコミュニケーションと協議の推進が柱である。Commission of the European Communities, *Small and medium-sized enterprises Key for delivering more growth and jobs - A mid-term review of Modern SME policy*, 2007 (COM（2007）592).
* 32　Commission of the European Communities, *"Think Small First" A "Small Business Act" for Europe*, 2008 (COM（2008）394), pp.15-16.
* 33　JETRO ブリュッセルセンター「EU の CSR 政策とベルギーでの取り組み」『ユーロ・トレンド』2005 年 7 月号、2005 年。
* 34　専門家グループには、加盟各国の政府関係省庁職員、企業家団体・経済団体関係者支援機関（英国 BiC、フランス ORSE など）関係者が入り、さらにオブザーバーとして、欧州協同組合、ユーロチェンバース、ETUC 欧州労働組合連盟、UEAPME 欧州クラフト・中小企業同盟、UNICE 欧州産業連盟、CSR ヨーロッパといった団体関係者も参加している。
* 35　MAP project 2.1/2005 - Expert Group "Mainstreaming CSR among SMEs", Report of 2nd Meeting, 18 January 2006.
* 36　Business in the Community AccountAbility & Yorkshire Forward, *Measuring Responsible Competitiveness: A regional index for Yorkshire and Humber*, 2005; MacGillivray, A. & Mackie, D., *Measuring Responsible Competitiveness*, 2005、および David Grayson 氏作成の資料による。
* 37　ここには明らかに、近年の「ソーシャルキャピタル論」「クラスター論」「学習地域論」などの影響を見ることもできよう。
* 38　三井、前掲『EU 欧州連合と中小企業政策』。
* 39　藤井敏彦氏は、欧州において CSR の普遍的理念があったというよりも、70 年代以降の経済不振のもとでの雇用失業問題の深刻化、至上命題としての企業の雇用機会確保と安定化の要請がその原点であると指摘し、このことに注目しない CSR 論は非現実的であるとしている。もちろんそれとともに、欧州での環境問題への強い関心も背景にあることは見落とせないだろう。藤井敏彦『ヨーロッパの CSR と日本の CSR』(日科技連出版社、2005 年)。
* 40　東京商工会議所はこうした見地を共通の規範とするため、「企業行動規範」を 2002 年に作成、さらにその改訂版を 2007 年に出している。ここでは、法令の遵守、社会とのコミュニケーションの促進、地域との共存、環境保全への寄与、顧客の信頼性の獲得、取引先との信頼関係の確立、従業員の自己実現への環境づくり、出資者・資金提供者の理解と支持、政治・行政との健全な関係、反社会的勢力への対処という 10 項目が掲げられている。筆者もこの作成作業に加わった。東京商工会議所『企業

407

行動規範（第二版）』(2007 年)。
* 41　従業員にとっての「快適企業」の根本は、単に処遇などよりも「風通しのよい」、円滑なコミュニケーション機会の定着したかたちにあるとする調査結果があった。中小企業研究センター『中小企業における快適企業のあり方に関する研究』(1993 年)。
* 42　小玉・中村・都留・平川編『欧米のホームレス問題〈上〉実態と政策』(法律文化社、2003 年)、Bhalla, A.S. & Lapeyre, F., *Poverty and Exclusion in a Global World*, 2nd edition, 2004.［バラ・ラペール『グローバル化と社会的排除——貧困と社会問題への新しいアプローチ』福原・中村訳、昭和堂、2005 年］

第12章
* 1　本章は、三井逸友「中小企業政策における政策評価——EU での経験から」（『会計検査研究』第 26 号、2002 年）、を加筆修正したものである。
* 2　中小企業政策審議会『中小企業政策審議会中間答申』、1999 年、p.37。
* 3　2009 年民主党連立政権のもとではじまった「事業仕分け」は、従来は財務省内で行われていた省庁間「査定」を公開のものにしたという意味はあるにせよ、数値目標第一でさえもなく、一部の人間たちの主観的な判断をマスコミの支援で正当化・広報するという、非常に問題ある手法であるとせねばならない。ましてや内閣が決定した施策も容易に「仕分け」の場で覆されるとなれば、いったいどのような観点でそうした「意思決定」がなされるのか、責任も、戦略も展望も見えてはこない。
* 4　2010 年の「中小企業憲章」制定の過程にも見られるように、「パブリックコメント」を経ることで、研究会や審議会の議論にとどまらず、幅広く国民の意見を求め、それを取り込むことも通常の手続きとなってきた。この「憲章」策定では 200 件近いコメントのほとんどに対し、中小企業庁としての扱いないし回答を用意し、これを公表している。
* 5　三井、前掲『現代経済と中小企業』（第 4 章）で、これを詳しく紹介している。
* 6　EAS 並びにこれにもとづく開業の実態や問題について詳しくは、三井、前掲書、並びに、三井、前掲「英国における『中小企業政策』と『新規開業促進政策』」、参照。
* 7　National Audit Office, *Department of Employment/ Training Commission: Assistance to Small Firms*, 1988.
* 8　*Employment Gazette*, No.8, Vol.92, 1984; do ——, No.8, Vol.93, 1985; do ——, No.9, Vol.94, 1986.
* 9　Allen, D., *Enterprise Allowance Scheme Evaluation*, MSC, 1986; Research Bureau Limited, *Enterprise Allowance Scheme Evaluation*, RBL, 1987.
* 10　改訂ローマ条約第 130 条。
* 11　この「第三次多年度計画」（OJ No L006, 10.01.1997）の詳細などについては、本書第 6 章を各参照。
* 12　たとえば、1988 年、1993 年に実施された、地域政策の柱である EC 構造基

金改革など。Preston, J., *European Union Policy Briefing Regional Policy*, Longman, 1994; Leonardi, R., *Convergence, Cohesion and Integration in the European Union*, St. Martin's Press, 1995; 嶋田巧「地域・労働・市民」(内田・清水編『EC経済論』ミネルヴァ書房、1993年、第8章)、参照。

＊13　European Commission, *Communication from the Commission to the European Parliament, the Council, the Economic and Social Committee and the Committee of the Regions Report on the Evaluation of the 3rd Multiannual Programme for SMEs in the European Union (1997-2000)*, 1999 (COM (99) 319).

＊14　European Union The Council, *Council Decision of 9 December 1996 on a third multiannual programme for small and medium-sized enterprises in the European Union*, 1996 (97/15/EC), p.7.

＊15　Deloitte Touche はニューヨークを本部とし、100年の歴史をもち、10万人近くを擁する世界的規模の監査法人である。

＊16　本書、第6章参照。

＊17　BEST (Business Environment Simplification Task Force) は第三次多年度計画にもとづくものであるが、このBESTの設置自体が、欧州委員会の中小企業政策の再評価の役割を担うことになった。詳しくは、後述参照。

＊18　EEIGは経済的統合促進のために、各国間にまたがる会社形態を制度化するものとして、1985年に規則が制定され、89年より実施に入ったものである。正井章筰『EC国際企業法』(中央経済社、1994年)、参照。Regie は EEIG のネットワークで、中小企業などのための情報提供を行うデータベースを活動のうちに含んでいる。Commission of the European Communities, *The EEIG: an instrument for transnational cooperation A practical handbook for SMEs 2nd edition*, 1998.

＊19　中小企業観測 SME Observatory は年次報告書を出しており、これらは前記のように『ヨーロッパ中小企業白書』として翻訳刊行されている。

＊20　CREAは革新的な小企業の創設や承継を促進するために、ECが従来から取り組んできたシードキャピタル(コンセプト事業化のためのエクイティ資金供給)ファンドを支援し、エクイティファイナンスの供給を活発化させる、また全ヨーロッパ規模のシードキャピタルファンドのネットワークづくりをはかるという目的で始められた施策プログラムである。このネットワークの原型は80年代からスタートしている。

＊21　これについては前記のように、2000年に強制力ある「指令」が採択された。

＊22　JEVは中小企業間の国境を越えた合弁事業(JV)設立を推進するために、1997年にスタートした仕組みであり、その費用を補助する施策である。

＊23　EIC ユーロインフォセンターは1986年「行動計画」により情報提供サービスのために設置された各地の機関であり、成功を収めていると従来より評価されている。これは中小企業の市場開拓やEU施策利用などについての全般的な支援機関の役割も果たしてきている。EICは総数200以上を数えたが、その後削減がはかられている。

詳しくは、本書第6章、三井、前掲『EU欧州連合と中小企業政策』、参照。

* 24 BC-Netビジネスコオペレーションネットワーク（企業間協力連携ネットワーク）は、市場統合の効果を発揮するべく、企業間の連携を推進するために1988年に設けられた大規模なデータベースとネットワーク、支援体制で、1986年「行動計画」で大きな期待が寄せられたものの、成果となる共同関係成立の実績は乏しく、予算の無駄という声が高まっていた。BRE（ビジネスコオペレーションセンター）は1973年からスタートしている機関で、企業間協力の情報提供を主とし、BC-Netスタート後は、無償・公開・直接アクセス可能の情報提供を特徴としてきた。詳しくは、三井、前掲書、参照。

* 25 本書第6章参照。

* 26 日本の「成功」の教訓から、本書第9章で指摘したように、EC・EUは一貫して大企業と中小企業の補完協力としてのsubcontracting下請取引関係の推進をすすめてきた。

* 27 NORMAPMEは、ヨーロッパ標準化委員会とヨーロッパ電気技術標準化委員会の協力で1995年に設けられた、クラフト・中小企業技術標準化ビューローである。

* 28 詳しくは、European Commission, *Activities in Favour of SMEs and the Craft Sector, 1998 edition,* 1998.

* 29 EUにおいては、商業部門での中小企業の衰退、過疎地域の住民生活の困難、取引の国際化・電子化への対応の遅れが問題とされ、さまざまな調査や議論・提言がなされてきた。1996年の「グリーンペーパー」にもとづき、2000年には「コマース2000」と称するプロジェクトが実施され、地域政策部門との協力で、主に過疎地域や低開発地域の商業問題などについての調査や対策検討が行われることになった。

* 30 Commission of the European Communities, *Proposal for a Council decision on the third Multi-annual Program for SMEs,* 1996（COM（96）98 final), p.13.

* 31 *Report of the Business Environment Simplification Task Force, Vol.1/2,* Eur-OP, 1998.

* 32 European Commission, *Commission Communication to the Council "Promoting Entrepreneurship and Competitiveness",* 1988（COM（1988）550 final).

* 33 Commission of the European Communities, *Creating an Entrepreneurial Europe The Activities of the European Union for Small and Medium-sized Enterprises,* 2001（COM（2001）98 final).

* 34 2000年の欧州委員会報告書によると、たとえば、「事業環境の改善」については、行政簡素化はじめ、企業発展に寄与するさまざまな措置がとられた。その好例は「代金支払遅延についての指令」採択であり、さらに「EU特許規制」案、「官公需法制の簡素化」などが準備中である。「中小企業を支援するプログラムと金融諸施策」では、融資や信用保証、ベンチャー投資などの整備が進んでいる。SME Facilityでは、のべ4336社が参加し、総投資額約38億ユーロで、53,789人の雇用を生み出した。

これに対し欧州委員会は約9千万ユーロの利子補給をした。EIB欧州投資銀行のグローバルローンによっては、5万9千社の中小企業が融資を受けた。EIF欧州投資基金は中小企業の信用保証に寄与し、その活動の1/3、8億7900万ユーロを振り向けている。また、EU地域政策の中心である「構造基金」に関しては、94～99年の総予算中の18%、213億ユーロが中小企業に振り向けられ、80万社が恩恵を受けている。中小企業政策と地域政策の関係はいっそう深まっているのである。「研究・技術開発プログラム」については、94～98年の間の中小企業参加数は全体の28.5%、14,754社で、前期に比べて倍増している。さらに、EU拡大と経済国際化に向けた中小企業の対応や直接投資、合弁事業支援策も進んでいることが指摘される。そして報告書は、中小企業政策がEU政策の重要な構成部分となったのと同様の努力を行うよう、加盟各国に求めている。

＊35　このほか、前記の『ヨーロッパ中小企業白書』として翻訳刊行されている、European Observatory for SMEs の各報告書も、欧州委員会の委託により、外部の調査機関（従来は、ENSR欧州中小企業研究ネットワーク、2000年の第六次報告書ではKPMGコンサルティングが主体のコンソーシアム）が独自に調査・編纂しているという立場から、かなりの頁数がEU及び加盟各国の中小企業のための政策動向の記述にとどまらず、これに対する評価、望ましい方向についての勧告といった点にも当てられている。そのため、刊行後は欧州委員会側が「反応」を示すといったやりとりさえ伴っていた。中小企業総合研究機構、前掲『ヨーロッパ中小企業白書　2000年版』、三井、前掲「『ヨーロッパ中小企業白書』とEUの中小企業政策　上」、参照。ただし、EU大幅拡大以降の近年は『白書』自体の性格も変わり、こうした評価的側面はなくなった。三井「書評　中小企業総合研究機構訳編『ヨーロッパ中小企業白書2007』（同友館）」（『政策公庫論集』第1号、2008年）、参照。

＊36　詳しくは、本書第6章。

＊37　このBEST Procedure は、上記のBEST事業環境簡素化タスクフォースと同じものではない。BESTはここでは、政策立案と実施、その評価、諸勧告、再検討のサイクルをなす方法を示すものとされている。

＊38　Commission of the European Communities, *Challenges for the Enterprise Policy in the knowledge-driven economy*, 2000 (COM (2000) 256 final/2), p.5-6.

＊39　詳しくは、本書第8章。

＊40　2010年に筆者は、欧州委員会企業産業総局の委託による「欧州中小企業の国際化」調査プロジェクトの一端を担うことになった。これは、SBA第10項の「各市場成長から中小企業が利益を得られるよう奨励支援する」の具体化、「第三国市場開拓の積極追求」に関わり、欧州連合及び各国レベルからのさまざまな支援政策がどれだけ効果を上げているのか、どのような改善が望まれるか、欧州の中小企業に対する大規模なサーベイ調査等とともに、対象国での支援機関や既進出企業などからの意見聴取や情報収集を行うもので、主対象国として、ロシア、中国、インド、ブラジル、ウ

クライナ、韓国と日本があがっている。この調査は「政策評価ではない」とされるが、元来は欧州議会からの提案によるもので、「評価」に近い性格も持っていることは否定できない。調査はオランダ EIM（中小企業・経済研究所）ビジネス・リサーチが総括受託者となり、日本での調査を横浜国立大学企業成長戦略研究センターが担当実施した。

第 V 部

第13章

＊1　本章は、三井逸友「EU 中小企業政策の展開と意義――『欧州小企業憲章』と『SBA 小企業議定書』」（『商工金融』第 60 巻 8 号、2010 年）、同「『中小企業憲章』における画期性と課題」（『しんくみ』第 57 巻 9 号、2010 年）、同「『中小企業憲章』の制定をどう理解するか」（『中小企業と組合』第 788 号、2010 年）をもとに構成したものである。

＊2　中小企業家同友会では 2002 年に愛知県同友会が欧州に視察団を派遣、欧州での「憲章」への理解を図り（『グローバル化に挑戦する中小企業の連帯　欧州中小企業政策視察団レポート』愛知県中小企業研究財団、2003 年）、これを出発点に全国協議会で「憲章」づくりを提起するようになった。筆者はこうした動きにも関わったが、「憲章」を初めて提起した中同協第 35 回福岡総会分科会では文字通り「百家争鳴」状態で、「欧州統合」にからめての「東アジア統合」の展望という提起もあったため、「わからん」「『憲章』がなんでいるのか」「欧州のまねをする必要があるのか」等々の意見が続出、その場にいた筆者もいささか当惑した記憶がある。以来 5 年以上をかけ、会員全体の理解と合意、積極的な提案を受けられるようになったものである。

＊3　中小企業家同友会がまとめた「憲章」案は、以下のような特徴と内容である。「国民の（総意の）名において」という位置づけであり、「前文」と「指針」という簡潔な構成からなり、「前文」においては、「国民的立場、豊かな国づくり、中小企業の存在と役割評価、日本経済の根幹、雇用の担い手、地域・社会・文化の発展に貢献、学び結び高めあい、ひとを育てる、経済の健全な発展・持続可能な未来と平和で安定した暮らしへの貢献、世界的な動向と国際連携、中小企業への影響を第一に考慮する総合的政策実行を」、という各表現が見られる。

　「指針」としては、(1) 多様な産業を基礎とする日本経済を築く、(2) 中小企業の声を聞く、(3) 公正な競争を確保する、(4) 地域経済を振興し、雇用を確保する、(5) 円滑な金融・公正な税制・適正な財政を築く、(6) 持続可能な社会をめざす、(7) 誰もが共に暮らし、挑戦ができる社会をつくる、(8) 仕事の誇りと向上の喜びをもつことができる環境を構築する、(9) 企業家精神を学び、創業への関心をよびおこす、(10) 伝統と文化を大切にし、国際交流を深める、の 10 項目を掲げる。

付 注

*4　民主党の「日本国中小企業憲章」案には以下のような内容がある。
　　基本理念：
　　　　中小企業が自立した形でその潜在力を発揮するためには、単に「市場原理」に放任するだけではなく、積極果敢な中小企業政策が求められている。我々は、中小企業から、世界的な技術力や革新的な企業経営などの創意工夫を引き出すとともに、公正な経済・金融環境を整備していかなければならない。
　　　　こうしたことにより、中小企業が自立し、雇用機会を提供するなどそれぞれの地域に対する社会的責任を果たし、国民からの期待に応えることが可能となる。そして、こうした取り組みを進めるためには、中小企業と地域社会との結びつきはもちろんのこと、公的機関や教育・研究機関との密接な連携も重要となってくる。
　　　　中小企業が活力を持って光り輝き、安定的で健全な国民生活が実現されるような環境を整えるため、ここに日本国中小企業憲章を定める。
　　基本原則：
　　　1）我が国経済における中小企業の重要性を認識し、新しい時代の要請に対して進取の精神を持って対応する中小企業に対して積極的な支援を行う。
　　　2）地域において雇用を生み出す中小企業の役割を評価し、中小企業と社会が一体となって能力と意欲を兼ね備えた人材の育成に努める。
　　　3）中小企業の多様性を尊重するとともに、企業家精神や創造的挑戦が広く奨励されるような社会環境の整備に努める。
　　　4）市場における公正な競争を確保しつつ、中小企業を核として「ヒト」「モノ」「カネ」「技術」の好循環が生まれるような財政面、制度面での支援体制を総合的に構築する。
　　　5）我々の取り組みの成果については随時検証を行い、中小企業の声も聞きながら継続的に改善を重ね、中小企業にとってより良い環境を創造し続ける。
　　行動指針：
　　　(1) 人材育成・職業訓練の充実
　　　(2) 公正な市場環境の整備と情報公開
　　　(3) 中小企業金融の円滑化
　　　(4) 技術力の発揮と向上
　　　(5) 中小企業の声に耳を傾ける仕組みづくり
*5　ヒアリングに出席して意見を述べたのは、以下の21人である。第2回会合：西村・さくらクレパス社長（日本商工会議所中小企業委員長）、浜田・にしとさコーポレーション社長（全国商工会連合会）、坂戸・坂戸工作所社長（全国中小企業団体中央会副会長）、鯉江・白牡丹社長、大橋・大橋製作所社長（中小企業家同友会全国協議会政策委員長）、橋本・日本フィルター社長。第3回会合：梅原・エーワン精密相談役、林・朝日建設社長、リーブレック・アイモバイル社長、團野・日本労働組合総連合副事務局長、小出・富士市産業支援センター長、上甲・日本政策金融公庫事業管理部長。

第4回会合：木村・みるいファーム社長、阪本・ビッグバイオ社長、西堀・日吉屋社長、チャン・ACグローバルソリューションズ社長、加藤・都立荒川工業高校教諭、西澤・中小企業基盤整備機構統括プロジェクトマネージャー。第5回会合：松原・東京都大田区長、落合・西武信用金庫理事長、浜野・浜野製作所社長。中小企業団体の代表のみならず、第一線の企業経営者、外国人の経営者、支援機関関係者、さらには地方自治体や教育関係者まで、幅広い人々が意見を表明し、ほとんどが「中小企業憲章」の制定に強い期待を示した。このほか、陪席の各省庁関係者もそれぞれの立場から発言をしており、また直嶋経済産業大臣以下、政府関係者もそのつど非常に積極的な発言をし、意見表明の場としては大いに盛り上がった。

＊6 これについては、研究会第一回会合での挨拶で、直嶋経済産業相は、「国際化の時代なのだから、日本人も世界でビジネスをおこしている、また日本が誰にも、外国の人たちにも起業しやすい場であるべきではないか」という問題提起をされた。ただ、「憲章」の最終文では「国際的に開かれた先進的な起業環境を目指す」という表現にとどまっている。

＊7 本書第7章。

＊8 本書第7章、参照。

＊9 中小企業の成長発展を図るのは「国民経済の均衡ある成長発展を達成しようとするわれら国民に課された責務である」とする旧中小企業基本法の格調高い「前文」が99年法ではほとんどなくなってしまった、これを再び生かす、「われら」という主語を回復させるという考え方にもつながるのではないか（村本座長の発言）という理解もある。

＊10 もちろんそれはさかのぼれば、他の政府機関等に対しても「小企業の利害を代表する」SBA米国小企業庁のミッションにも、基本的な立脚点があると言えるだろう。そしてまた想起されるのは、クリントン民主党政権が1996年にSBREFA中小企業関連規制執行公正法を制定し、連邦の各種規則や規制の作成や実行監視に中小企業が参加する手段を義務づけ、また全国に10の地域規制公正評議会を設置し、中小企業者の参加を可能にしたことである。同政権は1980年規制柔軟化法（RFA）の改定も行い、諸規制・諸法制の中小企業への影響を調査、行政負担の軽減を政府各機関に求め、RFAの実行状況の年次報告が出されるようになったのであった。EU政策の21世紀の展開も、これらの影響を無視できない。

＊11 前記のようにEUでは「小企業憲章」「小企業議定書」に沿うものとして、「小企業の声を聴き、行動する」横断的なアクションチームとしての「中小企業エンボイ（使節）」が置かれ、さらにさまざまな新規則や施策が中小企業の立場と利害に配慮しているかどうか、どのような影響を与えるかを確認する「中小企業テスト」制度を導入した。

＊12 本書第12章。

＊13 本書第4章、参照。

*14　粂野、前掲『産地の変貌と人的ネットワーク』、参照。

*15　三井逸友「これからの中小企業団体と協同組合」『中小企業と組合』第777号、2009年。

*16　2010年7月に箱根で開催された、全国中小企業団体中央会の「トップセミナー」にも筆者は助言者として参加したが、ここでも「中小企業憲章」の具体化、地域「中小企業振興条例」づくりへのつよい関心が示され、印象的であった。

*17　米国クリントン政権は1997年に小企業法を改定し、女性企業家の存在意義などを明記するとともに、エスニックマイノリティらの起業を積極支援するSBA小企業庁の活動を強化した。飛んで2010年には、オバマ民主党政権が「小企業支援（雇用）法」Small Business Jobs Actを制定し、世界金融危機以来の米国中小企業の危機打開・小企業向け融資促進、税控除拡大で雇用創出をめざす政策を打ち出した。これにより、10年間で約120億ドル規模の税控除、財務省が運営する300億ドルの基金創設などがはかられ、SBAが早速に多くの融資申請への対応開始と報じられた。もっともその直後の全米中間選挙で民主党は敗北、政治状況は複雑である。

*18　筆者は前任校を含め、大学学部での「中小企業論」関係科目の講義を30年以上担当してきたが、この間も少しも変わらないのは、講義を新たに受ける学生諸君のほとんどが中小企業の存在を客観的に知らない、そして講義で「企業の99％、従業者の70％を占める」統計的実態を聞き、またそれがほとんどの国々に共通の姿であると知り、一様に驚くというありさまである。入学前の「教育」とはなんであったのか、そしてそうした偏った理解や通念を広める文化装置としてのマスメディア等はなにをしてきたのか、教育課程や「進路指導」等を含め、根本的な問い直しをせねば日本の社会はまっとうにはなれないだろう。三井、前掲『現代経済と中小企業』、中小企業総合研究機構、前掲『中小企業家精神』、岩崎匡泰「わが国の中小企業観と新規学卒就職制度」(『日本中小企業学会論集　第25集　新連携時代の中小企業』同友館、2006年)、同「情報の不完全性下における中小企業の人材確保難」(『日本中小企業学会論集　第29集　中小企業政策の再検討』、2010年)、参照。

*19　「企業家教育」(entrepreneurship education) の学校教育等での積極活用は、世界の大部分の国々で実践されており、これをめぐる研究や議論もきわめて活発である。ほとんど目が向けられていない日本の状況は例外的なのである。もちろん、「誰もが起業し、社長をめざす」必要があるわけではない。しかし、企業家教育を通じて当然現実の経済社会や企業活動、仕事の姿に目が向けられるのであり、その中で個々人の職業選択、ひいては生き方の選択を考える機会と材料が豊富に用意されることになるわけである。「就職難」「若者のフリーター化」などを前に「キャリア教育」はいま日本の高等教育機関で盛んであるが、「企業家教育」を欠いた「キャリア教育」とはなんなのだろうか。

*20　「新成長戦略」(2010年6月) は、「強い経済」「強い財政」「強い社会保障」をかかげ、需要主導型の安定成長軌道とグリーン・イノベーション、ライフ・イノベー

ション、アジア、観光・地域、科学・技術・情報通信、雇用・人材、金融という7分野の戦略追求と21の国家プロジェクトにより、名目成長率3％、失業率3％以下を実現するという、2020年までの国家戦略構想である。
＊21　本書、第8章。
＊22　地域での「中小企業振興条例」づくりが広まったのは、1999年の改定中小企業基本法が地方公共団体の政策立案責務を明記したせいでもあった。先駆的には東京都墨田区の中小企業振興基本条例（1979年）があるが、のちには千葉県、埼玉県、帯広市、八尾市、さらには神奈川県や横浜市、福島県、沖縄県、福井県、札幌市、釧路市、福島市などにも広がっている。それらには、地域経済の特徴と課題への認識、中小企業と地域経済とのかかわり、自治体行政の責任と役割の明示、さらには各振興機関・支援機関の積極的役割などを記すとともに、それぞれに諸制度・諸政策に及ぶ横断的な発想とアセスメントの推進、地域中小企業と住民の立場・利害の反映、ひいては「中小企業の声を聞く」機会・しくみの保障なども織り込まれているところもある。
＊23　植田浩史編『自治体の地域産業政策と中小企業振興基本条例』（自治体研究社、2007年）、同『地域産業政策と自治体』（創風社、2009年）、岡田知弘ほか『中小企業振興条例で地域をつくる』（自治体研究社、2010年）等を参照。
＊24　神奈川県中小企業活性化条例（2008年）は、県行政及び中小企業者の責務とともに、大企業、大学、県民の責務も明記している。千葉県中小企業振興条例（2007年）も同様である。

あとがき

　最初に記したように、本書は主にこの15年間でのEU中小企業政策の発展過程のフォローにもとづき、これを世界的な次元での政策論として位置づけ、我が国での政策展開にまで及んできたかかわりをその枠組みのもとで理解しようとしており、そうした意味で前著の延長上にある。15年という時間の隔たりは、その間に生じた重要な諸事に対して一定の距離感をもって臨むうえで必要ではあったが、一面で自身の怠惰のせいということも否定はできない。95年の著から10年のうちには新たな展開をまとめておかねばと思いつつ、いたずらに時間を浪費する結果になってしまった。

　怠惰な流れに区切りをつけさせたのには、2010年の我が国「中小企業憲章」の閣議決定という大きな出来事であり、またそれに対する自身の関わりの責任という意味があった。それだけではなく、『日本的生産システムの評価と展望』（1999年）・『地域インキュベーションと産業集積・企業間連携』（2005年）で扱いきれなかった、ないしはその後の現地調査や資料収集を生かすべき、欧州での地域経済活性化と地域イノベーション動向の研究成果をまとめるという責務が十全に果たせない事態の結果副産物でもあった。自身の力不足だけではなく、2008年世界金融危機を契機に欧州のモデルが相当にダメージを被り、あり方自体を問い直される状況を無視し、過去の事実だけを語るということは許されない。だからこそ、研究の視点を政策史、政策論に限り、ともかく「いま語れる」ものをまとめる、そのように軌道修正をせざるを得なかった次第である。ために、2005年以降実施してきたアイルランド、英国北東部などの調査結果はいまいちど「熟成を待つ」しかなくなった。これに関わり、また協力をいただいた諸氏、諸方面にはお詫びせねばならない。

　その意味で、これも「まえがき」に記したように、この間に貴重な機会を

提供してくださった関東学院大学社会連携プロジェクトの関係者、とりわけ清晌一郎、福田敦両氏にはあらためてお詫びとともに厚く御礼を申さねばならない。また、本書のもととなる各研究や発表の機会を与えてくださった諸方面、調査等での協力をしてくれ、あるいは日本中小企業学会としての活動を支えてくれた諸兄、それぞれに心からの謝意を表するものである。特に、鋤柄修、大橋正義、杉村征郎、国吉昌晴、瓜田靖、山本篤民、長山宗広、井出亜夫、大砂雅子、中山義活、宮本昭彦、及川知子、松永桂子、藤野洋、Stephen Hall、Robert Blackburn、Rob van der Horst 各氏のお名前をあげさせていただきたい。勤務先の横浜国立大学大学院環境情報研究院社会環境と情報研究部門・環境情報学府環境イノベーションマネジメント専攻の教職員諸氏には恵まれた研究環境を支えていただいたこと、と申すより怠惰な私の仕事ぶりを寛容くださったこと、あらためて感謝を申し上げたい。2000年に本学への転任のきっかけをつくってくださった経済学部の金澤史男教授は2009年に急逝された。生前多忙の中多くの研究業績をあげられた金澤教授の足元にも及ばない自身を恥じるのみだが、本書を御霊前に捧げさせていただきたい。

　本書の刊行に当たっては、花伝社の平田勝社長、柴田章編集長に多大のご迷惑とお手数をおかけした。私の紆余曲折混迷ぶりを辛抱強く見守ってくださったご厚意には感謝の限りである。その上で、このような面倒な学術出版物の公刊を許していただけたことは誠に僥倖と申すしかない。高校同期生でもある柴田編集長の四十年来変わらぬ温かいご交情の賜物と、ひたすら頭を垂れるのみである。

　　　2011年3月

　　　　　　　　　　　　　　　　　　　　　　　　　　三井　逸友

三井　逸友（みつい　いつとも）

長野県生まれ
1972 年　慶應義塾大学 経済学部卒業
1981 年　慶應義塾大学 大学院経済学研究科博士課程修了
1981 年　駒澤大学 経済学部専任講師（「中小企業論」担当）
1991 年　　　同　　　　教授
2001 年　横浜国立大学 大学院環境情報研究院教授（「地域イノベーション政策」担当）

　この間、ロンドン大学経済学政治学校（LSE）訪問研究員、ケンブリッジ大学応用経済学部訪問研究員、キングストン大学中小企業研究センター客員教授、関東学院大学・静岡大学・駒澤大学・専修大学・北星学園大学・早稲田大学各非常勤講師

　日本中小企業学会会長（2007～2010 年）、日本学術振興会産業構造・中小企業第118 委員会副委員長、商工総合研究所・中小企業研究奨励賞審査委員、日本政策金融公庫総合研究所研究顧問

主著
『現代経済と中小企業』（青木書店、1991 年）、『EU 欧州連合と中小企業政策』（白桃書房、1995 年）、『日本的生産システムの評価と展望』（編著　ミネルヴァ書房、1999年）、『現代中小企業の創業と革新』（編著　同友館、2001 年）、『地域インキュベーションと産業集積・企業間連携』（編著　御茶の水書房、2005 年）

中小企業政策と「中小企業憲章」──日欧比較の21世紀

2011年3月20日　初版第1刷発行
2011年6月27日　初版第2刷発行

著者 ──── 三井逸友
発行者 ─── 平田　勝
発行 ──── 花伝社
発売 ──── 共栄書房
〒101-0065　東京都千代田区西神田2-5-11 出版輸送ビル2F
電話　　　03-3263-3813
FAX　　　03-3239-8272
E-mail　　kadensha@muf.biglobe.ne.jp
URL　　　http://kadensha.net
振替 ──── 00140-6-59661
装幀 ──── 神田程史
印刷・製本─シナノ印刷株式会社

©2011　三井逸友
ISBN978-4-7634-0596-8 C3033